普通高等教育汽车类系列教材

汽 车 构 造 (下册)

第3版

主　编　臧　杰　阎　岩　张德生

参　编　戴耀辉　孙曙光　张正芳
　　　　徐锐良　王晓娟　刘瑞昌
　　　　高志彬　徐　斌　廖文俊

主　审　关文达

机 械 工 业 出 版 社

本书以乘用车为主，系统阐述了现代汽车的构造和工作原理，突出反映了现代汽车中电子控制汽油喷射系统、可变配气正时及气门升程的电控系统、新一代高压共轨电喷柴油机、电子点火系统、微机控制点火系统、新能源汽车、电控自动变速器、电控悬架、四轮转向系统、防抱死制动系统（ABS）和驱动防滑系统等成熟的新结构、新技术、新工艺、新材料和新标准，并有典型实例应用的说明。本套书分上、下两册。上册内容有总论、汽车发动机和新能源汽车（第一～十章）；下册内容有汽车传动系统，汽车行驶系统，汽车转向与制动系统，汽车车身、仪表、照明及附属装置（第十一～二十四章），本书为下册。

本书增加了学习目标、延伸阅读、本章小结和练习题等栏目；本书附有部分章节导言与立体彩图以及练习题答案的二维码，方便读者自学；本书配套了利用增强现实（AR）等技术开发的虚拟仿真教学资源，读者可在安卓操作系统下载“AR智书”App，找到本书后下载有关资源；本书配有电子课件，免费赠送给采用本书作为教材的教师，可登录www.cmpedu.com注册下载。

本套书为面向应用型人才培养的本科汽车类各专业（车辆工程、交通运输、汽车服务工程及汽车营销等专业）教材，高职高专亦可采用，也可供汽车工业部门和汽车运输、检测、维修部门的工程技术人员参考。

图书在版编目（CIP）数据

汽车构造．下册/臧杰，阎岩，张德生主编．—3版．—北京：机械工业出版社，2017.7（2025.1重印）

普通高等教育汽车类系列教材

ISBN 978-7-111-57325-8

Ⅰ.①汽… Ⅱ.①臧… ②阎… ③张… Ⅲ.①汽车-构造-高等学校-教材 Ⅳ.①U463

中国版本图书馆CIP数据核字（2017）第157578号

机械工业出版社（北京市百万庄大街22号 邮政编码100037）

策划编辑：宋学敏 责任编辑：宋学敏 李 然 王保家

责任校对：刘秀芝 封面设计：张 静

责任印制：张 博

北京建宏印刷有限公司印刷

2025年1月第3版第8次印刷

184mm×260mm ·19印张 ·459千字

标准书号：ISBN 978-7-111-57325-8

定价：59.80元

电话服务 网络服务

客服电话：010-88361066 机 工 官 网：www.cmpbook.com

010-88379833 机 工 官 博：weibo.com/cmp1952

010-68326294 金 书 网：www.golden-book.com

封底无防伪标均为盗版 机工教育服务网：www.cmpedu.com

序

汽车被称为“改变世界的机器”。由于汽车工业具有很强的产业关联度，因而被视为一个国家经济发展水平的重要标志。我国汽车工业自2009年以来产销量连续保持全球第一，它正在成为拉动国民经济增长的动力源。汽车工业的繁荣，使汽车及其相关产业的人才需求量大幅度增长。相应地，作为人才培养主要基地的汽车工业高等院校也得到了长足发展。据不完全统计，迄今全国开办汽车类专业的高等院校已达百余所。

从未来发展趋势看，打造我国自主品牌、开发核心技术是我国汽车工业的必然选择，但当前我国汽车工业还处在以技术引进、加工制造为主的阶段，这就要求在人才培养时既要具有前瞻性，又要与我国实际情况相结合。在注重培养具有自主开发能力的研究型人才的同时，应大力培养知识、能力、素质结构具有鲜明的“理论基础扎实，专业知识面广，实践能力强，综合素质高，有较高的科技运用、推广、转换能力”特点的应用型人才。这也意味着对我国高等教育的办学体制、机制、模式和人才培养理念等提出了全新的要求。

为了满足新形势下对汽车类高等工程技术人才培养的需求，在中国机械工业教育协会车辆工程学科教学委员会的领导下，成立了教材编审委员会，组织制订了多个系列的教材。其中，为了解决高等教育应用型人才培养中教材短缺、滞后等问题，组织编写了普通高等教育汽车类专业系列教材。

本系列教材在学科体系上适应普通高等院校培养应用型人才的需求；在内容上注重介绍新技术和新工艺，强调实用性和工程概念，减少理论推导；在教学上强调加强实践环节。此外，本系列教材将力求突出以下特点：

1）全面性。目前本系列教材包括汽车设计与制造、汽车运用与维修、汽车服务工程、物流工程等专业方向，今后还将扩展专业领域，更全面地涵盖汽车类专业方向。

2）完整性。对于每一个专业方向，今后还将继续根据行业变化对教学提出的要求填平补齐，使之更加完善。

3）优质性。在教材编审委员会的领导下，继续优化每一本教材的规划、编审、出版和修订过程，使教材的生产过程逐步实现优质和高效。

4）服务性。根据需要，为教材配备CAI课件和教学辅助教材，举办新教材讲习班，在相应网站开设研讨专栏等。

相信本系列教材的出版将对我国汽车类专业的高等教育产生积极的影响，为我国汽车行业应用型人才培养模式的创新做出有益的探索。由于我国汽车工业正处于快速发展阶段，对人才会不断提出新的要求，这也就决定了高等教育的人才培养模式和教材建设将处于不断变革之中。我们衷心希望更多的高等院校加入到本系列教材建设的队伍中来，使教材体系更加完善，以更好地为培养汽车类专业高等教育人才服务。

中国汽车工程学会　　常务理事
中国机械工业教育协会
车辆工程学科　　副主任
林　逸

第 3 版前言

本书已经过一次修订，并多次印刷，受到读者广泛认可。汽车技术的不断发展和教学方式的转变，要求及时更新教材内容，更多介绍汽车的新结构、新技术、新材料、新工艺及其应用状况。根据出版社对精品教材的要求，我们对第 2 版教材进行了修订。

本书以党的二十大精神为引领，深入落实立德树人根本任务，将匠心传承、工匠精神与课程建设、人才培养相结合，并融入教材相关内容，同时培养学生树立汽车强国的民族自信心，坚持持续创新精神，对培养优秀的应用型人才起到了积极的促进作用。本书在保持第 1 与第 2 版教材的结构体系和内容的同时，主要对以下方面进行了修订：

1）各章增加了学习目标、延伸阅读、本章小结和练习题等栏目。

2）增加了汽车构造立体彩色图（可扫码观看）、剖视图，使结构更加清楚，有助于学生理解汽车的结构、组成和工作原理。

3）添加了导言与立体彩图二维码和练习题答案二维码，更加形象地表达导言相关内容，方便读者自学。

4）修订了总论内容并更新了有关数据。

5）全书体现新的编写思路，具有创新性，多方面体现了汽车文化，增加了拓展知识，以提高学生学习的积极性。

6）以二维码形式表达的导言内容，引出问题，让学生带着问题学习知识，提高学习的目的性和方向性。

7）在大部分章节增加或调整了各项技术在现有典型汽车上应用的举例。

8）在部分章节增加了现代汽车主流技术知识，如 6 档位辛普森式与拉维娜式自动变速器等。

9）在部分章节增加了汽车新技术知识，如高压共轨电控柴油喷射系统、双离合变速器等。

10）修改了原有的错误。增加了新工艺、新材料和新标准等相关内容。

本书通过学习目标、延伸阅读、立体图、双色图和文字等突出了重点学习内容，更便于读者理解和记忆。与本书配套的电子课件通过彩图、立体图、动画和视频等方式形象生动地展示了现代汽车构造与工作原理，可供读者自学使用。

全书分上、下册，内容包括总论和24章，由臧杰统稿并标注重点。编写人员和分工如下：臧杰（总论、第四、十五和二十一章）、张德生（第一、五、十一章和附录，部分第十四章）、张正芳（第二章）、戴耀辉（第三章）、徐斌（第七、八章）、廖文俊（第十二、十三章）、孙曙光（部分第十四章）、徐锐良（第十六、二十三和二十四章）、刘瑞昌、高志彬（第九、十七、十八、十九和二十章）、阎岩（第二十二章）、王晓娟（第六、十章）。纪凌云和王春风在收集资料方面做了很多工作。全书由臧杰、阎岩、张德生主编，关文达担任主审。

本书在修改过程中得到了清华大学夏群生教授的大力支持，在此表示衷心感谢！恳切希望使用本书的高校师生及读者对本书的不当甚至错误之处提出批评指正。

编　者

第2版前言

本套书为2005年出版的《汽车构造》（上、下册）的第2版。第1版出版后已印刷7次，得到读者广泛认可，这说明本教材适合教学需要。汽车技术的不断发展，要求及时更新教材内容，多介绍汽车的新结构、新技术、新材料、新工艺及其应用状况。因此，我们对第1版教材进行了修订。

本书在保持第1版教材的结构体系和内容基础上，主要对以下方面进行了修改：

1）重新修改了总论，更新了数据。

2）将“化油器式发动机的燃料供给系统”与“电控汽油喷射式发动机的燃料供给系统”合并，保留混合气浓度的表示方法、发动机各工况对可燃混合气浓度要求以及燃油泵和空气滤清器等内容，删除了化油器的相关内容。

3）删减了“柴油机燃料供给系统”中的喷油泵、调速器等机械部分内容，增加了电控柴油喷射系统的相关内容。

4）删除了“进排气装置及汽车排放净化装置”中属于化油器部分的配套件的相关内容。

5）简化了传统点火系统部分，侧重介绍了电子点火系统和微机控制点火系统的相关内容。

6）增加了新能源汽车章节。

7）第十四章汽车自动变速器删除了液力偶合器的相关内容，增加了机械式无级自动变速器的相关内容。

8）转向系统更换了动力转向的相关图，制动系统进行了部分调整。

9）车轮、轮辋、轮胎和内燃机产品的名称和型号编制规则采用了新国家标准。

10）修改了原有的错误。曲柄连杆机构、配气机构、离合器、手动变速器增加了新工艺、新材料和有关定位内容。

本书通过双色印刷突出了重点学习内容，更便于读者理解记忆。与教材配套的电子课件（可到 http://www.cmpedu.com 注册后下载）通过彩图、立体图、动画和视频等方式形象生动地展示了现代汽车构造与工作原理，可供读者自学使用。

本书是普通高等教育汽车类专业系列教材之一。教材编写以轿车构造为主，注重体现工程实践环节和应用性，力争跟上时代步伐，为培养应用型人才服务。

全书分上、下册，内容包括总论和24章，由臧杰统稿并标注重点。编写人员和分工如下：臧杰（总论、第四、二十一章）、张德生（第一、五、十一章和附录）、张正芳（第二章）、戴耀辉（第三章）、徐斌（第七、八章）、廖文俊（第十二、十三章）、余文明（第十四、十五章）、徐锐良（第十六、二十三、二十四章）、刘瑞昌、高志彬（第九、十七、十八、十九、二十章）、阎岩（第二十二章）、王晓娟（第六、十章）。刘发军在收集资料方面做了很多工作。

全书由臧杰、阎岩任主编，关文达担任主审。

本书在修订过程中得到了清华大学夏群生教授的大力支持，在此表示衷心感谢！

恳切希望使用本书的高校师生及读者对本书的不当甚至错误之处提出批评指正。

编　者

第 1 版前言

本书是经全国普通高等教育汽车类专业（方向）教材编审委员会审定的，为适应近年来我国汽车工业及汽车运用市场的高速发展，满足对汽车类高等工程技术人才培养的需求，解决应用型汽车类人才培养本科教学中教材短缺、滞后等问题，参考各应用型本科学校汽车类专业（方向）教学大纲而编写的规划教材。

本书以轿车为主，通过采用大量立体图、实物图及简图深入浅出地介绍了整车及各个系统、零部件的构造和工作原理。紧密结合现代汽车中成熟的新结构、新工艺、新材料、新标准、新技术，突出了对现代汽车中电子控制汽油喷射系统、可变配气正时及气门升程的电控系统、新一代高压共轨电喷柴油机、电子点火系统、无分电器点火系统、电控自动变速器、电控悬架、四轮转向系统、防抱死制动系统（ABS）和驱动防滑系统等知识的介绍。每一部分都有应用车型举例、相关的调整方法介绍，在一定的理论基础上，注重体现工程实践环节和应用性。与教材配套的光盘提供大量文本、彩图、动画和视频，形象生动地展示了现代汽车的构造与工作原理，可供教师教学与学生自学。本书配有相应的实训教材《汽车构造实习指导》（阎岩，臧杰主编），力图培养学生理论联系实际的能力和实际操作能力。

本书力求做到文字准确、简练、流畅、符合规范要求，插图正确，文图配合恰当，内容阐述循序渐进，富有启发性，并便于自学。

本套书分上、下册，内容包括总论及两篇共 24 章，由臧杰、阎岩担任主编，全书由臧杰统稿，关文达担任主审。编写组成员（分工）是：臧杰（总论、第四、五、二十一章）、张德生（第一、五、十一章和附录）、张正芳（第二章）、戴耀辉（第三、七章）、徐斌（第八、九章）、廖文俊（第十二、十三章）、余文明（第十四、十五章）、徐锐良（第十六、二十三、二十四章）、高志彬（第九、十七、十八、十九、二十章）、阎岩（第二十二章）。

由于水平有限，殷切期望广大读者对书中误漏之处予以批评指正。

编　者

目　　录

第十一章　汽车传动系统

学习目标

1. 了解传动系统的类型、组成及功用。
2. 掌握机械式传动系统的组成、布置形式及特点。

11-导言

一、传动系统的功用与组成

汽车传动系统的基本功用是将发动机发出的动力传给驱动车轮，使汽车行驶。

常见的机械式传动系统的组成及布置形式如图 11-1 所示，发动机发出的动力经过离合器 1、变速器 2、由万向节 3 和传动轴 8 组成的万向传动装置以及安装在驱动桥 4 中的主减速器 7、差速器 5 和半轴 6 传到驱动轮。

传动系统应具有如下功用。

1. 减速与变速

汽车起步与驱动，要求作用在驱动轮上的驱动力足以克服各种外界的阻力，如地面对车轮滚动的阻力、空气对车身的阻力等。汽车发动机发出的转矩若直接传给车轮，所得到的驱动力很小，不足以驱动汽车运动；另一方面，发动机的转速较高，一般在每分钟数千转，这一转速直接传到驱动轮上，汽车将达到几百公里的时速，这样高的车速既不实用，也不可能。因此，要求传动系统应具有降速增矩的作用，使驱动轮的转速降低到发动机转速的若干分之一，相应地使驱动轮的转矩增大到发动机转矩的若干倍。一般把驱动轮得到的转矩与发动机的输出转矩之比（或发动机转速与驱动轮转速之比）称为传动系统的传动比。

汽车在使用过程中，其使用条件要求车速和驱动力在很大的范围内不断变化，而发动机的有利转速范围很窄，为了使发动机能保持在有利转速范围内工作，而驱动力和转

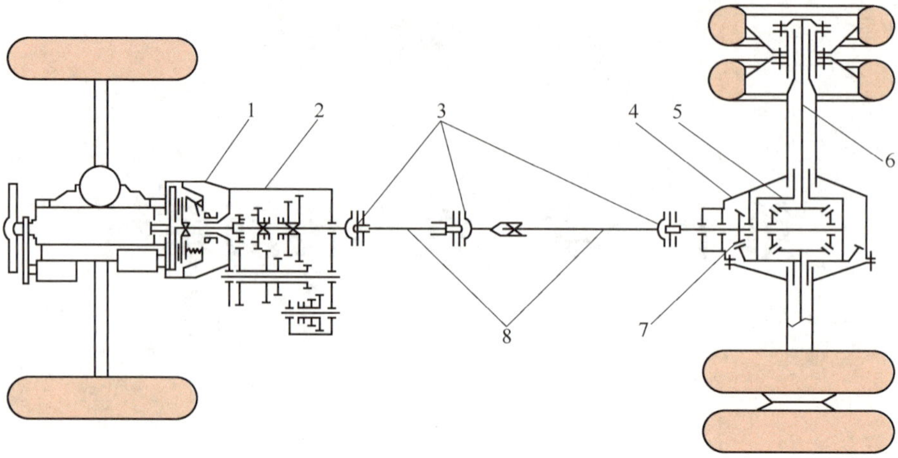

图 11-1 机械式传动系统的组成及布置形式

1—离合器 2—变速器 3—万向节 4—驱动桥 5—差速器 6—半轴
7—主减速器 8—传动轴

速又可以在足够大的范围内变化，应当使传动系统的传动比能在最大值与最小值之间变化，即传动系统应有变速的功用。因此在传动系统中设置主减速器 7 和变速器 2 以满足上述要求。

2. 实现汽车倒驶

汽车除了前进以外，在某些情况下还需要倒向行驶，而发动机是不能反向旋转的，这就要求传动系统能够改变驱动轮的转动方向，以实现汽车的倒向行驶，一般是在变速器中设置一个倒档。

3. 中断动力传递

在起动发动机后、汽车行进中换档以及对汽车进行制动时，要暂时切断动力的传递路线，为满足此要求，在发动机与变速器之间设置一个可由驾驶人控制的离开或接合的机构，称为离合器。另外在变速器中设置空档，即各档位齿轮都处于非传动状态，满足汽车在发动机不停止转动时能较长时间中断动力的传递。

4. 差速

汽车在转弯行驶时，左右驱动车轮在同一时间内滚过的距离不同，如果两侧的驱动轮用一根刚性轴驱动，则两轮转动的角速度必然相同，因而在汽车转弯时必然产生车轮相对地面滑动的现象，这将使转向困难，汽车的动力消耗增加，传动系统内部某些零件和轮胎磨损加剧。为避免这些情况的出现，在驱动桥内安装了差速器，使左右驱动车轮以不同的角速度旋转。动力由主减速器传到差速器，由差速器分配给左、右半轴，最后传到驱动轮上。

二、传动系统的类型及布置形式

汽车传动系统按结构和传动介质的不同，可分为机械式、液力机械式、静液式（容积液压式）和电力式等。机械式传动系统的组成布置前面已经做了介绍，下面简要介绍其他三种类型传动系统的特点。

液力机械式传动系统的特点是将液力传动与机械传动有机地组合起来。液力传动是以液体为传动介质，利用液体在主动元件和从动元件之间的循环流动过程中的动能的变化来传递动力。液力传动装置有液力变矩器和液力偶合器两种，一般采用液力变矩器串联一个有级式机械变速器组成的液力机械式变速器，取代机械式传动系统中的离合器和变速器。这种传动系统能根据道路阻力的变化，自动地在若干个车速范围内分别实现无级变速，而且其中的有级式机械变速器还可以实现自动或半自动操纵，因而可使驾驶人的操作大为简化。其缺点是结构较复杂、造价较高、机械效率较低等。因此，目前除了在轿车和重型汽车上采用较多以外，一般载货汽车采用较少。

静液式传动系统（见图 11-2）又称为容积液压式传动系统，它是通过液体传递介质的静压力能的变化来传递动力的，主要由发动机驱动的液压泵 7、液压马达 2 和液压自动控制装置 6 等组成。发动机输出的动力（机械能）通过液压泵转换成液压能，然后再由液压马达重新转换为机械能，驱动车轮转动。在图 11-2 所示的方案中，只用一个液压马达 2 将动力传给主减速器，再经差速器和半轴传到驱动轮。还有一种方案是在每个驱动轮上都装有一个液压马达，由控制系统来决定各驱动轮的转动，这时可以去掉主减速器、差速器和半轴等传动部件。这种传动系统的机械效率低，造价高，使用不可靠，因此目前还处于研究之中。

电力式传动系统（见图 11-3）的组成和布置与静液式传动系统类似。采用电力式传动系统的车型主要是电动汽车，电动汽车包括纯电动汽车、混合动力汽车和燃料电池

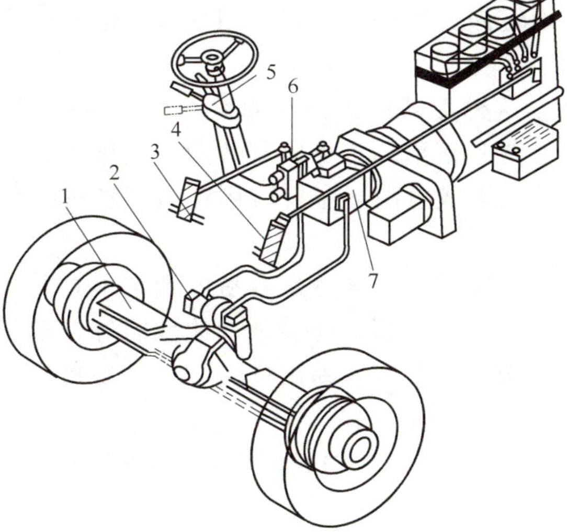

图 11-2 静液式传动系统

1—驱动桥 2—液压马达 3—制动踏板 4—加速踏板 5—变速操纵杆 6—液压自动控制装置 7—液压泵

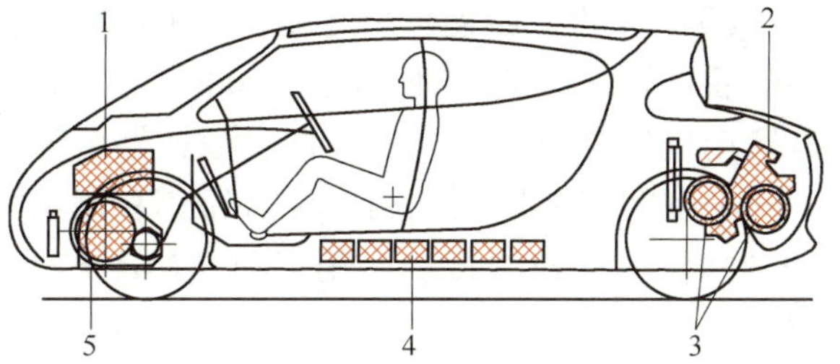

图 11-3 电力式传动系统

1—电动机控制器 2—发动机 3—发电机 4—电池 5—牵引电动机

汽车三大类。纯电动汽车是通过可充电的电池 4 提供电能，由牵引电动机 5 驱动汽车；混合动力汽车是能够从至少两类车载储能装置（传统的发动机 2 和电池 4 与发电机 3）中获得能量，由牵引电动机 5 驱动汽车；燃料电池汽车由车载燃料电池提供电能，由牵引电动机 5 驱动汽车。牵引电动机发出的动力经传动轴、主减速器传到驱动轮；也可以在每个驱动轮上单独安装电动机，电动机发出的动力也要经过一套减速机构才能传给驱动轮，目的是降速增矩，这套减速机构称为轮边减速器。

汽车传动系统的布置形式根据汽车的使用要求可以有多种，如图 11-4 所示。

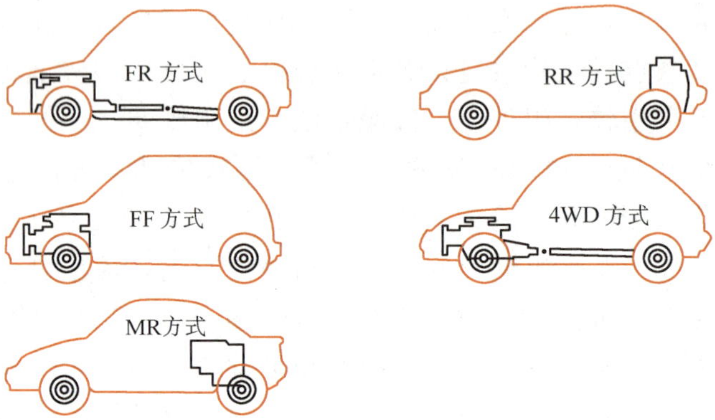

图 11-4　汽车传动系统的布置形式

（1）发动机前置、后轮驱动（FR 方式）　这种形式是典型的传动系统布置形式，如图 11-1 所示。其优点是前后轮质量分配比前轮驱动平均，有较佳的操控性能和行驶稳定性，向前行驶时使重心后移所以起步或加速性能会更好些；缺点是传动轴长，车重增加，前轮转向时后轮向前的惯性导致容易出现转向过度现象。多应用在大、中型载货汽车和轿跑车上。

（2）发动机前置、前轮驱动（FF 方式）　这种形式的优点是直线行驶稳定性好，有助于提高汽车高速行驶的操纵稳定性；缺点是转向较重，容易出现转向不足现象，高速行驶制动时车头容易下沉，车尾易扬起甚至悬空造成危险。主要应用在微型和中级轿车上，中、高级轿车上的应用也日渐增多。

（3）发动机后置、后轮驱动（RR 方式）　这种形式的优点是容易做到汽车总质量在前后车轴之间的合理分配、车厢内噪声低、空间利用率高、起步和加速性能好；缺点是发动机散热条件差，离合器、变速器的操纵机构都较差，容易出现转向过度现象。在大、中型客车上广泛应用，少数轿车和微型车也有采用。

（4）发动机中置、后轮驱动（MR 方式）　这种形式的优缺点介于 FF 和 RR 方式之间。大多数运动型轿车和赛车普遍采用。

（5）全轮驱动（4WD 方式）　这种形式可充分利用所有车轮与地面的附着条件，以获得尽可能大的驱动力。越野汽车均采用此种形式。

目前，四轮驱动系统一般分为分时四驱、适时四驱和全时四驱三种。

分时四驱是由驾驶人手动切换的驱动模式，驾驶人可通过接通或断开分动器来选择两轮驱动或四轮驱动模式。例如 Jeep 牧马人，其布置方案如图 11-5a 所示。由于分动器

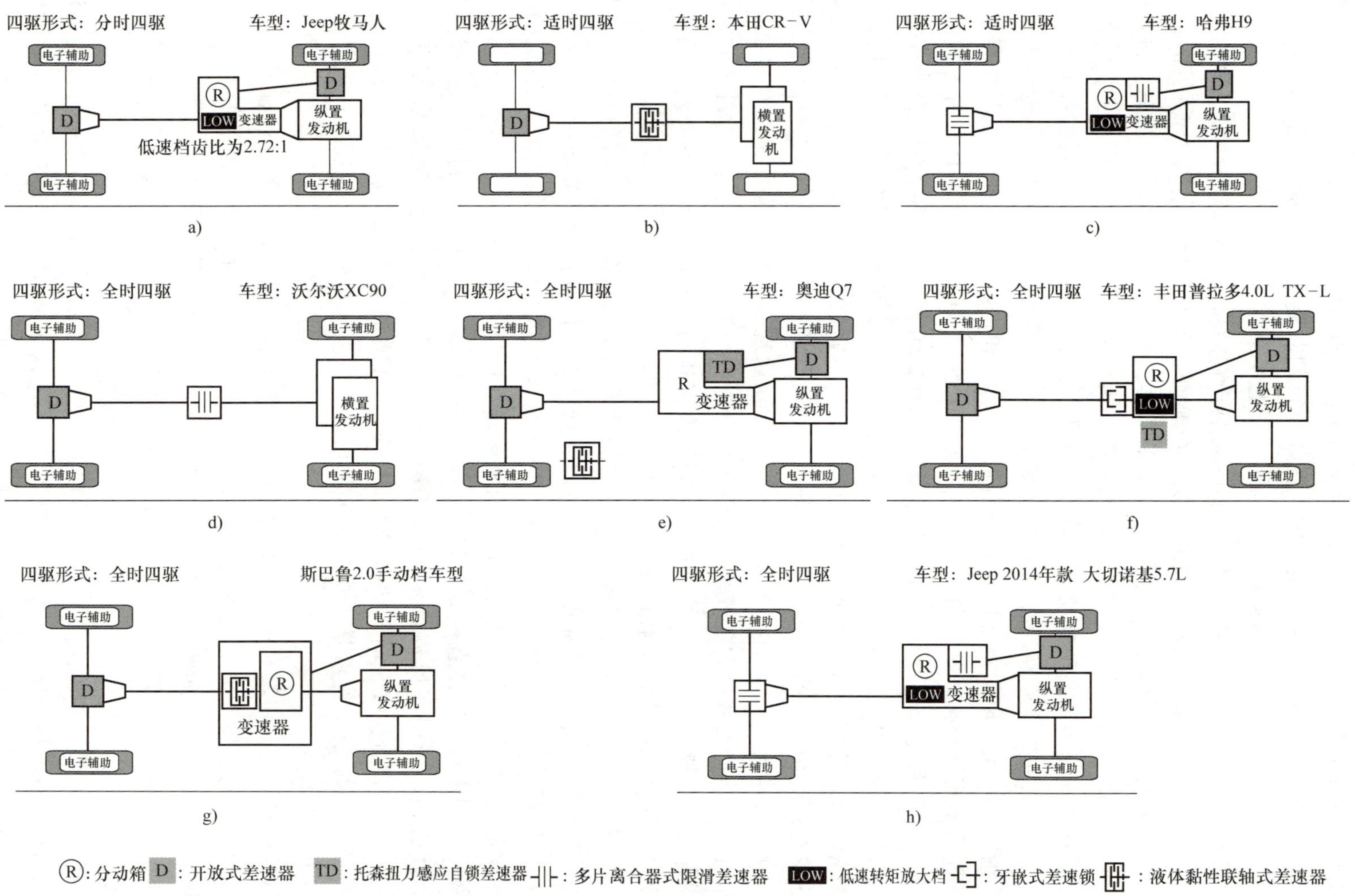

图 11-5　四轮驱动系统布置方案

内没有中央差速器，分时四轮驱动的汽车不能在硬地面上使用四驱，特别是在弯道上不能顺利转弯，硬地面可以人工选择两驱。该种方案的优点是既能保证车辆的动力性和通过性，又能兼顾燃油经济性；缺点是驾驶人需要自行判断路况，手动操作驱动模式，操作复杂。主要在一些较老的、强调越野性能的车型上使用。

适时四驱系统由计算机控制两驱与四驱的切换。它能自行识别驾驶环境，根据驾驶环境的变化控制两驱与四驱两种模式的切换。在颠簸、多坡多弯等附着力低的路面上，汽车自动设定为四轮驱动模式，而在城市路面等附着情况良好的路面上，汽车会自行切换为两轮驱动。适时四驱系统按控制原理不同可分为三种：第一种是纯机械式，它通过液体黏性联轴式差速器来实现自动向后轮分配动力，如本田的 CR－V，其布置方案如图 11-5b 所示；第二种是多片离合器式限滑差速器，通过前后车轮的轮速传感器将实时的轮速反馈给电控单元（ECU），并向后轴控制传递动力和切断动力，可锁止多片离合器式限滑差速器实现硬连接，如哈佛 H9、北京现代途胜、三菱欧蓝德，其布置方案如图 11-5c 所示；第三种是以第三代 HALDEX 和第四代 HALDEX 四驱为代表的智能电子式适时四驱（一般也称为电控全时四驱），根据电子传感器采集车轮打滑的信息，及时调整前轮和后轮的动力分配，这样增加了预载功能，可以通过前轮的运转情况来实现预判断，在前轮有打滑趋势之前就预先接通后轴，理论上已经做到与全时四驱类似的效果，如斯巴鲁森林人和沃尔沃 XC60、XC70、XC90、大众途观等，其布置方案如图 11-5d 所示。该系统的显著特点就是它在继承全时四驱和分时四驱的优点的同时，弥补了它们的不足，操作方便，燃油经济性与两驱接近，制造成本相对全时四驱低，主动安全性不如全时四驱，是最近几年发展起来的技术。

全时四驱是指汽车在整个行驶过程中一直保持四轮驱动的模式。一般前后轴之间装有中央差速器消除前后轴转速差的工作，可以实现任何时候都保证四轮驱动。按全时四驱的差速器结构不同可分为纯机械托森式（Torsen）C 型或其他类型的机械中央差速器、液体黏性联轴式差速器和多片离合器式限滑差速器（LSD）三大类。

托森式 C 型中央差速器直接通过机械，无电控的采集、发出、控制信号这一过程，因此可靠性更强，应用在奥迪 A6、Q5、Q7、A8L、A4L 等车型上，其布置方案如图 11-5e所示。而丰田普拉多全时四驱系统在此基础上又增加了牙嵌式差速锁，其布置方案如图 11-5f 所示。它的优点是纯机械，极为可靠，反应速度快、线性度好；缺点是体积和质量大、成本高。

液体黏性联轴式差速器利用硅油的温度特性，使温度正常时前后轮允许有不同的角速度、打滑时黏液温度上升、阻尼上升从而限制滑动，以使前后轴维持最低的转矩输出，达到限滑的目的。例如斯巴鲁 2.0 手动档车型，其布置方案如图 11-5g 所示。它的优点是体积小、重量轻、成本较低；缺点是反应速度相对较慢、线形度较差、不具备锁止能力等。

多片离合器式限滑差速器由 ECU 提前检测打滑从而做出控制。从动轮的转矩可以在 0～50% 间自由调整。如 Jeep 大切诺基 5.7L、奔驰 M 级等车型，其布置方案如图 11-5h所示。它的优点是反应速度很快，可瞬间结合，电控结合，无须手动控制等，缺点是无法完全锁止，而且长时间处于极限差速时很容易过热，耐久度不佳，切换也不线性。

延伸阅读

目前，针对传动系统扭转特性的研究主要采用路试法和转鼓试验台法。路试法是利用负荷拖车或使车辆在坡道上挂入某档缓慢加速到该档的最高车速，通过处理所记录的动力传动系统特定轴段的扭矩信号，利用共振原理，来识别动力传动系统在该档的扭转固有频率。路试法虽可在真实使用条件下测定动力传动系统的扭振特性，但如无负荷拖车，则因发动机负荷较小，激振力矩转弱，动力传动系统的扭振响应微弱，不易分析出明显的共振工况。转鼓试验台法是在转鼓试验台上做动力传动系统的扭振特性试验，由于加减负荷等试验条件容易控制，可方便地测定不同档位、各种转速下对应不同强度的稳态响应，较为精确地识别出系统的固有频率。转鼓试验台法的缺点：当转鼓试验台的固有频率在动力传动系统一阶固有频率附近时，会扩大低频区的激振频率范围，不利于研究车轮不平衡对动力传动系统扭振的影响。

本章小结

本章主要介绍了机械传动系统的组成和功用、类型、布置形式及特点。

练习题

一、填空题

1. 汽车传动系统主要是由________、________、________和________等组成。
2. 发动机的前置、后轮驱动（FR 方式）多应用在____________________汽车上。
3. 发动机的前置、前轮驱动（FF 方式）多应用在____________________汽车上。

二、简答题

1. 解释名词：FF、4×2、4WD。
2. 全时四驱的分类及特点。

第十二章 离 合 器

学习目标

1. 理解摩擦式离合器的功用和工作原理。
2. 掌握膜片弹簧离合器的构造和工作原理。
3. 了解离合器操纵机构的分类、构造和工作原理。

12-导言

第一节 概 述

一、离合器的功用

离合器通常装在发动机与变速器之间，其主动部分与发动机飞轮相连，从动部分与变速器相连。在汽车的行驶过程中，我们体会到：汽车挂档起步时，左脚逐渐抬起离合器踏板，右脚逐渐踩下加速踏板使发动机供油量增大，才能使汽车缓缓起步。换档时，只有将离合器踏板踩下后，才可能避免变速器齿轮打齿冲击；紧急制动时若来不及踩离合器踏板，发动机和传动系统都会受到很大冲击，但发动机与传动系统的机件并没有因此而过载损坏。

这些现象恰好说明了离合器的具体功用。

1. 使发动机与传动系统逐渐接合，保证汽车平稳起步

汽车由静止到行驶的过程，其速度应由零逐渐增大。

如果传动系统与发动机之间没有离合器，而是刚性地连接，汽车起步时，驾驶人将传动系统的变速器挂入一定的工作档位，静止的汽车在突然接上动力的瞬间将会猛烈前冲，产生很大的惯性力。发动机在这一惯性力的作用下，转速急剧下降到低于最小稳定转速300～500r/min，从而导致发动机熄火。这样，汽车将不能起步。

在发动机与传动系统之间装有离合器，则汽车在起步前，驾驶人先踩下离合器踏板，使发动机与传动系统分开，待挂上适当的档位后，再慢慢抬起离合器踏板，同时，逐渐加大加速踏板行程，增加发动机的输出转矩，离合器所能传递的转矩也就逐渐地增大，于是发动机的转矩便可由小到大地逐渐传给传动系统。当驱动力足以克服行驶阻力时，汽车便由静止开始缓慢地逐渐加速，实现汽车平稳起步。

2. 暂时切断发动机与传动系统的联系，便于发动机的起动和变速器平顺换档

发动机在冷起动时，让离合器切断发动机与传动系统的联系，就可除去部分阻力，有利于提高起动转速，提高起动成功率。

在汽车行驶过程中，为了适应不断变化的行驶条件，传动系统经常要换用不同档位工作，实现齿轮式变速器的换档，即将原用档位的某一齿轮副退出传动，再使另一档位的齿轮副进入工作。在换档前也必须踩下离合器踏板，中断动力传递，便于使原来档位的齿轮副脱开，换入新档位。

3. 限制所传递的转矩，防止传动系统过载

当汽车进行紧急制动时，若没有离合器，则发动机将因和传动系统刚性相连而急剧降低转速，因而其中所有零件将产生很大的惯性力矩（其数值可能大大超过发动机正常工作时所发出的最大转矩），对传动系统造成超过其承载能力的载荷，而使其机件损坏。有了离合器，一方面在紧急制动时，可先踩下离合器踏板，使发动机与传动系统分离，解除它们之间的相互作用；另一方面即使来不及先踩下离合器踏板，当惯性力矩超过了离合器允许的最大摩擦力矩时，离合器主、从动部分就相对滑转以消除这一危险。从而防止传动系统过载，起到一定的保护作用。

二、对离合器的要求

根据离合器的功用，它应满足下列主要要求：

1）具有合适的储备能力。在汽车的行驶过程中，既能保证传递发动机最大转矩又能防止传动系统过载。

2）接合平顺柔和，以保证汽车平稳起步。

3）分离迅速彻底，便于换档和发动机起动。

4）具有良好的散热能力。由于离合器接合过程中，主、从动部分有相对的滑转，在使用频繁时会产生大量的热量，如不及时散出，会严重影响其使用寿命和工作的可靠性。

5）操纵轻便，以减轻驾驶人的疲劳。

6）从动部分的转动惯量应尽量小，以减小换档时的冲击。

三、离合器的类型

汽车离合器有摩擦离合器、液力偶合器和电磁离合器等。液力偶合器将在第十四章中介绍。

电磁离合器靠线圈的通断电来控制离合器的接合与分离。如在主动与从动件之间放

置磁粉，则可以加强两者之间的接合力，这样的离合器称为磁粉式电磁离合器。

摩擦离合器因其结构简单、性能可靠、维修方便，目前为绝大部分汽车所采用。

摩擦离合器有如下类型：

按从动盘片数分为单片式（从动盘为单片）和多片式（从动盘为多片）。

按压紧弹簧的分布分为周布弹簧式（压紧弹簧沿从动盘圆周分布）和中央弹簧式（压紧弹簧安装在从动盘中央）。

按压紧弹簧的结构形式分为螺旋弹簧式（压紧弹簧为螺旋弹簧）和膜片弹簧式（压紧弹簧为膜片弹簧）。

按离合器是否浸在油中分为干式（离合器不与油接触）和湿式（离合器浸入油中）。

干式离合器的主要优点是结构简单、价格便宜，总体来说使用比较可靠。但在使用中也存在摩擦因数不稳定和磨损较大，以及影响使用寿命的缺点。近年来由于湿式离合器在技术上的不断改善，在国外某些重型牵引汽车和自卸汽车上又开始采用多片湿式离合器，并有不断增加的趋势。与干式离合器相比，湿式离合器的工作更可靠，寿命更长，使用中无需经常调整。由于摩擦表面用油冷却，温度较低，它允许起步时有较长时间的打滑而不致烧损摩擦片。摩擦因数稳定，有较强的起步能力。湿式离合器的摩擦片使用寿命可达干式的 5 ~6 倍。

湿式离合器的摩擦因数较低，一般在 0.07 ~0.09 之间，但摩擦表面的压力可增加 10 倍，因此需要的摩擦面积也可减少。

还必须指出，湿式离合器优点的发挥，是一定要在某温度范围内才能实现的，超过这一温度范围将起负面效应。因此，湿式离合器的热状况是确保它工作可靠、耐用的最为重要的因素之一。而离合器工作热状况的稳定性根本上取决于摩擦副的供油系统能否确保对摩擦副表面的冷却和润滑。

四、摩擦离合器的组成与工作原理

1. 离合器的组成

如图 12-1 所示，离合器由主动部分、从动部分、压紧装置、分离机构和操纵机构五部分组成。

离合器盖 6 用螺钉固定于飞轮 4 上，压盘 5 沿圆周上的凸起伸入离合器盖的窗孔中，并可沿窗孔进行轴向移动。曲轴 1 旋转时，通过飞轮、离合器盖带动压盘一起转动，构成离合器的主动部分。双面带摩擦衬片 17 的从动盘 3 通过滑动花键套在从动轴 2（变速器输入轴）上，是从动部分，从动轴前端通过轴承支撑于曲轴后端的中心孔内。沿圆周均布的压紧弹簧 16 装在离合器盖和压盘之间，把压盘和从动盘压向飞轮。分离轴承 9 和分离套筒压装成一体，松套在从动轴上。分离杠杆 7 外端和中部分别铰接于压盘和离合器盖上。分离杠杆到分离叉 11 是分离机构，从踏板 12 到分离叉是操纵机构。

单片螺旋弹簧式离合器的分解图如图 12-2 所示。

2. 离合器的工作原理

(1) 接合状态 离合器接合时，弹簧将压盘、飞轮及从动盘互相压紧。发动机的转矩经飞轮及压盘通过摩擦面的摩擦力矩传至从动盘，再经从动轴向传动系统输出。

（2）分离过程　踩下离合器踏板时，拉动分离叉下端向右（后）移动，通过分离轴承便拉动压盘向右（后）移动，使其在进一步压缩压紧弹簧的同时，解除对从动盘的压力。于是离合器的主从动部分处于分离状态而中断动力传递。

（3）接合过程　当需要恢复动力的传递时，缓慢地抬起离合器踏板，拉动分离叉下端向左（前）移动，带动分离轴承向右（后）移动，压盘便在压紧弹簧作用下逐渐压紧从动盘，并使所传递的转矩逐渐增大。当所能传递的转矩小于汽车起步阻力时，汽车不动，从动盘不转，主、从动摩擦面间完全打滑；当所能传递的转矩达到足以克服汽车开始起步的阻力时，从动盘开始旋转，汽车开始移动，但仍低于飞轮的转速，即摩擦面间仍存在着部分打滑的现象。再随着所传递转矩的不断增加和汽车的不断加速，主、从动部分的转速差逐渐减小，直到转速相等滑磨现象消失，离合器完全接合为止，接合过程即结束。由上可知，汽车平稳起步是靠离合器逐渐接合过程中滑磨程度的变化来实现的。

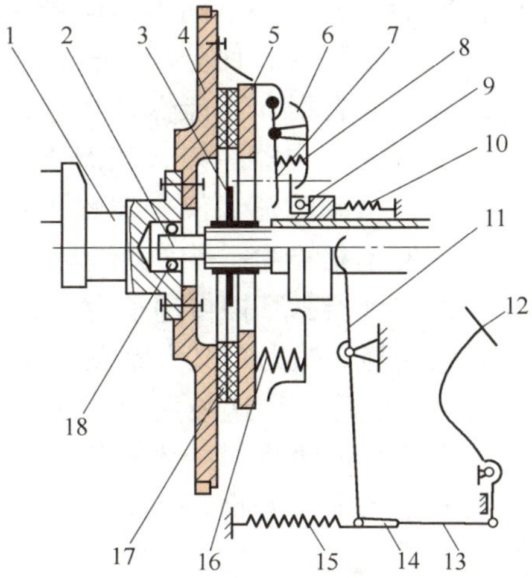

图 12-1　摩擦离合器的组成与工作原理示意图

1—曲轴　2—从动轴　3—从动盘　4—飞轮　5—压盘　6—离合器盖　7—分离杠杆　8—弹簧　9—分离轴承　10、15—回位弹簧　11—分离叉　12—踏板　13—拉杆　14—杠杆调节叉　16—压紧弹簧　17—摩擦衬片　18—轴承

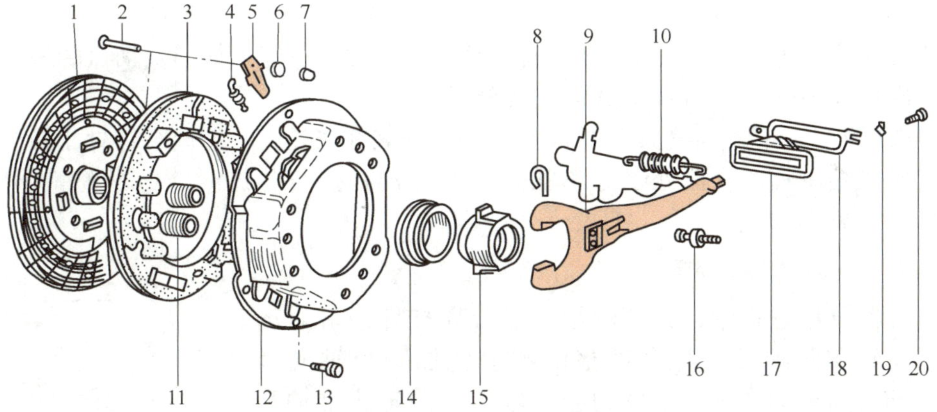

图 12-2　单片螺旋弹簧式离合器的分解图

1—离合器从动盘　2—分离杠杆螺栓　3—压盘　4—分离杆弹簧　5—分离杠杆　6、19—垫圈　7—螺母　8—分离套筒销　9—分离叉　10—分离叉回位弹簧　11—压紧弹簧　12—离合器盖　13、20—螺栓　14—分离轴承　15—分离套筒　16—分离叉支架销　17—分离叉套　18—分离叉套平板

接合后，在回位弹簧的作用下，离合器踏板回到最高位置，分离叉下端（与杠杆调节叉连接端）回至最左端位置，分离叉上端（与分离轴承连接端）回至最右端位置。分离轴承则在回位弹簧的作用下也回至最右端位置。

由于离合器接合过程中存在滑磨现象，从动盘、压盘和飞轮长期使用磨损后，压盘会向前（飞轮方向）移动，分离轴承及分离杠杆内端也要相应向后移动。如果安装时分离杠杆内端与分离轴承间不留间隙，则磨损后分离杠杆内端将由于压在分离轴承上而不能自由地向后移动，使分离杠杆外端牵制压盘不能向前移动，从而不能压紧从动盘。这将造成离合器打滑，不能保证传递发动机的最大转矩，摩擦副和分离轴承也会很快磨损和烧坏。因此离合器在接合状态下，分离杠杆内端与分离轴承间应留有一个自由间隙，为了保证自由间隙值，离合器踏板自由行程都是可以调整的，这个自由间隙反映到离合器踏板上使踏板产生一个空行程，称为离合器踏板自由行程。

摩擦离合器靠摩擦传递动力，其所能传递的最大转矩取决于摩擦面间的最大静摩擦力矩，而最大静摩擦力矩又由摩擦面间最大压紧力和摩擦面尺寸及性质决定。离合器除了在结构与尺寸上保证传递最大转矩外，设计时还考虑到离合器在使用过程中因摩擦因数的下降、摩擦件磨损变薄和弹簧本身的疲劳致使弹力下降等因素的影响，造成离合器所能传递的最大转矩下降，因此离合器所能传递的最大转矩应适当地高于发动机的最大转矩。

五、几个要注意的问题

理解离合器的工作原理，要注意以下几个问题。

1. 压盘的传力、导向和定心

在主动件中，压盘是靠离合器盖（或飞轮）来驱动的，并应能做一定量的轴向移动，但在移动过程中不允许产生径向位移。这些问题都是由离合器盖（或飞轮）对压盘的驱动部位来解决的。因此，驱动部位具有传力、导向和定心的作用。驱动部位的形式有离合器盖和压盘的窗孔与凸台、传动片、传动销等，应用较广泛的是传动片式。

2. 压紧弹簧的三次压缩

离合器在接合状态下，压紧弹簧应有足够的压紧力，以保证传递发动机的最大转矩。

第一次压缩——离合器盖压盘总成装配时。

第二次压缩——离合器盖压盘总成和从动盘安装在飞轮上，即离合器处于接合状态。

第三次压缩——离合器处于分离状态。离合器在接合状态时，压紧弹簧不能压死，否则会造成分离不彻底。

3. 离合器分离时曲轴的窜动

在离合器分离过程中，分离轴承通过分离杠杆内端对离合器盖、飞轮和曲轴这一组合件整体向前施加一个轴向推力，使曲轴向前窜动。这一轴向力经曲轴传至曲轴止推轴瓦（片）。这就是曲轴需要轴向定位和曲轴止推轴瓦后片磨损严重的主要原因。

由此可知，若曲轴轴向窜动量过大，会严重影响分离杠杆的有效行程，造成离合器不能彻底分离。

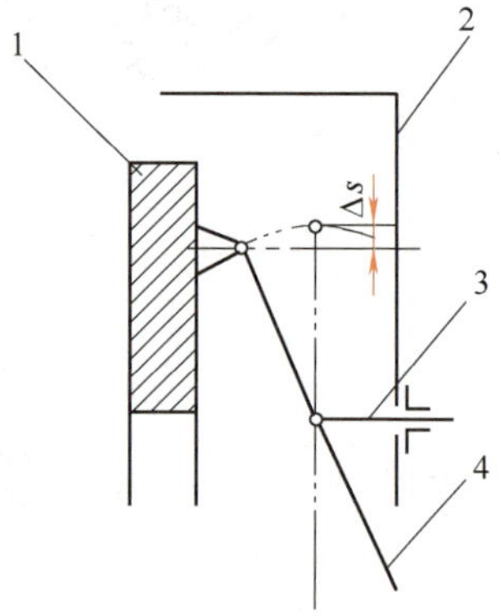

图 12-3 分离杠杆的运动干涉

1—压盘 2—离合器盖 3—支架 4—分离杠杆

4. 分离杠杆运动干涉及其防止措施

由离合器的分离过程可知，若分离杠杆中间支撑是固定铰链，则其外端与压盘铰接处的运动轨迹将是一弧线（见图 12-3），而压盘上该点只能做轴向直线运动，二者要产生一个距离差 Δs，这就使分离杠杆产生运动干涉而不能正常运动。要防止这种干涉，在结构上就得使支点或杠杆与压盘连接点（重点）处能沿径向移动（平移或摆动），图 12-4 示出了几种防止干涉的结构形式。

5. 分离杠杆高度调整

由于制造上的偏差、分离杠杆各支点磨损的差异以及分离杠杆的变形等原因，会导致分离杠杆内端沿离合器轴线方向出现高度（见图 12-1）不一的现象。这将使压盘分离时不能平行移动，从而不能彻底分离。另外，当摩擦片磨损时，分离杠杆内端将向后移，并随其后移，分离杠杆斜度增大，便增大了运动干涉量（从图 12-3 中可知，分离杠杆重点在中间位置附近摆动时，干涉量 Δs 最小）。为使分离杠杆能够调平，并调到规定高度上，分离杠杆都有高度调整装置。其调整原理就是利用螺纹装置对分离杠杆的外端重点或中间支点进行高度调整。如图 12-5a 所示的重点可调式，旋进调整螺母 3，分离杠杆 5 内端就向后移动，即被调高；反之则调低；而图 12-5b 所示的支点可调式，旋进螺母 3，分离杠杆也被调高；图 12-5c 则为内端可调式。

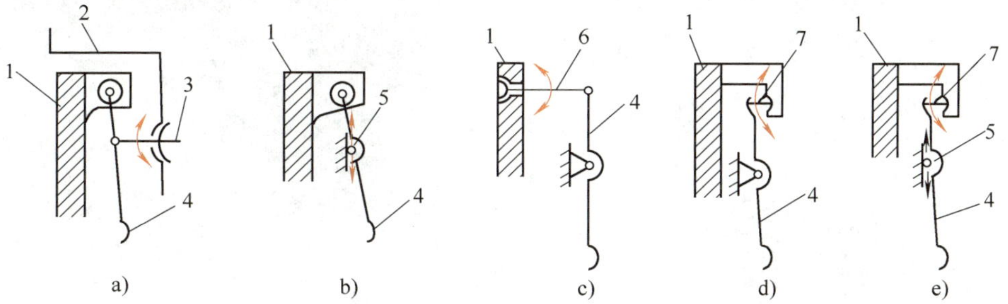

图 12-4 分离杠杆防止干涉的结构形式

a）支点摆动式 b）支点移动式 c）、d）重点摆动式 e）综合式

1—压盘 2—离合器盖 3—支撑螺柱 4—分离杠杆 5—滚销 6—分离螺钉 7—摆动片

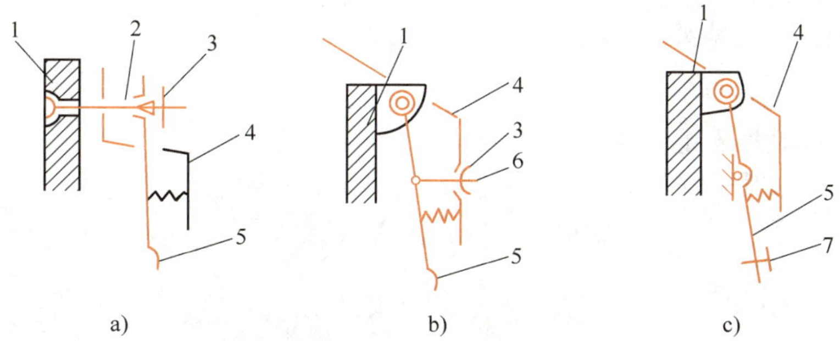

图 12-5 分离杠杆高度调整装置的形式

a）重点可调式 b）支点可调式 c）内端可调式

1—压盘 2—分离螺钉 3—调整螺母 4—离合器盖 5—分离杠杆 6—支撑螺柱 7—调整螺钉

第二节 摩擦离合器的构造

一、膜片弹簧离合器

膜片弹簧离合器的组成如图 12-6 所示。

膜片弹簧离合器的主动部分是离合器盖 1、压盘 5、传动片 7 和飞轮（图中未画出）。传动片两端用铆钉 8 连接离合器盖和压盘（连接关系见图 12-7），并将离合器盖传来的发动机的动力传给压盘，驱动压盘转动。

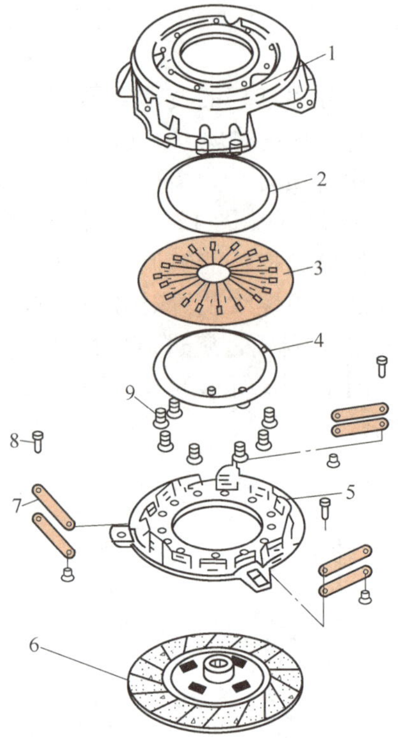

图 12-6 膜片弹簧离合器的组成

1—离合器盖 2、4—钢丝支撑圈 3—膜片弹簧 5—压盘 6—从动盘 7—传动片 8—铆钉 9—支撑铆钉

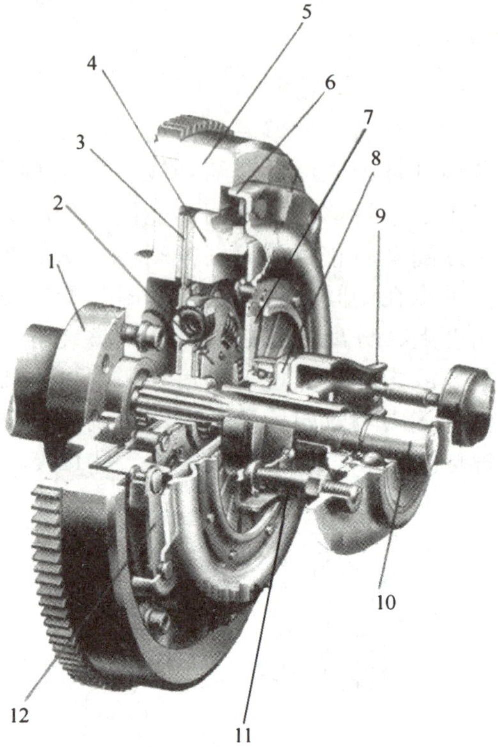

图 12-7 膜片弹簧离合器盖及压盘总成构造

1—曲轴 2—扭转减振器 3—从动盘 4—压盘 5—飞轮 6—离合器盖 7—膜片弹簧 8—分离轴承与套筒 9—分离叉 10—从动轴 11—球头螺栓 12—传动片

从动部分是从动盘和从动轴。从动盘的基本结构如图 12-8 所示，由两个摩擦衬片 1 和 6 与从动盘钢片 3、从动盘毂 5 组成。

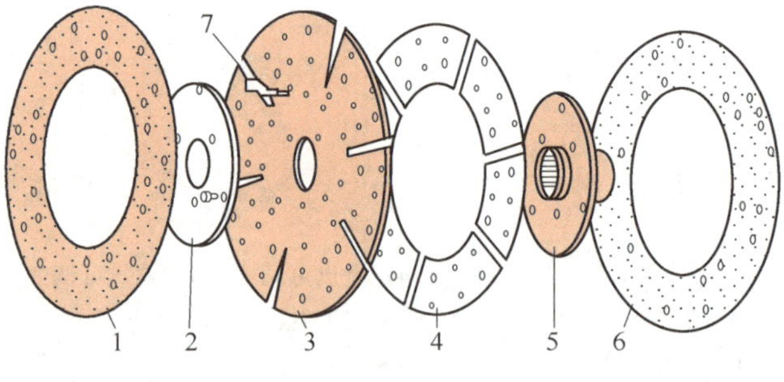

图 12-8 从动盘的基本构造

1—前衬片 2—压片 3—从动盘钢片 4—波浪形弹簧片 5—从动盘毂 6—后衬片 7—平衡片

从动盘钢片通常采用薄弹簧钢板制成，与从动盘毂铆在一起，其上开有辐射状的槽，可防止热变形。衬片和从动盘钢片之间一般用铜或铝铆钉铆合，也有的用树脂粘接。摩擦衬片应有较大的摩擦因数、良好的耐磨性和耐热性。目前常用的摩擦衬片是用石棉（或加铜丝、铝丝等）、黏合剂及其他辅助材料经热压合成。也有用金属陶瓷摩擦衬片材料代替普通常用的有机材料，金属陶瓷摩擦材料作为离合器从动盘的摩擦衬片，国外从 20 世纪 50 年代起，在工程机械及载货汽车上就开始使用。金属陶

瓷离合器过去在西欧不太受欢迎（感觉其工作粗暴），但在美国重型商用车上用得较多（认为它工作可靠）。金属陶瓷材料比有机材料更耐高温，适用于起步换档频繁的工况，更耐磨、摩擦力矩更稳定。摩擦衬片做成块状，使飞轮和压盘表面更多地暴露在空气中，提高了它们的散热能力；块状的摩擦衬片不易变形，降低了从动盘翘曲的倾向，容易做到分离彻底。

为了使离合器接合柔和、起动平稳，单片离合器从动盘钢片具有轴向弹性结构。从动盘钢片与后衬片之间有六块波浪形弹簧片 4 就起这个作用。从动盘钢片辐射状切槽之间的扇形面上有六个孔，其中两孔与前衬片铆接，弹簧片有两孔与后衬片铆接，最后扇形面中间的两孔将钢片和弹簧片铆接在一起。这样，从动盘在自由状态时，后衬片与钢片之间有一定间隙。在离合器接合时，弹性变形使压紧力逐渐增加，产生轴向弹性，接合柔和。

离合器从动盘在安装时，应具有方向性，以避免连接长度不足（花键毂处）、摩擦片悬空、顶分离轴承等现象，其方向因车型而异。

由于发动机传到汽车传动系统的转速和转矩是周期性变化的，汽车行驶在不平的道路上，使汽车传动系统出现角速度的突然变化，这就使传动系统产生扭转振动。对传动系统零件造成冲击性载荷，缩短其寿命，甚至会损坏零件。为了消除扭转振动和避免共振，防止传动系统过载，多数汽车在离合器从动盘中装有扭转减振器。

扭转减振器的构造和工作原理如图 12-9a 所示。从动盘和从动盘毂 6 通过减振器弹簧 8 弹性地连接在一起，构成减振器的缓冲机构。从动盘毂夹在从动盘钢片 3 和减振盘 9 之间，在从动盘毂与从动盘钢片和减振盘之间还夹有环状摩擦片 4，其上都有

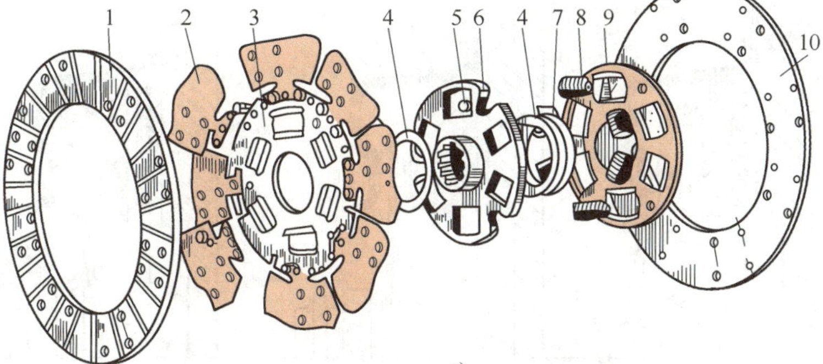

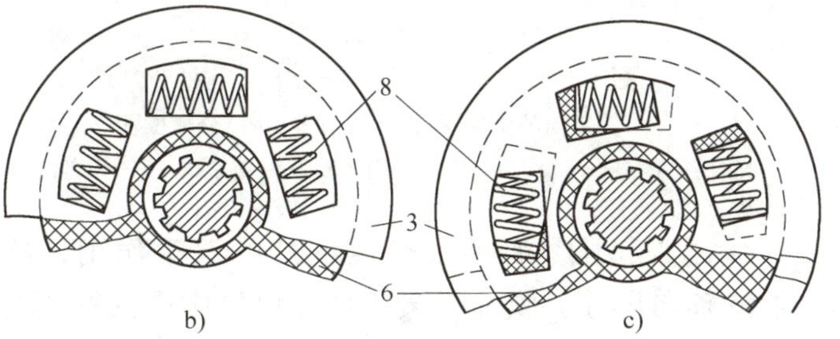

图 12-9　扭转减振器的构造和工作示意图

1、10—摩擦衬片　2—波浪形弹簧钢片　3—从动盘钢片　4—摩擦片　5—特种铆钉　6—从动盘毂　7—调整垫片　8—减振器弹簧　9—减振盘

六个圆周均布的窗孔，减振器弹簧 8 装在窗孔中。特种铆钉 5 将从动盘钢片和减振盘铆接成一体，但铆钉中部和毂上的缺口存在一定的距离，从动盘毂可相对从动盘钢片和减振盘做一定量的转动。当从动盘不受转矩作用时，从动盘钢片 3 与从动盘毂 6 的相对位置如图 12-9b 所示。而受转矩作用时，摩擦衬片 1 和 10 传来的转矩，首先传到从动盘钢片和减振盘，再经弹簧传给从动盘毂，这时弹簧被进一步压缩，如图 12-9c 所示。因而，由发动机曲轴传来的扭转振动所产生的冲击即被弹簧所缓和以及摩擦片所吸收，而不会传到变速器以后总成部件上；同样，汽车行驶于不平路面上所引起传动系统角速度的变化也不会影响发动机。

如图 12-10 所示，膜片弹簧离合器的压紧与分离机构由膜片弹簧 4、支撑圈 5 和 7 及分离钩 6 组成。碟形膜片弹簧用优质弹簧钢板制成，其形状如图 12-6 所示，其上开有若干个径向切槽，切槽的内端开通，外端为圆孔。每两切槽之间钢板形成一个弹性杠杆，它既是压紧弹簧又是分离杠杆。膜片弹簧中间的两侧有支撑圈 5 和 7 用铆钉装在离合器盖上。支撑圈为膜片弹簧工作时的支点。在离合器盖未装到飞轮 1 上时，膜片弹簧不受力，处于自由状态（见图12-10a），此时离合器盖与飞轮之间有一距离 L。当把离合器盖靠向飞轮时（见图 12-10b），支撑圈 5 压迫膜片弹簧，使之发生弹性变形（锥角变小）。这样，膜片弹簧的反弹力使其外缘对压盘及从动盘产生压紧力，从而使离合器处于压紧状态。分离离合器时，分离轴承 8 左移（见图 12-10c），膜片弹簧被压在支撑圈 7 上，膜片弹簧内缘前移，其径向截面以支撑圈为支点转动（膜片弹簧呈反锥形），其外缘通过分离钩 6 拉动压盘使离合器分离。

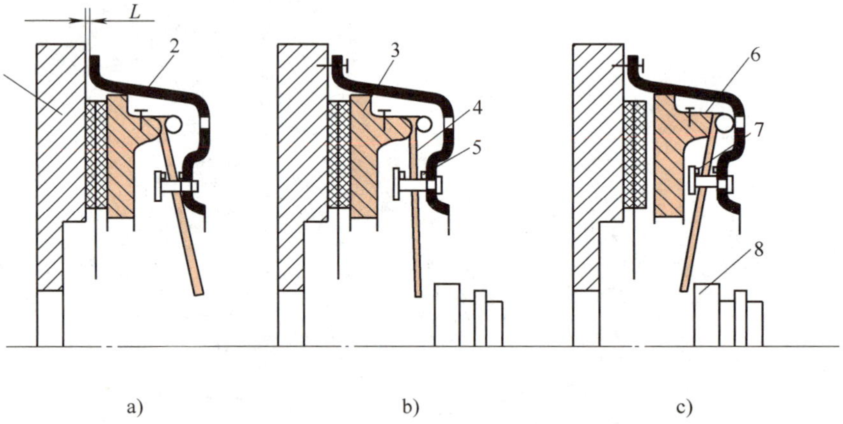

图 12-10 膜片弹簧离合器的工作原理

a）安装前的位置 b）接合位置 c）分离位置

1—飞轮 2—离合器盖 3—压盘 4—膜片弹簧 5、7—支撑圈 6—分离钩 8—分离轴承

由此可见，膜片弹簧兼起压紧弹簧及分离杠杆的双重作用，从而使离合器结构简化，并缩短了离合器的轴向尺寸。膜片弹簧离合器也属中央弹簧离合器。

膜片弹簧与螺旋弹簧的弹性特性曲线如图12-11所示。曲线 2 为螺旋弹簧弹性特性曲线，其压紧力与压缩变形量呈线性关系；曲线 1 为膜片弹簧弹性特性曲线，其压紧力与压缩变形量呈非线性关系。

假设新装配离合器时，两种弹簧的压紧力均为 F_a，压缩变形量均为相同的值。当摩擦衬片磨损量达到极限值 ΔL_2 时，膜片弹簧的压紧力 F_c 几乎等于 F_a，而螺旋弹簧的压紧力直线下降到 $F_{c'}$。分离离合器时，弹簧被进一步压缩变形。若变形量达最大值 ΔL_1 时，螺旋弹簧的弹簧力将达 $F_{b'}$，而膜片弹簧的弹簧力反而降到 F_b，即膜片弹簧分离时的作用力小于接合时的压力，膜片弹簧离合器操纵轻便。

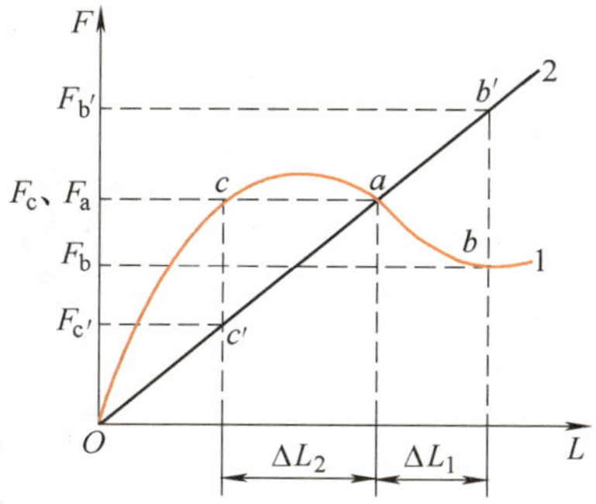

图 12-11　膜片弹簧与螺旋弹簧的弹性特性曲线

1—膜片弹簧　2—螺旋弹簧

ΔL_1—分离时弹性变形量

ΔL_2—磨损后弹簧伸长量

膜片弹簧在高速下不会因离心力产生弯曲而导致弹簧压紧力下降，即高速时压紧力稳定。

总之，膜片弹簧离合器具有结构简单、轴向尺寸小、弹性特性好、操纵轻便、压紧力分布均匀、摩擦衬片磨损均匀、弹力不受离心力影响等优点。因此在汽车（尤其是轿车）上得到了广泛的应用，例如一汽奥迪、红旗 CA7220、捷达、高尔夫、上海桑塔纳、南京依维柯、解放 CA1092 型载货汽车及北京切诺基越野汽车等均采用膜片弹簧离合器。

二、螺旋弹簧离合器

1. 单片螺旋弹簧离合器

东风 EQ1090E 型载货汽车装用的是单片摩擦式离合器，如图 12-12 所示。其结构特点如下：

离合器驱动是靠压盘 16 上的三个凸起，与离合器盖的窗口配合，通过传动片将离合器盖传来的发动机的动力传给压盘，驱动压盘转动。圆周分布 16 个螺旋弹簧。

为防止运动干涉，采用了支点移动、重点摆动的综合式防干涉机构。如图 12-13 所示，支撑柱 2 前端松插入压盘 7 相应的孔中，中部有方孔，后端用调整螺母 5 的球面支撑在离合器盖 1 相应的孔上。分离杠杆 6 的中部通过浮动销 4 支撑在方孔的平面 *A* 上，并用扭簧使它们靠紧。凹字形的摆动支撑片 3 用刀口支撑于分离杠杆外端和压盘凸块之间。这样就可利用浮动销在平面 *A* 上的滚动和摆动支撑片的摆动来消除运动干涉。这种方式结构简单，且分离杠杆的高度是通过螺母调整支点高度来调整的。

分离杠杆一般是由 4 个薄钢板冲压制成的，也有用特种铸铁铸造而成，分离杠杆要有足够的强度。单片离合器多用于中型或轻型载货汽车上。

2. 双片螺旋弹簧离合器

双片螺旋弹簧离合器的工作原理与单片螺旋弹簧离合器相同，不同的部分是多了一个压盘（称为中间压盘）和一个从动盘，还有压盘、中间压盘和从动盘分离彻底装置，即分离弹簧和限位螺钉，其工作情况如图 12-14 所示。

由于双片离合器采用两个从动盘和两个压盘，摩擦面积比单片离合器增加一倍，可传递较大的发动机转矩，因此应用在中、重型载货汽车上。

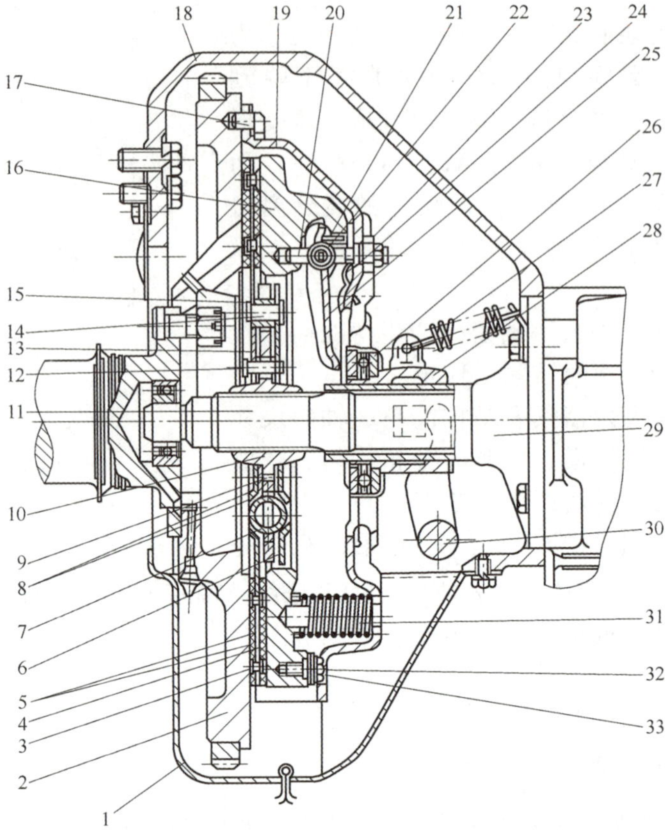

图 12-12 东风 EQ1090E 型载货汽车的单片摩擦式离合器

1—离合器壳底盖 2—发动机飞轮 3—摩擦片铆钉 4—从动盘本体 5—摩擦片 6—减振盘 7—减振器弹簧 8—减振器阻尼片 9—阻尼片铆钉 10—从动盘毂 11—变速器第一轴（离合器从动轴） 12—阻尼簧铆钉 13—减振器阻尼弹簧 14—从动盘铆钉 15—从动盘铆钉隔套 16—压盘 17—离合器盖定位销 18—飞轮壳 19—离合器盖 20—分离杠杆支撑柱 21—摆动支片 22—浮动销 23—分离杠杆调整螺母 24—分离杠杆弹簧 25—分离杠杆 26—分离轴承 27—分离套筒回位弹簧 28—分离套筒 29—变速器第一轴轴承盖 30—分离叉 31—压紧弹簧 32—传动片铆钉 33—传动片

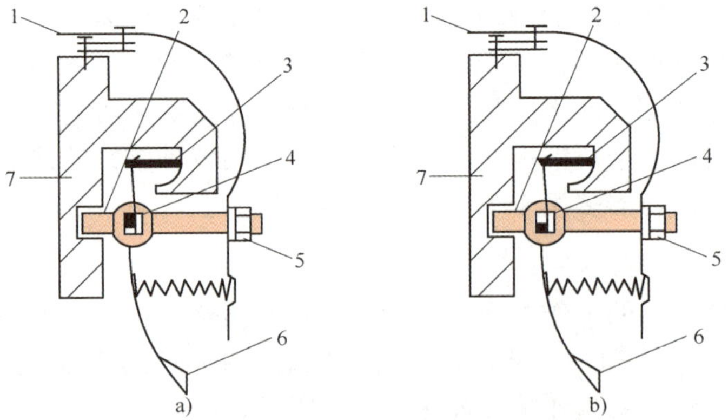

图 12-13 东风 EQ1090E 型载货汽车离合器的防干涉措施

1—离合器盖 2—支撑柱 3—摆动支撑片 4—浮动销 5—调整螺母 6—分离杠杆 7—压盘

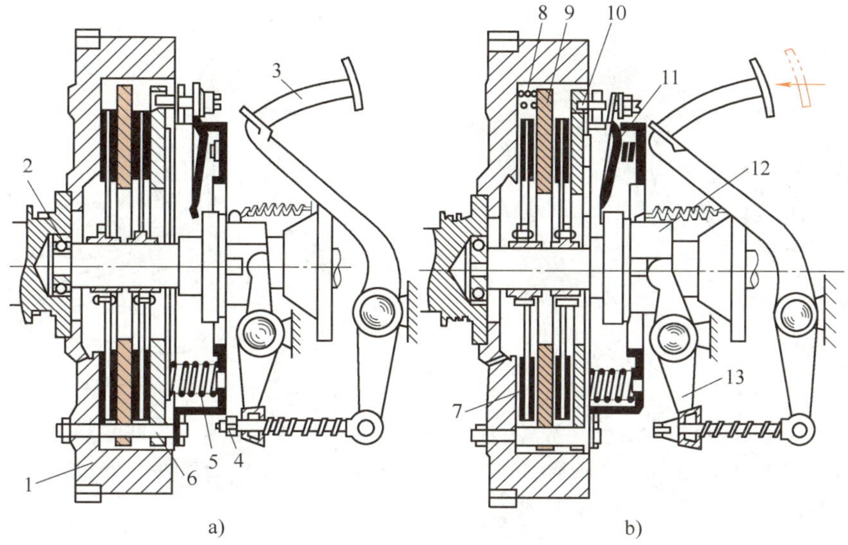

图 12-14　双片离合器的工作情况

a）接合　b）分离

1—飞轮　2—曲轴　3—离合器踏板　4—调整螺母　5—压紧弹簧　6—传动销　7—中间从动盘
8—压盘分离弹簧　9—中间压盘　10—隔热垫　11—分离杠杆　12—分离轴承　13—分离叉

第三节　离合器操纵机构

离合器操纵机构是驾驶人借以使离合器分离，而后又使之柔和接合的一套机构。它起始于离合器踏板，终止于飞轮壳内的分离轴承。本节主要介绍其中位于飞轮壳外面的部分。

按照分离离合器所需操纵能源的不同，离合器操纵机构可分为人力式和助力式两类。前者是以驾驶人的肌体作为唯一的操纵能源；后者则是以发动机驱动的空气压缩机产生的压缩空气作为主要操纵能源，而以人体作为辅助和后备的操纵能源。

一、人力式操纵机构

人力式操纵机构按所用传动装置形式的不同，分为机械式和液压式两种。

1. 机械式操纵机构

在机械式操纵机构中，广泛应用的是东风 EQ1090E 型汽车离合器所采用的杆系传动机构。如图 12-15 所示，杆系传动机构中节点较多，因而摩擦损失较大。此外其工作还会受到车身或车架变形的影响。对于后置发动机汽车的离合器的远距离操纵，其杆系较难布置。

另一种是如图 12-16 所示的汽车离合器所用的绳索式操纵机构。采用绳索传动可以消除上述缺点，但是绳索寿命较短，拉伸刚度较小，多用于轻型和微型汽车的离合器中。机械式操纵机构结构简单、成本低、故障少，但传动效率低，踏板行程损失过大。

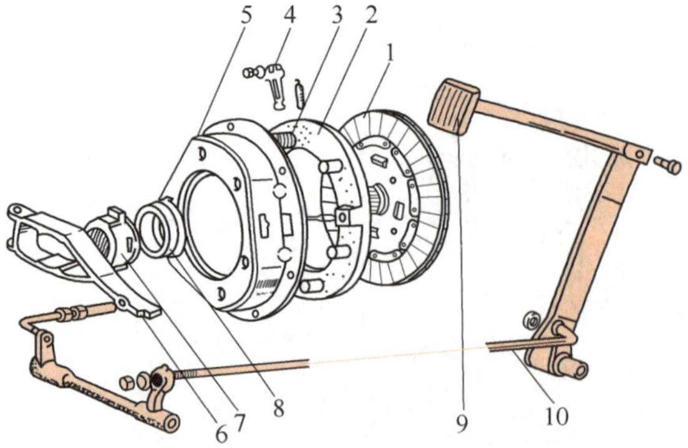

图 12-15 离合器操纵机构（杆系传动）

1—从动盘 2—压盘 3—压紧弹簧 4—分离杠杆 5—离合器盖 6—分离叉 7—套筒 8—分离轴承 9—踏板 10—拉杆

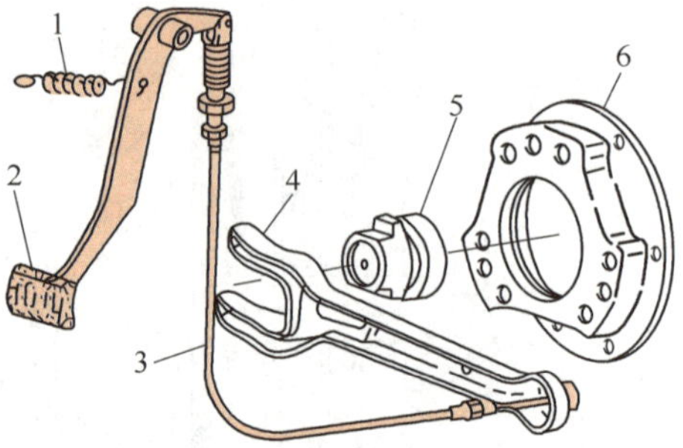

图 12-16 离合器操纵机构（绳索传动）

1—踏板回位弹簧 2—踏板 3—绳索 4—分离叉 5—分离轴承 6—离合器盖

2. 液压式操纵机构

液压式操纵机构主要由主缸 1、工作缸 7 及管路组成，如图 12-17 所示。液压式操纵机构具有摩擦阻力小、质量小、布置方便、接合柔和等特点，并且不受车身车架变形的影响，因而应用日趋广泛。

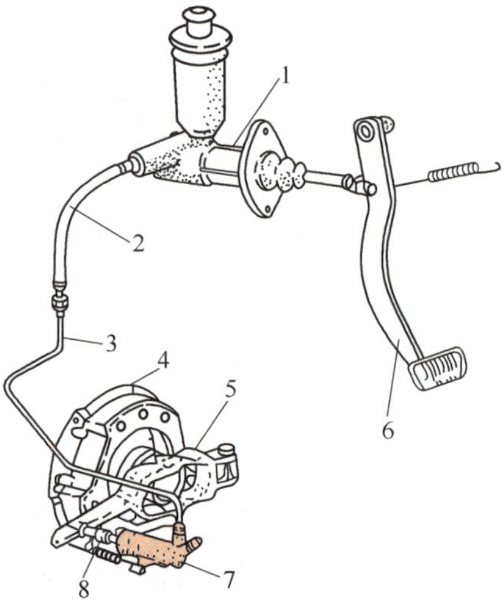

图 12-17 液压操纵机构

1—主缸 2—软管 3—硬管 4—离合器盖 5—分离叉 6—踏板 7—工作缸 8—推杆

（1）主缸 如图 12-18 所示，主缸借补偿孔 A、进油孔 B 与储油室相通。主缸体内装有活塞 3，活塞中部较细，使活塞右方的主缸内腔形成环形油室。活塞两端装有密封圈 2 与皮碗 5，顶部有沿圆周分布的六个小孔，活塞回位弹簧 6 将皮碗、活塞垫片 4 压向活塞，盖住小孔，形成单向阀，并把活塞推到最后位置，使皮碗位于补偿孔 A 与进油孔 B 之间，两孔均开放。

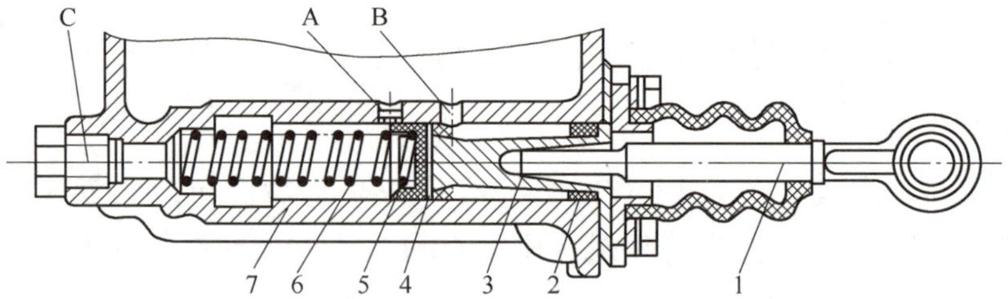

图 12-18 离合器主缸

1—推杆 2—密封圈 3—活塞 4—活塞垫片 5—皮碗 6—活塞回位弹簧 7—主缸体 A—补偿孔 B—进油孔 C—出油口

（2）工作缸 如图 12-19 所示，工作缸内装有活塞 4、皮碗 3 和活塞限位块 2。为防止活塞自工作缸体内脱出，在缸体右端装有挡环 5。工作缸体 1 左端装有进油管接头 9 与放气螺钉 8，当管路内有空气存在而影响离合器操纵时，可拧出放气螺钉 8 进行放气。

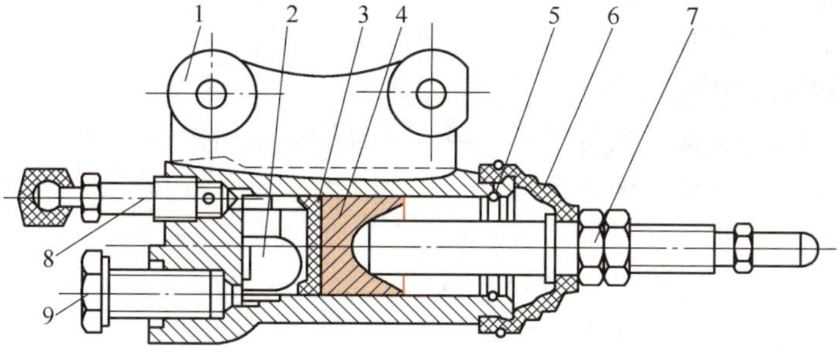

图 12-19 离合器工作缸

1—工作缸体 2—活塞限位块 3—皮碗 4—活塞 5—挡环 6—护罩 7—分离叉推杆总成 8—放气螺钉 9—进油管接头

当驾驶人踩下离合器踏板时，主缸推杆推动主缸活塞向左移动，主缸活塞回位弹簧被压缩。当皮碗将补偿孔 A 关闭后，管路中油压升高，在油压作用下，工作缸活塞右移，推动分离叉推杆也右移，使分离叉转动，从而带动分离轴承、分离套筒，使离合器分离。

当迅速放松离合器踏板时，主缸活塞回位弹簧使主缸活塞快速右移，由于管道中阻尼的影响，油液回流较迟缓，因而在主缸活塞的左腔会产生一定的真空度，这样在活塞前后腔压力差的作用下，少量油液经过进油孔 B（见图 12-18），推开活塞垫片所形成的单向阀，经 6 个小孔和皮碗的间隙流到活塞的左腔而填补真空。当原先已由主缸流到工作缸的油液重又流回主缸时，多余的油液可由补偿孔流回到储油室。同理，由于温度的变化引起系统内油液体积发生变化时，同样可通过补偿孔 A 适时地使系统中的油量得到调节，从而保证正常的油压和液压系统工作的可靠性。

一汽奥迪 100、红旗 CA7220 型轿车的离合器操纵机构与北京 BJ2020 型汽车离合器操纵机构基本相同。不同之处是使用单独的储液缸，并装有踏板助力总成，使离合器操纵更加轻便。

二、助力式操纵机构

1. 弹簧助力式操纵机构

图 12-20 所示为弹簧助力式离合器操纵机构示意图。助力弹簧 5 分别固定在支架板 7 和可转三角板 3 的两个支撑销上。可转三角板可绕销轴 4 转动。在离合器踏板完全放松、离合器处于接合状态时，助力弹簧的轴线位于可转三角板销轴的下方。踩下离合器踏板时，通过长度可调推杆 2 推动可转三角板 3 绕其销轴逆时针方向转动。此时，助力弹簧的拉力对销轴的力矩实际上是阻碍踏板和可转三角板运动的反力矩，该反力矩随着离合器踏板下移而减小。当可转三角板转到使助力弹簧轴线通过销轴中心时，弹簧反力矩为零。踏板继续下移到使助力弹簧的拉力对可转三角板销轴的力矩方向转为与踏板力对踏板轴的力矩方向一致时，就可起到助力作用。在踏板处于最低位置时，这一助力作用最大。

弹簧助力式操纵机构结构简单、工作可靠，但助力效果有限，一般只有踏板力的 20% ~30%，因此，这种助力机构只应用在载质量较小的汽车上。

2. 气压助力式操纵机构

在大型重型汽车上，由于分离离合器时踏板力很大，驾驶人难以操作，在这种情况下常采用气压助力式操纵机构。

气压助力式操纵机构利用外界气源压力来协助分离离合器，理论上不需要人的体力，人对离合器踏板的操纵只是为了控制离合器的分离和接合，因此在设计上助力器的动作应满足随动作用的要求，即作用于分离轴承上的力（或位移）和驾驶人加于踏板上的力（或位移）成确定的比例关系，还应保证在助力失效的情况下，离合器仍然能够由人力来操纵。

图 12-21 所示为液压系统的气压助力式操纵机构。当踩下离合器踏板时，主缸中产生油压，油分两路，一路到分缸可直接推动分离拨叉 6，另一路到助力器的控制部分，克服弹簧阻力推动柱塞 10 向右移动，关闭排气阀 16，打开进气阀 17，此时由储气筒 14 来的压缩空气通过进气阀 17 进入加力气缸 2，推动气缸活塞 1 向右，由气缸活塞推力加上前一路分缸油压直接产生的推力一起推动分离拨叉 6，使离合器分离。

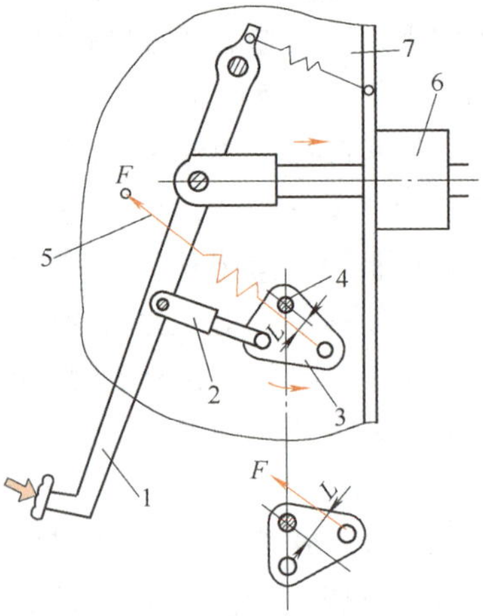

图 12-20 弹簧助力式离合器操纵机构示意图

1—离合器踏板 2—长度可调推杆 3—可转三角板 4—销轴 5—助力弹簧 6—主缸 7—支架板

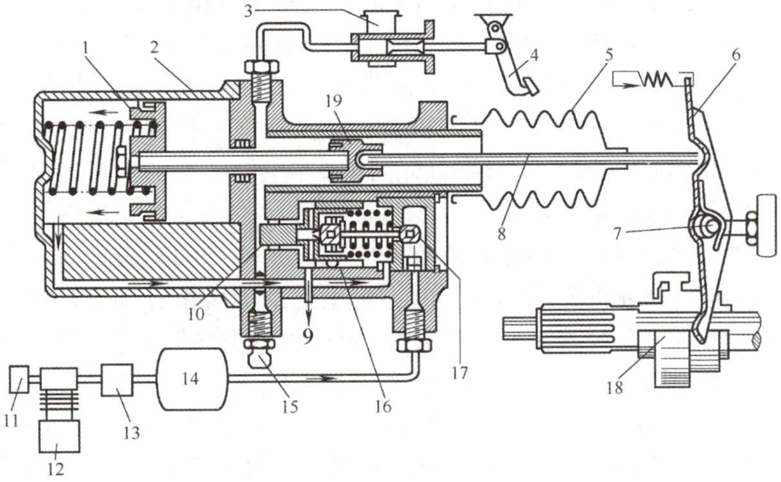

图 12-21 气压助力式操纵机构

1—气缸活塞 2—加力气缸 3—主缸 4—离合器踏板 5—防尘套 6—分离拨叉 7—球头支柱 8—推杆 9—排气口 10—柱塞 11—滤清器 12—空气压缩机 13—卸载阀 14—储气筒 15—放气螺钉 16—排气阀 17—进气阀 18—分离轴承 19—液压缸活塞

重型载货汽车多采用气压助力式离合器操纵机构。

延伸阅读

目前，干式离合器的从动盘摩擦盘主要应用的材料是碳纤维，但碳纤维离合器的寿命太短，对日常使用的车辆来说不太实用。采用陶瓷制作离合器，称为复合离合器（PCCB）。这种陶瓷复合离合器由碳纤维和金刚砂制成，它的外径仅有 169mm，直径根据需要可增大到 380mm。它不仅可减小离合器质量、增强耐磨性，还可提高寿命。

本章小结

摩擦离合器是靠摩擦传递动力的，其所能传递的最大转矩取决于摩擦面间的最大静摩擦力矩。摩擦离合器有两种常见结构，即膜片弹簧离合器和螺旋弹簧离合器。其中膜片弹簧离合器因具有结构简单、轴向尺寸小、弹性性能良好、能自动调节压紧力、操纵轻便、高速时压紧力稳定、分离杠杆平整不需调整等特点，在中、小型汽车上应用广泛。

离合器由主动部分、从动部分、压紧装置、分离机构和操纵机构五部分组成。主动部分在离合器保持接合状态时，与发动机曲轴同步转动，其压盘的驱动部位应具有传力、导向和定心的作用。从动部分普遍采用带扭转减振器的从动盘，以防止和消除传动系统共振，减少离合器接合时的冲击，保证动力传递平稳。压紧装置主要保证足够的压紧力，其弹性元件主要采用膜片弹簧和圆柱螺旋弹簧。分离机构要防止离合器分离时分离杠杆发生干涉。离合器的操纵机构主要保证离合器分离彻底、操纵轻便，一般小型车辆采用机械式和液压式，而在一些大型、重型汽车上则采用气压助力式操纵机构。

练习题

一、填空题

1. 摩擦离合器分为________和________两种。与手动变速器相配合的绝大多数离合器为________离合器，湿式摩擦式离合器一般采用________片式的，浸在油中以便于散热。

2. 摩擦离合器按其从动盘的数目，可分为________和________。

3. 膜片弹簧离合器的压紧与分离机构由________、________和________组成。

二、选择题

1. 当膜片弹簧离合器处于完全分离状态时，膜片弹簧将发生变形，其________。

   A. 锥顶角不变　B. 锥顶角为180°　C. 锥顶角为反向锥形

2. 手动档汽车所用的离合器中从动部分有________。

   A. 飞轮　B. 离合器盖　C. 从动盘　D. 压盘

3. 离合器传递的转矩与下列哪个因素无关________。

   A. 从动盘直径　B. 发动机转矩　C. 从动盘数目　D. 摩擦片材料

4. 离合器从动盘的摩擦片磨损后，离合器踏板自由行程________了。

   A. 减少　B. 增大　C. 不变　D. 据离合器类型而定

三、简答题

1. 汽车传动系统中为什么要装离合器？
2. 为何离合器从动部分的转动惯量要尽可能小？
3. 使双片离合器分离彻底应采取什么措施？
4. 膜片弹簧离合器有何优缺点？
5. 试以东风EQ1090E型汽车离合器为例，说明从动盘和扭转减振器的构造及工作原理。

12-答案

第十三章　手动变速器与分动器

学习目标

1. 理解变速器的功用和类型。
2. 掌握手动变速器的变速传动机构的构造与工作原理。
3. 熟悉惯性同步器的功用、构造及工作原理。
4. 掌握手动变速器操纵机构的类型、构造及安全锁止装置的原理。
5. 了解分动器的功用、安装位置和工作原理。

第一节　概　　述

一、变速器的功用与类型

1. 变速器的功用

汽车上广泛使用的活塞式发动机，其输出的转矩和转速变化范围很小，而汽车在行驶时所遇到的复杂道路条件和使用条件要求汽车驱动力和车速能在相当大的范围内变化。为此，在汽车传动系统中设置了变速器。

变速器的主要功用如下：

1）改变传动比，在较大范围内改变汽车的行驶速度和汽车驱动轮上的转矩，以适应经常变化的行驶条件，同时使发动机在有利（功率较高而耗油率较低）的工况下工作。

2）在汽车发动机旋转方向不变的前提下，利用倒档实现汽车倒向行驶。

3）在发动机不熄火的情况下，利用空档中断动力传递，且便于汽车起动、怠速、换档和动力输出。

2. 变速器的类型

（1）按传动比变化　变速器可分为有级式、无级式和综合式三种。

1）有级式变速器。具有若干个数值一定的传动比，传动比的变化呈阶梯式或跳跃式。有级式变速器应用最为广泛，传动方式采用齿轮传动（包括轴线固定的普通齿轮传动和部分齿轮轴线旋转的行星齿轮传动）。目前，轿车和轻、中型载货汽车装用的有级式变速器多为3~6个前进档和一个倒档。

2）无级式变速器。无级式变速器的传动比可以在一定数值范围内连续变化。有电力式和液力式无级变速器两种。传动部件分别为串励直流电动机和液力变矩器。

3）综合式变速器。综合式变速器也称为液力机械式变速器，由液力变矩器和齿轮式有级变速器组成，其传动比可以在最大值和最小值之间的几个间断的范围内做无级变化。目前应用较多。

（2）按操纵方式　变速器可分为强制操纵式变速器、自动操纵式变速器和半自动操纵式变速器三种。

1）强制操纵式变速器。靠驾驶人直接操纵变速杆换档。

2）自动操纵式变速器。传动比的选择和换档是自动进行的，驾驶人只需操纵加速踏板，变速器就可以根据发动机的负荷信号和车速信号来控制执行元件，实现档位的变换。

3）半自动操纵式变速器。分为两种：一种是部分档位自动换档，部分档位手动换档；另一种是预先按钮选定档位，在踩下离合器踏板或松开加速踏板时，由执行机构自动换档。

在多轴驱动的汽车上，还配有分动器，通过分动器可以将动力分别传到各驱动桥。

二、普通齿轮变速器的工作原理

普通齿轮变速器也称为定轴式变速器，它由一个变速器壳、轴线固定的几根轴和若干齿轮等零件组成，可实现变速、变矩和改变旋转方向。

1. 变速原理

如图13-1所示，一对齿数不同的齿轮啮合传动时，设主动齿轮2的转速为n_2，齿数为z_2，从动齿轮3的转速为n_3，齿数为z_3。若小齿轮带动大齿轮转动时，输出转速就降低了；若大齿轮驱动小齿轮时，输出转速即升高。在相同的时间内啮合的齿数相等，即$n_2z_2=n_3z_3$。齿轮传动的传动比为$i=n_2/n_3=z_3/z_2$。齿轮传动机构的传动比定义为主动齿轮的转速与从动齿轮的转速之比，它也等于从动齿轮的齿数与主动齿轮的齿数之比。

这就是齿轮传动的变速原理。汽车变速器就是根据这一原理利用若干大小不同的齿轮副传动而实现变速的。

由于$i=\frac{n_{输入}}{n_{输出}}=\frac{M_{输出}}{M_{输入}}$（$M$表示转矩），可见传动比既是变速比又是变矩比。降速则增矩，增速则降矩。汽车变速器就是利用这一关系通过改变速比来适应汽车行驶阻力变化的需要。

2. 换档原理

图 13-2a 所示的两对齿轮传动（1 和 2、3 和 4），输入轴Ⅰ与输出轴Ⅱ的转向相同，这是普通三轴式变速器前进档的传动情况。图 13-2b 所示的三对齿轮传动（1 和 2、3 和 5、4 和 5），输入轴Ⅰ与输出轴Ⅱ的转向相反，这是普通三轴式变速器倒档的传动情况。汽车变速器某一档位的传动比就是这一档位各级齿轮传动比的连乘积。

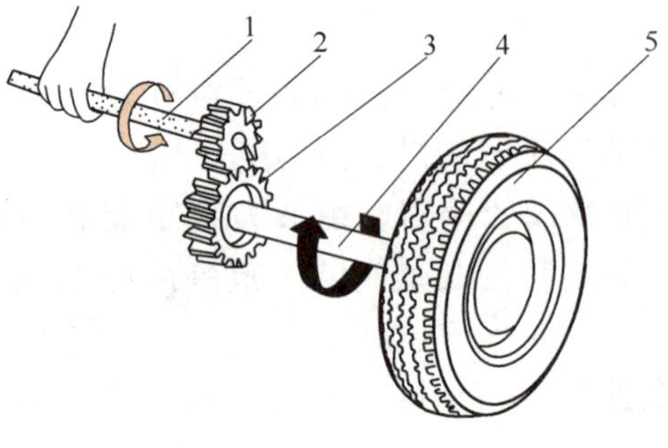

图 13-1　齿轮变速原理

1—主动轴　2—主动齿轮　3—从动齿轮　4—从动轴　5—车轮

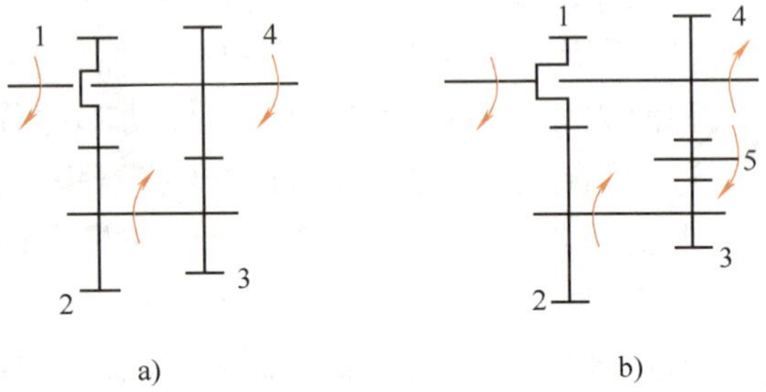

图 13-2　齿轮传动的转向关系

a）前进档　b）倒档

第二节　齿轮变速器的变速传动机构

普通齿轮变速器主要分为两轴式变速器和三轴式变速器，它们的组成均包括变速传动机构和操纵机构两部分。

一、两轴式变速器变速传动机构

在发动机前置前轮驱动（FF 方式）或发动机后置后轮驱动（RR 方式）的中级和普通级轿车上，由于总布置的需要，采用了两轴式变速器。这种变速器的特点是输入轴与输出轴平行，且无中间轴，各前进档的动力分别经一对齿轮传递。图 13-3 所示为奥迪 100 型轿车两轴式变速器，该变速器有五个前进档和一个倒档，所有档均采用锁环式惯性同步器换档。输入轴 2 通过一个球轴承和两个滚子轴承三点支撑在变速器前、后壳体 1 和 6 上。输出轴 20 则通过两个圆锥滚子轴承支撑在上述壳体上。离合器从动盘将动力传给变速器输入轴，驾驶人可通过变速器操纵机构，各档接合套及同步器挂上所需档位。

变速器输入轴与输入轴 1 档齿轮 5、2 档齿轮 7 和倒档齿轮 14 制成一体。输入轴 3 档齿轮 8、4 档齿轮 10 通过滚针轴承套在输入轴上，3、4 档同步器接合套 9 与输入轴花键配合。输入轴 5 档齿轮 12 与输入轴为过盈配合。以上这些构成了输入轴的主动部分。

输出轴与主减速器主动锥齿轮 25 制成一体，前端借圆锥滚子轴承支撑在变速器前壳体上，后端用小圆锥滚子轴承支撑在变速器后壳体上。中间装有五个前进档和一个倒档的从动齿轮（24、22、21、19、17 和 15）。1、2 档同步器和 5、倒档同步器的花键毂与该轴过盈配合，除 3、4 档齿轮（21、19）以花键与输出轴过盈配合外，其他各档齿轮均通过滚针轴承自由地松套在输出轴上。

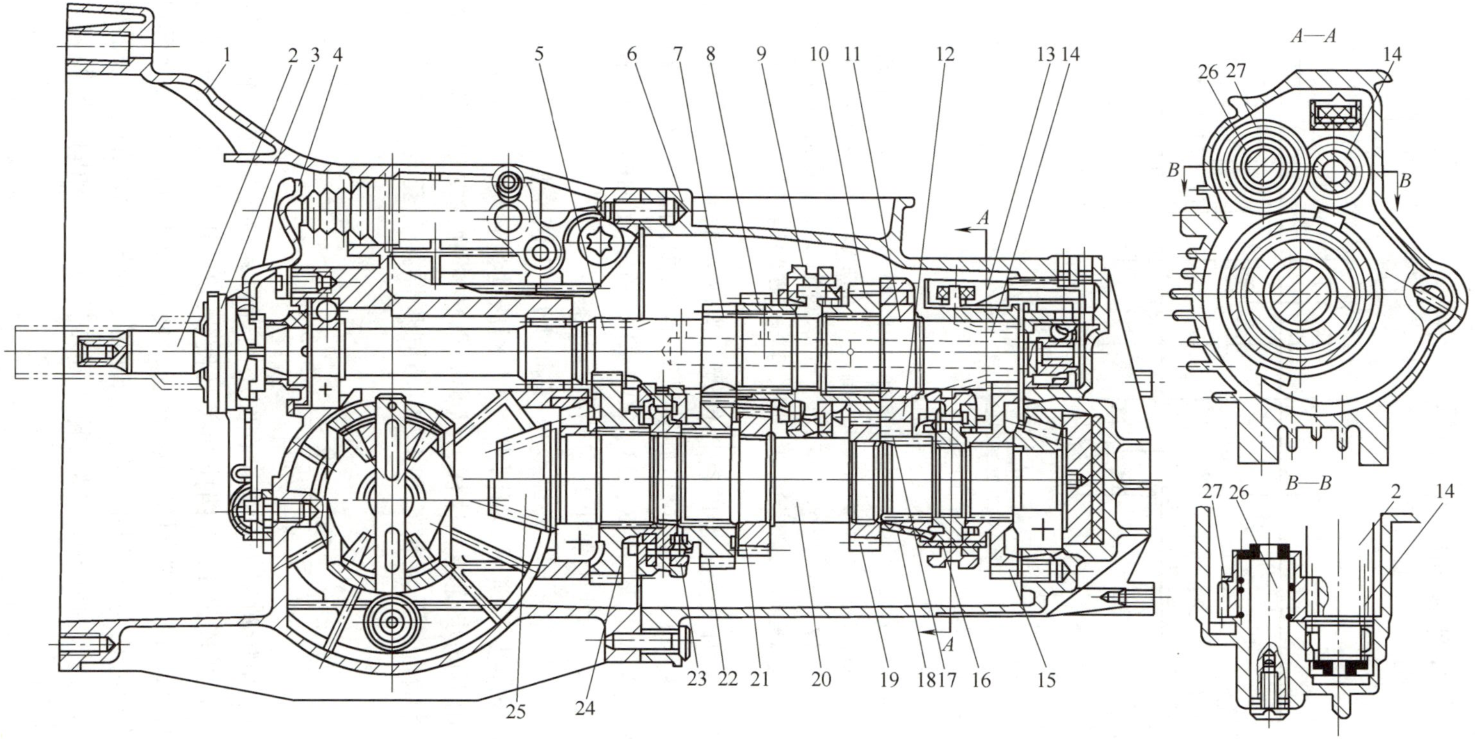

图 13-3 奥迪 100 型轿车两轴式变速器

1—变速器前壳体 2—输入轴 3—分离轴承 4—分离杠杆 5—输入轴 1 档齿轮 6—变速器后壳体 7—输入轴 2 档齿轮 8—输入轴 3 档齿轮 9、16、23—接合套 10—输入轴 4 档齿轮 11、18—隔离套 12—输入轴 5 档齿轮 13—集油器 14—输入轴倒档齿轮 15—输出轴倒档齿轮 17—输出轴 5 档齿轮 19—输出轴 4 档齿轮 20—输出轴 21—输出轴 3 档齿轮 22—输出轴 2 档齿轮 24—输出轴 1 档齿轮 25—主减速器主动锥齿轮 26—倒档中间轴 27—倒档中间齿轮

该变速器各个档位的齿轮均为斜齿圆柱齿轮，平时均处于常啮合状态。在各个档位接合或脱开时，全用同步器操纵。

两轴式变速器的动力传递路线如图13-4所示。

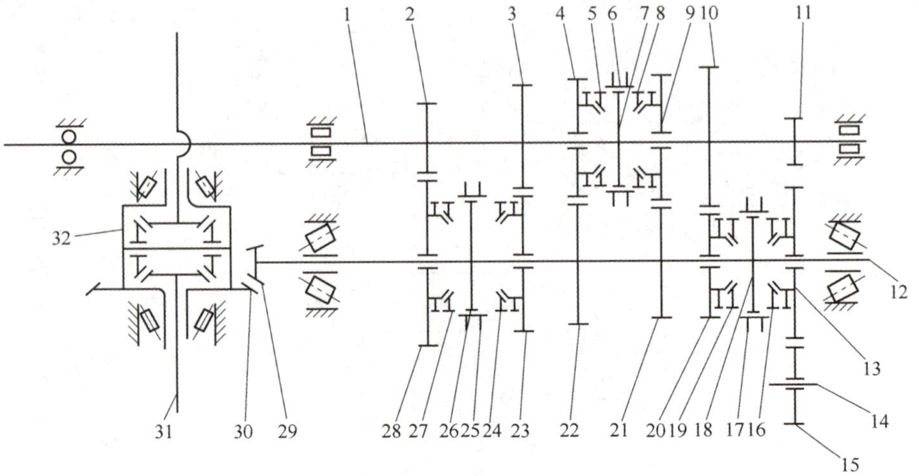

图13-4 两轴式变速器的动力传递路线

1—输入轴 2、3、4、9、10—1、2、3、4、5档主动齿轮 5、8、16、19、24、27—同步器锁环 6、17、25—同步器接合套 7、18、26—同步器花键毂 11、13—倒档主、从动齿轮 12—输出轴 14—倒档齿轮轴 15—倒档中间齿轮 20、21、22、23、28—5、4、3、2、1档从动齿轮 29—主减速器主动锥齿轮 30—主减速器从动锥齿轮 31—半轴 32—差速器壳体

（1）空档 图13-4所示为该变速器的空档位置。当输入轴1旋转时，1、2、5档及倒档的主动齿轮（2、3、10、11）与之同步旋转。3、4档主动齿轮（4、9）处于自由状态，1、2、5档和倒档的从动齿轮（28、23、20、13）随输入轴的旋转而在输出轴12上空转，输出轴不被驱动，汽车处于静止或空档滑行状态。

（2）1档 在空档位置的基础上，操纵变速杆通过1、2档换档拨叉使1、2档同步器接合套25左移，经1档同步器锁环27作用，使1档从动齿轮与1、2档同步器花键毂26在同步器接合套的作用下同步旋转。这样，从离合器传来的发动机转矩，经输入轴上的1档主动齿轮及与其常啮合的从动齿轮和1、2档同步器接合套与同步器花键毂传到输出轴，直至主减速器。

1档传动比为 $$i_1 = \frac{z_{28}}{z_2} = \frac{39}{11} = 3.545$$

式中，z为齿轮的齿数，下角标数字表示齿轮在图中的标号，以下同此，不再说明。

（3）2档 在1档位置时通过1、2档换档拨叉使1、2档同步器接合套右移，退出1档进入空档。继续向右推动1、2档同步器接合套，使1、2档同步器接合套借同步器锁环24作用，使2档从动齿轮与该档同步器花键毂同步旋转。发动机传来的转矩经输入轴上的2档主动齿轮及与其常啮合的从动齿轮、同步器接合套和同步器花键毂传到输出轴，直至主减速器。

2档传动比为 $$i_2 = \frac{z_{23}}{z_3} = \frac{40}{19} = 2.105$$

（4）3 档　在空档位置时操纵 3、4 档换档拨叉推动 3、4 档同步器接合套 6 左移，经 3 档同步器锁环 5 作用，使 3 档主动齿轮与 3、4 档同步器花键毂 7 同步旋转，来自发动机的转矩从输入轴上的 3、4 档同步器花键毂，经该档同步器接合套和 3 档主动齿轮传到与它常啮合的 3 档从动齿轮 22，再经花键传给输出轴，直至传到主减速器。

3 档传动比为　$i_3 = \frac{z_{22}}{z_4} = \frac{39}{30} = 1.300$

（5）4 档　在 3 档位置时通过换档拨叉使 3、4 档同步器接合套右移，退出 3 档进入空档。继续向右移动 3、4 档同步器接合套，经 4 档同步器锁环 8 的作用，使 4 档主动齿轮与该档同步器花键毂同步旋转。来自发动机的转矩，从输入轴上的 3、4 档同步器花键毂，经该同步器接合套和 4 档主动齿轮，直至与之常啮合的 4 档从动齿轮 21，再经花键传给输出轴，直至主减速器。

4 档传动比为　$i_4 = \frac{z_{21}}{z_9} = \frac{33}{35} = 0.943$

（6）5 档　在空档位置时用 5 档、倒档拨叉将 5 档、倒档同步器接合套 17 左移，经 5 档同步器锁环 19 作用，使 5 档从动齿轮 20 与该档同步器花键毂 18 同步旋转，则来自发动机的转矩从输入轴上的 5 档主动齿轮及与之常啮合的 5 档从动齿轮、同步器接合套和花键毂经花键传到输出轴，直至主减速器。

5 档传动比为　$i_5 = \frac{z_{20}}{z_{10}} = \frac{30}{38} = 0.789$

（7）倒档　变速器在输入轴与输出轴之间增设一个倒档齿轮轴 14（两端支撑在变速器后壳体上）和一个倒档中间齿轮（惰轮）15（通过滚针轴承松套在该轴上），介于倒档主动齿轮 11 和倒档从动齿轮 13 之间，并与其处于常啮合状态。

若需要挂入倒档，只能在汽车处于静止时才能挂入。如果汽车正在前进行驶，就必须使变速杆处于空档位置，并且待停稳后，方能挂入倒档。这是因为变速器设有倒档锁止机构，防止汽车在前进中误挂入倒档而造成事故。

挂倒档时，用 5 档、倒档拨叉将该档同步器接合套 17 右移，在倒档同步器锁环 16 的作用下，使该同步器花键毂与倒档从动齿轮同步旋转，则来自发动机的转矩从输入轴上的倒档主动齿轮 11 经倒档中间齿轮 15，传到倒档从动齿轮 13，再经该档同步器花键毂 18 和它与输出轴配合的花键，传至输出轴，这时传出的转矩与其他各档传出的转矩方向相反，直至主减速器，汽车变速器挂入倒档。

倒档传动比为　$i_R = \frac{z_{13}}{z_{11}} = \frac{35}{10} = 3.500$

倒档传动比之所以比各前进档（除 1 档外）的传动比大，是考虑倒车行驶的安全，希望倒车时速度尽可能低些。

变速器传动效率高，换档迅速，操纵轻便，同时也减少了接合时齿轮的冲击和噪声。因为只有输入、输出两根轴传动，故没有直接档。一些零件具有一件多功能的特点，使零件数量较少，结构紧凑，但对制造工艺要求较高。例如，花键与花键毂配合，齿轮与输入轴为一体等处，给加工制造方面带来一定困难，必须经过特殊工艺加工才能达到要求。

该变速器中的齿轮及轴承采用飞溅式润滑，使用 GL—4 齿轮油，无需更换。齿轮油通过变速器后端的油槽及变速器壳体的钻油孔，进入输入轴后端的带导油套的滚针轴承以及输出轴后端的圆锥滚子轴承里。3、4 档主动齿轮滚针轴承的润滑，是通过输入轴后部的空心并在该轴承处开有径向油孔，在轴的前部 1、2 档主动轮之间还开有泄油孔，以保证齿轮油的顺畅流通。

红旗 CA7220 和捷达、高尔夫、上海桑塔纳、富康等轿车均装用两轴式变速器。

二、三轴式变速器变速传动机构

三轴式变速器主要由一个输入轴、一个输出轴、一个中间轴、一个倒档轴和各轴上的齿轮及换档元件组成，是轻、中型货车上广泛采用的传统结构形式。

图 13-5 所示为东风 EQ1090E 型汽车使用的三轴五档变速器。它的 1、倒档采用直齿滑动齿轮换档，2 ~ 5 档均采用锁销式同步器换档。

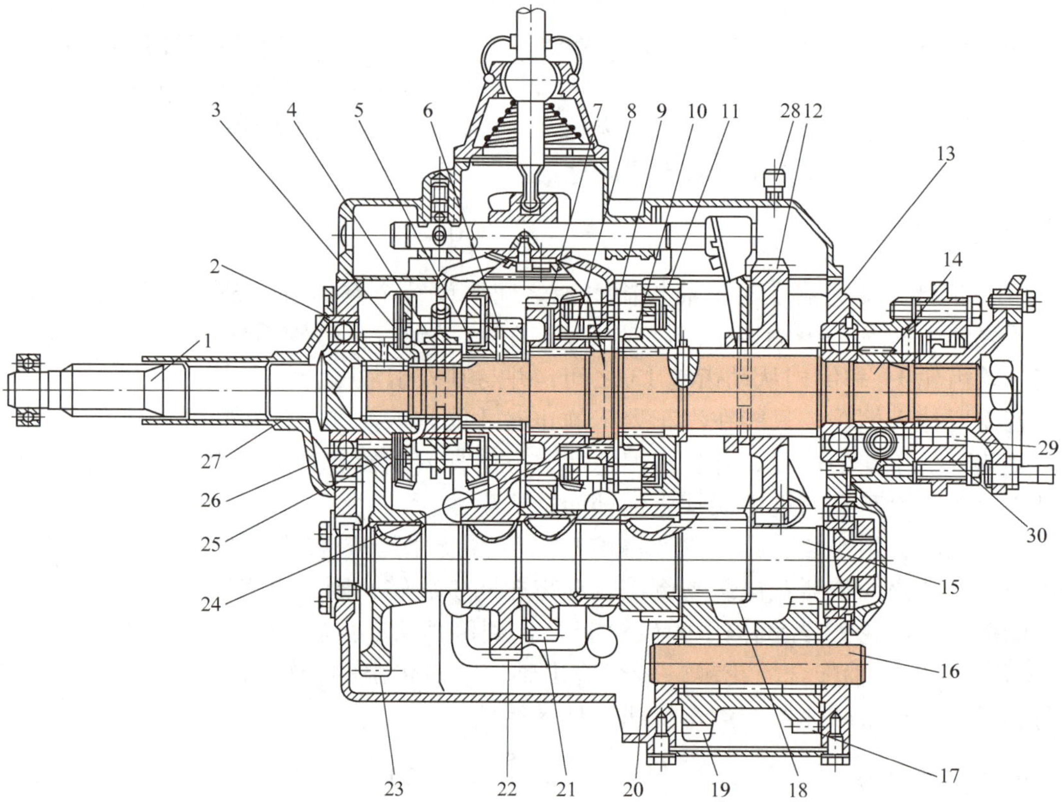

图 13-5 东风 EQ1090E 型汽车的变速器

1—输入轴 2—输入轴常啮合传动齿轮 3—第一轴齿轮接合齿圈 4、9—接合套 5—4 档齿轮接合齿圈 6—输出轴 4 档齿轮 7—输出轴 3 档齿轮 8—3 档齿轮接合齿圈 10—2 档齿轮接合齿圈 11—输出轴 2 档齿轮 12—输出轴 1、倒档滑动齿轮 13—变速器壳体 14—输出轴 15—中间轴 16—倒档轴 17、19—倒档中间齿轮 18—中间轴 1、倒档齿轮 20—中间轴 2 档齿轮 21—中间轴 3 档齿轮 22—中间轴 4 档齿轮 23—中间轴常啮合传动齿轮 24、25—花键毂 26—第一轴轴承盖 27—轴承盖回油螺纹 28—通气塞 29—车速里程表传动齿轮 30—中央制动器底座

各档的动力传递路线如图 13-6 所示。

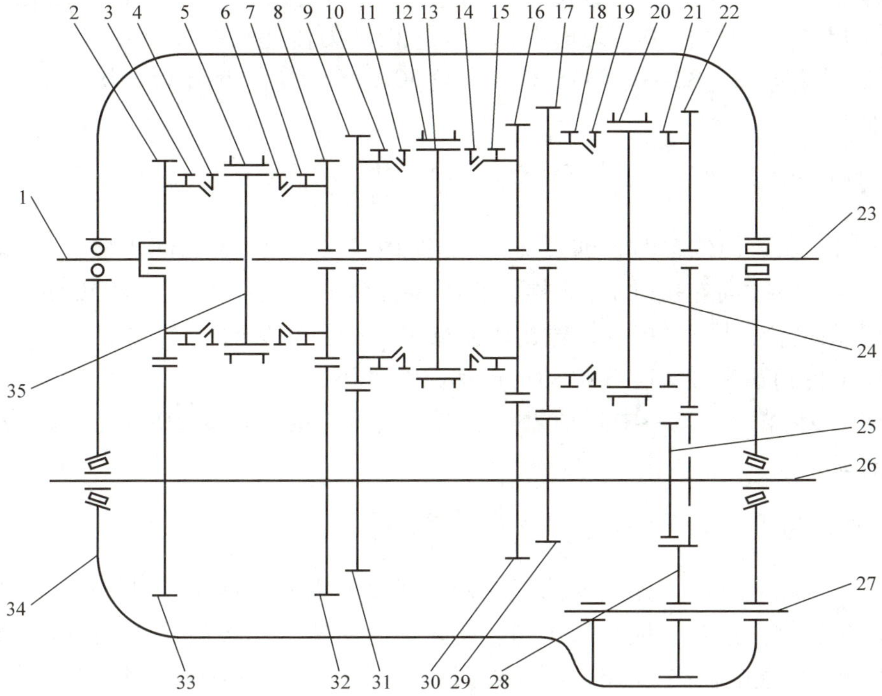

图 13-6　三轴式变速器的动力传递路线

1—输入轴　2—输入轴常啮合齿轮（4 档齿轮）　3、7、10、15、18、21—4、5、3、2、1、倒档接合齿圈　4、6、11、14、19—同步器锁环　5、12、20—同步器接合套　8、9、16、17、22—输出轴 5、3、2、1、倒档齿轮　13、24、35—同步器花键毂　23—输出轴　25、29、30、31、32、33—中间轴倒档、1、2、3、5、4 档齿轮　26—中间轴　27—倒档轴　28—倒档中间齿轮　34—变速器壳体

（1）空档　图 13-6 所示为该变速器的空档位置。当输入轴 1 旋转时，输入轴常啮合齿轮 2 通过与之常啮合的中间轴齿轮 33 驱动中间轴 26，中间轴上各档齿轮 25、29、30、31、32 与之同步旋转，且带动与它们常啮合的 28、17、16、9、8 齿轮空转。输出轴不被驱动，汽车处于静止或空档滑行状态。

（2）1 档　在空档时，操纵变速杆通过 1、倒档换档拨叉使 1、倒档同步器接合套 20 左移，经 1 档同步器锁环 19 作用，接合套 20 与 1 档接合齿圈 18 接合，第二轴空转的 1 档齿轮 17 通过 1 档同步器花键毂 24 将发动机转矩传到输出轴 23。1 档动力传递路线如下：

输入轴 1→齿轮 2、33→中间轴 26→齿轮 29、17→接合齿圈 18→接合套 20→花键毂 24→输出轴 23

传递路线中→表示动力传递途径和方向，以下同此，不再说明。

1 档传动比为　$$i_1=\frac{z_{33}}{z_2}\times\frac{z_{17}}{z_{29}}=\frac{38}{21}\times\frac{40}{13}=5.568$$

式中，z 为齿轮齿数，下角标数字表示齿轮在图中标号，以下同此，不再说明。

（3）2 档　通过 1、倒档换档拨叉使 1、倒档同步器接合套 20 右移，退 1 档至空档。

操纵变速杆通过2、3档换档拨叉使2、3档同步器接合套12右移，经2档同步器锁环14作用，接合套12与2档接合齿圈15接合，输出轴空转的2档齿轮16通过2、3档同步器花键毂13将发动机转矩传到输出轴23。2档动力传递路线如下：

输入轴1→齿轮2、33→中间轴26→齿轮30、16→接合齿圈15→接合套12→花键毂13→输出轴23

2档传动比为
$$i_2=\frac{z_{33}}{z_2}\times\frac{z_{16}}{z_{30}}=\frac{38}{21}\times\frac{36}{23}=2.832$$

（4）3档 在2档位置时，通过2、3档换档拨叉使2、3档同步器接合套12左移，退2档至空档。继续向左推动2、3档同步器接合套12，经3档同步器锁环11作用，接合套12与3档接合齿圈10接合，输出轴空转的3档齿轮9通过2、3档同步器花键毂13将发动机转矩传到输出轴23。3档动力传递路线如下：

输入轴1→齿轮2、33→中间轴26→齿轮31、9→接合齿圈10→接合套12→花键毂13→输出轴23

3档传动比为
$$i_3=\frac{z_{33}}{z_2}\times\frac{z_9}{z_{31}}=\frac{38}{21}\times\frac{28}{31}=1.634$$

（5）4档 同上所述，先退3档至空档。通过操纵机构使4、5档同步器接合套5左移与4档接合齿圈3接合，换入第4档。此时动力由输入轴经齿轮2、接合齿圈3、接合套5和花键毂35直接输出轴23，不再经过中间轴上的中间齿轮传动，故该档位称为直接档，传动比为1。4档动力传递路线如下：

输入轴1→齿轮2→接合齿圈3→接合套5→花键毂35→输出轴23

4档传动比为
$$i_4=1$$

（6）5档 通过操纵机构使4、5档同步器接合套5右移与5档接合齿圈7接合，换入第5档。动力便可以从输入轴依次经过齿轮2、33、中间轴26、齿轮32、8、接合齿圈7、接合套5和花键毂35，最后传给输出轴23。5档动力传递路线如下：

输入轴1→齿轮2、33→中间轴26→齿轮32、8→接合齿圈7→接合套5→花键毂35→输出轴23

5档传动比为
$$i_3=\frac{z_{33}}{z_2}\times\frac{z_8}{z_{32}}=\frac{38}{21}\times\frac{18}{41}=0.794$$

5档传动比小于1，变速器输出轴转速高于发动机转速，故称为超速档，其主要用于在良好路面上轻载或空车驾驶的工况，以提高汽车的燃油经济性。

（7）倒档 为实现汽车的倒退行驶，在输出轴与中间轴侧面空间位置上设置倒档轴27（图中按惯例采用展开画法，将倒档轴画在中间轴的下方）。倒档中间齿轮28空套在该轴上，与输出轴倒档齿轮22及中间轴倒档齿轮25均为常啮合齿轮。在汽车静止，欲挂倒档时，使接合套20右移，与输出轴倒档齿轮接合齿圈21接合。动力从输入轴经齿轮2、33、中间轴26、齿轮25、28、22、接合齿圈21、接合套20、花键毂24传到输出轴23。由于增加了一个倒档中间齿轮，故输出轴的旋转方向与输入轴相反，汽车实现倒退行驶。倒档动力传递路线如下：

输入轴1→齿轮2、33→中间轴26→齿轮25、28、22→接合齿圈21→接合套20→花

键毂 24→输出轴 23

倒档传动比为　$i_R=\frac{z_{33}}{z_2}\times\frac{z_{28}}{z_{25}}\times\frac{z_{22}}{z_{28}}=\frac{z_{33}}{z_2}\times\frac{z_{22}}{z_{25}}=\frac{38}{21}\times\frac{36}{13}=5.011$

自动脱档是变速器的常见故障之一，特别是直接档，输入、输出轴同轴度误差稍大，就易脱档。所以有些变速器在齿轮上采取了防止自动脱档的结构。

1）超越啮合，如图 13-7a 所示，即挂档时，接合套的齿超过齿轮接合齿 1 ~ 3mm。超越啮合的齿在使用中因接合齿的挤压和磨损，在接合齿上形成凸肩，阻止接合套的自动脱档。

2）将接合套齿座上前齿圈的齿厚切薄（0.3 ~ 0.6mm），如图 13-7b 所示。这样，挂档后的接合套的后端面便被后齿圈的前端面挡住，从而减小了自动脱档的可能。

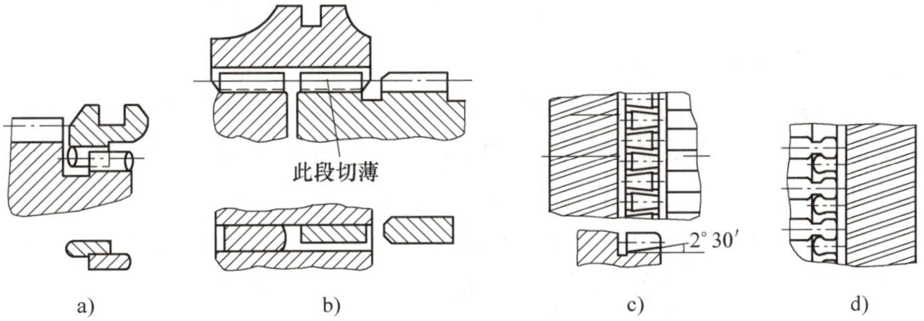

图 13-7　防止自动脱档结构措施

a）超越啮合　b）齿面切薄　c）锥形齿　d）台阶齿

3）将接合齿的工作面加工成斜面，形成锥角（一般为 2° ~ 3°），如图 13-7c 所示；或做成台阶齿，如图 13-7d 所示；工作中作用于接合齿斜面上的轴向分力将阻止脱档。

汽车变速器轴承虽都属于标准轴承，但对于变速器输入和输出轴轴承在变速器箱体处的定位安装方式，要依据汽车变速器结构的特点，确保输入、输出轴的安装、定位方便。对于常用的滚珠轴承，一般用在轴承外座圈上带有卡圈 1 的特定轴承，如图 13-8 所示。利用卡圈端面贴在箱体，再由轴承盖压住轴承外座圈的后端面使轴及轴承定位。

变速器箱体和发动机的飞轮壳体若是分别加工制造，要通过螺栓把变速器和发动机组装在一起。组装时，变速器的输入轴前端要插入飞轮孔内的导向轴承中，此时一定要保证变速器输入轴和发动机曲轴的同轴度，否则会造成轴承早期损坏并产生噪声。为此，由结构、工艺保证，利用输入轴轴承盖的外圆 *A* 和与轴承相配合的内孔 *B*（见图 13-8）的同心度，以及利用与轴承盖外圆安装配合的飞轮壳孔及飞轮壳上的定位销等同心工艺措施，最终确保变速器第一轴和发动机曲轴同轴。

变速器润滑方式有两种：飞溅润滑和压力润滑。一般变速器都采用飞溅润滑。中间轴上的齿轮，部分浸在油底壳的油中，润滑油被中间轴上的齿轮带动进入与它相啮合的输入轴和输出轴上的常啮合齿轮，输入、输出轴上的常啮合齿轮上有径向孔，而大的齿轮轮毂上有斜孔，通过这些孔把润滑油引导到齿轮的支撑面润滑轴承、衬套等，另外靠

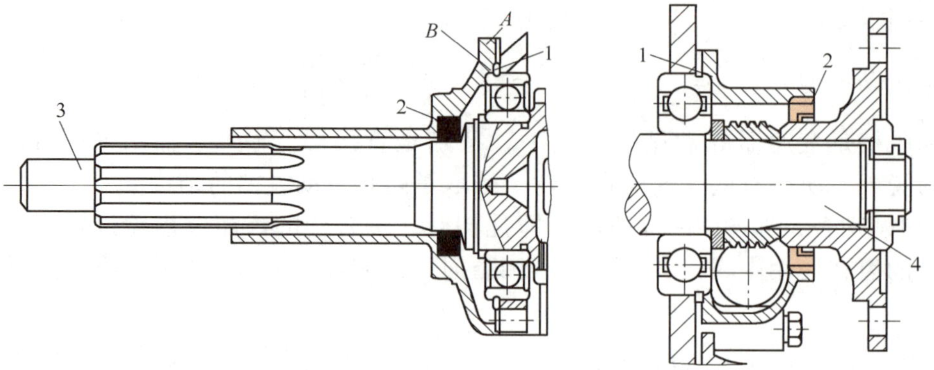

图 13-8　齿轮轴承定位及密封圈

1—卡圈　2—皮碗密封圈　3—输入轴　4—输出轴

飞溅去润滑接合齿及换档机构等。

对于重型变速器，有时需另外增加压力润滑，它通常用于润滑特别关键的地方，如输出轴的轴承等支撑面。压力润滑有专用的油泵，它一般布置在变速器后端由中间轴驱动，油泵从油底壳中经滤清器、吸油口取油，通过专门的油道将一定压力的润滑油经油道进入输出轴尾端的导流环，从导流环出来，经十字孔进入输出轴的中心长油孔中，再经过输出轴上的径向孔进到支撑面，润滑轴承等主要的润滑面处。

三、组合式变速器

为保证重型汽车具有良好的动力性、经济性和加速性，要求变速器有较多的档数，以扩大传动比的范围，所以常采用两个变速器串联的方式构成组合式变速器。

在两个串联的变速器中，其中一个为档数较多且有倒档的主变速器，另一个为只有一个直接档和一个低速档的副变速器。副变速器低速档传动比较大时，多置于主变速器之后，以利于减小主变速器的质量和尺寸。若副变速器低速档传动比较小，则将其放在主变速器之前。

若主变速器各档传动比间隔较小，而副变速器的低速档传动比又较大时，由副变速器高、低速两档传动比分别与主变速器各档传动比搭配而组成高、低两段传动比范围，这种配档方式称为分段式配档。它仅在 4、5 档间换档时需要操纵副变速器。当主变速器各档传动比较大，而副变速器低速档传动比又较小时，组合得到的传动比均匀地插入主变速器各档传动比之间，这种配档方式称为插入式配档，它需要主、副变速器交替换档。

图 13-9 所示为斯太尔重型汽车采用的装有后置副变速器的 ZFS6—90 型组合变速器传动机构示意图。它在主变速器Ⅰ（五档变速器）的后面串联安装了一个两档副变速器Ⅱ，可得到 10 个前进档。在主变速器Ⅰ中，除倒档采用直齿轮传动外，其余各档均采用斜齿轮传动。2～5 档采用同步器换档，而 1 档和倒档采用的是接合套换档。它的副变速器使用了行星齿轮减速机构，其高速档（直接档）和低速档采用同步器换档。当同步器接合套 17 左移并与固定外齿圈 16 接合时，行星齿轮内齿圈 15 被固定而不能转动，则副变速器挂入低速档。当接合套 17 右移并与副变速器高速档齿圈 18 接合时，行星齿轮

轴 14、输出轴 19、行星齿轮内齿圈 15 与副变速器输入轴齿轮 20 固连在一起而同步旋转，则副变速器挂入高速档。

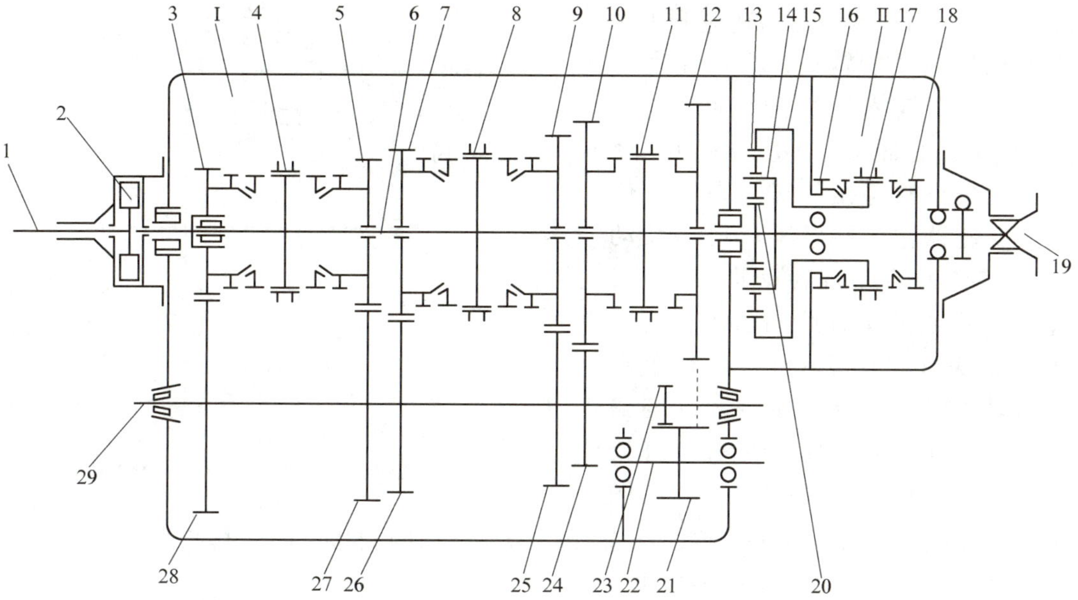

图 13-9 斯太尔重型汽车 ZFS6—90 型组合变速器（装有后置副变速器）传动机构示意图

1—输入轴 2—润滑油泵 3—输入轴常啮合齿轮 4—4、5 档同步器接合套 5—输出轴 4 档常啮合齿轮 6—输出轴 7—输出轴 3 档常啮合齿轮 8—2、3 档同步器接合套 9—输出轴 2 档常啮合齿轮 10—输出轴 1 档常啮合齿轮 11—1、倒档接合套 12—输出轴倒档齿轮 13—副变速器行星齿轮 14—行星齿轮轴 15—行星齿轮内齿圈 16—固定外齿圈 17—副变速器高、低速档同步器接合套 18—副变速器高速档齿圈 19—副变速器输出轴 20—副变速器输入轴齿轮 21—倒档齿轮 22—倒档轴 23—中间轴倒档齿轮 24—中间轴 1 档齿轮 25—中间轴 2 档齿轮 26—中间轴 3 档齿轮 27—中间轴 4 档齿轮 28—中间轴常啮合齿轮 29—中间轴

Ⅰ—主变速器 Ⅱ—副变速器

润滑油泵 2 由输入轴 1 直接驱动，并通过输入轴和输出轴 6 中的中心油道，润滑输出轴上的常啮齿轮 5、7、9、10、12 的内孔与输出轴的配合表面以及副变速器中的行星齿轮轴 14。有的重型货车为了得到更多的档位，在主变速器的前、后都装有副变速器。目前，副变速器多与主变速器制成一体。由于用两根变速杆进行操作很不方便，单独布置的副变速器很少应用。

第三节 同 步 器

一、无同步器换档过程

图 13-10 所示为无同步器变速器的 4、5 档结构简图。

1. 低档换高档（4 档换 5 档）

变速器在 4 档工作时，接合套 3 与输出轴 4 档齿轮 4 上的接合齿圈啮合，两者接合齿圆周速度 $v_3 = v_4$。欲换入 5 档时，驾驶人先踩下离合器踏板，分离离合器，再通过变速器操纵机构将接合套左移，使变速器处于空档位置（图示位置）。此瞬间仍是 $v_3=v_4$，因4档齿轮的转速低于输入轴5档齿轮2的转速，圆周速度 $v_4<v_2$。所以在换入空档的瞬间，$v_3<v_2$，为避免齿轮冲击，不应立即换入5档，应先在空档停留片刻。在空档位置时，变速器输入端各零件已与发动机中断了动力传递且转动惯量较小，再加上中间轴齿轮有搅油阻力，所以 v_2 下降较快（见图13-11a）；整个汽车的转动惯性大，导致接合套（与输出轴转速相同）的圆周速度 v_3 下降较慢。因图13-11a中两直线 v_3、v_2 的倾斜度不同而相交，交点 A 即为同步状态（$v_2=v_3$）。此时将接合套左移与5档齿轮上的齿圈啮合挂入5档，不会产生齿轮冲击。

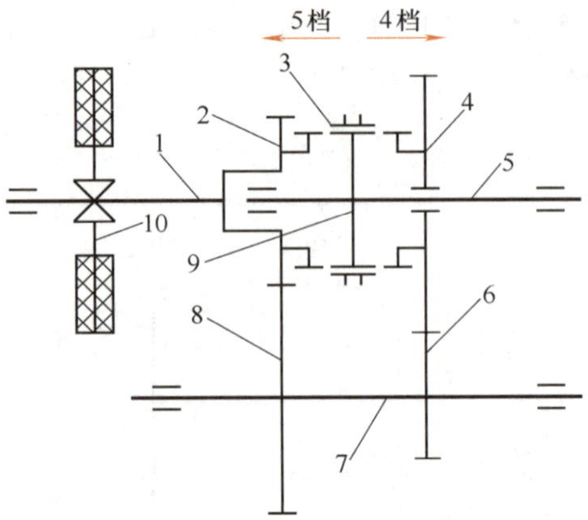

图13-10 无同步器变速器的4、5档结构简图

1—输入轴 2—输入轴5档齿轮 3—接合套 4—输出轴4档齿轮 5—输出轴 6—中间轴4档齿轮 7—中间轴 8—中间轴5档齿轮 9—花键毂 10—离合器从动盘

2. 高档换低档（5档换4档）

变速器在5档工作时以及由5档换入空档的瞬间，接合套与5档齿轮接合齿圈圆周速度相同，即 $v_3=v_2$，由前述可知 $v_2>v_4$，故 $v_3>v_4$（见图13-11b）。但在空档时 v_4 下降得比 v_3 快，即直线 v_4 与 v_3 不会出现相交点，不可能达到自然同步状态。所以驾驶人应在变速器退到空档后，立即抬起离合器踏板，同时踩一下加速踏板，使发动机连同离合

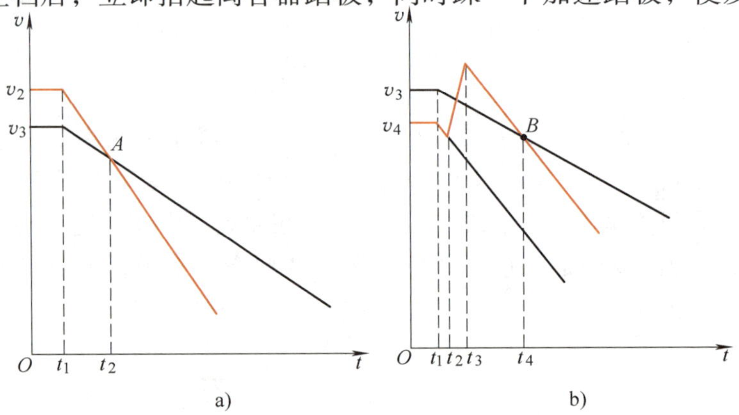

图13-11 无同步器变速器的换档过程

a）低档换高档

v_2—5档齿轮圆周速度 v_3—接合套圆周速度

t_1—圆周速度开始下降时间 t_2—同步时间 A—同步时机

b）高档换低档

v_3—接合套圆周速度 v_4—4档齿轮圆周速度

t_1—圆周速度开始下降时间 t_2—加空油时间 t_3—4档齿轮圆周速度达最大时间 t_4—同步时间 B—同步时机

器从动盘 10 和输入轴 1 都开始升速，让 $v_4 > v_3$ 再踩下离合器踏板稍等片刻，$v_3 = v_4$（同步点 B），即可平顺换入 4 档（见图 13-11b）。

由此可见，欲使一般变速器换档时不产生齿轮冲击，需采取较复杂的操作，不仅易使驾驶人产生疲劳，而且降低了齿轮的使用寿命，因此产生了同步器。

二、同步器的类型

同步器的功用是使接合套与待啮合的齿圈迅速同步，以缩短换档时间，并防止同步前啮合而产生接合齿间冲击。

目前所有的同步器几乎都采用摩擦惯性式同步器。

1. 锁环式惯性同步器

变速器中 2、3 档所用的锁环式惯性同步器如图 13-12 所示。

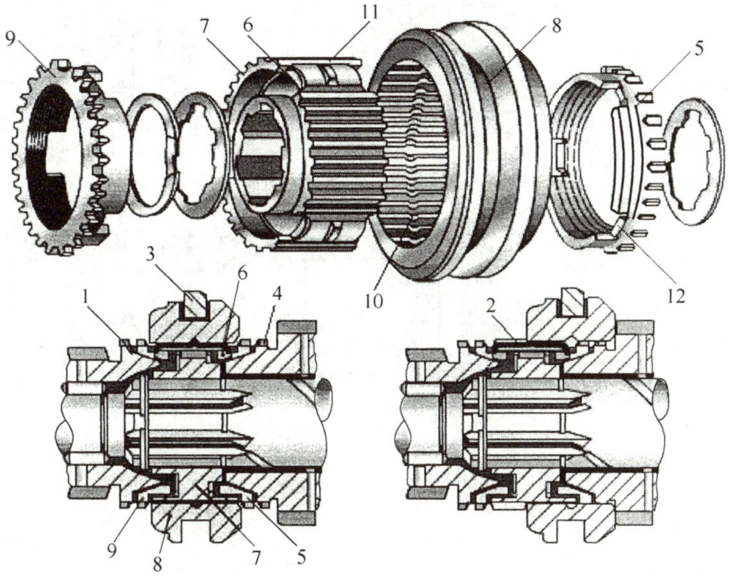

图 13-12　锁环式惯性同步器

1—输入轴 3 档齿轮　2—滑块　3—拨叉　4—输出轴 2 档齿轮　5、9—锁环　6—弹簧　7—花键毂　8—接合套　10—环槽　11—三个轴向槽　12—缺口

（1）构造　花键毂 7 用内花键套装在输出轴外花键上，用垫圈、卡环轴向定位。花键毂两端与输入轴 3 档齿轮 1 和输出轴 2 档齿轮 4 之间各装有青铜制成的锁环（即同步环）5 和 9。锁环上有短花键齿圈，其花键齿的尺寸和齿数与花键毂 7、3 档齿轮和 2 档齿轮的外花键齿均相同。两个齿轮和锁环上的花键齿，靠近接合套 8 的两端都有倒角（即锁止角），与接合套齿端的倒角相同。锁环有内锥面，与 2、3 档齿轮的外锥面锥角相同。在锁环内锥面上制有细密的螺纹（或直槽），当锥面接触后，它能及时破坏油膜，增加锥面间的摩擦力。锁环内锥面摩擦副称为摩擦件，外沿带倒角的齿圈是锁止件，锁环上还有三个均布的缺口 12。三个滑块 2 分别装在花键毂上三个均布的轴向槽 11 内，沿槽可以轴向移动。滑块被两个弹簧 6 的径向力压向接合套，滑块

中部的凸起部位压嵌在接合套中部的环槽10内。滑块和弹簧是推动件。滑块两端伸入锁环的缺口中，滑块窄缺口宽，两者之差等于锁环的花键齿宽。锁环相对滑块顺转和逆转都只能转动半个齿宽，且只有当滑块位于锁环缺口的中央时，接合套与锁环才能接合。

（2）工作原理 2档换3档同步器的工作原理如图13-13所示。

1）空档位置。接合套刚从2档退空档时（见图13-13a），3档齿轮、接合套、锁环9以及与其有关的运动件，因惯性作用而沿原方向继续旋转（图示箭头方向）。设3档齿轮、接合套、锁环9的转速分别为n_1、n_8和n_9，因接合套通过滑块前侧（图中下侧）推动锁环一起旋转，所以$n_9=n_8$，因$n_1>n_8$，故$n_1>n_9$。此时锁环是轴向自由的，其内锥面与3档齿轮的外锥面没有摩擦（图示虚线）。

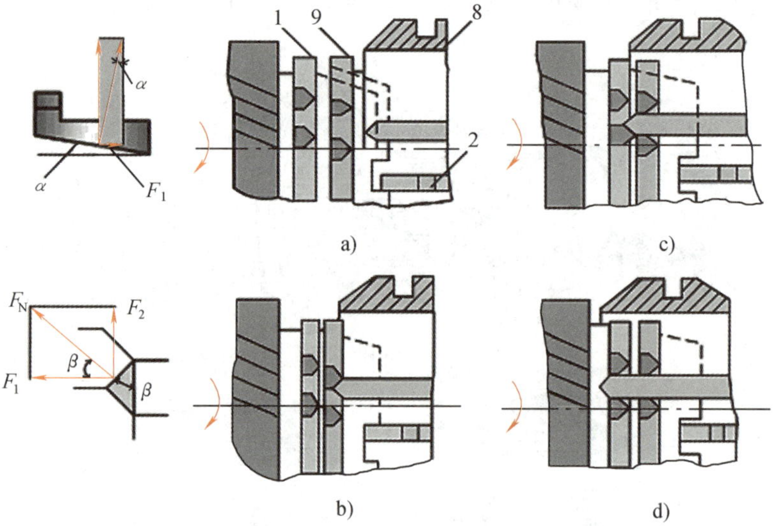

图13-13 锁环式惯性同步器工作原理

（图注同图13-11）

2）摩擦力矩的形成与锁止过程。欲换入3档（直接档）时，推动接合套连同滑块一起向左移动（见图13-13b），滑块又推动锁环9移向齿轮1，使锥面接触。驾驶人作用在接合套上的轴向推力使两锥面产生正压力（F_N），又因两者有转速差（$n_1>n_9$），所以产生摩擦力矩M_1。通过摩擦作用，3档齿轮带动锁环9相对于接合套向前转动一个角度，使锁环缺口靠在滑块的另一侧（图中上侧）为止，此时接合套的内齿与锁环9上的齿错开约半个齿宽，接合套的齿端倒角面与锁环的齿端倒角面互相抵住，锁止作用开始，接合套暂不能前移进入啮合。

驾驶人的轴向推力使接合套的齿端倒角面与锁环的齿端倒角面之间产生正压力F_N，F_N可分解为轴向力F_1和切向力F_2。F_2形成一个企图拨动锁环9相对于接合套反转的力矩，称为拨环力矩M_2。F_1使锁环9和3档齿轮的锥面进一步压紧，两锥面间的摩擦力矩M_1使3档齿轮相对于锁环9迅速减速而趋向与锁环9同步，3档齿轮以及与其相关联的零件产生一个与旋转方向相同的惯性力矩，又通过摩擦锥面以摩擦力矩的方式传到锁环 9 上，阻碍锁环 9 相对于接合套反向转动。可见锁环 9 上同时作用着方向相反的两个力矩，即拨环力矩 M_2 和惯性力矩。在 3 档齿轮和锁环 9 未同步之前，惯性力矩在数值上等于摩擦力矩 M_1，即

$$M_1 = F_N \mu R_1 = \frac{F_1}{\sin\alpha}\mu R_1 \tag{13-1}$$

$$M_2 = F_2 R_2 = F_1 \tan\beta R_2 \tag{13-2}$$

式中，R_1 为摩擦锥面的平均半径；R_2 为齿端拨环力作用半径；μ 为摩擦锥面的静摩擦因数；α 为摩擦锥面的锥角；β 为锁环齿端倒角。

同步器要产生有效的锁止作用即在同步前防止挂上档，必须满足的条件是 $M_1 > M_2$，即

$$\frac{F_1}{\sin\alpha}\mu R_1 > F_1 \tan\beta R_2$$

$$\frac{\mu R_1}{\sin\alpha} > \tan\beta R_2 \tag{13-3}$$

上述关系式由设计保证。从式（13-3）可以看出，在达到同步之前无论驾驶人施加多大的操纵力，都不会挂上档，推力的加大只能同时增大作用在锁环上的两个力矩，缩短同步时间。由于锁止作用是靠齿以及与其相关联的零件作用在锁环上的惯性力矩产生的，所以称为惯性式同步器。

3）同步啮合。随着驾驶人施加于接合套上的推力加大，摩擦力矩 M_1 不断增加，使 3 档齿轮的转速迅速降低。当 3 档齿轮、接合套和锁环 9 达到同步时，作用在锁环 9 上的惯性力矩消失。此时在拨环力矩 M_2 的作用下，锁环 9、3 档齿轮以及与之相连的各零件都相对于接合套反转一角度（因轴向力 F_1 仍存在，使两锥面以静摩擦方式贴合在一起），滑块处于锁环 9 缺口的中央（见图 13-13c），两花键齿不再抵触，锁环 9 的锁止作用消除。接合套压下弹簧因继续左移（滑块脱离接合套的内环槽而不能左移），与锁环 9 的花键齿圈进入啮合。由于作用在锁环齿圈的轴向力和滑块推力都不存在，锥面间的摩擦力矩消失。若接合套花键齿与 3 档齿轮的齿端相抵触（见图 13-13c），则靠齿端倒角面上的切向分力拨动 3 档齿轮，且相对于锁环 9 和接合套转过一角度，让接合套与 3 档齿轮进入啮合（见图 13-13d），即换入 3 档。

若由 3 档换入 2 档，上述过程也适用。不过，齿轮 4 应被加速到与锁环 5、接合套同步（见图 13-12），接合套再进入啮合换入 2 档。

考虑结构布置的合理性、紧凑性及锥面间摩擦力矩大小等因素，锁环式惯性同步器多用在小型汽车上，有的中型汽车变速器的中、高速档也采用这种同步器。

2. 锁销式惯性同步器

图 13-14 所示为 5 档变速器中 4、5 档所用的锁销式惯性同步器。

（1）构造　两个带有内锥面的摩擦锥盘 2，以其内花键分别固装在带有接合齿圈的

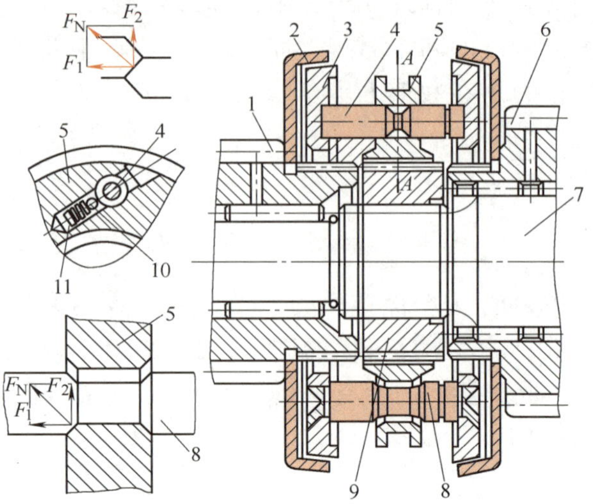

图 13-14 锁销式惯性同步器

1—输入轴 5 档齿轮 2—摩擦锥盘 3—摩擦锥环 4—定位销 5—接合套 6—输出轴 4 档齿轮 7—输出轴 8—锁销 9—花键毂 10—钢球 11—弹簧

输入轴 5 档齿轮 1 和输出轴 4 档齿轮 6 上，随齿轮一起转动。两个有外锥面的摩擦锥环 3，其上有圆周均布的三个锁销 8、三个定位销 4 与接合套 5 装在一起。定位销与接合套的相应孔是间隙配合。定位销中部切有一小段环槽，接合套钻有斜孔，内装弹簧 11，将钢球 10 顶向定位销中部的环槽，使接合套处于空档位置，定位销随接合套能轴向移动。定位销两端伸入两摩擦锥环内侧面的弧线形浅坑中，定位销与浅坑有周向间隙，摩擦锥环相对接合套在一定范围内作轴向摆动。锁销中部环槽的两端和接合套相应孔两端切有相同的倒角（锁止角）。锁销与孔对中时，接合套才能沿锁销轴向移动，锁销两端铆接在锥环相应的孔中。可见，两个锥环（即摩擦件，其上有螺纹槽）、三个锁销（锁止件）、三个定位销（推动件）和接合套（接合件）构成一个部件，套在花键毂 9 的齿圈上。

（2）工作原理 锁销式惯性同步器的工作原理与锁环式惯性同步器类似，如图 13-14所示。当接合套受到轴向推力 F_1 作用时，通过钢球、定位销推动摩擦锥环向前移动，即欲换入 5 档。因摩擦锥环与锥盘有转速差，故接触后在摩擦作用下使锥环和锁销相对于接合套转过一个角度，锁销与接合套上相应孔的中心线不再同心，锁销中部倒角与接合套孔端的倒角相抵住，在同步前，作用在摩擦面的摩擦力矩总大于切向分力 F_2 形成的拨销力矩，接合套被锁止不能前移，防止在同步前接合套与齿圈进入啮合。同步后惯性力矩消失，拨销力 F_2 使锁销、摩擦锥盘和相应的齿轮相对于接合套转过一个角度，锁销与接合套的相应孔对中，接合套克服弹簧的张力压下钢球并沿锁销继续向前移动，顺利地换入 5 档。

总之，锥环与锥盘的摩擦力矩较大，多用在中型和重型载货汽车上。在有些轿车上采用摩擦力矩更大的惯性增力式同步器。

第四节 变速器操纵机构

一、功用与要求

变速器操纵机构的功用是驾驶人可根据汽车使用条件，随时将变速器挂上或摘下某个档位。

为了保证在任何情况下变速器都能准确、安全、可靠地工作，变速器操纵机构应满足：

1）为防止变速器自动脱档，并保证轮齿沿全齿宽啮合，操纵机构中设置自锁装置。

2）为防止变速器同时挂入两个档位，造成发动机熄火或损坏零部件，操纵机构中设置互锁装置。

3）为防止汽车前进时误挂倒档，设置倒档锁装置。

二、构造

按操纵杆与变速器的相互位置，变速器操纵机构可分为远距离操纵式和直接操纵式两类。

（1）远距离操纵式　当驾驶员座位离变速器较远或变速杆布置在转向盘下方（某些轿车）的转向管柱上时，通常在变速杆与换档拨叉之间增加若干个传动件，组成远距离操纵机构。图13-15所示为本田雅阁轿车H2J4型变速器的远距离操纵机构。

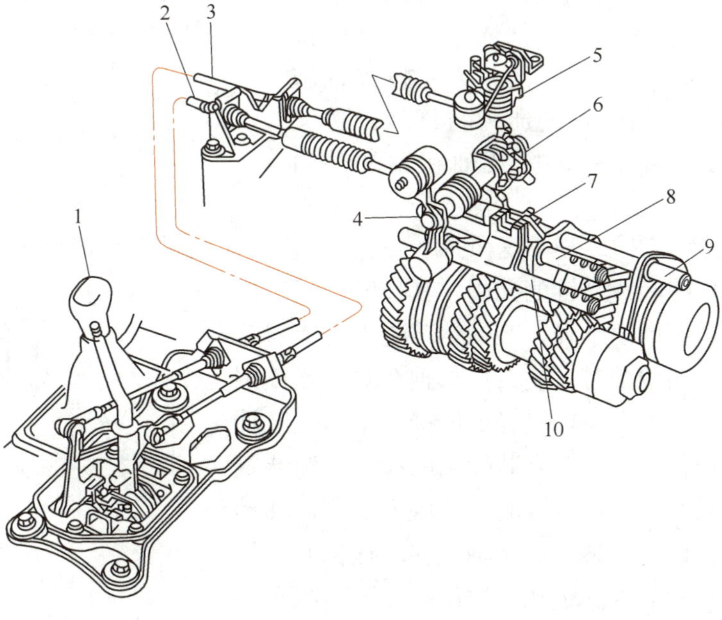

图13-15　本田雅阁轿车H2J4型变速器的远距离操纵机构

1—变速杆　2—换档拉线　3—选档拉线　4—换档臂轴　5—选档复位弹簧　6—倒档锁装置　7—换档拨块　8—3、4档拨叉轴　9—5档、倒档拨叉轴　10—1、2档拨叉轴

（2）直接操纵式　大多数汽车的变速器布置在驾驶员座位附近，变速杆由驾驶室底板伸出，驾驶人可直接操纵。这种操纵机构一般由变速杆、拨块、拨叉、拨叉轴以及锁止装置等组成，多安装于变速器上盖或侧盖内。图13-16所示为解放CA1092型汽车6档变速器操纵机构示意图。拨叉轴7、8、9和10两端均支撑于变速器盖上相应的孔中，可以轴向滑动。所有拨叉和拨块都以弹性销固定于相应的拨叉轴上，3、4档拨叉2的上端有拨块。3、4档拨叉和拨块3、4、14的顶部有凹槽。变速器处于空档时，各凹槽在

横向平面内对齐。叉形拨杆13的球头即伸入这些凹槽中。选档时可使变速杆绕其中部球形支点横向摆动，则其下端推动叉形拨杆绕换档轴11的轴线转动，从而使叉形拨杆下端球头对准所选档位相应的拨块，然后使变速杆纵向摆动，带动拨叉轴向前或向后移动，即可实现挂档。

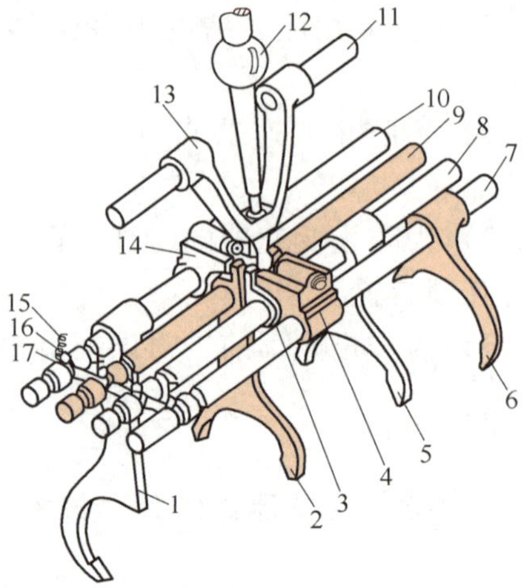

图13-16　6档变速器操纵机构示意图

1—5、6档拨叉　2—3、4档拨叉　3—1、2档拨块　4—倒档拨块　5—1、2档拨叉　6—倒档拨叉　7—倒档拨叉轴　8—1、2档拨叉轴　9—3、4档拨叉轴　10—5、6档拨叉轴　11—换档轴　12—变速杆　13—叉形拨杆　14—5、6档拨块　15—自锁弹簧　16—自锁钢球　17—互锁销

三、锁止装置

(1) 自锁装置　如图13-17所示，多数变速器的自锁装置由自锁钢球1和自锁弹簧2组成。每根拨叉轴的上表面沿轴向分布有三个凹槽，当任何一根拨叉轴连同拨叉轴向移动到空档或某一工作档位时，一个凹槽正好对准自锁钢球，于是自锁钢球在弹簧压力作用下嵌入该凹槽内，拨叉轴的轴向即被固定，从而拨叉连同滑动齿轮（或接合套）固定在空档或某一工作档位上，不能自行脱出。换档时，驾驶人对拨叉轴施加一定的轴向力，克服弹簧的压力将钢球由拨叉轴的凹槽中挤出推回孔中，拨叉轴和拨叉轴向移动。

(2) 互锁装置　图13-18所示的锁销式互锁装置，主要由互锁钢球2、4及互锁销3组成。互锁销装在中间拨叉轴的孔中，其长度相当于拨叉轴直径减去互锁钢球的半径，互锁钢球装于变速器盖的横向孔中。在空档位置时，左右拨叉轴在对着互锁钢球处开有深度相当于互锁钢球半径的凹槽，中间拨叉轴则左右均开有凹槽，凹槽中开有装锁销的孔。互锁装置可以保证变速器只有在空档位置时，驾驶人才可以移动任何一个拨叉轴挂档。若某一拨叉轴被移动挂档时，另两个拨叉轴便被互锁装置固定在空档位置而不可能再轴向移动了。

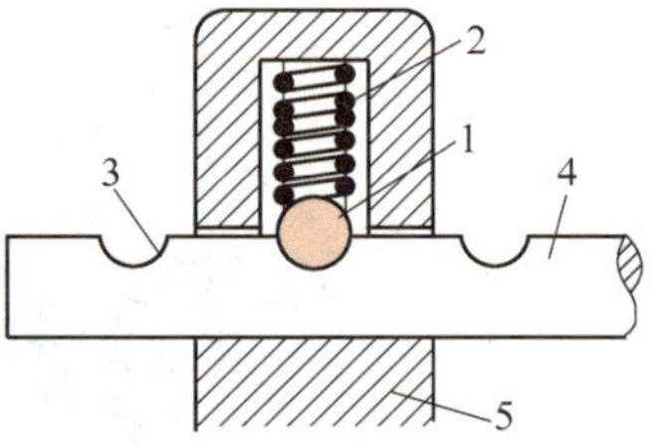

图13-17　自锁装置

1—自锁钢球　2—自锁弹簧　3—定位槽　4—拨叉轴　5—变速器盖

互锁装置的工作原理如图13-18a所示。变速器处于空档时，所有拨叉轴的侧面凹槽同互锁钢球、互锁销都在同一条直线上。当移动中间拨叉轴6时，拨叉轴6两侧的内钢球从其侧面凹槽中被挤出，而两互锁钢球2和4则分别嵌入拨叉轴1和5的侧面凹槽中，因而将拨叉轴1和5刚性地锁止在其空档位置。若欲移动拨叉轴5，则应先将拨叉轴6退回到空档位置。于是，在移动拨叉轴5时，互锁钢球4便从拨叉轴5的凹槽中被挤出，同时通过互锁销3和其他互锁钢球将拨叉轴6和1均锁止在空档位置。同理，当移动拨叉轴1时，拨叉轴6和5被锁止在空档位置。由此可知，互锁装置的功用是当驾驶人用变速杆推动某一拨叉轴时，自动锁止其他所有拨叉轴。

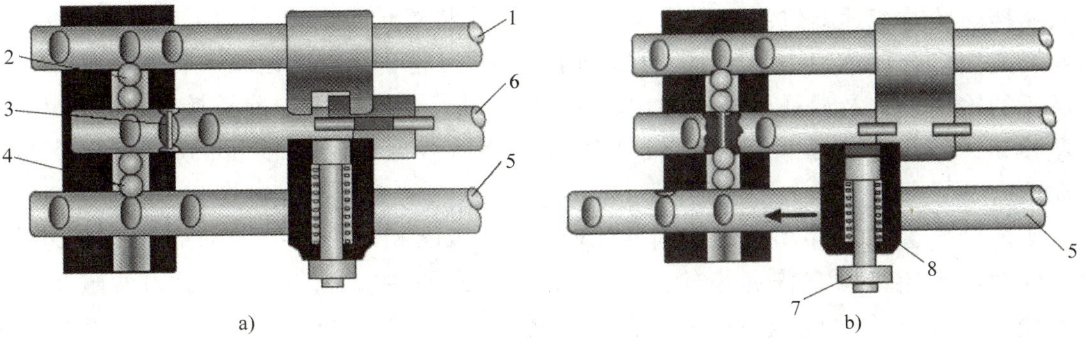

图 13-18　互锁装置工作示意图

1、5、6—拨叉轴　2、4—互锁钢球　3—互锁销　7—倒档锁销　8—倒档锁弹簧

（3）倒档锁装置　倒档锁的功用是当驾驶人挂倒档时，必须对变速杆施加较大的力才能挂上倒档，起提醒作用，以防误挂倒档。变速器上多采用弹簧销式倒档锁（见图13-18b）。

该倒档锁主要由倒档锁销 7 和倒档锁弹簧 8 组成。倒档锁销的杆部装有倒档锁弹簧，要挂档时，驾驶人必须用较大的力使变速杆下端压缩倒档锁弹簧，将倒档锁销推向下方后，才能使变速杆下端进入倒档拨块的凹槽内，挂入倒档。

直接操纵式变速器操纵机构结构简单，变速操作手感好，但是变速杆安装在变速壳体上，很难避免发动机的振动。

第五节　分　动　器

一、功用

多轴驱动的越野汽车装用分动器。其功用是将变速器输出的动力分配到各驱动桥，多数越野汽车装用两档分动器。分动器兼起副变速器的作用。

二、构造

分动器由齿轮传动机构和操纵机构两部分组成。

（1）齿轮传动机构　图 13-19 所示为东风 EQ2080 型越野汽车装用的三输出轴式分动器结构示意图。

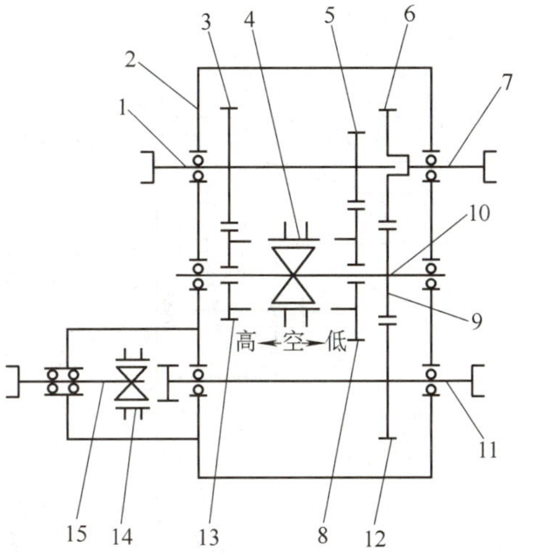

图 13-19　三输出轴式分动器结构示意图

1—输入轴　2—分动器壳　3、5、6、8、9、12、13—齿轮　4—换档接合套　7—后桥输出轴　10—中间轴　11—中桥输出轴　14—前桥接合套　15—前桥输出轴

该分动器可将动力分别传给前桥、中桥和后桥。当换档接合套 4 向右移动与齿轮 8 端接合齿圈相套合时，便挂上

了低速档。此时变速器输出轴的动力经万向传动装置传给分动器输入轴 1，经齿轮 5 和 8 及换档接合套传给中间轴 10，中间轴后端的齿轮 9 再驱动齿轮 6 和 12，因而使通往后桥的输出轴 7 及通往中桥的输出轴 11 被驱动，此时，由于前桥接合套 14 也先被向左移动，因此通往中桥的输出轴便通过前桥接合套使通往前桥的输出轴 15 也被驱动。

换档接合套向左移动使之与齿轮 13 的接合齿圈相套合时，分动器挂上高速档。

分动器齿轮机构有普通齿轮式和行星齿轮式两种。图13-20所示为两输出轴行星齿轮式分动器结构示意图，其工作原理与液力机械变速器中的行星齿轮机构相同。

（2）操纵机构 分动器的操纵机构由操纵杆、传动杆、摇臂及轴等组成。

操纵分动器换入低速档时，输出转矩较大。为避免中、后桥超载，前桥需参加驱动，分担一部分载荷。为此，分动器的操纵机构应保证：非先接上前桥，不得挂入低速档；非先退出低速档，不得摘下前桥。

为满足上述对分动器操纵机构的要求，由螺钉互锁装置予以保证，如图 13-21 所示。两个支撑臂 10 固定在分动器壳体上，轴 9 与前桥操纵杆 2 固定在一起可在支撑臂上转动。换档操纵杆 1 松套在轴 9 上。前桥操纵杆下端有互锁螺钉 3，其头部顶靠在换档操纵杆的下部。只有前桥操纵杆向前移动接上前桥后，换档操纵杆才能换入低档；同理，先退出低速档，才能摘下前桥驱动。这样可以避免中、后桥超载。

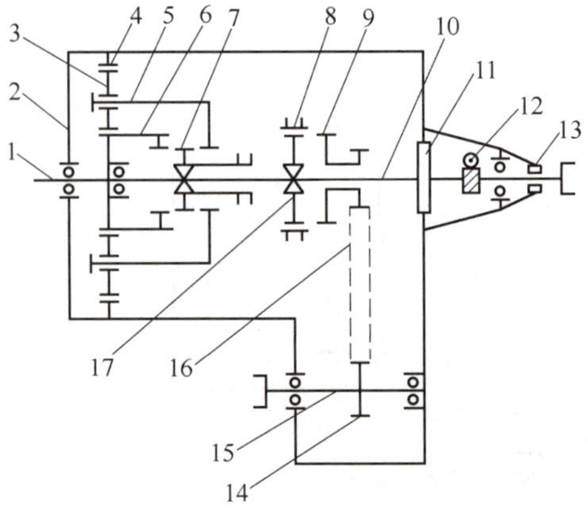

图 13-20 两输出轴行星齿轮式分动器结构示意图

1—输入轴 2—分动器壳 3—行星齿轮 4—齿圈 5—行星架 6—太阳轮 7—换档花键毂 8—接合套 9、14—齿轮 10—后桥输出轴 11—转子式液压泵 12—里程表驱动齿轮 13—油封 15—前桥输出轴 16—锯齿式链条 17—后桥花键毂

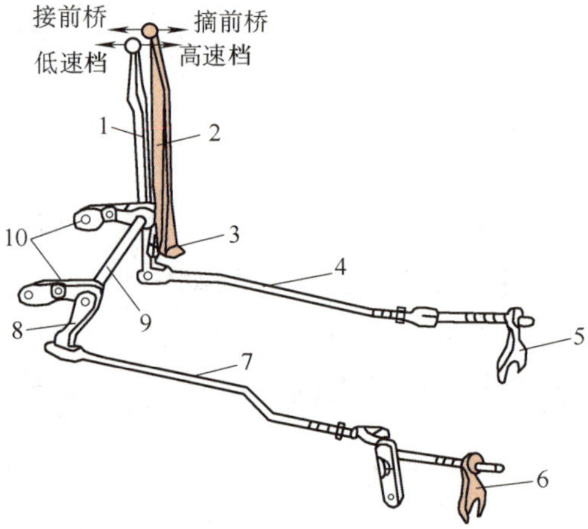

图 13-21 分动器操纵机构

1—换档操纵杆 2—前桥操纵杆 3—螺钉 4、7—传动杆 5—换档拨叉 6—前桥接合套拨叉 8—摇臂 9—轴 10—支撑臂

延伸阅读

双离合变速器（DCT）的变速结构和原理与手动变速器一样，但比手动变速器多了一个离合器，采用两套离合器分别与两根变速器输入轴相连，换档和离合操作都是通过集成电子和液压元件的机械电子模块来实现，而不再通过离合器踏板操作。大众汽车的 6 速双离合变速器原理示意图如图 13-22 所示。

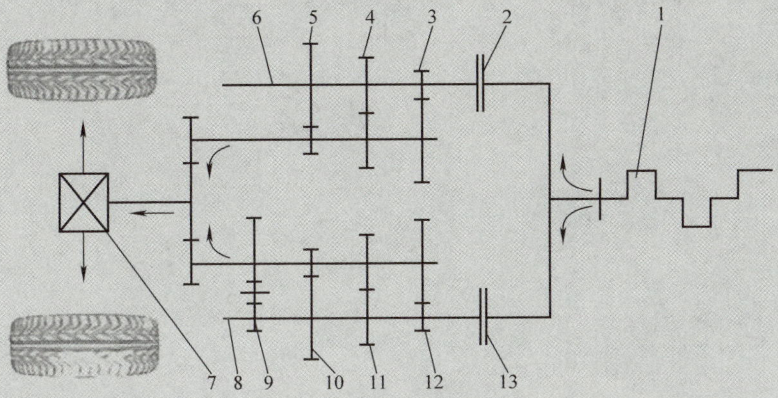

图 13-22　大众汽车的 6 速双离合变速器原理示意图

1—发动机　2—离合器 C2　3—2 档齿轮　4—4 档齿轮　5—6 档齿轮
6—偶数档输入轴　7—差速器　8—奇数档输入轴　9—倒档齿轮
10—5 档齿轮　11—3 档齿轮　12—1 档齿轮　13—离合器 C1

DCT 结合了手动变速器和自动变速器的优点，没有使用变矩器，而采用两个离合器，这两个离合器就像是两个驾驶人，一正一副，分别控制单数和双数档位，当正驾驶人用某个档位行驶时，副驾驶人控制另一个离合器，准备好换入新的档位，一旦要换档，即刻可以换入新档位，而不需再踩离合踏板、摘档、挂档等动作。可以说，在换档时不是像手动变速器那样切换变速齿轮组合（这个工作已提前准备好），只是切换离合器，因此换档速度较快。

双离合变速器的特点：操作方便，可以实现自动变速；通过两套离合器的相互交替工作，使换档时间极短，达到无间隙自动换档的效果；换档更直接，动力损失更小，燃油经济性较好，发动机的动力断层也非常有限；双离合变速器相当于整合了两个手动档变速器，加上电控机构，使其结构复杂，制造和维修成本较高。

1940 年德国人鲁道夫·弗兰克第一个申请了双离合变速器专利，随着电子集成控制技术的不断发展，在 20 世纪 90 年代末，美国博格华纳公司对双离合变速器重新进行了设计，并把其命名为 DCT（Dual Clutch Transmission）。1999 年，德国大众公司和博格华纳公司合作，制造出直接换档变速器（Direct Shift Gearbox，DSG），典型代表是大众 6 速 DSG 双离合变速器（代号为 DQ250），如图 13-23 所示。它有 6 个前进档和 1 个倒档，有两种主减速传动比。6 速 DSG 由博格华纳提供控制模块，能承受的最大转矩为 350N·m，主要用于高性能或主打操控性的车型，如迈腾、高尔夫 GTI。

图 13-23 6 速 DSG 双离合变速器

1—奇数档输入轴 2—偶数档输入轴 3—离合器 C2 4—离合器 C1 5—奇数档主减速器主动齿轮 6—倒档齿轮 7、9、12、15—同步器 8—6 档齿轮 10—5 档齿轮 11—1 档齿轮 13—3 档齿轮 14—4 档齿轮 16—2 档齿轮 17—主减速器主动齿轮 18—主减速器从动齿轮

变速器共有 4 套换档机构，每套换档机构主要由同步器、拨叉、换档轴和换档电磁阀等组成，不同档位由换档电磁阀控制液压油对换档轴施加压力来控制拨叉动作实现，如图 13-24 所示。

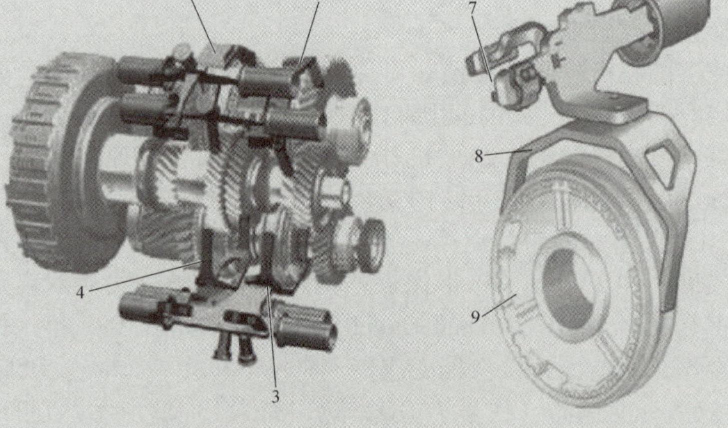

图 13-24 换档机构组成

3—N、5 档拨叉 4—R、6 档拨叉 5—2、4 档拨叉 6—1、3 档拨叉 7—行程传感器磁铁 8—选档拨叉 9—同步器接合套

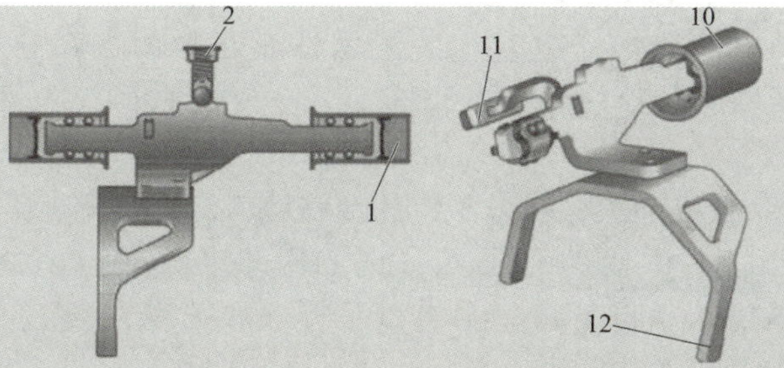

图 13-24 换档机构组成（续）

1—油腔 2—档位锁止装置 10—活塞 11—档位传感器 12—拨叉

本章小结

变速器是汽车传动系统的重要总成，其功用是变速变矩，扩大驱动轮转矩和转速的输出范围；改变旋转方向，实现倒车行驶；利用空档，中断动力传递；一些汽车还能输出动力驱动其他机构。

变速器由传动机构、操纵机构及箱体构成。对于发动机前置前轮驱动或发动机后置后轮驱动的汽车，一般采用两轴式变速器。其特点是前进档采用一对齿轮传动，输入轴与输出轴平行，无中间轴。而三轴式普通齿轮变速器的结构特点是：在汽车前进时，传递动力的轴有输入轴、中间轴和输出轴，其中输入轴和输出轴同轴线；除直接档外，前进档经两级传动，且第一级为常啮合。

变速器齿轮多采用常啮合齿轮，利用同步器换档，一些汽车不常用的低速档和倒档采用直齿齿轮。手动变速器的换档方式有三种：利用滑动齿轮直接换档；利用接合套换档；利用同步器换档。采用同步器换档可以缩短换档时间，防止在同步前啮合而产生接合齿之间的冲击打齿。变速器操纵机构要保证驾驶人根据使用条件，将变速器换入某个档位，设有自锁装置、互锁装置和倒档锁等安全装置。在多轴驱动的汽车上，将变速器输出的动力分配到各驱动桥可以设置分动器，多数车辆装用两档分动器，兼起副变速作用。

练习题

一、填空题

1. 机械变速器一般由________和________两部分组成。

2. 同步器的功用是使接合套与待啮合的齿圈迅速________，以缩短时间；并防止同步前啮合而产生接合齿________。

3. 锁环式惯性同步器主要由接合套、花键毂、________、________、________等组成。

4. 分动器操纵机构的操纵原则是________________和________________。

5. 两轴式变速器无________档，但所有前进档都只经________对齿轮传递动力，倒档只经________对齿轮传递动力。

6. 变速器中若某档传动比为1，则该档称为________档；若某档传动比小于1，则该档称为________档。

7. 变速器操纵机构中设有________装置保证变速器的自动挂档或自动脱档，设有________装置防止出现挂双档的情况，设有________防止驾驶人误挂倒档。

二、选择题

1. 离合器接合时，使发动机的动力不传递给驱动轮，须将变速器的变速杆置于______。

A. 前进位置　　B. 空档位置　　C. 倒档位置　　D. 自动档位置

2. 两轴式变速器输入轴与输出轴具有以下哪一种关系？________

A. 重合　　B. 垂直　　C. 平行　　D. 斜交

3. 锁环式惯性同步器在待啮合齿未同步前，挂不上档的原因是________。

A. 变速杆推力不够　　B. 摩擦锥角太小

C. 作用在锁环上的惯性力矩产生的锁止作用　　D. 齿端锥角太小

4. 下列变速器操纵机构的装置中，保证齿轮在全齿宽上啮合的是________。

A. 差速锁　　B. 互锁装置　　C. 倒档锁　　D. 自锁装置

三、简答题

1. 简述变速器的功用。

2. 简述手动机械变速器操纵机构的自锁、互锁装置及倒档锁的各主要组成和功用。

3. 变速器常啮齿用斜齿轮传动有什么好处？为什么三轴式变速器的倒档不用斜齿轮？

4. 手动变速器的换档方式有几种？

5. 试分析图13-25所示的某平面两轴式变速器的各档位动力传递路线，并计算输出轴各档齿轮（齿轮2、5、7、9、11、13）的齿数（取整）。各齿轮齿数：$z_1=11$；$z_3=12$；$z_4=20$；$z_6=18$；$z_8=27$；$z_{10}=31$；$z_{12}=40$。各档传动比：$i_1=3.45$；$i_2=1.94$；$i_3=1.37$；$i_4=1.03$；$i_5=0.85$；倒档 $i_R=3.17$。

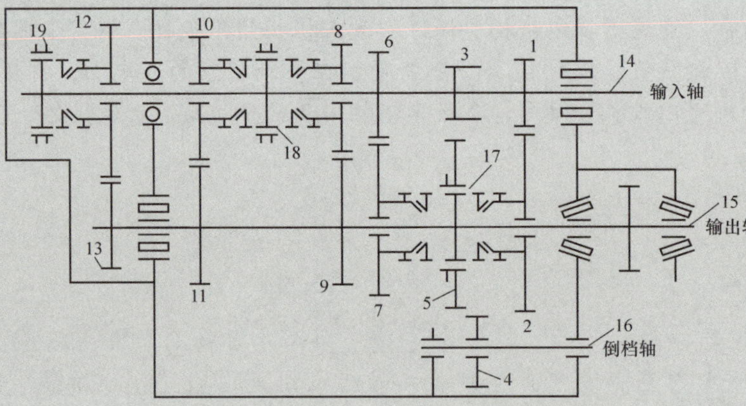

图13-25　某平面两轴式变速器传动机构示意图

1～13—齿轮　14—输入轴　15—输出轴　16—倒档轴　17、18、19—同步器

第十四章　汽车自动变速器

学习目标

1. 理解自动变速器的特点、类型、组成及型号。
2. 理解液力变矩器的分类、功用及特性。
3. 掌握液力机械自动变速器的典型结构、特点和工作原理。
4. 掌握机械自动变速器换档执行机构的主要元件、结构组成和工作原理。
5. 掌握机械自动变速器操纵和控制系统的主要元件、结构组成和工作原理。
6. 了解机械式无级自动变速器的结构组成和工作原理。

第一节　概　　述

随着现代汽车工业的快速发展，自动变速器在汽车上的应用越来越广泛。与传统的手动有级式齿轮变速器相比，自动变速器具有以下明显的优点：①消除了离合器操作和频繁换档，使驾驶人操作简单、省力，提高了行车的安全性；②能自动适应汽车行驶阻力的变化，在一定范围内实现无级变速，提高了汽车的动力性和平均车速；③汽车起步、加速更加平稳，能吸收和衰减换档过程中的振动与冲击，提高了乘坐舒适性；④因采用了液力传动，发动机和传动系统是“弹性”连接，能缓冲接合冲击，减轻传动系统的负荷，有利于延长有关零件的使用寿命；⑤可避免因外界负荷突增而造成发动机熄火的现象，减少发动机起动次数，提高燃油经济性，降低排放污染。当然，与手动变速器相比，自动变速器也存在结构复杂、零部件加工难度大、生产成本较高、维护和修理困难及传动效率低等缺点。

一、自动变速器的类型

1. 按汽车驱动方式分类

自动变速器按照汽车驱动方式的不同，可分为后驱动自动变速器和前驱动自动变速器两种。这两种自动变速器在结构和布置上有很大的不同。

后驱动自动变速器的变矩器和齿轮变速器的输入轴及输出轴在同一直线上，因此轴向尺寸较大。阀板总成则布置在齿轮变速器下方的油底壳内，如图14-1所示。

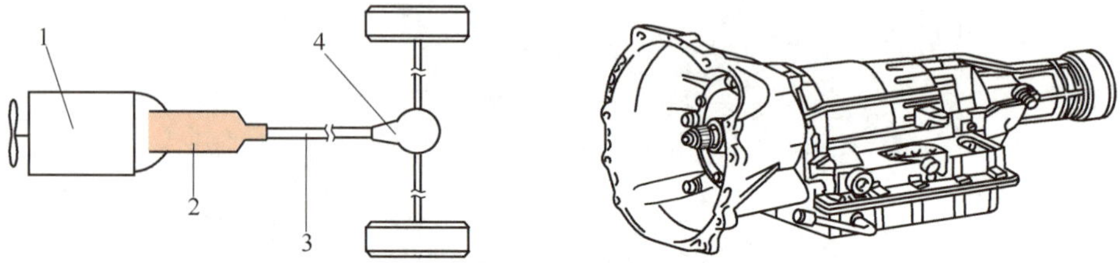

图14-1 后驱动自动变速器

1—发动机 2—自动变速器 3—传动轴 4—主减速器和差速器

前驱动自动变速器除了具有与后驱动自动变速器相同的组成外，在自动变速器的壳体内还装有主减速器和差速器。前驱动汽车的发动机有纵置和横置两种。纵置发动机的前驱动自动变速器的结构和布置与后驱动自动变速器基本相同，只是在后端增加了一个主减速器和差速器。横置发动机的前驱动自动变速器由于汽车横向尺寸的限制，要求有较小的轴向尺寸，因此通常将输入轴和输出轴设计成两个轴线的方式。变矩器和齿轮变速器输入轴布置在上方，输出轴则布置在下方，如图14-2所示。这样的布置减少了变速器总体的轴向尺寸，但增加了变速器的高度，因此常将阀板总成布置在变速器的侧面和上方，以保证汽车有足够的最小离地间隙。

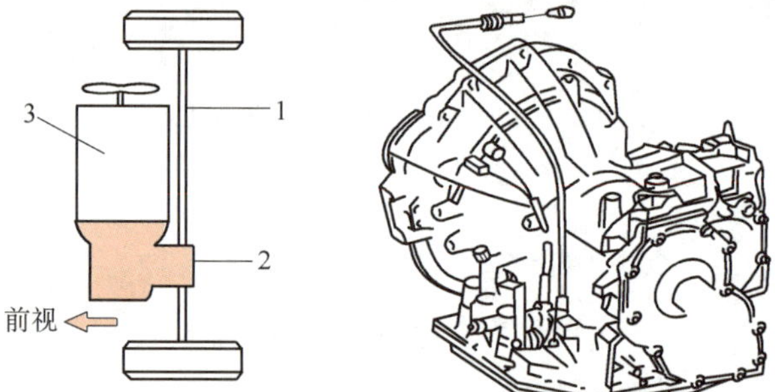

图14-2 前驱动自动变速器

1—驱动轴 2—驱动桥 3—发动机

2. 按齿轮变速器的类型分类

自动变速器按其齿轮变速器的类型不同，可分为普通齿轮式和行星齿轮式两种。普通齿轮自动变速器体积较大，最大传动比较小，只有少数几种车型使用（如本田雅阁轿车）。行星齿轮自动变速器结构紧凑，能获得较大的传动比，为绝大多数轿车采用。

3. 按控制方式分类

自动变速器按控制方式不同，可分为液力控制自动变速器和电子控制自动变速器两种。液力控制自动变速器是通过机械的手段，将汽车行驶时的车速及节气门开度这两个参数转变为液压控制信号，阀板中的各个控制阀根据这些液压控制信号的大小，按照设定的换档规律，通过控制换档执行元件的动作实现自动换档，如图 14-3 所示。

电子控制自动变速器通过各种传感器，将发动机转速、节气门开度、车速、发动机冷却液温度、自动变速器油温等参数转变为电信号，输入电控单元，电控单元根据这些电信号，按照设定的换档规律，向换档电磁阀、油压电磁阀等发出电子控制信号，换档电磁阀和油压电磁阀再将电控单元的电子控制信号转变为液压控制信号，阀体中的各个控制阀根据这些液压控制信号，控制换档执行元件的动作，从而实现自动换档，如图 14-4所示。

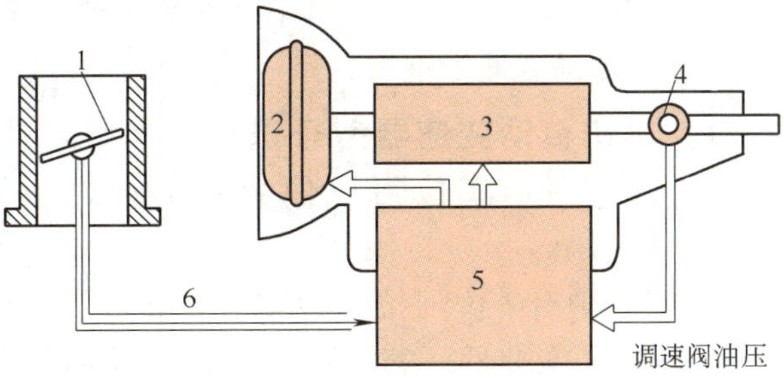

图 14-3　液力控制自动变速器工作过程示意图

1—节气门　2—液力变矩器　3—行星齿轮变速器　4—调速阀　5—控制阀总成　6—节气门拉索

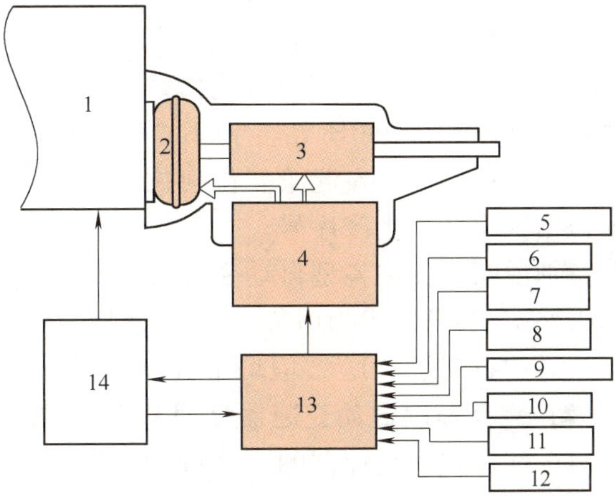

图 14-4　电子控制自动变速器工作过程示意图

1—发动机　2—液力变矩器　3—行星齿轮变速器　4—控制阀总成　5—节气门位置传感器　6—车速传感器　7—发动机冷却液温度传感器　8—自动变速器油温传感器　9—发动机转速传感器　10—档位开关　11—模式开关　12—制动灯开关　13—自动变速器电控单元　14—发动机电控单元

二、自动变速器的型号

一种变速器有可能被用在多个公司的不同款式的汽车上，而同一种车型根据其使用的地区和用途不同，也可能装备不同型号的变速器。如果对自动变速器的型号不了解，在维修中会对故障分析、资料查找、零配件采购等造成障碍。

1. 自动变速器型号的编制方法

自动变速器的型号主要包含以下内容：

(1) 变速器类型　一般用字母“A”表示自动变速器，“M”表示手动变速器。

(2) 自动变速器的生产厂家　例如，德国 ZF 公司生产的自动变速器，其型号前面大多为“ZF”字样。

(3) 驱动方式　一般用字母“F”表示前驱动，“R”表示后驱动。但也有特别情况，如丰田汽车公司用数字表示驱动方式，一部分四轮驱动车辆在型号后面附字母“H”或“F”。

(4) 前进变速档位数　用数字表示。

(5) 控制类型　电控一般用字母“E”表示，液控一般用“H”表示，电-液控制用“EH”表示。

(6) 改进序号。

(7) 额定驱动转矩　在通用与宝马等公司的自动变速器型号中有此参数。

例如宝马 ZF5HP30，系列号码分别表示：ZF 公司生产，档位数 5，控制类型“H”（液压），齿轮类型“P”（行星类），额定转矩 30N · m 的自动变速器。

2. 常见自动变速器型号识别

(1) 丰田自动变速器型号识别 丰田自动变速器的型号可分为两大类：一类为型号中除字母外有 2 位阿拉伯数字的；另一类为型号中除字母外有 3 位阿拉伯数字的。

1）型号中有 2 位阿拉伯数字，如 A40、A41、A55、A55F、A40D、A42DL 等。字母“A”代表自动变速器。若左起第一位阿拉伯数字为“1”、“2”或“5”，表示该自动变速器为前驱动车辆使用；若左起第一位阿拉伯数字为“3”或“4”，表示该自动变速器为后驱动车辆使用。左起第二位阿拉伯数字代表生产序号。

后附字母的含义如下：“H”或“F”表示该自动变速器用于四轮驱动车辆；“D”表示该自动变速器有超速档；“L”表示该自动变速器有锁止离合器；“E”表示该自动变速器为电控式，同时带有锁止离合器。若无“E”，则表示为全液压控制自动变速器。

2）型号中有 3 位阿拉伯数字，如 A130L、A241H、A241L、A440F、A340E、A340F、A340H、A540H 等。字母“A”表示自动变速器。左起第一位阿拉伯数字及后附字母的解释同上。左起第二位阿拉伯数字代表该自动变速器前进档的个数。左起第三位阿拉伯数字代表生产序号。

特别说明：上述各型自动变速器中，A340H、A340F、A540H 型自动变速器，其后面均省略了“E”，均为电控自动变速器，带锁止离合器；A241H、A440F 型自动变速器，其后均省略了“L”，但均带有锁止离合器。

(2) 克莱斯勒自动变速器型号识别 克莱斯勒公司自动变速器型号由 4 个字母组成，每个字母代表变速器的一个特性。第一个字母代表变速器前进档的个数。第二个字母代表输入转矩容量：从 0 ~ 2（从轻负荷至重负荷）是乘用车用的；从 0 ~ 7 是货车用的。第三个字母表示车辆是前轮驱动还是后轮驱动，以及发动机在驱动系统中的位置：“R”代表后轮驱动车辆；“T”代表发动机横置的前轮驱动车辆；“L”代表发动机纵置的前轮驱动车辆；“A”代表四轮驱动车辆。第四个字母代表变速器的控制类型：“E”表示电控，“H”表示液压控制。

(3) 通用自动变速器型号识别 通用公司自动变速器的型号主要有 4T60E、4L60E 等，从型号上可以知道此变速器的一些特点。第一位阿拉伯数字表示前进档传动比的个数，如上面的 4 表示四速，即有 4 个前进传动比。第二位字母表示驱动方式，上面的“T”表示变速器为横置（Transverse），“L”表示变速器为后置后驱动式。第三、四位数字表示变速器的额定驱动转矩。第五位字母表示控制类型，“E”表示变速器为电子控制。

三、自动变速器的组成

典型汽车自动变速器如图 14-5 所示，主要由液力变矩器 1、行星齿轮变速器 2、液压控制系统 5、电子控制系统 4、变速器壳体 3 等组成。

(1) 液力变矩器 它是自动变速器的重要组成部分，与发动机的曲轴相连，将发动机的动力传给行星齿轮变速器。由于液力变矩器以液体作为传动介质，因此实现了发动机与传动系统间的“软”连接，使传动机构的扭转振动得到进一步衰减，延长了发动机和传动系统零件的使用寿命。同时，液力变矩器在一定范围内能实现无级变速和变矩的功能。

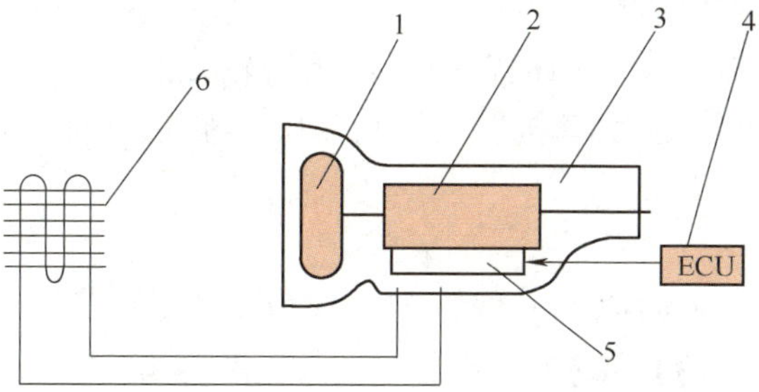

图 14-5　典型汽车自动变速器

1—液力变矩器　2—行星齿轮变速器　3—变速器壳体　4—电子控制系统　5—液压控制系统　6—油冷却系统

(2) 行星齿轮变速器　它是自动变速器的变速传动机构，由行星齿轮机构和执行机构组成。行星齿轮机构由若干个行星排构成，执行机构一般包括多片摩擦式离合器、制动器和单向离合器。自动变速器通过执行机构控制行星齿轮机构的工作，使其以不同路线传递动力，为前进档提供不同的传动比，并提供倒档和空档。

(3) 液压控制系统　它是自动变速器的核心部分，能根据选档操纵手柄的位置和各传感器发出的控制信号，将液压泵输出压力加以精确调节控制行星齿轮变速器执行机构的工作，实现自动换档。同时，它还负责向润滑、冷却系统供油。

(4) 电子控制系统　它由传感器、执行器、各种控制开关和电控单元（ECU）组成。传感器将发动机和汽车的行驶参数转变为电信号，然后送给电控单元，电控单元收到这些信号后，根据既定的换档规律实现自动换档。

(5) 油冷却系统　它在自动变速器的外部设有一个散热器，有的装在水箱处，有的装在自动变速器上，通过管路与阀板连接，用于散发自动变速器内液压油在工作中产生的热量。

第二节　液力变矩器

液力变矩器的功用是利用液体循环流动过程中动能的变化传递动力。为了更好地了解液力变矩器，这里首先介绍液力偶合器。液力偶合器安装在汽车发动机和机械变速器之间。采用它的目的是防止发动机过载，调节工作机构的转速。它由泵轮和涡轮两个工作轮组成。

液力偶合器在正常工作时，泵轮转速大于涡轮转速，其传动效率随涡轮与泵轮之间的转速差而变，如图 14-6 所示。两者转速差越大，传动效率越低；反之，两者转速比较接近时，传动效率较高。当涡轮转速等于泵轮转速时，液力偶合器已失去传递动力的作用，传动效率突然降为零，这说明液力偶合器的传动效率永远达不到 100%。液力偶合器所具有的在高传动比情况下有较高效率特性在综合式液力变矩器中得到了充分利用。

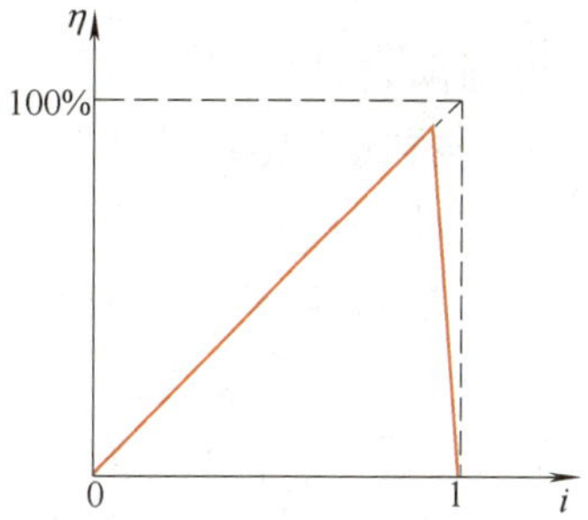

图 14-6　液力偶合器效率特性图

液力变矩器安装在机械变速器的输入端，壳体用螺栓固定在发动机的飞轮上。它的功用主要有：①传递并增大由发动机产生的转矩；②起到自动离合器的作用，传递（或不传递）发动机转矩至行星齿轮变速器；③缓冲发动机和传动系统的扭振；④起到飞轮作用，使发动机转动平稳；⑤具有过载保护的作用。

一、综合式液力变矩器

下面以三元件综合式液力变矩器为例介绍液力变矩器的结构、工作原理及特性。

（1）结构 三元件综合式液力变矩器主要由泵轮6、涡轮7、导轮5、壳体和单向离合器4等部件组成，如图14-7所示。变矩器内充满油泵提供的自动变速器油。自动变速器油被泵轮甩出，成为一股强大的油流，推动变矩器的涡轮转动。

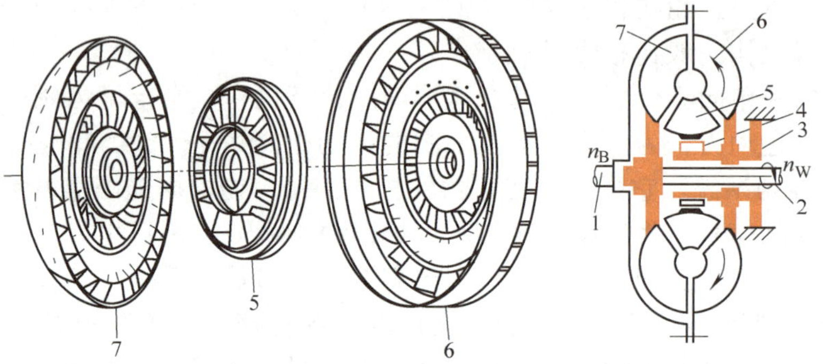

图14-7 三元件综合式液力变矩器

1—发动机曲轴 2—输出轴 3—导轮轴 4—单向离合器 5—导轮 6—泵轮 7—涡轮

泵轮与变矩器壳体连成一体，固定在发动机曲轴后端凸缘上。其内部径向装有许多扭曲的叶片，而叶片内缘则装有让自动变速器油平滑流过的导环。

涡轮内部也装有许多叶片，但涡轮叶片的弯曲方向却与泵轮叶片的弯曲方向相反。涡轮中心有花键孔与自动变速器输入轴相连，其叶片与泵轮叶片相对放置，中间有一定的间隙。

导轮位于泵轮与涡轮之间，安装在导轮轴上，而导轮轴则经单向离合器固定在变速器壳体上。导轮也是由许多弯曲叶片组成的。导轮叶片可以截住离开涡轮的自动变速器油，改变其方向。

单向离合器使导轮以与发动机曲轴相同的方向转动。如果导轮要以相反方向转动，单向离合器就将导轮锁止住，使其无法朝相反方向转动。所以导轮是转动还是被锁止，取决于自动变速器油冲击叶片的方向。

（2）工作原理 由于液力变矩器相对于液力偶合器增加了一个固定不动的导轮。因此，在液体循环流动的过程中，导轮给涡轮一个反作用力矩，从而使涡轮输出转矩不同于泵轮输入转矩，具有变矩功能。

在液力变矩器中，液体的实际流动是由涡流和环流叠加而成的，如图14-8所示。所谓涡流就是泵轮泵出的液流通过涡轮和导轮，然后再回到泵轮的液流。车辆起动时，泵轮和涡轮的转速差越大，涡流就越大。所谓环流就是变矩器内与变矩器转动方向相同的液流。当泵轮与涡轮转速差较小时，环流就大。

从涡轮进入导轮的液流方向取决于泵轮与涡轮的转速差。当涡轮转速较低，泵轮与涡轮的转速差较大时，涡流速度 v_a 大，环流速度 v_b 小，合成的液流 v_c 的方向冲击导轮叶片的正面，欲使导轮反向转动，如图 14-9 所示。但由于导轮被单向离合器锁住，并不转动，其叶片使液流的方向发生变化（图中实线箭头），导轮对液流的反作用力矩大于零，从而使涡轮输出的转矩大于泵轮的输入转矩，液力变矩器起增加转矩的作用。

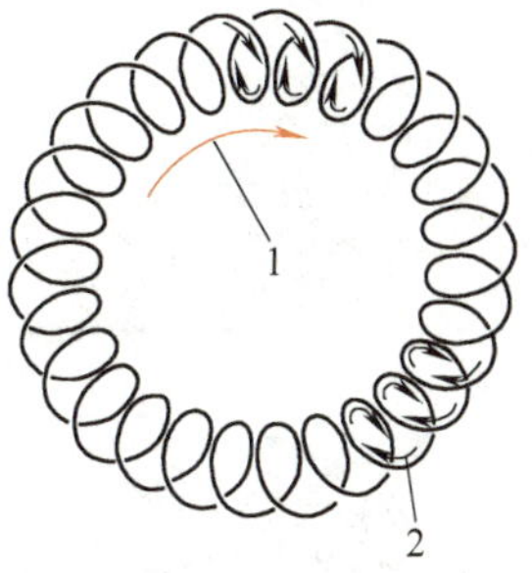

图 14-8　环流和涡流

1—环流　2—涡流

当涡轮转速增大至某一数值时，涡轮出口处的合成液流的方向 v_c 正好与导轮叶片相切（见图 14-10）。由于从涡轮流出的液流经导轮后其流向不变，导轮对液流的反作用力矩为零，涡轮的输出转矩等于泵轮的输入转矩，液力变矩器转化为耦合工况。

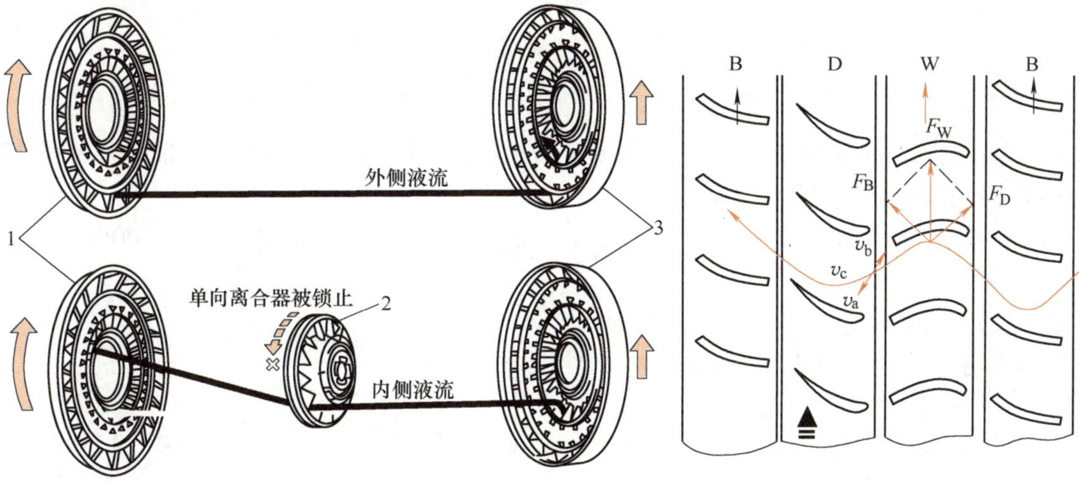

图 14-9　液力变矩器转矩放大的液流示意图

1—泵轮　2—导轮　3—涡轮

当涡轮转速进一步增大并与泵轮速度接近时，涡流速度 v_a 最小，环流速度 v_b 最大，合成速度的方向变为冲击导轮的背面，此时单向离合器解除锁止，导轮随之自由转动，从而使液流返回至泵轮。导轮对液流的反作用力矩小于零，此时的涡轮输出转矩小于泵轮输入转矩。

如上所述，当涡轮转速达到泵轮转速的某一给定比例时，导轮就开始与泵轮同一方向转动，这就是变矩器的工作点，也称为耦合点。在达到耦合点以后，转矩放大效应不再发生，变矩器也仅起到液力偶合器的作用。

（3）特性

1）液力变矩器的特性参数。

① 转速比 i_{WB}：涡轮转速 n_W 与泵轮转速 n_B 之比，即 $i_{WB}=n_W/n_B\leqslant1$，0.8 ~ 0.9 最佳。

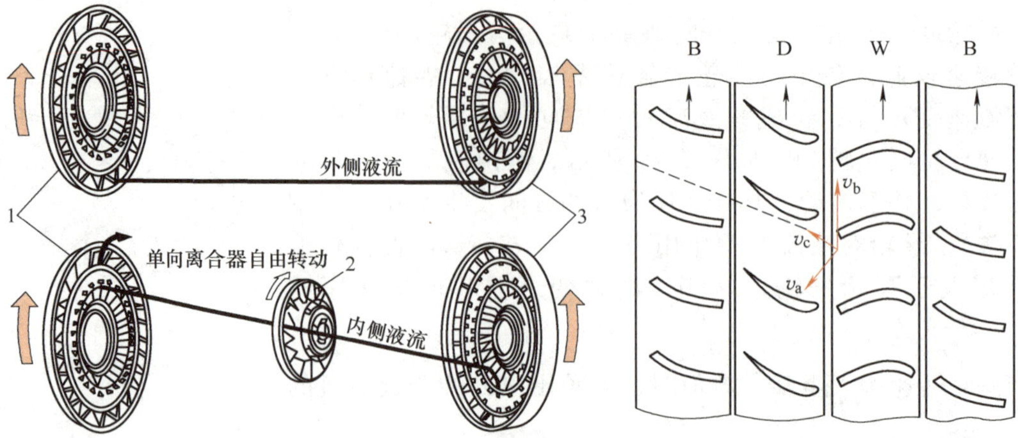

图 14-10　涡轮与泵轮转速接近时变矩器的液流示意图

1—泵轮　2—导轮　3—涡轮

② 转矩比 K：涡轮转矩 M_W 和泵轮转矩 M_B 之比，即 $K = M_W/M_B$。目前，汽车常用液力变矩器的变矩系数约为 2 ~ 2.3。

③ 效率 η：涡轮输出功率 P_W 与泵轮输入功率 P_B 之比，即 $\eta = P_W/P_B \times 100\% = Ki_{WB} \times 100\%$。

2）三元件液力变矩器的特性曲线如图 14-11 所示。转矩比随转速比的增大而减小，又随转速比的减小而增大。这一特性，对行驶阻力变化较大的汽车最有利，即适应性强，在一定范围内能自动无级变矩。

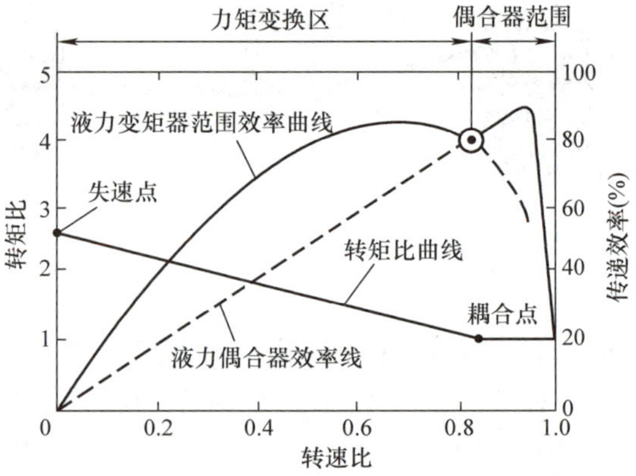

图 14-11　三元件液力变矩器的特性曲线

① 怠速时，液流速度慢，M_W 小，涡轮不动，汽车不能行驶。

② 起步时，即指涡轮静止时，泵轮能达到的最高转速，此时转速比 $i_{WB} = 0$，涡轮受到的力矩最大，液力变矩器的效率为零，即 $n_W = 0$，$n_B > n_W$，$K > 1$，M_W 最大，能产生高能量来克服静止惯性。此时的转矩比多在 1.7 ~ 2.5，又称为“起步转矩比”，该点称为“失速点”。转矩比越大，说明汽车加速性能越好。

③ 逐渐加速时，随转速比增加，涡轮的转速 n_W 增加，涡轮转矩 M_W 减小，转速比在 0.6 ~ 0.75 时，液力变矩器的效率 η 最高。

④ 耦合点，转速比约为 0.82 时，导轮开始回转，液力变矩器的转矩比为 1，该点称为“耦合点”。转速比再增大变为液力偶合器的曲线，至转速比约为 0.94 时传递效率最高。若转速比继续增大，则效率迅速下降。

上述是只有一个导轮的三元件液力变矩器。为了扩大液力变矩器高效率区范围，有的液力变矩器上有两个导轮，称为四元件液力变矩器。四元件液力变矩器比三元件液力变矩器的高效率工作范围扩大了，但由于采用了两个导轮，结构复杂，液力损失较大，其最高效率有所降低。

二、带锁止离合器的综合式液力变矩器

由于液力变矩器在进入偶合器工作区后没有转矩增大的效果，在泵轮和涡轮之间还存在着至少4%～5%的转速差。因此，液力变矩器的传动效率达不到100%。为提高汽车的传动效率，减少燃油消耗，现代汽车自动变速器大多采用带锁止离合器的液力变矩器，如图14-12所示。这种变矩器采用一个由液压操纵的锁止离合器，锁止离合器的主动盘即为变矩器壳体4；从动盘是一个可以进行轴向移动的压盘3，称为锁止活塞，它通过花键套与涡轮2连接。

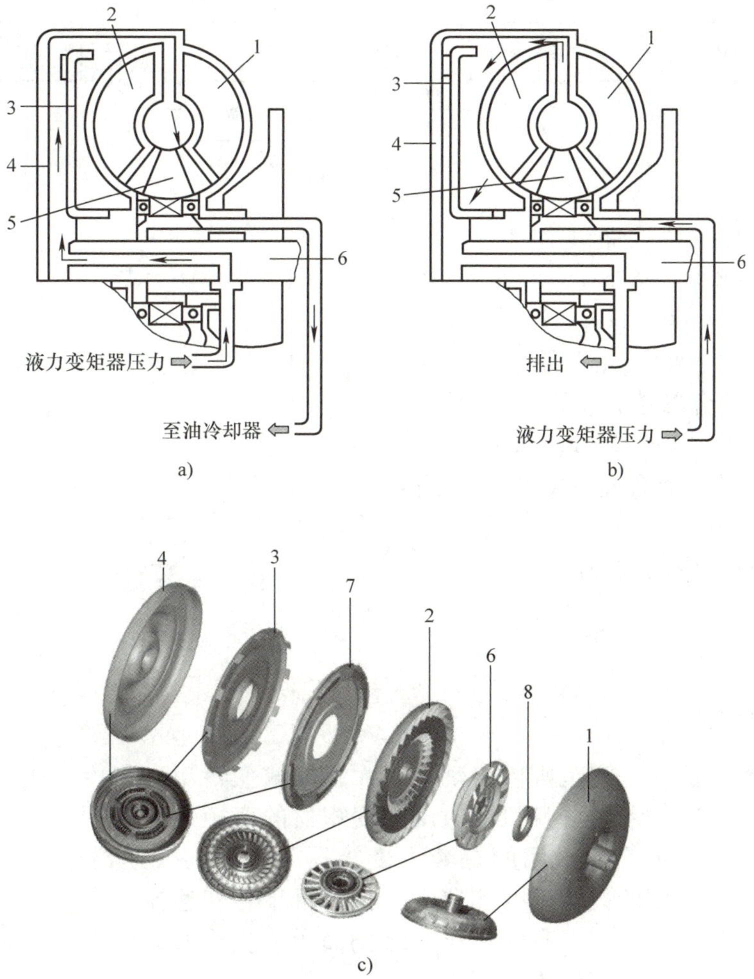

图14-12　带锁止离合器的液力变矩器

a）锁止离合器分离　b）锁止离合器接合　c）分解图

1—泵轮　2—涡轮　3—压盘　4—变矩器壳体　5—导轮　6—输出轴　7—减振器　8—轴承

变矩器锁止离合器的分离和接合是通过改变工作液流动的方向实现的。当车辆低速行驶时，液压控制系统控制油液流动方向如图14-12a所示，油液流至锁止离合器的前部，锁止离合器前端和后端的压力就变得一样大，锁止离合器处于分离状态。这时

由于变矩器内部油液因涡流产生大量的热量，流出变矩器的油液要经冷却器冷却后再送回变速器。

当车辆以中高速（≥60km/h）行驶时，液压控制系统控制油液流动方向如图14-12b所示，油液流至锁止离合器的后端。这时，锁止离合器活塞被油压推动，压靠在变矩器壳体内的前部，与变矩器壳体连接成一体并同步旋转，即锁止离合器接合。在锁止离合器接合期间，没有涡流产生，因而油液在变矩器内产生的热量很少，流出变矩器的油液不需要冷却，直接流回变速器。

锁止离合器分离或者接合时的动力传递框图如图14-13所示。

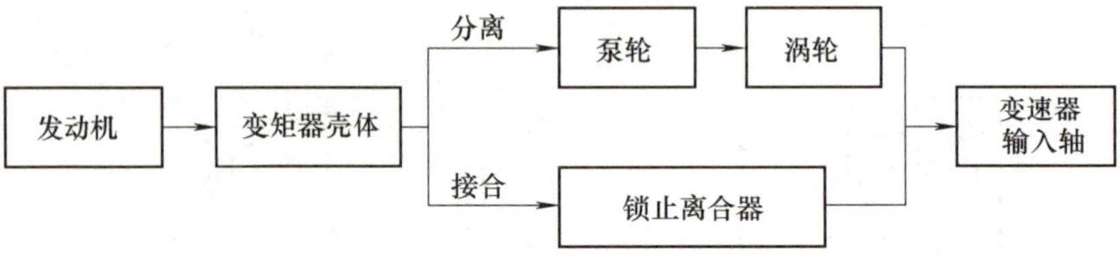

图14-13　锁止离合器分离或接合时的动力传递框图

锁止离合器的特性曲线如图14-14所示，在 $i < i_1$ 区域，$K > 1$，为变矩器工况；在 $i_1 \leqslant i \leqslant i_2$ 区域，$K = 1$，为偶合器工况，当涡轮转速比升高到 i_2（约为0.8）时，锁止离合器接合，动力由锁止离合器直接传递，此时$K = 1$，效率 η 上升约为100%。锁止离合器的效率特性曲线为 $OABCDE$，其动力性及经济性均较理想，故在汽车上应用较为广泛。

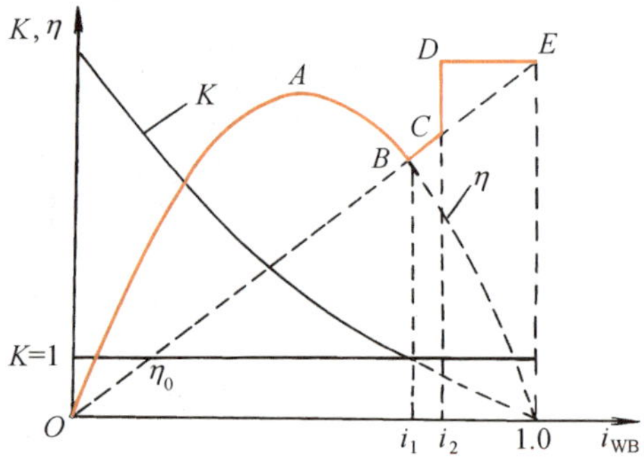

图14-14　锁止离合器的特性曲线

第三节　液力机械变速器

液力变矩器虽能在一定范围内自动地、无级地改变转矩比和传动比，但存在着变矩能力与传动效率之间的矛盾，且目前应用的变矩器的变矩系数都不够大，难以满足汽车使用要求，故在汽车上广泛采用的是液力变矩器与齿轮式变速器组成的液力机械变速器。与变矩器配合使用的齿轮式变速器多数是行星齿轮变速器，也可以是固定轴线式齿轮变速器。行星齿轮变速器具有体积小、结构简单、操作容易、变速比大等优点，故在现代汽车自动变速器上应用较为广泛。

一、单排行星齿轮机构

1. 单排行星齿轮机构的结构组成

简单行星齿轮机构是由一个太阳轮、一个齿圈、一个行星架和几个行星齿轮组成的，称为一个行星排，如图14-15所示。太阳轮1、齿圈2及行星架3有一个共同的固

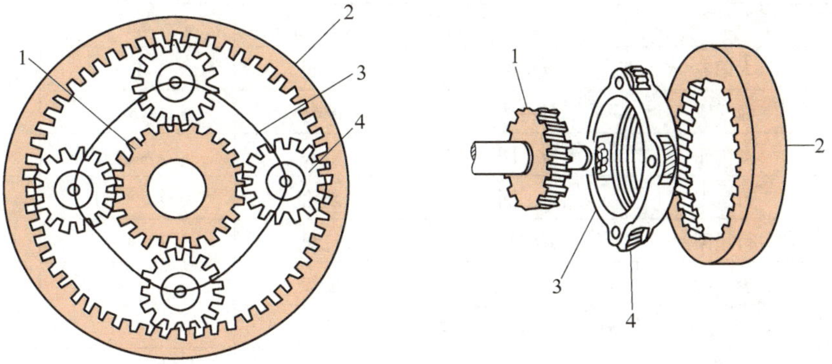

图 14-15　单排行星齿轮机构结构图

1—太阳轮　2—齿圈　3—行星架　4—行星齿轮

定轴线，行星齿轮 4 支撑在固定于行星架的行星齿轮轴上，并同时与太阳轮和齿圈啮合。当行星齿轮机构运转时，空套在行星架上的几个行星齿轮，一方面可以绕自己的轴线旋转，另一方面又可以随行星架一起绕着太阳轮旋转，就像天上的行星运动一样，兼有自转和公转两种运动状态，行星齿轮也由此而得名。在行星排中，具有固定轴线的太阳轮、齿圈和行星架称为行星排的三个基本元件。

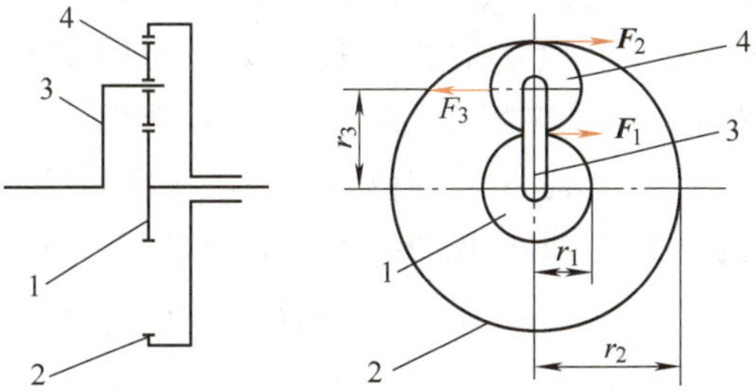

图 14-16　单排行星齿轮机构及作用力

1—太阳轮　2—齿圈　3—行星架　4—行星齿轮

2. 单排行星齿轮机构的工作原理

只要将行星齿轮机构中的太阳轮、齿圈和行星架三者之间以不同方式组合，便可得到各种传动比，这是采用行星齿轮机构的自动变速器能实现自动变速的根本所在，这种速比的计算公式是根据行星齿轮机构转矩关系推导出来的。

下面是根据图 14-16 所示推导出来的行星齿轮机构一般运动规律的特性方程：

$$n_1 + \alpha n_2 - (1 + \alpha) n_3 = 0 \tag{14-1}$$

式中，n_1 是太阳轮转速；n_2 是齿圈转速；n_3 是行星架转速；α 是齿圈齿数 z_2 与太阳轮齿数 z_1 之比。

太阳轮、齿圈和行星架三者具有同一旋转轴线。将三者中的任一构件与主动轴相连，第二构件与从动轴相连，加上第三个条件：第三构件被强制固定或使其运动受到一定约束，即该构件的转速为某一定值，则整个系统就以一定的传动比传递动力，实现不同档位速度的变化。按连接和制动情况的不同可以有六种组合方案，加上直接传动和空档共有八种组合。表 14-1 列出了单排行星齿轮机构的各种传动方案。

表 14-1 单排行星齿轮机构的各种传动方案

方案	主动件	被动件	固定件	传动比	备注
1	太阳轮	行星架	齿圈	$1+\alpha$	减速增矩
2	齿圈	行星架	太阳轮	$(1+\alpha)/\alpha$	
3	太阳轮	齿圈	行星架	$-\alpha$	
4	行星架	齿圈	太阳轮	$\alpha/(1+\alpha)$	增速减矩
5	行星架	太阳轮	齿圈	$1/(1+\alpha)$	
6	齿圈	太阳轮	行星架	$-1/\alpha$	
7	任意两个连成一体			1	直接传动
8	既无任一元件制动又无任二元件连成一体			三元件自由转动	不传递动力

二、辛普森式行星齿轮机构

辛普森式行星齿轮机构是一种双排行星齿轮机构，其结构特点是：前后两个行星排的太阳轮连接为一个整体，称为共用太阳轮组件；前一个行星排的行星架和后一个行星排的齿圈连接为另一个整体，称为前行星架和后齿圈组件；输出轴通常与前行星架和后齿圈组件连接。经过上述的组合后，该机构成为一种具有 4 个独立元件的行星齿轮机构。这 4 个独立元件是前齿圈、前后太阳轮组件，后行星架，前行星架和后齿圈组件。根据前进档的档数不同，可将辛普森式行星齿轮机构分为 3 档、4 档、5 档及 6 档等几种形式。辛普森机构以其简单、传动效率高以及运转平稳、噪声低等优点而著称，尤其因为其制造成本低而在现代汽车自动变速器上得到了广泛的应用。

1. 4 档辛普森式行星齿轮机构的组成和工作原理

丰田汽车公司采用的 A340E 和 A540E 均是 4 个前进档的自动变速器，A340E 和 A540E 的组成及结构基本相同，不同的是 A340E 适合发动机前置后轮驱动，而 A540E 适合发动机前置前轮驱动。下面以 A340E 型自动变速器（见图 14-17）为例进行介绍。

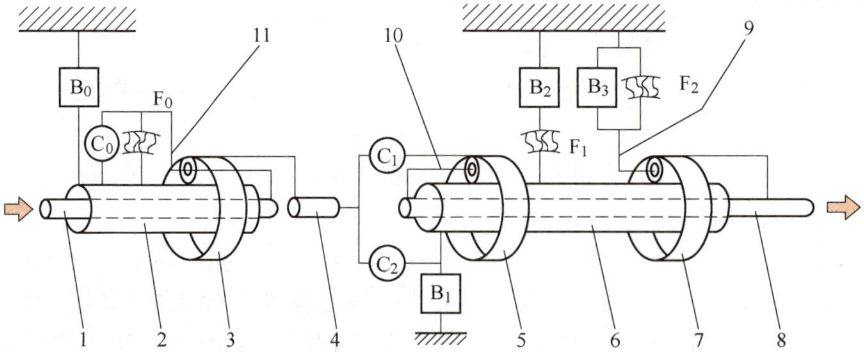

图 14-17 丰田 A340E 型自动变速器结构示意图

1—超速输入轴 2—超速太阳轮 3—超速齿圈 4—输入轴 5—前齿圈
6—太阳轮 7—后齿圈 8—输出轴 9—后行星架 10—前行星架 11—超速行星架
B_0—超速制动器 B_1—2 档滑行制动器 B_2—2 档制动器 B_3—低档-倒档制动器 C_0—超速离合器
C_1—前进离合器 C_2—直接离合器 F_0—超速单向离合器 F_1—1 号单向离合器 F_2—2 号单向离合器

A340E 型自动变速器有 4 个前进档，采用带锁止离合器的液力变矩器，A340E 型变速器各档执行元件的工作情况如表 14-2 所示。辛普森式行星齿轮变速器，有三个行星排和十个换档执行元件，采用电液式控制系统。

表 14-2　A340E 型变速器各档执行元件的工作情况

操纵手柄位置	档位	1 号电磁阀	2 号电磁阀	C_0	C_1	C_2	B_0	B_1	B_2	B_3	F_0	F_1	F_2
P	停车档	通电	断电	○									
R	倒车档	通电	断电	○		○				○	○		
N	空档	通电	断电	○									
D	1 档	通电	断电	○	○						○		○
	2 档	通电	通电	○	○				○		○	○	
	3 档	断电	通电	○	○	○			○		○		
	超速档	断电	断电		○	○	○		○				
2	1 档	通电	断电	○	○						○		○
	2 档	通电	通电	○	○			○	○		○	○	
	3 档*	断电	通电	○	○	○			○		○		
L	1 档	通电	断电	○	○					○	○		○
	2 档*	通电	通电	○	○			○	○		○	○	

注：1. ○表示投入工作（连接、制动通电或锁止）。
　　2. * 表示该传动档位只在降档时存在。

A340E 型自动变速器各档动力传动路线如下。

（1）D 位 1 档传动路线　当变速杆置于 D 位，节气门开度小或汽车行驶阻力大时，液压控制装置将自动接通 1 档油路，C_0、C_1、F_0 和 F_2 工作。动力传动分析如下：

起步时，动力由液力变矩器到超速输入轴 1，超速行星架 11 与输入轴刚性连接，离合器 C_0 接合，单向离合器 F_0 锁止，故超速行星排为直接传动，超速齿圈 3 顺时针转动，带动输入轴顺时针转动（在后文中同样情况不再重复描述）。离合器 C_1 接合，前齿圈 5 也顺时针转动。因此时输出轴 8 瞬间制动，起步前地面阻力大，前行星架 10 与输出轴刚性连接，故前行星架被固定，前齿圈带动行星轮顺时针转动，行星轮带动太阳轮 6 逆时针转动。因后齿圈 7 与输出轴相连瞬时制动，太阳轮使后行星轮绕其轴顺时针旋转，同时，后行星轮还有沿后齿圈内缘逆时针转动的趋势。因单向离合器 F_2 锁止，所以迫使后齿圈顺时针转动，动力传至输出轴。

汽车起步后，输出轴转动，前行星架转动，输入轴传来的动力一部分经前行星架到输出轴。前后两行星排均参加动力传递，降速增矩，使汽车能以很大的转矩克服行驶阻力低速前行。动力传动路线（见图 14-18）如下：

液力变矩器→超速输入轴→超速行星排（C_0 接合，F_0 锁止，超速太阳轮、超速齿圈与行星架成为一体）→输入轴（C_1 接合）→前齿圈→前行星轮→

[前行星架
  太阳轮→后行星轮→后齿圈（F_2 锁止，后行星架固定）]→输出轴。

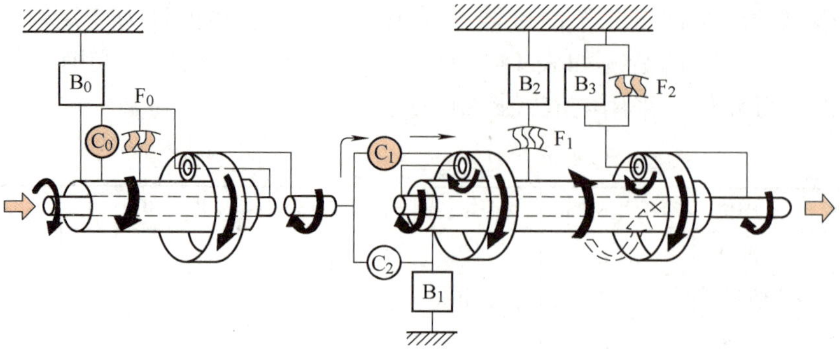

图 14-18 D 位 1 档动力传动路线

（2）D 位 2 档传动路线 当变速杆置于 D 位，节气门开度增大或行驶阻力减小时，液压控制装置自动接通 2 档油路，C_0、C_1、B_2、F_0 和 F_1 工作。动力传动分析如下：

动力由液力变矩器至超速输入轴及超速行星排，带动输入轴转动。

离合器 C_1 接合，使动力从输入轴传到前齿圈，前齿圈顺时针转动，带动前行星轮也顺时针转动；因制动器 B_2 和单向离合器 F_1 工作，从而防止太阳轮逆时针转动，所以前行星轮在绕轴线自转的同时，沿前齿圈顺时针公转，因前行星架与输出轴刚性连接，动力经由前行星架传至输出轴。后行星排因无固定元件而处于空转状态。可见，汽车以 D 位 2 档行驶时，只有前行星排起作用，汽车以较高的速度行驶。动力传动路线（见图 14-19）如下：

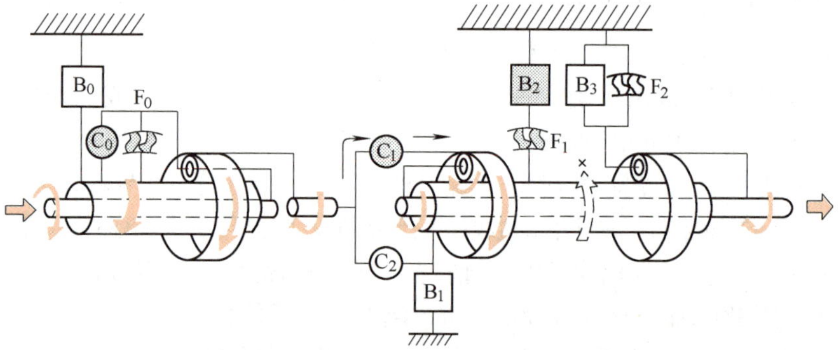

图 14-19 D 位 2 档动力传动路线

液力变矩器→超速输入轴→超速行星排（C_0 接合，F_0 锁止，超速太阳轮、超速齿圈与行星架成为一体）→输入轴（C_1 接合）→前齿圈（B_2 工作，F_1 锁止，太阳轮被固定）→前行星架→输出轴。

（3）D 位 3 档直接档传动路线 当变速杆置于 D 位，节气门开度更大或行驶阻力进一步减小时，液压控制装置自动接通 3 档油路，C_0、C_1、C_2、B_2、F_0 工作。动力传动分析如下：

动力由液力变矩器至超速输入轴及超速行星排，带动输入轴转动。由于离合器 C_1 和 C_2 工作，使前齿圈与太阳轮成为一个整体，三元件同向同速转动，因此动力经前行星架顺时针方向转动输出。制动器 B_2 虽然工作。但其需要通过单向离合器 F_1 起作用，

单向离合器 F_1 不能阻止太阳轮顺时针方向的转动。可见，D 位 3 档的传动比 $i=1$ 为直接档。后行星排因无固定元件而处于空转状态。此时变速器为 3 档，汽车以更高的速度行驶。动力传动路线（见图 14-20）如下：

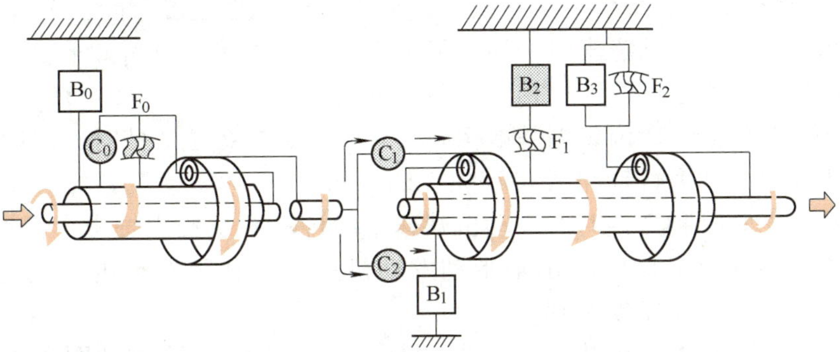

图 14-20　D 位 3 档动力传动路线

液力变矩器→超速输入轴→超速行星排（C_0 接合，F_0 锁止，超速太阳轮、超速齿圈与行星架成为一体）→输入轴→[前齿圈（C_1 接合）；太阳轮（C_2 接合）]→前行星轮→前行星架→输出轴。

（4）D 位 4 档（OD 档）传动路线　当变速杆置于 D 位，节气门开度进一步增大或行驶阻力进一步减小时，液压控制装置自动接通超速档油路，C_1、C_2、B_0、B_2 工作。动力传动分析如下：

发动机动力经液力变矩器传至超速输入轴，从而传到超速行星架，超速行星架顺时针方向转动，因制动器 B_0 工作，超速太阳轮为固定件，超速行星轮绕轴线顺时针自转的同时，带动超速齿圈也顺时针转动（增速），动力传递给输入轴，由于离合器 C_1、C_2 同时工作，使得前齿圈与太阳轮成为一个整体，故动力经前行星架传至输出轴（与前齿圈和太阳轮同速同向）。后行星排因无固定元件而处于空转状态。此时变速器为超速档，汽车以更高的车速行驶。动力传动路线（见图 14-21）如下：

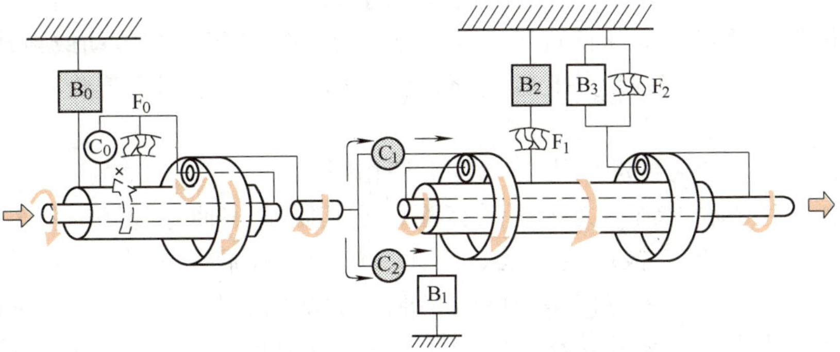

图 14-21　D 位 4 档动力传动路线

液力变矩器→超速输入轴→超速行星架（制动器 B_0 工作）→超速行星轮→超速齿

圈→输入轴→前行星架→输出轴。

汽车行驶中，当变速杆在 D 位时，电子控制装置能根据发动机的负荷和车速的大小，控制液压系统使自动变速器能够在 1 ~4 档之间自动增减档位，实现汽车自动变速。

(5) “2”位各档传动路线 当变速杆置于 2 位时，变速器只能在 1 ~2 档之间自动换档，或从高速档（3 档或超速档）强制降至 2 档。动力传动分析如下：

2 位 1 档传动路线与 D 位 1 档相同，不再重复。

2 位 2 档传动路线与 D 位 2 档基本相同，其区别是在 2 位 2 档时，制动器 B_1 工作。

发动机驱动时，动力传动路线与 D 位 2 档相同。

当变速器被强制降到 2 档时，发动机减速，而传动系统输出轴由于惯性作用，转速却比发动机曲轴转速高，此时输出轴带动发动机运转，利用发动机消耗传动系统的能量，使汽车减速，即实现发动机制动。

发动机制动时，动力由输出轴至前行星架，前行星架与输出轴同向旋转，由于 B_1 工作，使太阳轮固定不动，于是前齿圈沿顺时针方向转动，动力经由离合器 C_1 和超速行星排至发动机，带动发动机旋转。动力传动方向如图 14-22 中虚线所示。

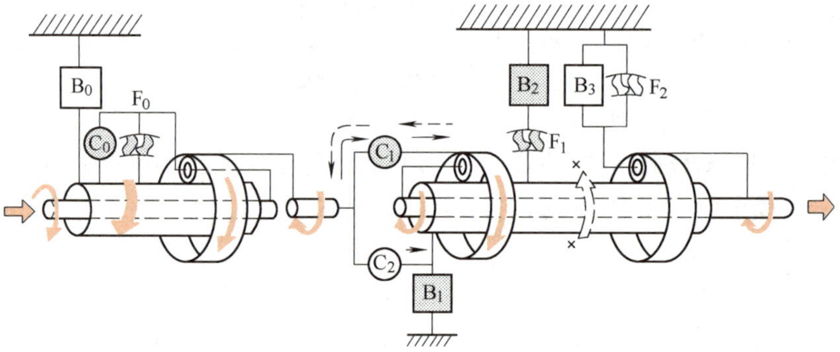

图 14-22 2 位 2 档动力传动路线

发动机制动：输出轴→前行星架→前齿圈→离合器 C_1→输入轴→超速齿圈→超速行星架→超速输入轴→液力变矩器→发动机。

2 位 3 档动力传动路线与 D 位 3 档完全相同。

(6) L 位传动路线 变速杆置于 L 位，变速器只能处于 1 档传动或被从高速档强制降到 1 档，液压控制装置自动接通油路，C_0、C_1、B_3、F_0、F_2 工作。动力传动分析如下：

发动机驱动时，动力传动路线与 D 位 1 档相同。

发动机制动时，输出轴动力传至后齿圈，使其随输出轴一起顺时针转动，由于 B_3 和 F_2 共同作用，后行星架被固定不动，因此后齿圈带动后行星轮也顺时针转动，从而使太阳轮逆时针转动。由于前行星架随输出轴一起顺时针转动，而太阳轮逆时针转动，故前行星轮带动前齿圈顺时针转动，动力经由 C_1 传到超速行星排、超速输入轴和液力变矩器，最终到发动机曲轴，利用发动机消耗传动系统的能量，汽车减速，实现发动机制动。动力传动方向如图 14-23 中虚线所示。

发动机制动：输出轴→后齿圈（B_3 和 F_2 工作，使后行星架固定）→后行星轮→太阳轮→

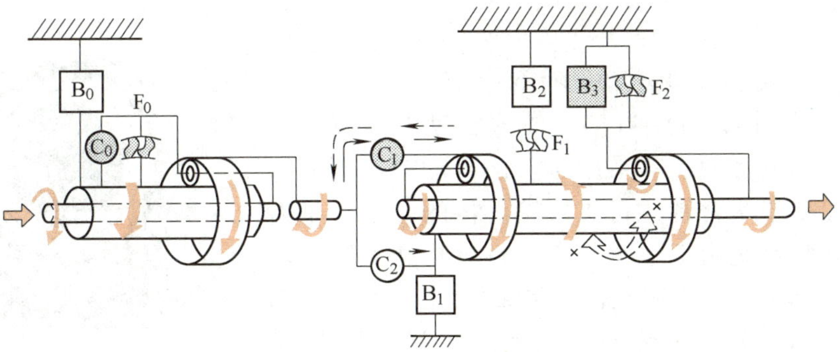

图 14-23　L 位 1 档动力传动路线

前齿圈→离合器 C_1→输入轴→超速齿圈→超速行星架→超速输入轴→液力变矩器→发动机。

L 位 2 档动力传动路线与 2 位 2 档相同。

(7) R 位（倒档）传动路线　当变速杆置于 R 位时，液压控制装置自动接通倒档油路，使 C_0、C_2、B_3、F_0 工作。动力传动分析如下：

液力变矩器及超速行星排的工作情况同 D 位 1 档。因离合器 C_2 工作，输入轴的动力经 C_2 至太阳轮，输入轴、太阳轮顺时针转动，前行星排无固定元件，故处于空转状态。由于后行星架被 B_3 固定，后行星轮绕其自身的轴线逆时针转动，同时带动后齿圈逆时针转动，动力传至输出轴，输出轴也沿逆时针方向旋转，与输入轴方向相反。动力传递路线（见图 14-24）如下：

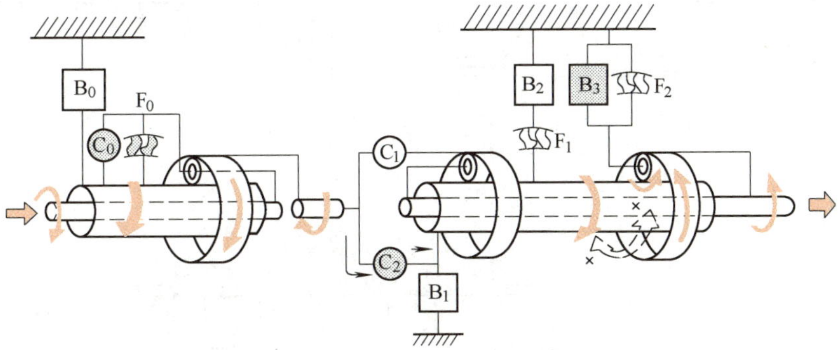

图 14-24　R 位动力传递路线

液力变矩器→超速输入轴→超速行星架→超速行星轮→超速齿圈→输入轴→经 C_2 至太阳轮→后行星轮→后齿圈→输出轴。

(8) P 位（驻车档）和 N 位（空档）　当变速杆置于 N 位时，自动变速器中单向离合器和制动器均不工作，虽然超速离合器 C_0 工作，但对超速行星轮和太阳轮形不成约束，故液力变矩器的动力不能传至变速器输出轴，此时变速器为空档，汽车不能行驶。

变速杆置于 P 位时，和在 N 位时基本相同，变速器不传递动力，但当变速杆在 P 位时，手控联动机构推动停车闭锁凸轮 3（见图 14-25），使停车闭锁爪 1 上的齿嵌入输出轴 2 的外齿中，因停车闭锁爪固定在变速器外壳上，所以输出轴也被固定而不能转动，从而也锁住了驱动轮。

2. 6 档辛普森式行星齿轮机构的组成和工作原理

丰田 A761E 型自动变速器具有 6 个前进档、1 个倒档，是由电子控制的手动/自动一体式自动变速器，用于雷克萨斯、皇冠和锐志等乘用车。该自动变速器的行星齿轮机构是基于辛普森式行星齿轮机构的 3 个行星齿轮排，其结构特点是由 1 个辛普森式行星排和 1 个单行星排组成。它具有 4 个离合器、4 个制动器、4 个单向离合器，共计 12 个执行元件。3 个齿轮机构行星排如下：

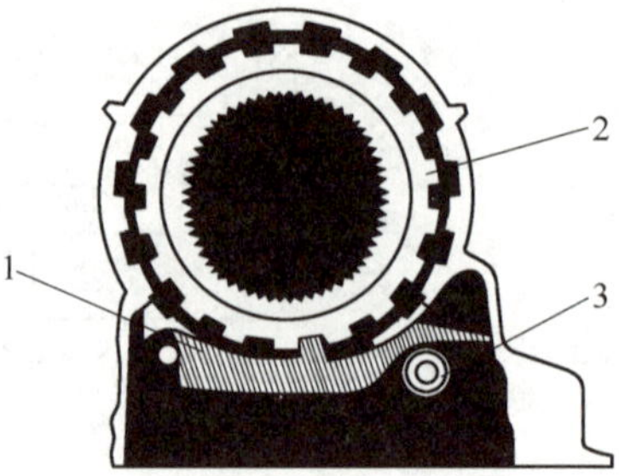

图 14-25　停车闭锁爪的工作

1—停车闭锁爪　2—输出轴

3—停车闭锁凸轮

1）前行星排。前行星排是一个双级行星排（两个行星轮），前排行星架 2（见图 14-26）被单向离合器 F_1 和制动器 B_1 控制。

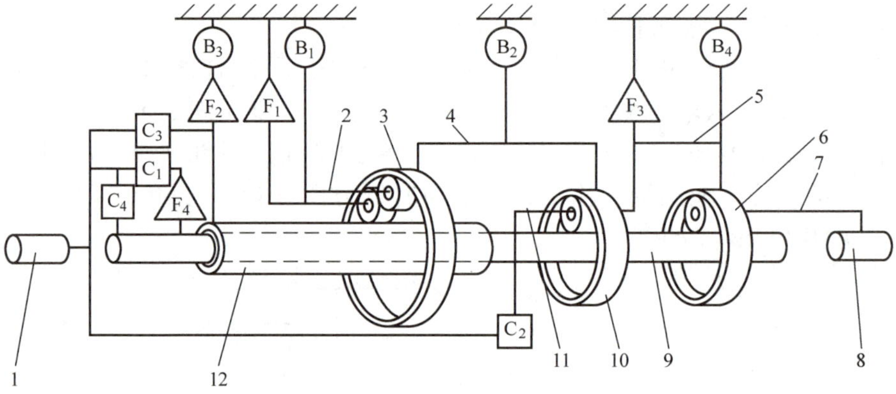

a)

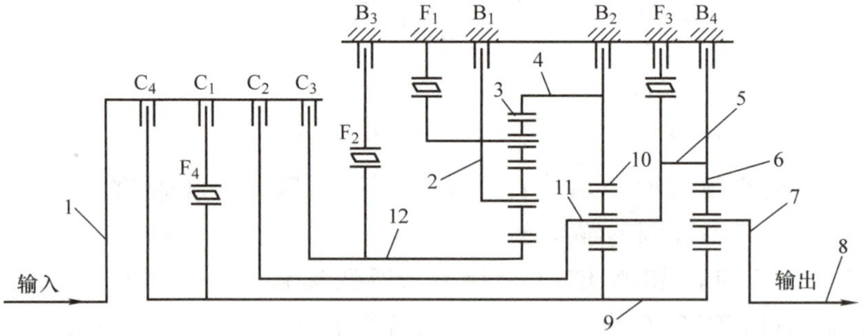

b)

图 14-26　丰田 A761E 型 6 档辛普森式自动变速器行星齿轮机构的结构示意图和传动路线简图

a）结构示意图　b）传动路线简图

1—输入轴　2—前排行星架　3—前排齿圈　4—齿圈组件　5—中排行星架与后齿圈组件

6—后排齿圈　7—后排行星架　8—输出轴　9—太阳轮组件　10—中排齿圈　11—中排行星架

12—前排太阳轮　B—制动器　C—离合器　F—单向离合器

2）中行星排。中行星排与后行星排共用太阳轮组件 9，中排行星架 11 与后排齿圈 6 连接为一个整体成为中排行星架与后齿圈组件 5，中排齿圈 10 与前排齿圈 3 连接为一个整体组合成为齿圈组件 4。

3）后行星排。后排行星架与从动输出轴连接为一个整体成为输出轴。

丰田 A761E 型 6 档辛普森式自动变速器行星齿轮机构的结构示意图和传动路线简图如图 14-26 所示。各档执行元件的工作情况如表 14-3 所示。该自动变速器有 4 个工作模式可选：常用模式、经济模式、动力模式、雪地模式。离合器 C_1 和 C_4 接合，都是向中、后排公共太阳轮输入动力，不过 C_1 中间有一个单向离合器 F_4，输出轴给发动机反拖动力时内圈可以打滑，为经济模式；而 C_4 在输出轴给发动机反拖动力时不会打滑，为动力模式，因此燃油经济性、动力性较好。

表 14-3　A761E 型辛普森式自动变速器各档执行元件的工作情况

操纵手柄位置	档位	C_1	C_2	C_3	C_4	B_1	B_2	B_3	B_4	F_1	F_2	F_3	F_4
R	倒车档			●		○			●	●			
D	1 档	●			○				○			●	●
	2 档	●			○		○	●		●	●		●
	3 档	●		●	○	○				●			●
	4 档	●	●		○								●
	5 档		●	●		●							
	6 档		●				●						

注：●表示工作；○表示当发动机制动时工作。

三、拉维娜式行星齿轮机构

1. 4 档拉维娜式行星齿轮机构的结构和工作原理

拉维娜式行星齿轮变速器由拉维娜式行星齿轮机构及相应的操纵执行元件组成。拉维娜式行星齿轮机构与辛普森式行星齿轮机构齐名，从 20 世纪 70 年代起，被奥迪、福特、马自达等公司应用在汽车自动变速器中，特别是前轮驱动车型。拉维娜式行星齿轮机构也采用双行星排组合，其结构特点是：两行星排具有公共行星架和齿圈，前太阳轮 2、短行星轮 4、长行星轮 5、行星架 3 及齿圈 6 组成一个双行星轮式行星排，后太阳轮 1、长行星轮、行星架及齿圈组成一个单行星轮式行星排，如图 14-27 所示。因此，它具有 4 个独立元件，即：前太阳轮、后太阳轮、行星架和齿圈。

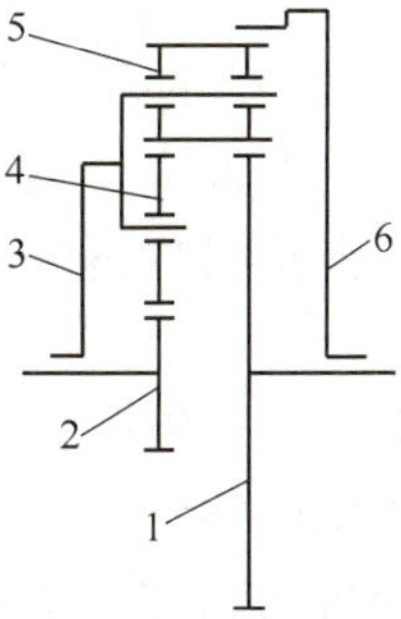

图 14-27　拉维娜式行星齿轮机构
1—后太阳轮　2—前太阳轮　3—行星架　4—短行星轮　5—长行星轮　6—齿圈

拉维娜式 4 档行星齿轮变速器中有 8 个执行元件，即：4 个离合器、2 个制动器和 2 个单向离合器，构成具有超速档的 4 个前进档和一个倒档的行星齿轮变速器（见图 14-28a）。布置简图如图 14-28b 所示。

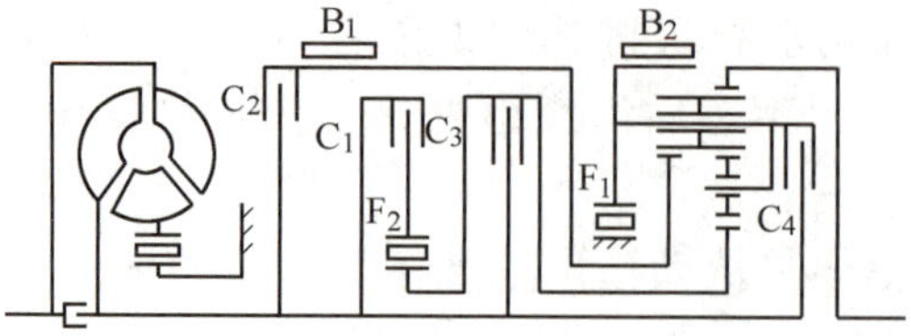

a)

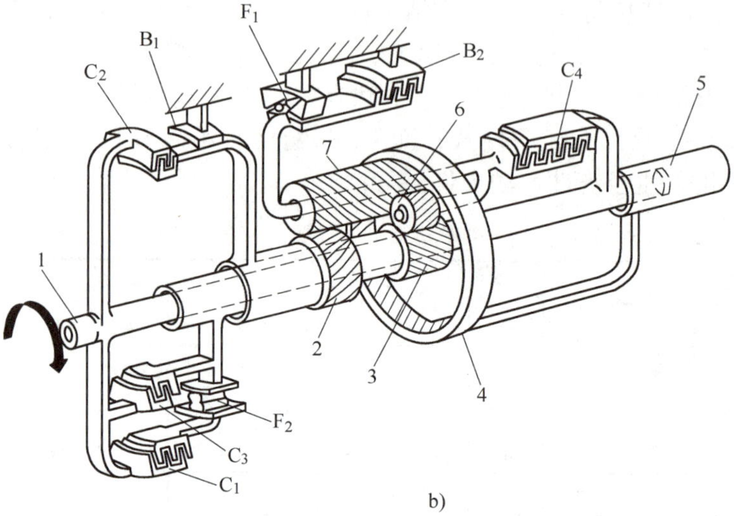

b)

图 14-28 拉维娜式 4 档行星齿轮变速器

a）传动原理图 b）布置简图

1—输入轴 2—前太阳轮 3—后太阳轮 4—齿圈 5—输出轴 6—短行星齿轮 7—长行星齿轮 B_1—2 档及 4 档制动器 B_2—低档及倒档制动器 C_1—前进离合器 C_2—倒档离合器 C_3—前进强制离合器 C_4—高档离合器 F_1—低档单向离合器 F_2—前进单向离合器

2. 6 档拉维娜式行星齿轮机构的结构和工作原理

6 个前进档的自动变速器以日本爱信公司开发的 TF/TR—60SN 为基础，并配给许多厂家使用，如大众、奥迪、宝马、雪铁龙、菲亚特、标致、马自达等。该系列自动变速器的行星齿轮机构是基于拉维娜式行星齿轮机构的。下面以大众 AG6—09D 自动变速器为例进行介绍。

大众 AG6—9D 自动变速器具有 6 个前进档、1 个倒档，是电子控制的手动/自动一体式自动变速器，用于途锐、速腾、迈腾、高尔夫、途安等乘用车。与奥迪 HP—26 自动变速器相比，它除了前进一档有个起步单向离合器起作用外，其他各档位完全相同。该自动变速器的行星齿轮机构采用三个行星齿轮排，其结构特点是由一个拉维娜行星排和一个单行星排组成。它具有 3 个离合器、2 个制动器、1 个单向离合器，共计 6 个执行元件。执行元件的数量比某些 4 个前进档的自动变速器还要少，其结构简化，重量减轻，损耗减少。3 个齿轮机构行星排如下：

1）前行星排。前行星排是一个单独的行星排，由输入轴与前排齿圈 10（见图 14-29）连接成一个整体的前排齿圈组件、前排太阳轮 11 和前排行星架 2 组成。前排行星架 2 被离合器 C_1 和 C_2 控制。

a)

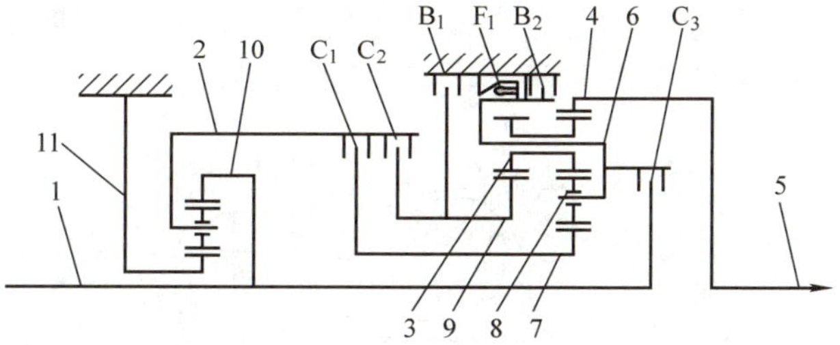

b)

图 14-29　大众 AG6—09D 自动变速器行星齿轮机构的结构示意图和传动路线简图

a）结构示意图　b）传动路线简图

1—输入轴　2—前排行星架　3—长行星轮　4—共用齿圈组件　5—输出轴

6—共用行星架组件　7—后排太阳轮　8—短行星轮　9—中排太阳轮　10—前排齿圈　11—前排太阳轮

2）中行星排。中行星排由中行星排与后行星排的共用行星架组件 6（有长行星轮 3）、共用齿圈组件 4 和中排太阳轮 9 组成。共用行星架组件 6 由离合器 C_3、单向离合器 F_1 和制动器 B_2 控制。

3）后行星排。后排行由共用行星架组件 6（有长行星轮 3 和短行星轮 8）、共用齿圈组件 4 和后排太阳轮 7 组成。共用齿圈组件与从动输出轴连接为一个整体成为输出轴。

大众 AG6—09D 自动变速器行星齿轮机构的结构示意图和传动路线简图如图 14-29 所示。各档执行元件的工作情况如表 14-4 所示。

表 14-4　大众 AG6—09D 自动变速器各档执行元件的工作情况

操纵手柄	档位	C_1	C_2	C_3	B_1	B_2	F_1
R	倒车档		●			●	
D	1 档	●				○	●
	2 档	●			●		
	3 档	●	●				
	4 档	●		●			
	5 档		●	●			
	6 档			●	●		

注：●表示工作；○表示当发动机制动时工作。

四、本田非行星齿轮机构

汽车自动变速器绝大多数是采用行星齿轮变速器，也有一些车型采用平行轴式变速器，如本田汽车和部分福特汽车等。

平行轴式自动变速器与行星齿轮自动变速器相比，具有如下特点：①平行轴式变速器采用普通外啮合齿轮，各对齿轮都是常啮合，但传递动力与否取决于相应的离合器是否接合；②平行轴式变速器由三根平行轴构成，变速器的总长度尺寸较小，故一般都用于前驱动的轿车上；③平行轴式变速器的操纵元件只有多片式离合器和单向离合器，没有制动器，操纵元件的数目较少。

图 14-30 所示为本田雅阁轿车上采用的自动变速器结构图。该自动变速器采用带锁止离合器的液力变矩器与平行轴式齿轮变速器来传递动力和实现换档。平行轴式齿轮变速器主要由平行轴、各档齿轮和离合器等组成。图 14-31 所示为本田雅阁自动变速器齿

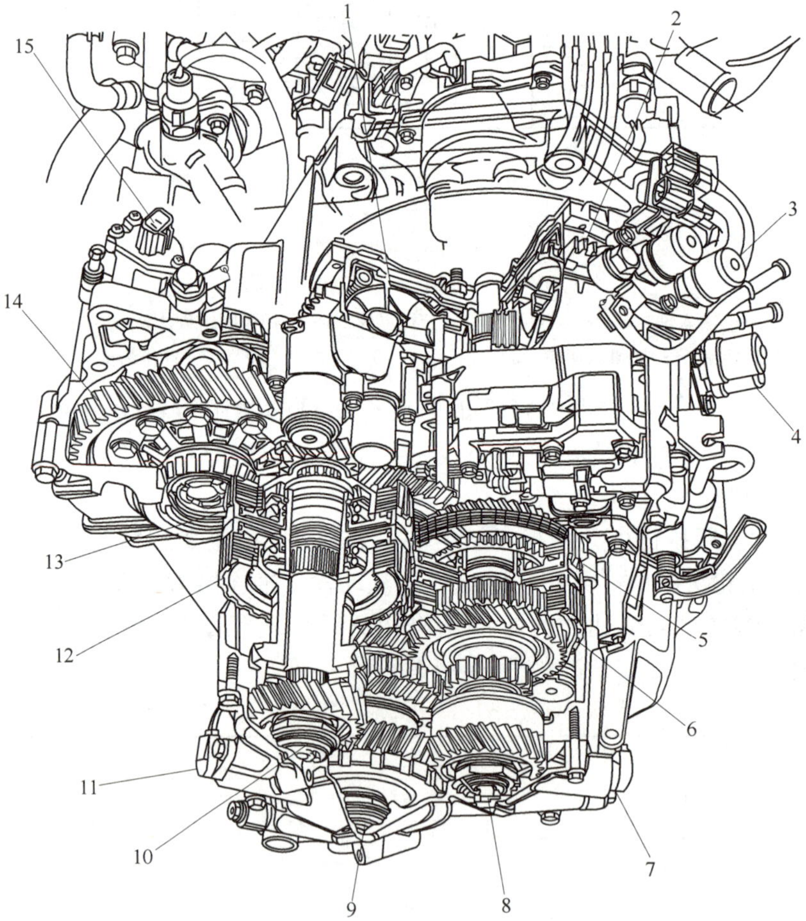

图 14-30 本田雅阁自动变速器结构图

1—液力变矩器 2—环齿轮 3—锁定控制电磁阀组合 4—变速控制电磁阀组合 5—3 档离合器 6—4 档离合器 7—主轴转速传感器 8—主轴 9—副轴 10—辅助轴 11—副轴转速传感器 12—2 档离合器 13—1 档离合器 14—主减速器差速齿轮组合 15—车速传感器

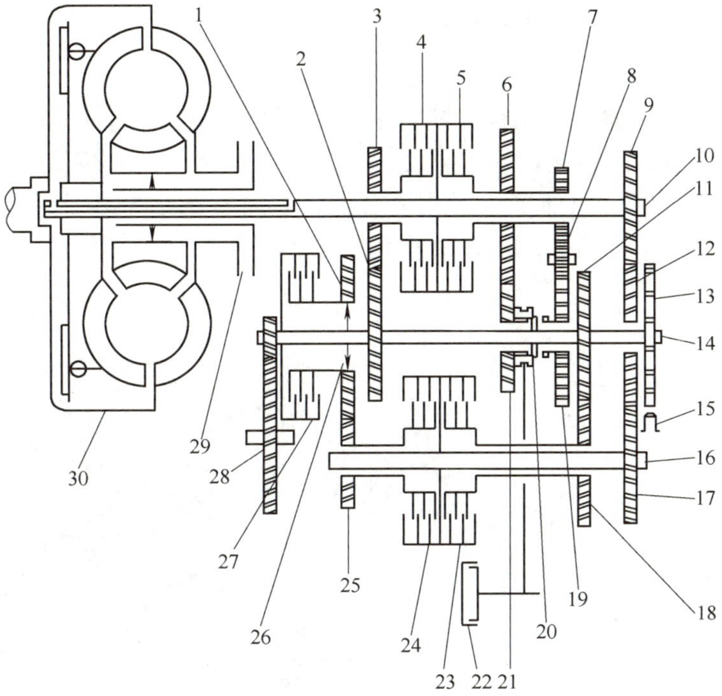

图 14-31　本田雅阁自动变速器齿轮机构简图

1—副轴 1 档齿轮　2—副轴 3 档齿轮　3—主轴 3 档齿轮　4—3 档离合器　5—4 档离合器　6—主轴 4 档齿轮　7—主轴倒档齿轮　8—倒档惰轮　9—主轴惰轮　10—主轴　11—副轴 2 档齿轮　12—副轴惰轮　13—停车档齿轮　14—副轴　15—驻车锁销　16—辅助轴　17—辅助轴惰轮　18—辅助轴 2 档齿轮　19—副轴倒档齿轮　20—倒档滑套　21—副轴 4 档齿轮　22—伺服油缸　23—2 档离合器　24—1 档离合器　25—辅助轴 1 档齿轮　26—单向离合器　27—1 档固定离合器　28—最终驱动齿轮　29—油泵　30—液力变矩器

轮机构简图。该机构有 3 根平行轴，即主轴 10、副轴 14 和辅助轴 16，主轴与发动机曲轴的主轴颈轴线同轴。主轴上装有 3 档和 4 档离合器（4、5）以及 3 档、4 档、倒档齿轮和惰轮（倒档齿轮与 4 档齿轮制为一体）；副轴上装有 1 档固定离合器 27 和 1 档、2 档、3 档、4 档、倒档、停车档齿轮及惰轮。辅助轴上装有 1 档、2 档离合器（24、23），1 档、2 档及惰轮。副轴 4 档齿轮及副轴倒档齿轮可以锁止在副轴中部，工作时是锁止 4 档齿轮还是倒档齿轮取决于接合套的移动方向。主轴和副轴上的齿轮以及中间轴上的齿轮保持常啮合状态。各档齿轮能否传递动力取决于相应档位的离合器是否接合，离合器的接合和分离由电液控制系统控制。

五、换档执行机构

行星齿轮机构的换档执行机构和传统的手动齿轮变速器不同，行星齿轮机构中的所有齿轮都处于常啮合状态，它的档位变换不是通过移动齿轮使之进入啮合或脱离啮合来进行的，而是通过以不同的方式对行星齿轮机构的基本元件进行约束（即固定或连接某些基本元件）来实现的。通过适当地选择被约束的基本元件和约束的方式，就可以使该机构具有不同的传动比，从而组成不同的档位。

换档执行机构由离合器、制动器和单向离合器 3 种不同的执行元件组成，它有 3 个基本作用，即连接、固定和锁止。

1. 离合器

（1）功用 连接，即将行星齿轮机构的输入轴和行星排的某个基本元件连接，或将行星排的某两个基本元件连接在一起，使之成为一个整体，以实现直接传动。

（2）组成 离合器是一种多片湿式离合器，它通常由活塞5、回位弹簧7、一组钢片8、一组摩擦片9、离合器鼓2、3及O形密封圈6等组成，如图14-32所示。

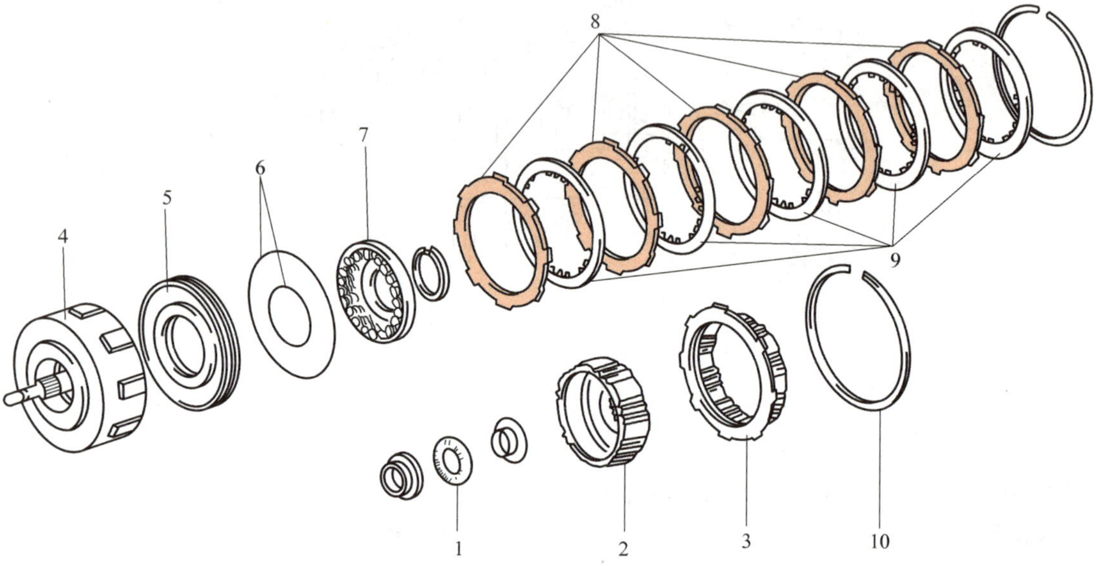

图14-32 多片式离合器

1—推力轴承 2、3—离合器鼓 4—前传动轴与离合器毂 5—活塞
6—O形密封圈 7—回位弹簧 8—钢片 9—摩擦片 10—卡环

（3）工作原理 多片离合器既用作驱动元件，也可用作锁止元件，其工作原理如图14-33所示。驱动离合器多位于变矩器和油泵之间，多片离合器鼓4通过花键与涡轮轴1相连或与其制成一体。主动片5通过外缘键齿与离合器鼓的内花键槽配合，与涡轮同步旋转。离合器花键毂与行星齿轮机构的主动元件制成一体。从动片8通过内缘键齿与花键毂9相连。主动片和从动片均可轴向移动。压盘7固定于键槽中，用以限制主、从动盘的位移量，其外侧安装了限位卡环6。活塞3装于离合器鼓内。回位弹簧2一端抵于活塞端面，另一端支撑在保持座上。

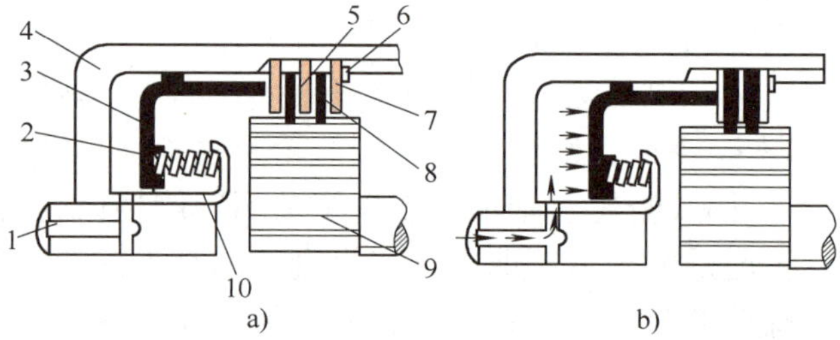

图14-33 多片式离合器工作原理

a）分离状态 b）接合状态

1—涡轮轴 2—回位弹簧 3—活塞 4—离合器鼓 5—主动片
6—卡环 7—压盘 8—从动片 9—花键毂 10—弹簧保持座

当离合器处于分离状态时，活塞在回位弹簧的作用下处于左极限位置，主、从动片

间存在一定间隙。当压力油经油道进入活塞左腔室后，液压力克服弹簧张力使活塞右移，将所有主、从动片依次压紧，离合器接合，该元件成为输入元件。动力经涡轮轴、离合器鼓、主动片和花键毂传至行星齿轮机构。油压撤除后，活塞在回位弹簧的作用下回位，离合器分离，动力传递路线被切断。

离合器处于分离状态时，活塞左端的离合器液压缸内不可避免地残留有少量自动变速器油。当离合器鼓随同变速器输入轴或行星排某一元件一起旋转时，残留的自动变速器油在离心力的作用下被甩向液压缸的外缘，并在该处产生一定的油压。若离合器鼓的转速较高，则该油压将推动活塞压向离合器片，力图使离合器接合，造成离合器分离不彻底，从而导致钢片和摩擦片间出现不正常的滑动摩擦，导致过量磨损，影响离合器片的使用寿命。为了防止出现这种情况，解除残余的油液压力，在离合器左端的壁面上设有一个带单向球阀的出油口。当接合油压进入活塞油缸时，单向球阀被压在阀座上，因其密封作用，使油缸中的油压升高，如图 14-34a 所示。当离合器分离时，虽有残余油压作用在单向阀上，但相比之下更大一些的离心力却使球阀离座，在阀座处沿径向外移排出，使离合器彻底分离，如图14-34b所示。

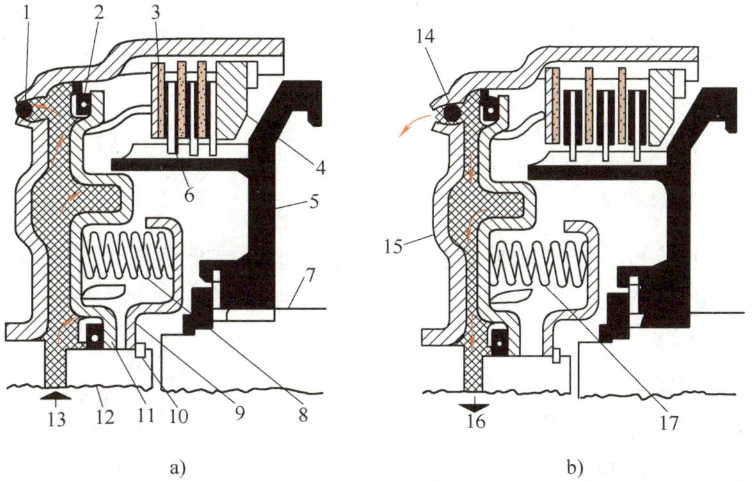

图 14-34　离合器单向阀的作用

1—单向球阀关闭　2—密封圈　3—钢片　4—压盘　5—离合器花键毂　6—摩擦片　7—输出轴　8—被压缩的回位弹簧　9—回位弹簧座　10—挡圈　11—活塞　12—输入轴　13—进油　14—单向球阀开启　15—离合器鼓　16—泄油　17—张开的回位弹簧

离合器片厚 1.5～2.0mm，平均每片间的间隙为 0.30～0.50mm，总间隙随片数不同而异，一般为 2.00～5.00mm。压紧回位弹簧后，压板与卡簧间的间隙即为自由间隙。间隙过大，传力时易打滑，说明离合器片已磨薄；间隙过小，造成分离不彻底，可更换主、从动片来调整。

2. 制动器

制动器的功用是将行星排中的太阳轮、齿圈、行星架这三个基本元件之一加以固定。目前最常见的是湿式多片制动器和带式制动器。

（1）湿式多片制动器 湿式多片制动器由制动器鼓、制动器活塞4、回位弹簧7、钢片2、摩擦片1及制动器毂6等组成，如图14-35所示。

它的结构和工作原理与湿式多片离合器基本相同，只是其钢片通过外花键齿安装在变速器壳体的内花键齿圈（固定件）上，摩擦片则通过内花键齿和制动器毂上的外花键槽连接。制动器毂与行星齿轮机构的元件相连。当液压缸中没有压力油时，制动器毂可以自由旋转。当压力油进入制动器的液压缸后，通过活塞将钢片和摩擦片压紧在一起，制动器毂以及与其相连的行星齿轮机构的某一元件被固定住而不能旋转。

当压力油从液压缸排出时，回位弹簧将活塞复位至原始位置，制动解除，如图14-36所示。

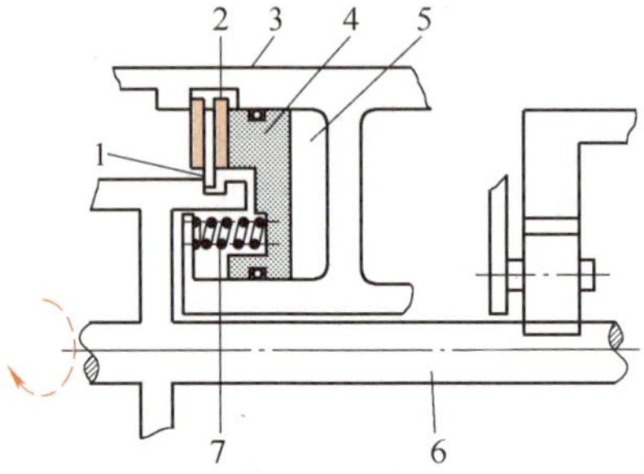

图14-35 湿式多片制动器制动过程

1—摩擦片 2—钢片 3—变速器壳体 4—活塞 5—液压缸 6—制动器毂（太阳轮） 7—回位弹簧

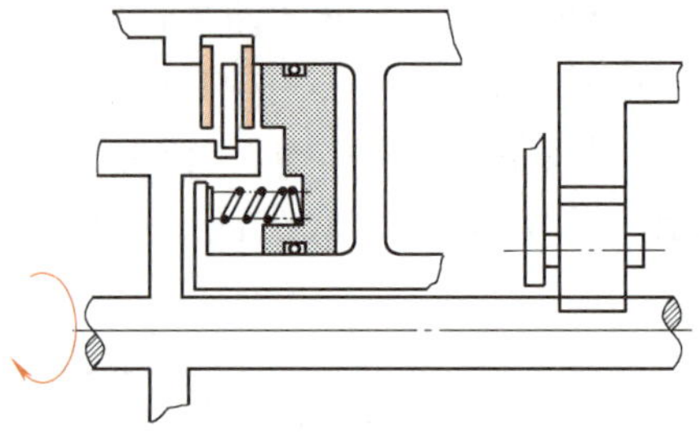

图14-36 湿式多片制动器制动解除过程

湿式多片制动器的工作平顺性较好，还能通过增减摩擦片的片数来满足不同排量发动机的要求。因此近年来在汽车自动变速器中使用得越来越多。

（2）带式制动器 带式制动器是执行机构中的锁止元件，由制动带及其伺服装置（控制液压缸）组成。汽车自动变速器中的带式制动器，采用一内敷摩擦材料的制动带包绕在制动鼓的外圆表面，制动带的一端固定在变速器壳体上，另一端则与制动液压缸中的活塞相连，如图14-37所示。

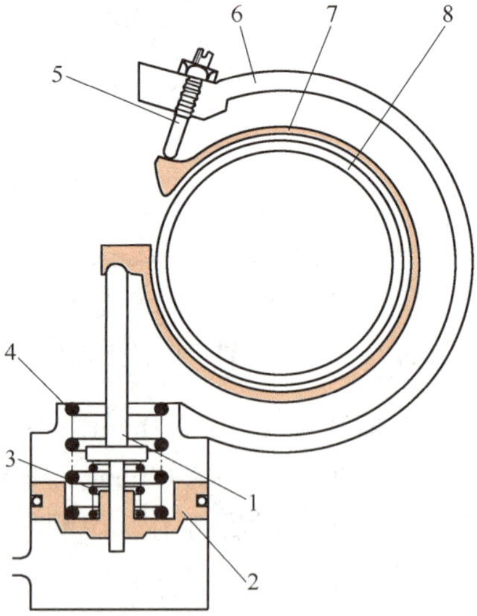

图14-37 带式制动器

1—推杆 2—活塞 3—内弹簧 4—外弹簧 5—调整螺钉 6—壳体 7—制动带 8—制动鼓

制动时，当液压施加于活塞2时，活塞在缸体内压缩外弹簧4，并带动推杆1移动，推动制动带7的一端。因为制动带的另一端固定在变速器壳体上，制动带的直径即减小，因此制动带夹持制动鼓8，使其不能转动。

因为此时制动鼓以高速旋转，制动带受到来自制动鼓的旋转反作用力。如果活塞和推杆为整体结构，这个反作用力会使活塞产生振动。为防止这种状况，活塞是通过一内弹簧3安装在推杆上。当制动带受到反作用力时，推杆被推回压缩内弹簧以缓冲这个反作用力。

解除制动后，制动带与制动鼓之间应存在一定间隙，否则会造成制动带和制动鼓的过度磨损，影响行星齿轮机构的正常工作。调整该间隙的常见结构有以下三种：①长度可调的支撑销；②长度可调的活塞杆（或推杆）；③通过调整螺钉调整长度的杠杆。

3. 单向离合器

单向离合器广泛应用在行星齿轮机构及综合式液力变矩器中。单向离合器在行星齿轮机构中的作用和离合器、制动器相同，也是用于固定或连接几个行星排中的某些太阳轮、行星架、齿圈等基本元件，让行星齿轮机构组成不同传动比的档位。因此，它也是行星齿轮机构的换档元件之一。不同之处在于，它是依靠其单向锁止原理来发挥固定或连接作用的，其连接和固定也只能是单方向的。当与之相连接的元件的受力方向与锁止方向相同时，该元件即被固定或连接；当受力方向与锁止方向相反时，该元件即被释放或脱离连接。目前最常见的单向离合器有滚柱斜槽式和楔块式两种。

（1）滚柱斜槽式单向离合器　它由外环1、内环2、滚柱3、回位弹簧4等组成，如图14-38所示。

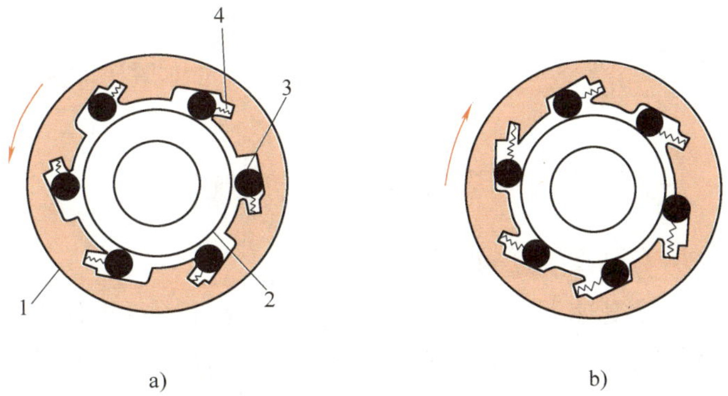

图14-38　滚柱斜槽式单向离合器
a）自由状态　b）锁止状态
1—外环　2—内环　3—滚柱　4—回位弹簧

内环通常用内花键和行星齿轮排的某个基本元件或者和变速器壳体连接，外环则通过外花键和行星排的另一个基本元件连接或者和变速器外壳连接。在外环的内表面制有与滚柱相同数目的楔形槽。内外环之间的楔形槽内装有滚柱和弹簧。弹簧的弹力将各滚柱推向楔形槽较窄的一端。当外环相对于内环沿顺时针方向转动时，滚柱便在摩擦力和弹簧弹力的作用下被卡死在楔形较窄的一端，于是内外环互相连接成一个整体，不能相对转动，此时单向离合器处于锁止状态，与外环连接的基本元件被固定住或者和与内环相连接的元件连成一个整体。当外环相对于内环朝逆时针方向转动时，滚柱在摩擦力的作用下，克服弹簧的弹力，滚向楔形槽较宽的一端，出现打滑现象，外环相对于内环可以作自由滑转，此时单向离合器脱离锁止而处于自由状态。

单向离合器的锁止方向取决于外环上楔形槽的方向。在装配时不得装反，否则，会改变其锁止方向，使行星齿轮变速器不能正常工作。

（2）楔块式单向离合器　其工作原理如图14-39所示。当外座圈4要按图14-39a中箭头方向转动时，就会推动楔块2顶部，由于$l_1<l$，楔块就会倾翻，使外座圈转动。但当外座圈要按图14-39b所示方向转动时，因为$l_2>l$，楔块就无法倾翻。这样，楔块起到楔子的作用，锁住外座圈，使其无法转动。另外还安装了定位弹簧3，使楔块总是朝着锁止外座圈的方向略为倾斜，以加强楔块的锁止功能。

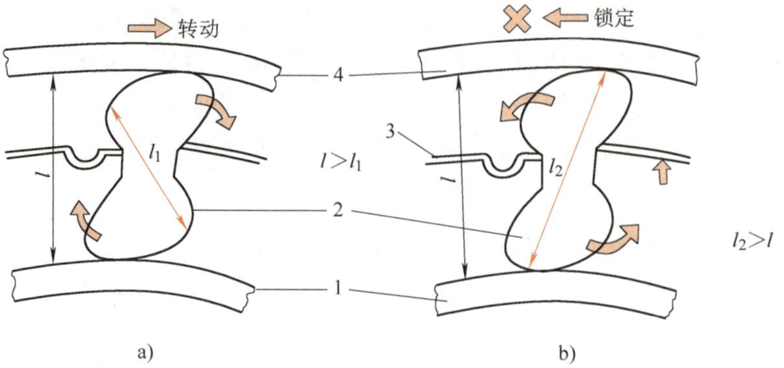

图 14-39 楔块式单向离合器的工作原理

1—内座圈 2—楔块 3—定位弹簧 4—外座圈

自动变速器换档执行机构处于频繁工作状态，因此会出现打滑、卡死、烧损等故障，在使用中要注意正确操作，及时维护和修理。

第四节 自动变速器的操纵和控制系统

一、自动变速器操纵手柄及控制开关

1. 自动变速器操纵手柄

自动变速器是由驾驶人通过选档元件进行操作的。选档元件有按钮式和拉杆式两种类型。按钮式一般布置在仪表板上，拉杆式即通常所称的变速杆，它既可以布置在转向柱上，也可以布置在驾驶室地板上，如图 14-40 所示。自动变速器的选档元件以拉杆式最为常见。变速杆通过连杆机构或钢索与液压系统控制元件的手控阀相连，为液压系统提供操纵信号。

自动变速器变速杆位置的意义与普通变速器有所不同。普通变速器变速杆拨至某一档位，也就是变速器实际工作所处的档位。但自动变速器变速杆只是改变液压控制系统中手控阀的位置，除了倒档、停车档和空档由它确定外，其实际工作的前进档位还取决于车速和节气门的开度等因素。汽车自动变速器的变速杆通常有六个位置，如图14-40b所示。

（1）驻车档（P 位） 驻车档（P 位）在停放车辆时使用。自动变速器变速杆置于 P 位时，自动变速器齿轮处于自由转动状态，不传递动力。同时，通过锁止机构将变速器的输出轴锁止，可防止车辆移动。

（2）倒档（R 位） 倒档（R 位）在倒车时使用。当变速杆置于 R 位时，变速器输入轴与输出轴转向相反。

（3）空档（N 位） 当变速杆置于 N 位时，自动变速器齿轮处于空转状态，不传递动力。这一点与 P 位相同，但 N 位没有锁止变速器输出轴的作用。

（4）前进档（D 位） 前进档（D 位）在起步和一般行驶时使用。当变速杆置于 D 位时，自动变速器可根据车速和节气门的开度自动换档。

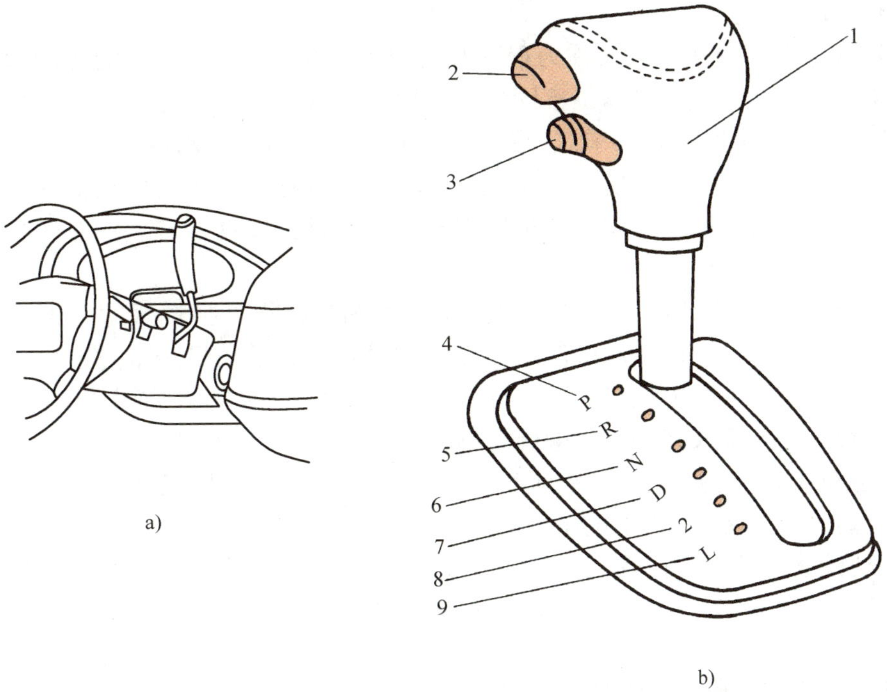

图 14-40　变速杆位置示意图

a）布置在转向柱上　b）布置在驾驶室地板上

1—操纵手柄　2—档位锁止解除按钮　3—超速档开关

4—驻车档（P 位）　5—倒档（R 位）

6—空档（N 位）　7—D 位　8—2 位　9—L 位

（5）前进低档 2 档（2 位）　当变速杆置于 2 位时，变速器在低于 D 位最高档一档下面的各档之间自动变换。变速杆在 2 位时与 D 位时的区别是：2 位下获得的发动机各档转速较高，可以有较大的动力性，较适用于长坡路和坏路行驶；此外，它还可以使自动变速器逆向传递动力，实现发动机制动。

（6）前进低档 1 档（L 位）　L 位有的汽车自动变速器标为“1 位”，当变速杆置于 L 位时，自动变速器被锁定在 1 档，只能在该档行驶无法升入高档。变速杆在 L 位时与 D 位时的区别与 2 位时相同。

需要说明的是，发动机只有在变速杆置于 N 位或 P 位时才能起动。这种功能是靠空档起动开关实现的。

2. 自动变速器控制开关

自动变速器除了可用操纵手柄进行换档控制外，还可以通过操纵手柄上或汽车仪表板上的一些控制开关来进行一些其他的控制。不同车型的自动变速器，控制开关的数量和名称不尽相同，常见的有以下几种。

（1）超速档开关　超速档开关通常安装在自动变速器变速杆上，由驾驶人控制，使 ECT（电子控制自动变速器）可以或不可以进入超速档行驶（见图 14-40）。当该开关接通后，如果相应的条件满足时，ECT便进入超速档；当该开关关断后，ECT在任何情况下都不能换入超速档。

（2）模式开关 模式开关又称为程序开关，用于选择自动变速器的控制模式，即选择自动变速器的换档规律，以满足不同的使用要求。常见的控制模式大致有以下几种：

1）经济模式。该模式以汽车获得最佳燃油经济性为目标设计换档规律。当自动变速器在经济模式下工作时，其换档规律使汽车在行驶过程中，发动机经常在经济转速范围内运行，从而降低了燃油消耗。这种换档规律，通常当发动机转速相对较低时，就会换入高一档，即提前升档。

2）动力模式。该模式以汽车获得最大动力性为目标设计换档规律。当自动变速器在动力模式下工作时，其换档规律使汽车在行驶过程中，发动机经常处在大转矩、大功率范围内运行，从而提高了汽车的动力性能和爬坡能力。通常这种换档规律，只有发动机转速较高时，才能换入高一档，即延迟升档。

3）普通模式。普通模式的换档规律介于经济模式与动力模式之间。它使汽车既保证了一定的动力性，又有较好的燃油经济性。

4）手动模式。该模式让驾驶人可在1～4档之间以手动方式选择合适的档位，使汽车像装用了手动变速器一样行驶，而又不必像手动变速器那样换档时必须踩离合器踏板。

5）雪地模式。适用于在雪地上行驶的方式。当变速杆置于2位时，自动变速器保持在2档工作。而变速杆置于L位时，自动变速器保持在1档工作。若初始位置在2档，则当车速降至1档后，不再升档。

上述控制模式并不是每一种电控式自动变速器所必备的，通常自动变速器只具备这些模式中的几项，有些甚至只有一种模式固化于电脑程序中，因而没有模式开关。

二、液压控制系统主要部件的结构与工作原理

液压控制系统的工作情况，根据自动变速器的结构形式不同而异，但所有自动变速器液压控制系统的基本功能却是相同的。

1. 液压泵

液压泵的功用是输送工作油液至液力变矩器，润滑行星齿轮机构，为液压控制系统提供工作压力，其结构如图14-41a所示。液压泵的主动齿轮通过液力变矩器的泵轮由发动机持续驱动，液压泵转速随发动机转速的改变而改变，其排油量也随之变化。

如图14-41b所示，液压泵工作时，其主动齿轮3带动从动齿轮2转动，轮齿脱开啮合的一端（吸油腔）容积不断变大，产生真空吸力，把液压油从油底壳经滤网吸进液压泵，轮齿进入啮合的一端（压油腔）容积不断减小，油压升高，把油压出液压泵。液压泵不停地转动，为液压自动控制系统提供一定压力和流量的液压油。

液压泵的主要故障是运动件的磨损和配合间隙的失常，从而导致油压的下降。一旦出现系统油压下降现象，要及时检查是否为液压泵故障，做好修理和维护工作。

当故障车辆被牵引时，由于发动机不工作，所以自动变速器的液压泵也不工作。因此，工作油液没有输送到变速器。如果故障车辆被高速或长距离牵引，各种旋转零件上

的保护润滑油膜就会消失，并会引起变速器被卡死。所以，故障车辆应在低速条件下牵引（≤30km/h），并且每次牵引距离不能超出80km。如果变速器本身有故障或者开始严重泄漏工作油液，则牵引车辆时应提起驱动轮，使其脱离地面，或者将传动轴脱开。

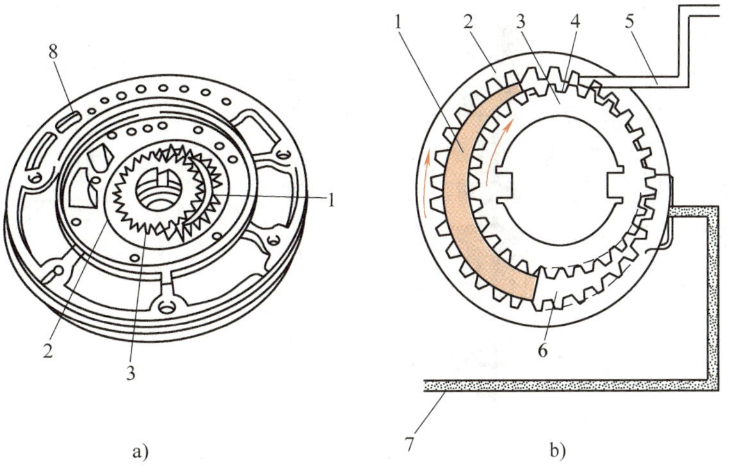

图 14-41　液压泵

a）结构图　b）工作原理图

1—月牙形隔离块　2—从动齿轮　3—主动齿轮　4—压油腔
5—出油管　6—吸油腔　7—进油管　8—泵体

2. 主调压阀

自动变速器的液压泵由发动机直接驱动，液压泵的理论泵油量和发动机的转速成正比。为了保证自动变速器的正常工作，液压泵的泵油量应在发动机处于最低转速工况时也能满足自动变速器各部分的需要，并保证油路中有足够高的油压，以防止油压过低，使离合器、制动器打滑，影响自动变速器的动力传递。由于发动机的怠速转速和发动机的最高转速之间相差很大，因此当发动机高速运转时，液压泵的泵油量将大大超过自动变速器所需的油量，导致油压过高，增加发动机的负荷，并造成换档冲击。为此，必须在油路中设置一个油压调节装置，称为主调压阀，使液压泵的泵油压力始终稳定在一定范围内，以满足自动变速器各种工况对油路油压的要求。

主油路调压阀由上部的主调压阀阀体、下部的反馈柱塞套筒副和调压弹簧组成。如图 14-42 所示，来自液压泵的压力油经主调压阀油道流向主油路，同时经油道流向主调压阀阀体 1 的上部，与调压弹簧力相平衡。当主油路压力较高时，作用在主调压阀上部的压力增大，克服弹簧力，推动阀体下移，接通回油道，主油路泄油，压力下降。主油路油压越高，阀体下移量越大，泄油量越多。反之，若主油路油压降低，则主调压阀阀体上移，泄油量减少，又使油压回升。如此反复，使主油路油压保持稳定。

在主调压阀下部的反馈柱塞 3 上作用着节气门油压和来自手控阀倒档油路油压。这两个反馈油压对反馈柱塞产生向上的推力，并通过柱塞及调压弹簧 2 作用在主调压阀阀体上，使阀体上移，减小泄油通道，从而使主油路油压增大。

节气门油压由节气门阀控制，节气门开度越大，节气门油压越高，主油路油压随之升高，满足了大负荷对主油路油压的需求。前进档时，倒档油路没有压力油，只有当手控阀位于 R 位时，才有压力油作用在反馈柱塞上使主油路油压升高，因此满足了倒档对主油路油压的需求。

3. 手控阀

手控阀通过拨板、手控阀摇臂等与变速杆相连，当变速杆在 P、R、N、D、2、L 等档位间变换时，手控阀摇臂带动手控阀移动，实现油路的转换。

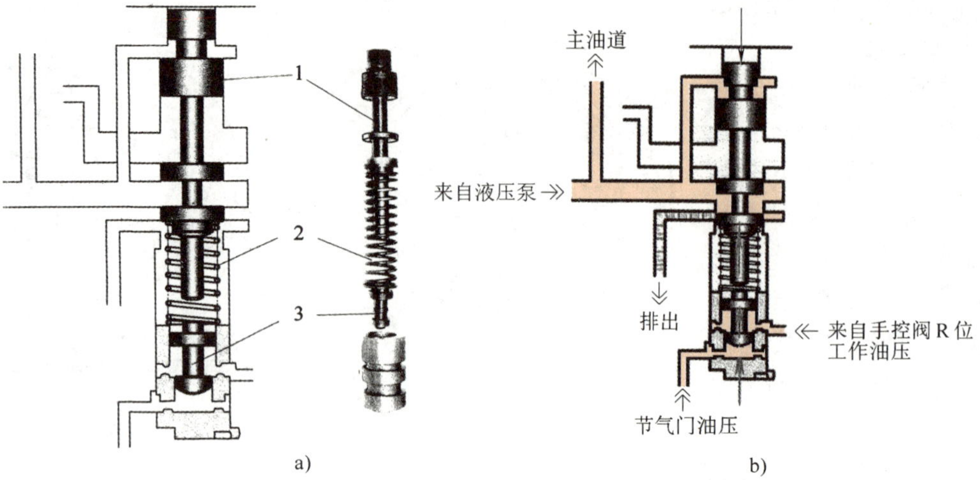

图 14-42 主油路调压阀

a）结构图 b）工作原理图

1—主调压阀阀体 2—调压弹簧 3—反馈柱塞

手控阀从左至右（除泄油路外）共有七道油路，如图14-43所示。其中第二道油路2为进油路，与主油路相通，其余均为出油路，经不同的控制阀与各换档执行元件相通，通路如下：

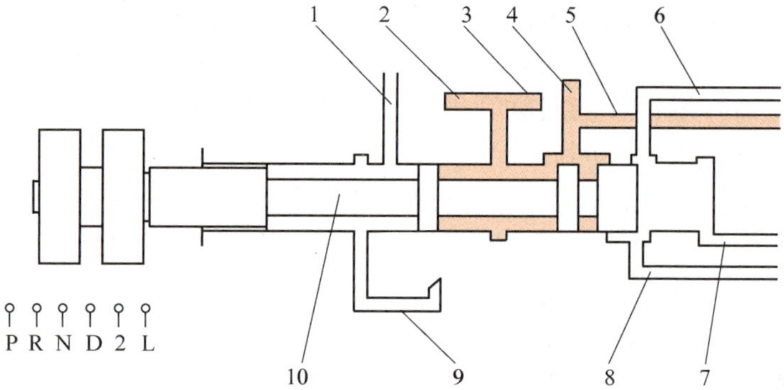

图 14-43 手控阀

1—第一道油路 2—第二道油路 3—第三道油路 4—第四道油路
5—第五道油路 6—第六道油路 7、9—泄油路
8—第七道油路 10—手控阀阀体

P 位：第三道油路通往 C_0 油路通，其余油路关闭（以下档位除超速档外通往 C_0 的油路均导通，不再重复叙述）。

R 位：第一道油路打开，分别通向低、倒档制动器 B_3 和直接档离合器 C_2，实现倒档，其余油路关闭。

N 位：无手控阀油路。

D 位：第三、四、五道油路打开，接通离合器 C_0、C_1、1-2 档换档阀、2-3 档换档阀、3-4 档换档阀油路，使自动变速能在 1 ~4 档之间变换工作，其余油路关闭。

2 位：第三、四、五、七道油路打开，接通 2-3 档换档阀、1-2 档换档阀、3-4 档换档阀油路，限制了自动变速器的最高档，并能在 2 位 2 档利用发动机制动。

L 位：第三、四、五、六、七道油路打开，变速器只能在 1 档工作。

4. 节气门阀

节气门阀根据节气门开启的角度产生节气门油压。它由节流阀和降档柱塞两部分组成。如图 14-44 所示，当踩下加速踏板时，降档柱塞 5 通过节气门拉索和节气门凸轮向上运动。因节气门阀阀体被弹簧向上推移，打开主油路油压通道，产生节气门油压 4。节气门油压同时作用在阀体 *B* 处。另外，来自减压阀 3 的油压作用在阀体 *A* 处。由于阀体 *A* 处和 *B* 处上横断面面积比下横断面面积小，*A*、*B* 两处产生的油压力向下，试图将节气门阀柱塞 6 向下推动少许。当向下推动阀体的油压力（在 *A*、*B* 两处产生）与弹簧作用力（由降档柱塞，即节气门开度决定）平衡时，阀体关闭主油路油压通道。节气门油压就由向上和向下推动节气门阀阀体的作用力之差决定，也就是由发动机节气门开启度和车速所决定。当发动机节气门开度增大，降档柱塞向上的移动量同时增大，节气门阀阀体向上移动量也增大，主油路油压 8 通往节气门油压的通道增大，使节气门油压上升。当调速器油压升高时，来自减压阀的油压 1 升高，向下压节气门阀阀体的油压力也升高，使节气门油压减小。节气门阀向每个换档阀提供与调速器油压方向相反的节气门油压。同时，以节气门油压为基础的节气门油压控制随动阀的油压作用于一次调节阀，从而根据节气门开度和车速（减压阀油压）调节主油路的油压。

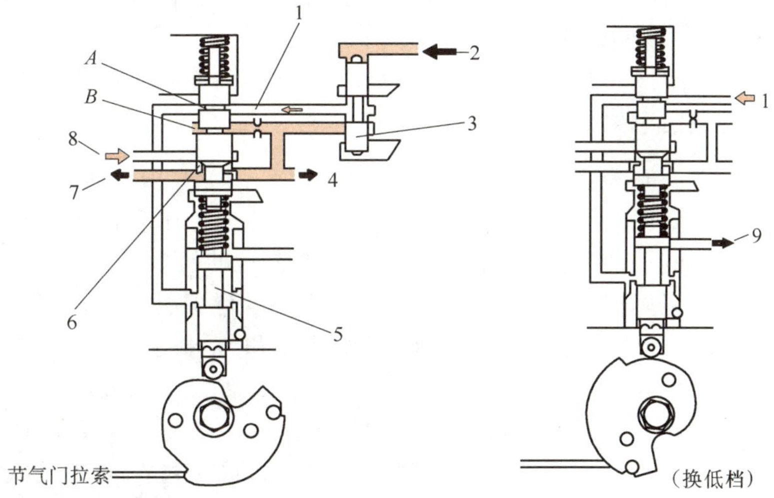

图 14-44 节气门阀

1—减压阀油压 2—调速器油压 3—减压阀 4—节气门油压 5—降档柱塞 6—节气门阀柱塞 7—至节气门油压控制随动阀 8—主油路油压 9—至锁止调压阀和 3-4 档换档阀

5. 调速阀

由于自动变速器的换档规律取决于调速阀的工作特性，为了使换档规律能满足汽车的行驶需要，使汽车获得最佳的耗油率，要求调速阀在低速和高速时应有不同的工作特性，因此在汽车自动变速器中使用的调速阀大多采用双级式。常见的双级式节流调速阀安装在自动变速器输出轴上，感应汽车行驶速度的变化，输出与车速相对应的调速阀油压，将车速信号转变为压力信号传递到各换档阀，控制自动变速器的换档时刻。

调速阀主要由调速滑阀 2、重块 5、调速阀轴 4、弹簧 3 等组成，如图 14-45 所示。来自手控阀的主油路压力油 6 经油道进入调速阀，调节为调速阀压力后经油道 7 流向三个换档阀和调速阀的调压阀。

自动变速器输出轴不转或转速较低时，调速滑阀将进油口关闭无速控油压输出。转速升高后，离心力使调速阀轴、重块、调速滑阀外移，将进油口打开一定开度，压力油进入调速阀后经出油口输出；同时压力油作用在调速滑阀上，推动调速滑阀向内移动，将进油口关小。当进油口达到某一开度时，调速阀油压作用在调速滑阀上的力与离心力和弹簧力相平衡，此时的调速阀油压就对应着一定的输出转速。若转速下降，离心力减小，调速滑阀再向内移，打开泄油口泄油，使调速阀油压降低。而油压降低，又使调速阀外移，将泄油口关闭，达到一个新的平衡，此时的调速阀油压则与较低的转速相对应。即对应不同的输出轴转速，调速阀将输出与之相应的控制油压。

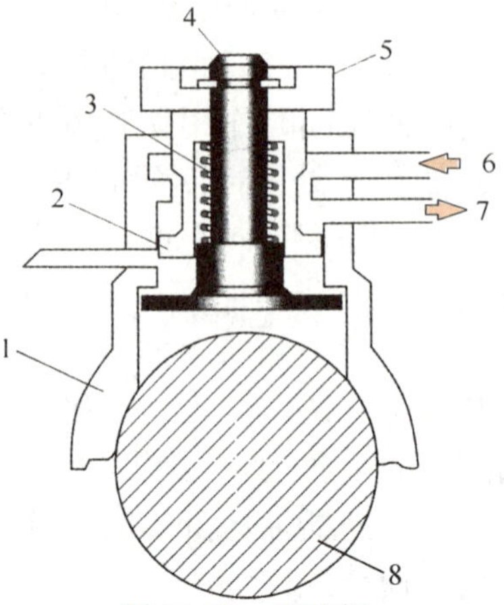

图 14-45 调速阀

1—壳体 2—调速滑阀 3—弹簧 4—调速阀轴 5—重块 6—工作油压（来自主油路） 7—调速油压输出 8—输出轴

调速阀是分两个阶段工作的：第一个阶段，重块、调速阀轴、调速滑阀和弹簧构成一个整体并因离心力作用而外移；第二个阶段，当转速进一步升高时，虽然调速阀轴的运动被壳体阻止，但调速滑阀和弹簧仍会由于离心力的作用而外移。

6. 换档阀

换档阀是起换档作用的滑动柱塞阀。通常，自动变速器中有若干个换档阀，以控制各档离合器与制动器的动作，换档阀通过接收并感应发动机负荷和汽车行驶速度信号，确保升档或降档能够正确而适时地进行，以适应各种运行工况。下面以 1-2 档换档阀为例介绍其工作原理。1-2 档换档阀是根据调速器油压和节气门油压，控制 1 档与 2 档转换的。为了使这一换档阀运作平滑，采用了 3 个阀体，如图 14-46 所示。当调速器油压较低，而节气门油压较高时，阀体被节气门油压推向下，关闭至第 2 档制动器（B_2）的油路，变速器换至第 1 档。相反，当调速器油压较高，而节气门油压较低时，阀体被调速器油压推向上，打开至第 2 档制动器（B_2）的油路，变速器换至第 2 档。

当 1-2 档换档阀阀体推向上时，节气门油压通道被关闭，1-2 档换档产生滞后现象。当节气门油压通道关闭时，2 档换到 1 档，仅靠弹簧弹力和调速器油压来进行。可以看出，阀体上升时的调速器油压比阀体落下时的调速器油压要高。也就是说，1 档换至 2 档时的车速比 2 档换至 1 档时的车速要高，这就是 1-2 档换档的滞后现象。不过，如果节气门开度超过了 85%，来自锁止调压阀的油压作用于 1-2 档换档阀阀体，使变速器从 2 档降至 1 档。否则，2 档降至 1 档将在设定的车速中发生。

当变速杆在 L 位时，由于低档滑行调节阀油压作用于低速滑行换档阀阀体顶部，将 1-2 档换档阀阀体推向下，此时变速器不能向上换到第 2 档，只能始终位于第 1 档。

7. 强制降档阀

强制降档阀的作用是当节气门全开或接近全开时，强制性地将自动变速器降低一个档位，以获得良好的加速性能。强制降档阀主要有两种类型。一种类似于节气门阀，由控制节气门阀的节气门拉索 1 和节气门阀凸轮 2 控制其工作。在节气门接近全开时，节

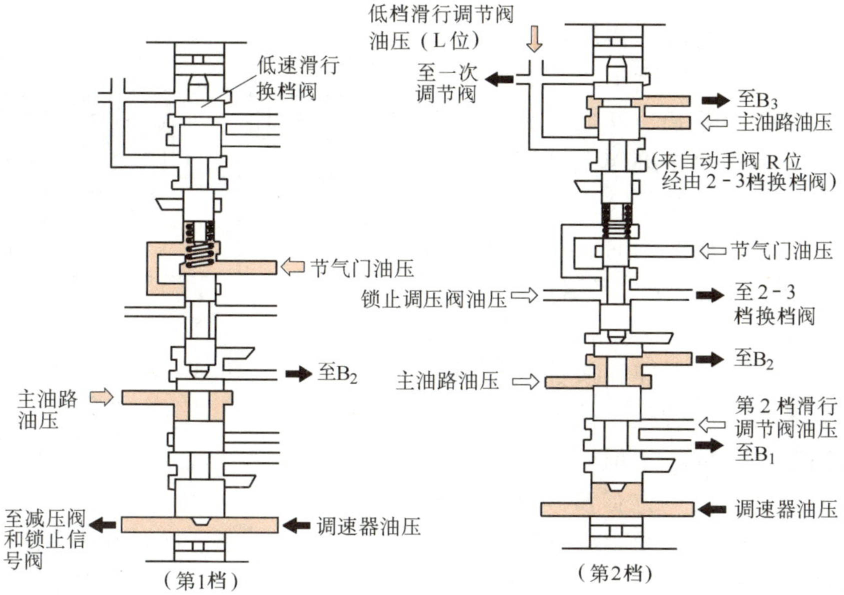

图 14-46　1-2 档换档阀

气门拉索通过节气门阀凸轮推动强制降档阀，使之打开一条通往各个换档阀的油路，该油路的压力油作用在换档阀上，迫使换档阀移至低档位置，使自动变速器降低一个档位，如图 14-47a 所示。另一种强制降档阀是一种电磁阀，由安装在加速踏板 4 上的强制降档开关 5 控制，如图14-47b所示。在加速踏板踩到底时，强制降档开关闭合，使强制降档电磁阀 6 通电，电磁阀作用在阀杆 7 上的推力消失，阀芯 8 在弹簧 9 弹力的作用下右移，打开油路，让主油路压力油进入各换档阀的作用着节气门油压的一端，强迫换档阀移动，让自动变速器降低一个档位。

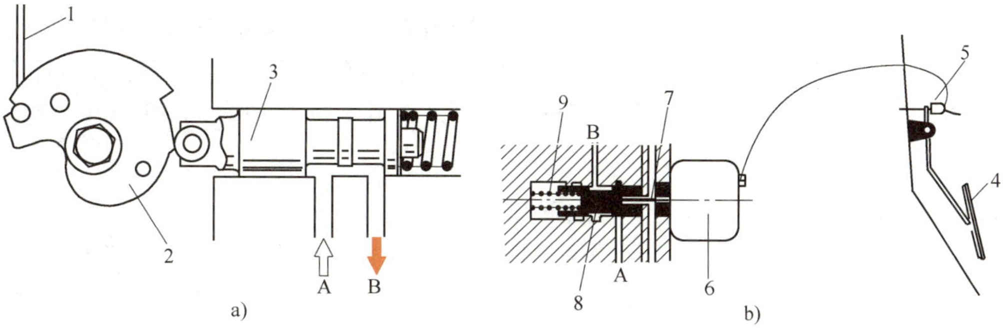

图 14-47　强制降档阀

a）机械式强制降档阀　b）电磁式强制降档阀

1—节气门拉索　2—节气门阀凸轮　3—强制降档阀　4—加速踏板　5—强制降档开关
6—强制降档电磁阀　7—阀杆　8—阀芯　9—弹簧　A—通主油道　B—通换档阀

8. 储能器

储能器又称为蓄能器或蓄压器，由活塞和弹簧组成，如图 14-48 所示。它的作用是使换档执行元件接合柔和，使换档平稳、无冲击。在自动变速器的前进档大都设有相应的储能器，它和该档的换档阀到执行元件的油路相通。自动变速器换档时，从换档阀的主油路来的压力油在进入执行元件液压缸的同时也进入储能器活塞下部。在换档执行元件接合初始，油压增长迅速，换档执行元件的活塞迅速克服其自由行程，使换档执行元件接合。当油压增长到一定值时，储能器活塞下方的油压大于活塞上方弹簧的弹力，使储能器活塞上升，油路中的一部分压力油进入储能器，延续了换档执行元件液压缸充油时间，使换档执行元件液压缸中油压增长的速率比开始时缓慢，换档执行元件的接合也由开始时快变慢，由此过程便减小了换档冲击。

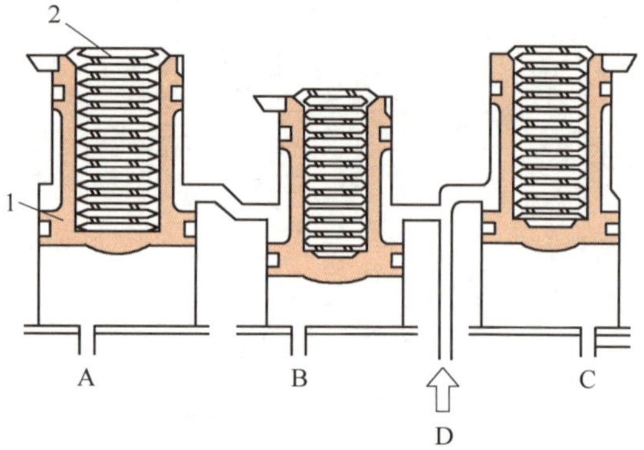

图 14-48 储能器

1—活塞 2—弹簧

A、B、C—至换档执行元件油路 D—节气门油压

通常在储能器活塞上方还作用有节气门油压，或称为储能器背压，当节气门油压变化时，储能器的工作会得到有效控制。在节气门开度大时，适当地降低储能器的减振能力，会加快换档过程，防止高负荷传递动力时换档执行元件打滑，用以满足换档需要。

阀类零件的常见故障是阀心磨损和卡滞，从而导致阀工作的失常。因此要使用规定的、清洁变矩器油，并正确操作和及时维护自动变速器。

三、电控系统主要零部件的结构与工作原理

电控自动变速器电子控制系统由传感器、执行器、各种控制开关和电控单元（ECU）组成。电子控制系统的原理如图 14-49 所示。电控单元是整个控制系统的核心，它根据各种传感器测得的发动机转速、车速、节气门开度、自动变速器油温等参数，通过电控单元分析运算，根据各种开关输入的指令和电控单元内设定的程序，向各个执行元件输出工作指令，操纵液压阀体中各种控制阀的工作，实现对自动变速器的控制。

1. 传感器

自动变速器使用的传感器主要有以下几种。

（1）节气门位置传感器 节气门位置传感器安装在发动机节气门体上并与节气门联动，其功用就是测量发动机节气门的开度，使电控单元了解发动机负荷，并以此作为自动变速器换档的一个依据。

（2）车速传感器 车速传感器用于检测自动变速器输出轴转速。检测到的输出轴转速信号被送往电控单元，经处理后成为车速信号，作为控制换档的另一个主要依据。

（3）变速器油温度传感器 变速器油温度传感器安装在自动变速器油底壳内的液压阀阀板上，用于连续监控自动变速器中变速器油的温度，以作为电控单元进行换档控制、油压控制、闭锁离合器控制的依据。在汽车起步或低速大负荷行驶时，液力变矩器

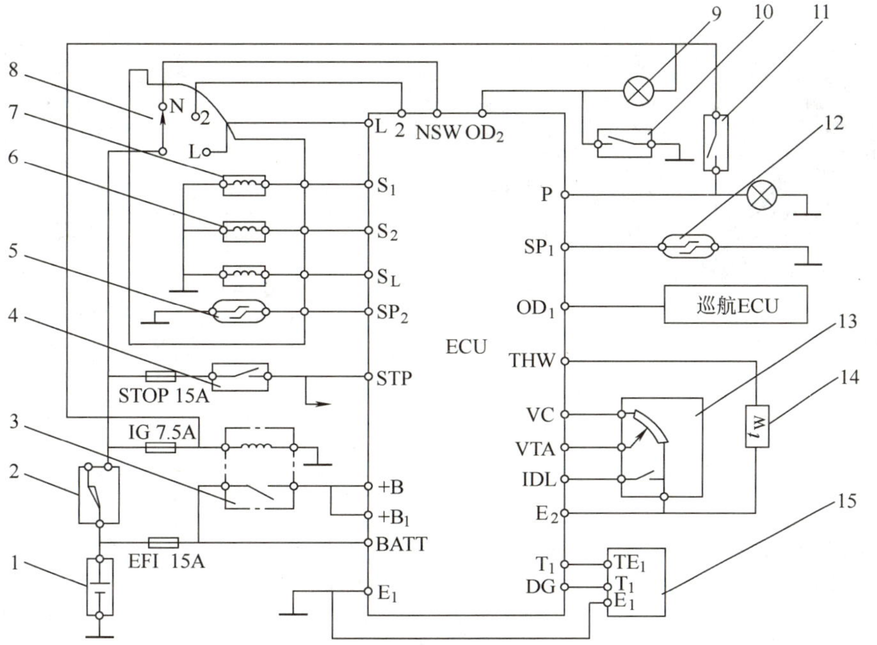

图 14-49 电子控制系统的原理

1—蓄电池 2—点火开关 3—主继电器 4—制动灯开关 5—第 2 车速传感器 6—2 号电磁阀
7—1 号电磁阀 8—空档起动开关 9—超速档关断指示灯 10—超速主开关
11—行驶方式选择开关 12—第 1 车速传感器 13—节气门位置传感器
14—冷却液温度传感器 15—检测接头

转速比小，效率低，发热严重，造成油温高，因而在超过某一温度界限时，变速器要在较高的发动机转速状况下才开始换档。随着汽车车速的提高，变矩器的转速比增大，发热减小，油温下降，自动变速器又重新开始执行正常的换档行驶程序。电控单元就是根据其电阻值的变化计算出变速器油的温度。

2. 控制开关

电子控制装置中常用的开关有超速档开关、模式开关、空档起动开关等（部分开关在第四节已介绍，这里不再重复）。

（1）空档起动开关 电控单元从位于空档起动开关中的档位传感器获得变速器所在档位信息，然后确定相应的换档方式。如图 14-50 所示，如果电控单元的端子 N、2 或 L 与端子 E 接通，电控单元便分别确定变速器位于 N、2 或 L 位。否则，电控单元便确定变速器位于 D 位。

在某些车型中，空档起动开关在 R 位也发送信号。该开关的触点还用于接通变速杆位置指示灯，用以告诉驾驶人变速杆当时的位置。只有当变速杆位于 N 或 P 位，端子 B 与 NB 接通时，起动电动机才能接通起动。值得注意的是，在 P、D 及 R（有些车辆不包括 R）位时，空档起动开关不向电控单元发送有关变速杆位置的信号。

（2）变速器油温开关 变速器油温开关是为一些装有电子制动/车速控制模块的自

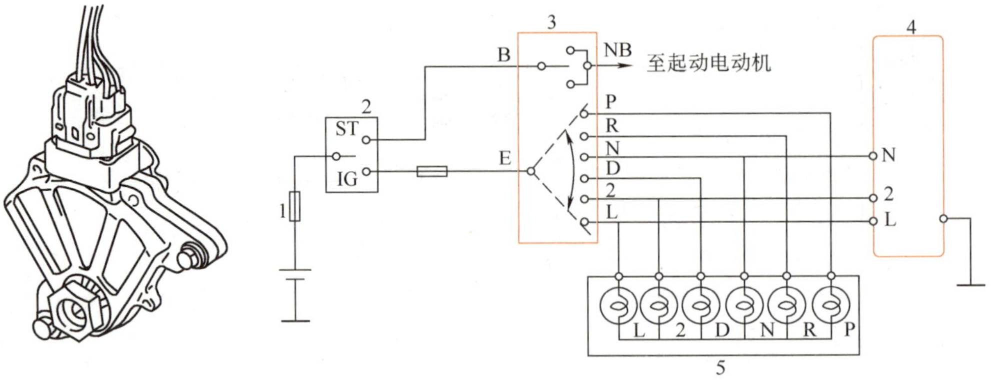

图 14-50 空档起动开关电路图

1—熔丝 2—点火开关 3—空档起动开关 4—ECT 的电控单元 5—变速杆位置指示灯

动变速器提供输入信号的。如图 14-51 所示，当变速器油温过热时，油温开关断开，使制动/车速控制系统暂时中止工作，“车速停止”指示灯亮，使制动器和变速器冷却。一旦油温低于一定值，变速器油温开关重又接通。

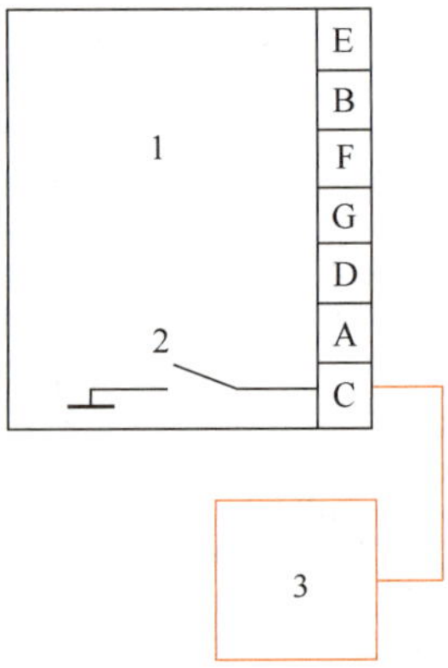

图 14-51 变速器油温开关

1—电磁阀组 2—变速器油温开关 3—电子制动/车速控制模块

3. 电磁阀

电子控制式液力自动变速器使用电磁阀作为控制系统的执行器，通过它们控制液压系统中的换档阀，以使离合器、制动器等执行元件工作，从而实现自动换档。

（1）开关式电磁阀 开关式电磁阀的作用是开启和关闭变速器油路，可用于控制换档阀及液力变矩器的闭锁离合器锁止阀。开关式电磁阀由电磁线圈、衔铁、阀芯和回位弹簧等组成（见图 14-52）。它只有两种工作状态：全开或全关。当线圈不通电时，阀芯被油压推开，打开泄油孔，该油路的压力油经电磁阀泄荷，油路压力为 0；当线圈通电时，电磁力使阀芯下移，关闭泄油孔，油路压力上升。

（2）脉冲式电磁阀 脉冲式电磁阀的结构与开关式电磁阀基本相似，也是由电磁线圈、铁心、阀芯等组成（见图 14-53），其功用是控制油路中油压的大小。与开关式电磁阀不同之处在于，控制脉冲式电磁阀工作的电信号不是恒定不变的电压信号，而是一个频率固定的脉冲电信号。电磁阀在脉冲电信号的作用下不断反复地开启和关闭泄油孔，电控单元通过改变脉冲的宽度，或者说是每个脉冲周期内电流接通和断开的时间比例，即所谓占空比（其定义是，在一个脉冲周期内，通电的时长为 A，断电的时长为 B，则占空比 $= A/(A+B) \times 100\%$）来改变电磁阀开启和关闭的时间比例，从而达到控制油路压力的目的。占空比越大，经电磁阀泄出的变速器油就越多，油路压力就越低；反之，占空比越小，油路压力就越高（见图14-54）。

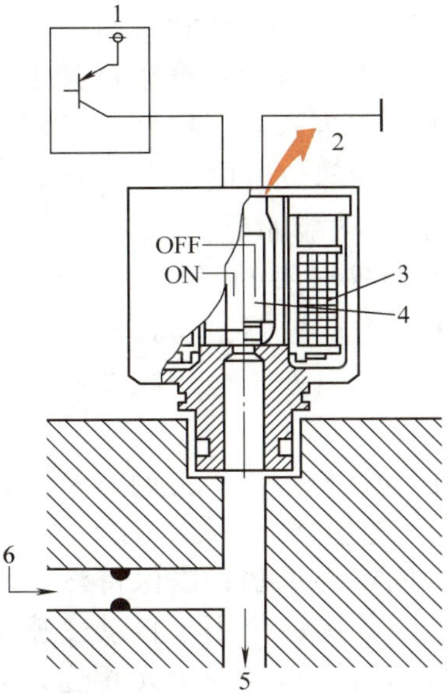

图 14-52　开关式电磁阀

1—电控组件　2—泄油孔　3—电磁线圈
4—衔铁和阀芯　5—控制油道　6—主油道

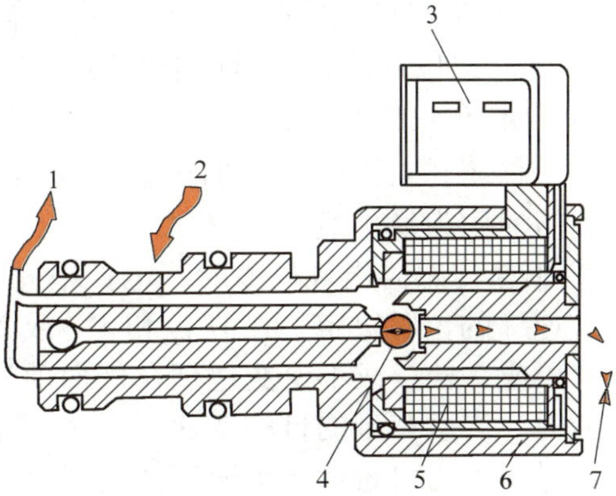

图 14-53　脉冲式电磁阀

1—变速器出口　2—变速器入口　3—接线插座
4—限流钢球　5—线圈　6—骨架　7—泄压口

脉冲式电磁阀一般安装在主油路或减振器背压油路中，通过电控单元控制，在变速器自动升档及降档瞬间，或者在闭锁离合器闭锁及解锁动作开始时使油压下降，以减少换档和闭解锁冲击，使车辆行驶更平稳。

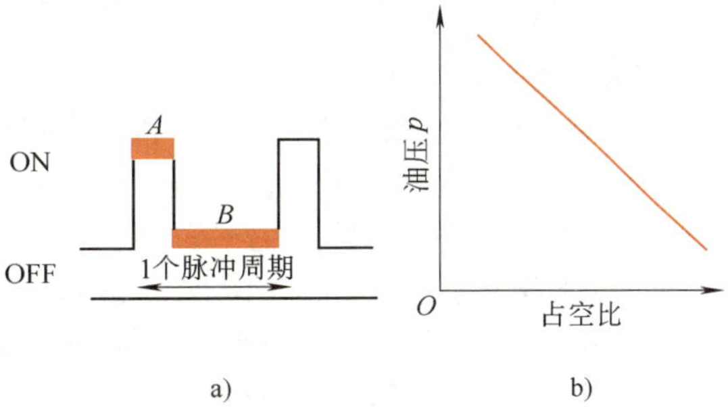

图 14-54　脉冲式电磁阀的原理

4. 电控单元

电控自动变速器可与发动机电子燃油喷射系统共用一个电控单元，也可使用独立的电控单元。电控单元是电子控制系统的控制中心，由接收器、控制器和输出装置三部分组成。接收器负责收集所有传感元件的输出信号，并对它们进行放大或调制。然后，控制器将这些信号与内存中的数据进行对比，根据对比结果做出是否换档等决定。最后由输出装置将控制信号输送给电磁阀。电控单元的主要功用如下：控制换档时刻，控制超速行驶，控制锁止离合器，控制换档品质，自诊断与失效防护等。下面着重介绍自诊断与失效防护功能。

为了保证自动变速器安全、可靠地工作，在电控系统内设有专门的故障自诊断电路，它在汽车行驶过程中不停地监测自动变速器电控系统中所有传感器和部分执行器的工作。一旦发现某个传感器或执行器有故障，工作不正常，将立即采取以下几种保护措施。

1）在汽车行驶时，仪表盘上的自动变速器故障警告灯亮起，提醒驾驶人立即将汽车送至维修厂检修。目前，大部分汽车是以超速档指示灯“O/D OFF”作为自动变速器故障警告灯。若超速档警告灯亮起后，按动超速档开关也不能将它熄灭，即说明电子控制装置出现故障。

2）将检测到的故障内容以故障码的形式储存在电控单元的存储器内。只要不拆除汽车蓄电池，被测到的故障码就会一直保存在电控单元内。即使是汽车行驶中偶尔出现的一次故障，电控单元也会及时地检测到并记录下来。在维修时，检修人员可以采用一定的方法将储存在电控单元内的故障码读出，为查找故障部位提供可靠的依据。

3）传感器出现故障时，电控单元所采取的失效保护功能如下：

① 节气门位置传感器出现故障时，电控单元根据怠速开关的状态进行控制。当怠速开关断开时（加速踏板被踩下），按节气门开度为1/2进行控制，同时节气门油压为最大值；当怠速开关接通时（加速踏板完全放松），按节气门处于全闭状态进行控制，同时节气门油压为最小值。

② 车速传感器出现故障时，电控单元不能进行自动换档控制，此时自动变速器的档位由变速杆的位置决定。在D位和S（或2）位固定为超速档或3档，在L（或1）位固定为2档或1档；或不论变速杆在任何前进档位，都固定为1档，以保持汽车最基本的行驶能力。许多车型的自动变速器有2个车速传感器，其中一个用于自动变速器的换档控制，另一个为仪表盘上车速表的传感器。这两个传感器都与电控单元相连，当用于换档控制的车速传感器损坏时，电控单元可利用车速表传感器的信号来控制换档。

③ 输入轴转速传感器出现故障时，电控单元停止减力矩控制，换档冲击有所增大。

④ 液压油温度传感器出现故障时，电控单元按液压油温度为80℃的设定进行控制。

4）执行器出现故障时，电控单元所采取的失效保护功能有：

① 换档电磁阀出现故障时，不同的电控单元有两种不同的失效保护功能。一是不论有几个换档电磁阀出现故障，电控单元都将停止所有换档电磁阀的工作，此时自动变速器的档位将完全由变速杆的位置决定。在D位和S（或2）位时被固定为3档，在L（或1）位时被固定为2档。另一种是几个换档电磁阀中有一个出现故障时，电控单元控制其他无故障的电磁阀工作，以保证自动变速器仍能自动升档或降档，但会失去某些档位，而且升档或降档规律有所变化，例如，可能直接由1档升至3档或超速档。

② 强制离合器或强制制动器电磁阀出现故障时，电控单元停止电磁阀的工作，让强制离合器或强制制动器始终处于接合状态，这样汽车减速时总有发动机制动作用。

③ 锁止电磁阀出现故障时，电控单元停止锁止离合器控制，使锁止离合器始终处于分离状态。

④ 油压电磁阀出现故障时，电控单元停止锁止离合器控制，使油路压力保持为最大。

由此可见，电控单元安全、可靠的工作是保证自动变速器正常工作的前提条件。因此，电控单元必须安装在干净、通风良好的地方。大多数汽车都把它安装在仪表板或小工具箱后部。

四、操纵系统换档分析

以丰田A340E型电子控制自动变速器为例说明其换档过程。各换档执行元件的工作情况如表14-2所示。

1. D位1档（见图14-55）

1）1号电磁阀5通电，2号电磁阀10断电，离合器C_0、C_1及单向离合器F_0、F_2工作。

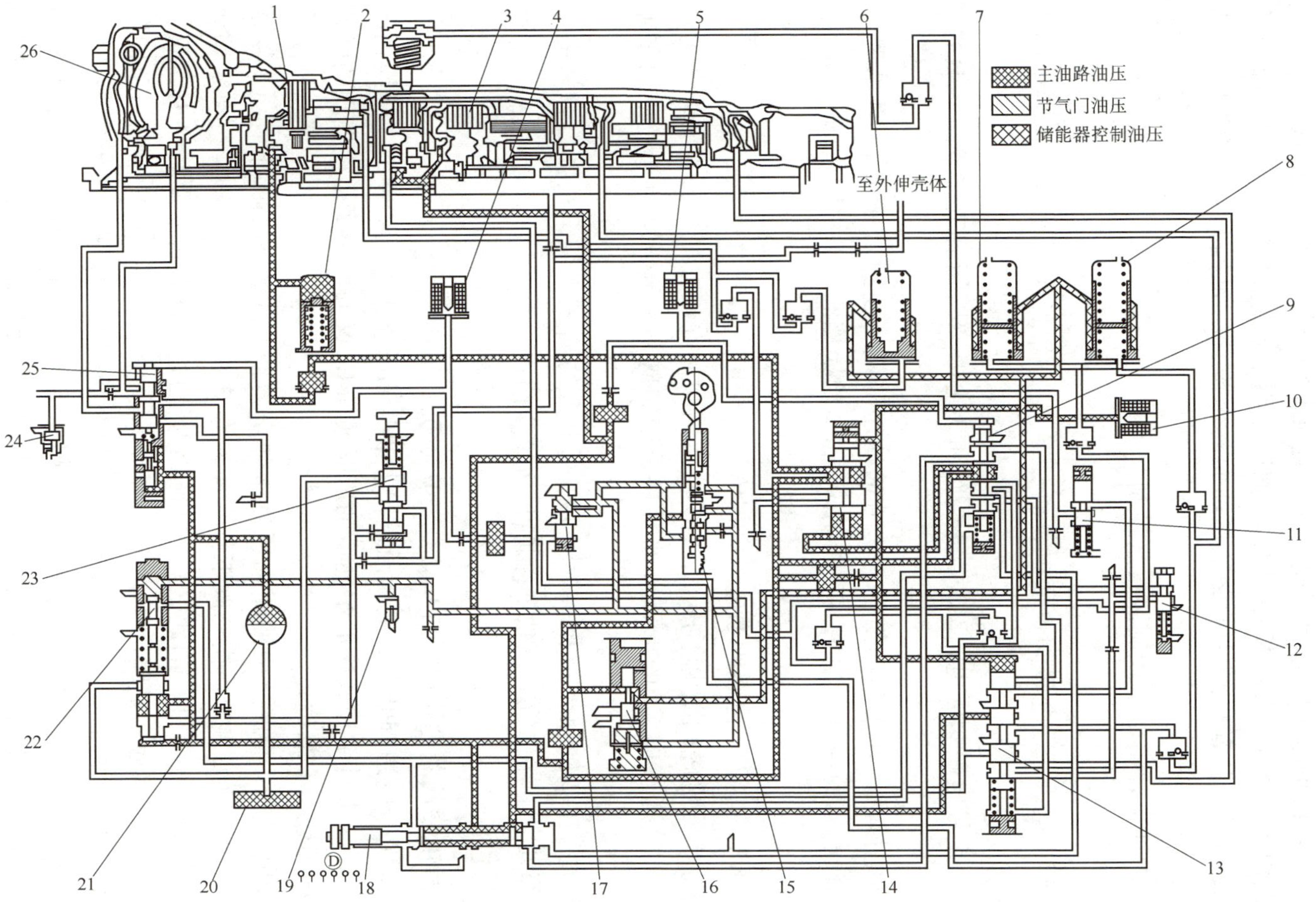

图 14-55　A340E 型自动变速器 D 位 1 档油路图

1—超速档离合器 C_0 接合　2—超速档离合器储能器　3—前进档离合器 C_1 接合　4—3 号电磁阀关断　5—1 号电磁阀接通　6—超速档制动器储能器　7—直接档离合器储能器　8—2 档制动器储能器　9—2-3 档换档阀　10—2 号电磁阀关断　11—2 档滑行调节阀　12—低档滑行调节阀　13—1-2 档换档阀　14—3-4 档换档阀　15—节气门阀　16—储能器控制阀　17—减压阀　18—手控制阀　19—卸压阀　20—滤清器　21—油泵　22—主调压阀　23—辅助调压阀　24—冷却器旁通阀　25—锁止继动阀　26—液力变矩器

2）油路分析。1号电磁阀通电排油，2-3档换档阀9上方的油压很低，在弹簧作用下，2-3档换档阀上移。来自手控制阀18的主油路油压经过2-3档换档阀作用在3-4档换档阀14的下端，与弹簧的合力使3-4档换档阀上移，接通流向C_0的油路：油泵→3-4档换档阀→单向限流球阀→C_0。除超速档外，C_0在其他档位都处于工作状态。

2号电磁阀断电不排油，1-2档换档阀13在油压作用下克服弹簧的弹力使1-2档换档阀下移。因手控制阀在D位，使主油路油压通向离合器C_1，油路是：油泵21→手控制阀→C_1。

3）电磁阀是否通电，由电子控制装置来控制。

2. D位2档

1）1号电磁阀通电，2号电磁阀也通电，离合器C_0、C_1工作，制动器B_2、单向离合器F_0、F_1工作。

2）油路分析。1号电磁阀通电，2-3档换档阀和3-4档换档阀的工作状态与D位1档完全相同。

2号电磁阀通电排油，使1-2档换档阀上方的油压降低，在弹簧作用下，1-2档换档阀上移，接通流向B_2的油路：油泵→手控制阀→1-2档换档阀→单向限流阀→B_2。

3. D位3档

1）1号电磁阀断电，2号电磁阀通电，C_0、C_1、C_2、B_2、F_0工作。

2）油路分析。1号电磁阀断电不排油，2-3档换档阀上方建立油压，克服弹簧力使2-3档换档阀下移，接通流向C_2的油路：油泵→手控制阀→2-3档换档阀→单向限流阀→C_2。

2号电磁阀通电，1-2档换档阀和3-4档换档阀上方的油压很低，在各自弹簧的作用下两个换档阀都处于上端位置。其他油路同于D位2档。

4. D位4档（超速档）

1）1号和2号电磁阀断电不排油，C_1、C_2、B_2、B_0工作。

2）油路分析。1号电磁阀断电，关闭油道，主油路油压克服弹簧力使2-3档换档阀下移（同D位3档），来自手控制阀的主油道油压既通向C_2又通向1-2档换档阀的弹簧侧，使1-2档换档阀处于上端位置。

2号电磁阀断电，关闭油道，主油路油压克服弹簧力使3-4档换档阀下移（3-4档换档阀下端在D位3档时因2-3档换档阀下移，在D位3档时已排油，即穿过2-3档换档阀从手控制阀右端排油孔排油。因此，3-4档换档阀下端只剩下回位弹簧张力，而上端有油压，所以下移），接通主油路油压流向B_0的油路：油泵→3-4档换档阀→单向限流阀→B_0。同时离合器C_0的油液经3-4档换档阀排泄至油底壳，处于分离状态。

要说明的是，计算机控制由D_3换成D_4（O/D超速档）除根据车速传感器和节气门开度传感器的输入信号外，还取决于驾驶人是否按下超速行驶开关。

5. 2位1档

1）1号电磁阀通电，2号电磁阀断电，C_0、C_1、F_0、F_2工作。

2）油路分析。1-2档换档阀、2-3档换档阀和3-4档换档阀的工作状态及油路基本同于 D 位 1 档。

6. 2 位 2 档

1）1 号和 2 号电磁阀通电排油，C_0、C_1、B_1、B_2、F_0、F_1 工作。

2）油路分析。由于 1 号和 2 号电磁阀通电排油，1-2 档、2-3 档、3-4 档换档阀均在上方。油路走向：油泵→3-4 档换档阀→单向限流阀→C_0；油泵→手控制阀→C_1；油泵→手控制阀→2-3 档换档阀→1-2 档换档阀→2 档滑行调节阀→单向限流阀→B_1；油泵→手控制阀→1-2 档换档阀→单向限流阀→B_2。与 D 位 2 档比较，执行机构元件参与工作的多了一个 B_1，从而实现发动机制动的要求。

7. 2 位 3 档

1）1 号电磁阀断电，2 号电磁阀通电，C_0、C_1、C_2、B_2、F_0 工作。

2）油路分析。各换档阀工作状态及通往工作元件的油路走向和 D 位 3 档相同。区别在于 2 位 3 档时，从手控制阀有一条油路将液压油通过 2-3 档换档阀作用在 3-4 档换档阀的下方，使 3-4 档换档阀无法下移。这样就不会自动换入 4 档。

8. L 位 1 档

1）1 号电磁阀通电，2 号电磁阀断电，C_0、C_1、B_3、F_0、F_2 工作。

2）油路分析。各换档阀的位置及通向 C_0、C_1 的油路和 D 位 1 档时相同。区别在于手控制阀处于 L 位时，从手控制阀出来一条油路通到 2-3 档换档阀下方，使 2-3 档换档阀无法下移，即在 L 位时无法自动换入 3 档。与 D 位 2 档比较，执行机构元件参与工作的多了一个 B_3（油路走向：油泵→手控阀→2-3 档换档阀→低档滑行调节阀→1-2 档换档阀→B_3），从而得到较强的发动机制动效果。

9. R 位

1）倒档是非电控的，由驾驶人将手控制阀移到 R 位即可。C_0、C_2、B_3、F_0 工作。

2）油路分析。1 号电磁阀所控油路液压油从手控阀右端排油孔排掉，2 号电磁阀开闭与否对换档阀动作没有影响。油路走向：油泵→3-4 档换档阀→单向限流阀→C_0；油泵→手控制阀→单向限流阀→C_2；油泵→手控制阀→1-2 档换档阀→B_3。

3）R 油压的调节。倒档控制油压是其他档位的三倍（其他档位主调压阀的油压为 0.588～0.78MPa；而倒档时主调压阀油压猛增到 1.57～1.76MPa）。因为倒档传动力很大，转矩增加很多倍，此时 C_0、C_2 和 B_3 油压如果低就会打滑，接合不可靠，制动不住。倒档时主油路油压调节的方法是：当变速杆置于 R 位时，油泵传动油经手控制阀出来后有一股油压进入调压阀上端，使调压滑阀下移，减少了油泵的油从该阀流出的通道，从而使主油路油压急增，以满足倒档传动对油压的需要。

第五节　机械式无级自动变速器

机械式无级传动（Continuously Variable Transmission，CVT）是由荷兰人发明的变速

传动机构，有此装置的变速器称为无级变速器。这种变速器和普通自动变速器的最大区别是它省去了复杂又笨重的齿轮组合变速传动，而只用了两组带轮进行变速传动。通过改变主、从动轮与传动带的接触半径进行变速。由于CVT可以实现传动比的连续改变，从而得到传动系统与发动机工况的最佳匹配，提高整车的燃油经济性和动力性，改善驾驶人操纵方便性和乘员乘坐舒适性。目前机械式无级自动变速器以金属带式为主。

一、金属带式无级变速器的工作原理

金属带式无级变速器的主要组成和工作原理如图14-56所示，该系统主要包括主动轮组、从动轮组、金属带和液压泵等基本部件。主动轮组和从动轮组都由可动盘和固定盘组成，与油缸靠近的一侧带轮可以在轴上滑动，另一侧则固定。可动盘与固定盘都是锥面结构，它们的锥面形成V形槽来与V形金属传动带啮合。发动机输出轴输出的动力首先传递到CVT的主动轮，然后通过V形传动带传递到从动轮，最后经减速器、差速器传递给车轮来驱动汽车。工作时通过主动轮与从动轮的可动盘进行轴向移动来改变主动轮、从动轮锥面与V形传动带啮合的工作半径，从而改变传动比。可动盘的轴向移动量是根据汽车的行驶工况，通过控制系统调节主动轮、从动轮液压油缸压力来实现的。由于主动轮和从动轮的工作半径可以实现连续调节，从而实现了无级变速。

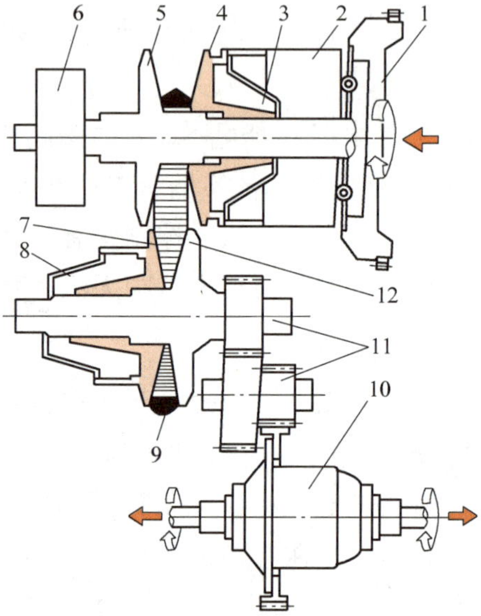

图14-56 金属带式无级变速器的主要组成和工作原理

1—发动机飞轮 2—离合器 3—主动轮液压控制缸 4—主动轮可动盘 5—主动轮固定盘 6—液压泵 7—从动轮可动盘 8—从动轮液压控制缸 9—金属带 10—主减速器和差速器 11—中间减速器 12—从动轮固定盘

二、金属带式无级变速器的主要部件

1. 金属带

金属传动带由多个（大约280～400片）金属片和两组金属环组成（见图14-57）。金属片是用厚为1.5～1.7mm的工具钢片制成。每组金属环是由数片（10～12片），厚度约为0.18mm的带环叠合而成。它对金属片起导向作用。金属带是在两侧工作轮挤压力的作用下而实现动力传递的。

2. 工作轮

工作轮如图14-58所示。工作轮的工作表面一般为直母线锥面体。工作轮的可动部分是在液压控制系统的作用下，依靠钢球—滑道结构进行轴向移动，使主、从动工作轮可连续地改变传动带的工作半径，以实现无级变速传动。

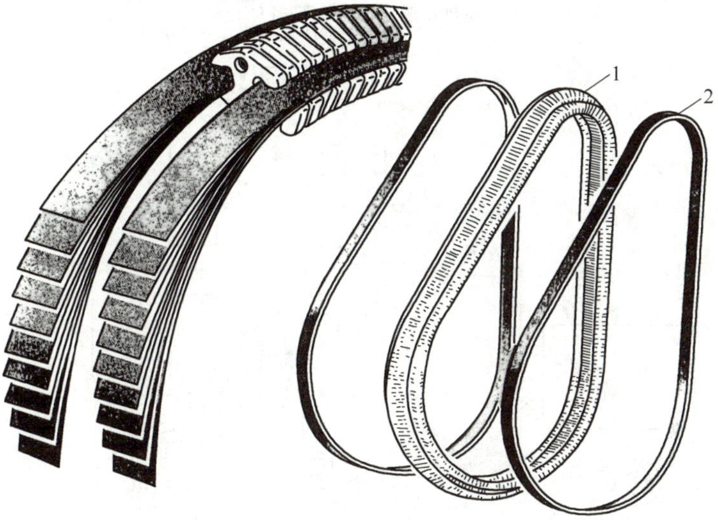

图 14-57　金属带

1—金属片　2—金属环

3. 液压泵

液压泵是液压控制系统的液压源，它和一般液压系统一样，其常用的结构形式有齿轮泵和叶片泵，但近年来流量可控、效率较高的柱塞泵应用最多。

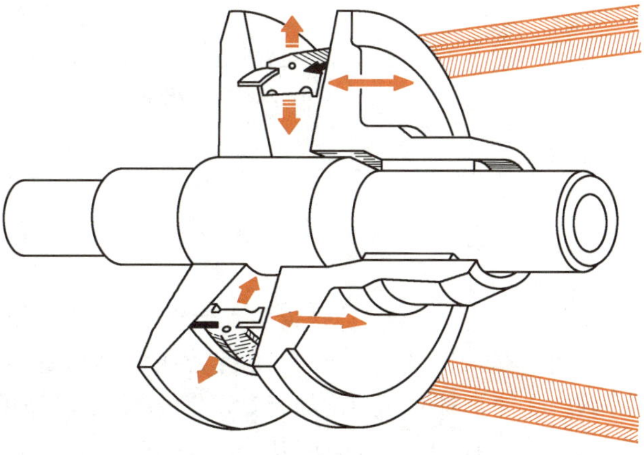

图 14-58　工作轮

三、金属带式无级变速器的控制原理

金属带式无级变速器的控制系统由两部分组成：电磁离合器控制系统和变速控制系统（见图14-59）。

电磁离合器控制原理是当汽车起步、换档或停车时，由微型计算机控制离合器实现分离和接合。发动机转速、车速、操纵杆位置、加速踏板位置等信息输入微型计算机，经过运算处理后，可以确定当前所处的运行工况，然后从微型计算机的只读存储器中读取相应的控制参数，输出给电磁离合器，使之处于预先设定的工作状态。电子控制系统还具有失效保险、故障自诊断等功能。

变速控制是采用液压系统控制金属传动带传动机构，即通过主动轮和从动轮 V 形槽宽度的变化，来控制工作轮可动锥面盘的轴向位置。液压控制系统根据发动机节气门开度、发动机转速、传动比等输入信号来控制供给主、从动轮液压缸的油压，调整液压室油压分别用换档控制阀和压力调节阀来进行。此外，还有金属带润滑用的保压阀、将换档控制阀的动作限定在高转速范围内的 D_s 档位阀（又称为发动机辅助制动阀）、变速

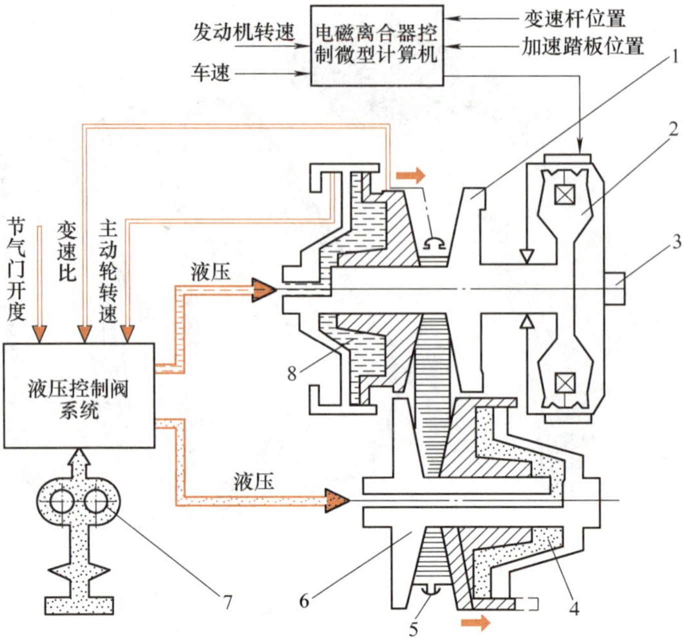

图 14-59 CVT 控制系统原理

1—主动轮 2—电磁离合器 3—输入轴 4—从动轮液压控制缸 5—金属带 6—从动轮 7—液压泵 8—主动轮液压控制缸

锁止阀等辅助阀。

延伸阅读

汽车手动/自动一体式变速器

汽车手动/自动一体式变速器是在自动变速器的基础上配以手动换档功能而成。装有手动/自动一体式变速器的汽车在任何时刻都可以进行自动换档与手动换档的切换。同时，在仪表板上显示档位状态，从而可以自由选择自动变速器的舒适和手动变速器的动感。装有手动/自动一体式变速器的汽车，手动换档不需要踩离合器，换档是通过换档手柄的推拉完成的，使人们在推拉的瞬间即可享受手动换档的驾驶乐趣。不受限于传统的自动档束缚，让驾驶者也能享受手动换档的乐趣。此型车在其档位上设有“＋”“－”选择档位。在 D 位时，可自由降档（－）或加档（＋），如同手动档一样。驾驶者可以在入弯前像手动档般强迫降档减速，出弯时可以低中档加油。现在的自动档车的转向盘上又增加了“＋”“－”换档按钮，驾驶者可以手不离开转向盘加减档。

本章小结

目前汽车自动变速器大多采用液力自动变速器，其主要由液力变矩器、齿轮变速器、液压控制系统、电子控制系统等组成。

液力变矩器同时具有变矩的作用，主要由泵轮、涡轮、导轮组成。

行星齿轮机构由太阳轮、行星齿轮、行星架、齿圈组成。通过改变不同的锁定元件、输入及输出元件来获得不同传动比和传动方向。元件锁定、连接及定向旋转是靠离合器、制动器及单向离合器实现的。

液压控制系统是根据汽车行驶速度和发动机负荷改变控制液压油的流向，从而实现对自动变速器换档的自动控制。它主要由油泵、节气门阀、调速阀、调压装置、手控阀、换档阀、换档执行元件及油道组成。电子控制系统辅助液压控制系统完成换档及调节油压。电子控制系统主要包括电控单元（ECU）、传感器、执行元件及控制电路等。

机械式无级自动变速器是根据车速和节气门开度来改变机械式V形传动带轮的作用半径，实现无级变速。目前机械式无级自动变速器以金属带式为主。

练习题

一、填空题

1. 自动变速器按控制方式可分为________和________。

2. 汽车上常用的自动变速器是________自动变速器，它主要由________、________、________、________和________等组成。

3. 三元件液力变矩器包括________、________和________。

4. 液力机械变速器的总传动比等于液力变矩器的________与齿轮变速器的________的乘积。

5. 一个行星排由________、________和________组成，称为行星排的三个基本运动元件。

6. 行星齿轮机构的换档执行机构由________、________和________三种不同的执行元件组成。

7. 电控液力自动变速器换档阀的工作由________控制。

8. 在电控液力自动变速器中，控制系统的电控单元主要根据________和________的信号进行换档控制和锁止离合器控制。

二、选择题

1. 在自动变速器中，当液力变矩器的泵轮和涡轮转速差值越大时，则________。

A. 输出转矩越大　　B. 输出转矩越小　　C. 效率越高　　D. 输出功率越大

2. 在辛普森式行星齿轮系中，当齿圈固定，太阳齿轮为主动件时，可获得的传动比为________。

A. ＞2　　B. ＝2　　C. ＜2　　D. ＜1

3. 在电控液压自动变速器中，换档是由________来控制的。

A. 发动机进气真空度信号　　B. 换档开关式电磁阀

C. 换档步进式电磁阀　　D. 发动机转速信号

4. 前驱车辆的变速驱动桥中，没有包括的部件是________。

A. 差速器　　B. 主减速器　　C. 自动变速器　　D. 分动器

5. 在自动变速器的液力变矩器中，________是输出装置。

A. 泵轮　　B. 导轮　　C. 涡轮　　D. 以上都不对

6. 自动变速器的液力变矩器中，其泵轮是被________驱动的。

A. 变矩器外壳　　B. 从涡轮抛出的油流

C. 单向离合器　　D. 锁止离合器

7. 液控自动变速器利用________反映发动机的功率。

A. 真空调节器　　B. 节气门阀

C. 节气门位置传感器　　D. 发动机转速传感器

8. 在自动变速器中，当行星齿系中有锁止元件，并且行星架作为输入元件时，行星齿轮机构就________。

A. 形成降速档　　B. 形成倒档

C. 输出与输入转向相反　　D. 形成增速档

9. 在拉维娜式行星齿轮机构中，形成倒档的条件是________。

A. 太阳轮被锁止　　B. 齿圈被固定

C. 行星架被锁止　　D. 行星齿轮被锁止

10. 下列四个字母中哪个在自动变速器上表示前进档________。

A. P　　B. N　　C. R　　D. D

三、简答题

1. 简述自动变速器的类型、组成和优点。
2. 试述综合液力变矩器的工作原理。
3. 某些液力变矩器装有锁止离合器的目的是什么？
4. 简述单排行星齿轮机构的组成和工作原理。
5. 辛普森式和拉维娜式行星齿轮机构各有什么结构特点？
6. 换档执行机构中的离合器、制动器、单向离合器的功用各是什么？
7. 简述手控阀、电磁换档阀的功用。
8. 简述机械式无级自动变速器的组成、功用、特点与工作原理。

14-答案

第十五章　万向传动装置

学习目标

1. 了解万向传动装置的组成、布置。
2. 掌握十字轴刚性万向节的构造、不等速特性及双向万向节的等速原则。
3. 理解准等速万向节和等速万向节的原理，掌握等速万向节的构造、应用和特点。
4. 了解传动轴的构造、布置和特点。

15-导言

第一节　概　　述

一、万向传动装置的组成和功用

万向传动装置一般由万向节和传动轴组成，有的还加有中间支承。万向传动装置的功用是能在轴间夹角及相互位置经常发生变化的转轴之间传递动力。

二、万向传动装置在汽车上的应用

（1）变速器（或分动器）与驱动桥之间　由于一般汽车的变速器、离合器与发动机是作为一个整体装在车架上，而驱动桥是通过弹性悬架与车架连接（见图15-1）。这样在负荷变化及汽车行驶中路面不平时引起的跳动，都会使驱动桥输入轴与变速器输出轴之间的夹角和距离发生变化。因此变速器的输出轴

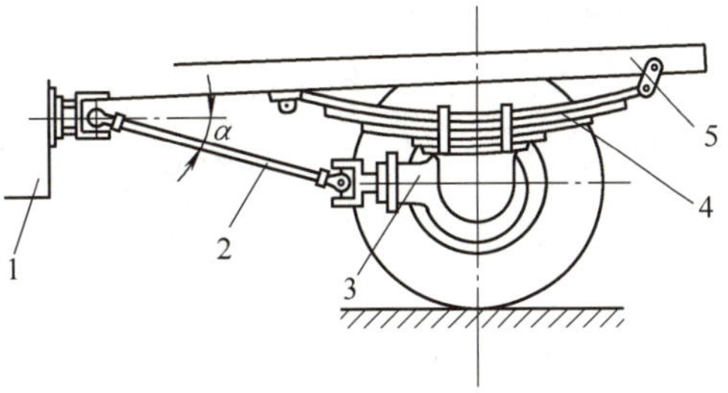

图 15-1　变速器与驱动桥之间的万向传动装置

1—变速器　2—万向传动装置　3—驱动桥　4—悬架　5—车架

与驱动桥输入轴不可能刚性连接，而必须采用一般由两个万向节和一根传动轴组成的万向传动装置。在变速器与驱动桥距离较远的情况下，应将传动轴分成两段（见图15-2a），即主传动轴5和中间传动轴3。用三个十字轴万向节2，且在中间传动轴后端设置了中间支承4。这样，可避免因传动轴过长而产生的自振频率降低，高转速下产生共振，同时提高了传动轴的临界转速和工作可靠性。同样的道理，越野汽车分动器与各个驱动桥之间也应设置万向传动装置，如图15-2b所示。

（2）越野汽车变速器与分动器之间 当变速器与分动器之间分开布置时（见图15-2b），虽然都支撑在车架上，且轴线也可以设计得重合，但为了消除车架变形及制造、装配误差等引起的其轴线同轴度误差对动力传递的影响，需装用万向传动装置。

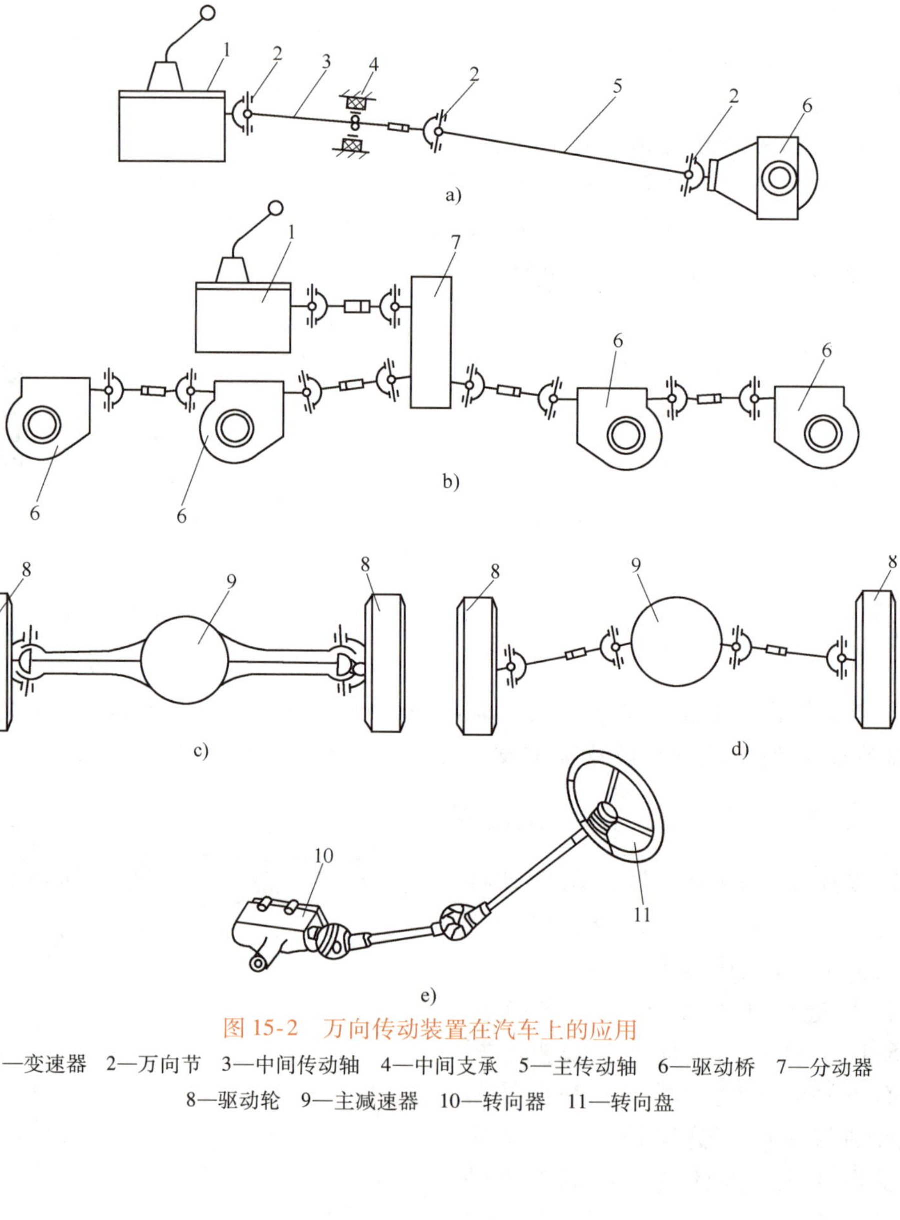

图15-2 万向传动装置在汽车上的应用

1—变速器 2—万向节 3—中间传动轴 4—中间支承 5—主传动轴 6—驱动桥 7—分动器 8—驱动轮 9—主减速器 10—转向器 11—转向盘

（3）转向驱动桥和断开式驱动桥中　在转向驱动桥中，前轮既是转向轮又是驱动轮。作为转向轮，要求它能在最大转角范围内任意偏转；作为驱动轮，要求半轴不间断地把动力传给驱动轮。因此，转向驱动桥中的半轴必须分段，并用万向节连接，如图15-2c所示。在断开式驱动桥中（配用独立悬架），主减速器与车架固定，而驱动轮可以相对于主减速器上下摆动。因此，在靠近主减速器处，半轴也要分段并用万向节相连接，如图15-2d所示。

（4）汽车转向操纵机构中　有些汽车的转向操纵机构受整体布置的限制，转向盘轴线与转向器输入轴轴线不能重合，因此转向操纵机构中也常采用万向传动装置，如图15-2e所示。

第二节　万　向　节

万向节是万向传动装置中实现变角度动力传递的主要部件。它分为刚性万向节和挠性万向节。刚性万向节分为不等速万向节（常用十字轴式）、准等速万向节（双联式、三销轴式等）和等速万向节（球笼式、球叉式等）。

一、十字轴式刚性万向节

十字轴式刚性万向节是目前汽车上应用最为广泛的一种万向节，它允许相邻两轴在最大交角为15°~20°的情况下传递动力。

1. 构造

如图15-3所示，它一般由一个十字轴、两个万向节叉和四个滚针轴承等机件组成。万向节叉6与传动轴凸缘盘用四个螺栓相连接。两个万向节叉的两对孔通过四个滚针轴承（由滚针8和套筒9组成）分别与十字轴4的两对轴颈相铰接。这样，当主动轴转动时，从动轴既可随之转动，又可绕十字轴中心在任意方向摆动。为了防止轴承在离心力的作用下被甩出，万向节叉上用螺钉固定有轴承盖1，并用锁紧垫锁紧。为了润滑轴承，十字轴做成中空的，并开有润滑油道通向轴颈。在十字轴的轴颈上套着装在金属座圈内的毛毡油封7，以防止润滑油流失或灰尘进入轴承。溢流阀5起着防止油压过高而使密封损坏的作用。

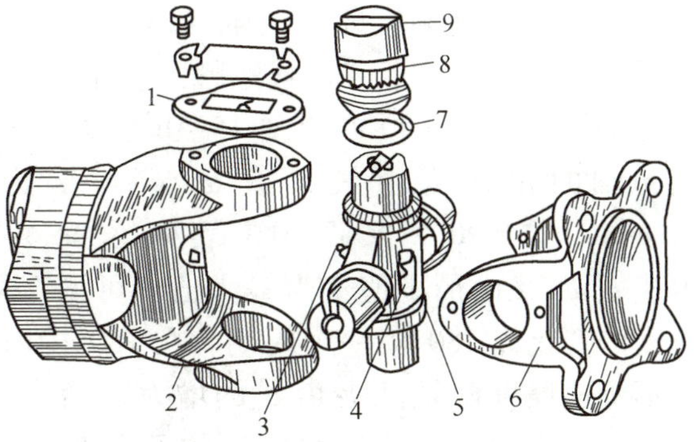

图15-3　十字轴式刚性万向节

1—轴承盖　2、6—万向节叉　3—润滑脂嘴　4—十字轴　5—溢流阀　7—油封　8—滚针　9—套筒

上述滚针轴承的轴向定位方式为盖板式，此外还有瓦盖式和挡圈固定式。

十字轴式刚性万向节结构简单，传动可靠，效率高，因此应用较广泛。其不足之处是对于单个万向节在输入轴和输出轴之间有夹角的情况下，其两轴的角速度不相等，这就是单个万向节的不等速性。

2. 十字轴式刚性万向节的不等速性

普通的万向节传动，其主动叉是等速传动的，从动叉是不等速的，运动情况可以用图 15-4 来分析。设主动叉轴 1 为水平布置且以 ω_1 等角速旋转，从动叉轴 2 与主动叉轴 1 有一夹角 α，其角速度为 ω_2，十字轴旋转半径 $OA = OB = r$。

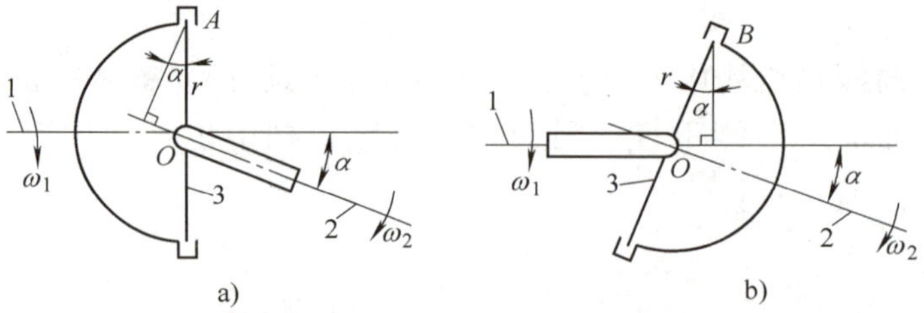

图 15-4 十字轴式刚性万向节传动的角速度分析

1—主动叉轴 2—从动叉轴 3—十字轴

当万向节转动到图 15-4a 所示位置，即主动叉处于垂直位置，十字轴平面与主动叉轴相垂直时，十字轴上 A 点的线速度 v_A 可以从主动叉轴 1 和从动叉轴 2 两方面求出，即

$$v_A = \omega_1 r = \omega_2 r\cos\alpha$$

$$\omega_1 = \omega_2\cos\alpha \qquad \text{此时 } \omega_2 > \omega_1$$

当万向节再转动 90°到图 15-4b 所示位置，即主动叉处于水平位置，十字轴平面与从动叉轴 2 相垂直时，十字轴上 B 点的线速度 v_B 也可以从主动叉轴 1 和从动叉轴 2 两方面求出，即

$$v_B = \omega_2 r = \omega_1 r\cos\alpha$$

$$\omega_2 = \omega_1\cos\alpha \qquad \text{此时 } \omega_2 < \omega_1$$

通过上述两个特殊位置分析可以看出，当主动叉轴 1 以等角速转动时，从动叉轴 2 是不等角速转动的，即主动轴与从动轴的瞬时角速度不相等。这就是十字轴式刚性万向节的不等速性。主动轴从图 15-4a 位置到图 15-4b 位置转动了 90°，从动轴的角速度由最大值 $\omega_1/\cos\alpha$ 变为最小值 $\omega_1\cos\alpha$，再转 90°，又回到图 15-4a 位置，从动轴的角速度 ω_2 又由最小值变为最大值。可见，从动轴角速度的变化以 180°为一个周期，在 180°内时快时慢，且不等速程度随轴间夹角 α 的增大而增大，但两轴的平均速度相等。所谓“传动的不等速性”是指从动轴在转动一周内其角速度不均匀而言。

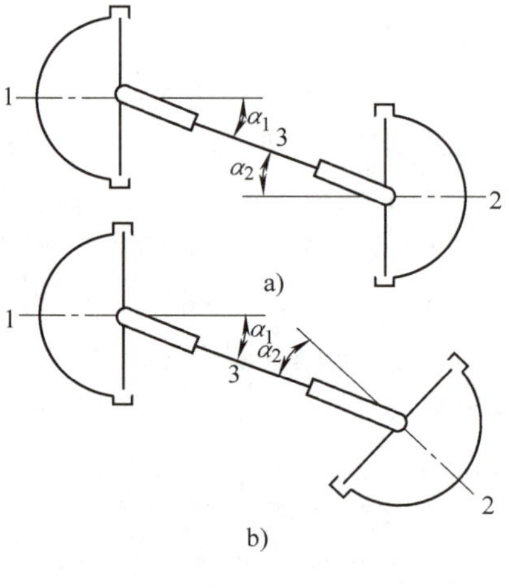

图 15-5 双十字轴式万向节等速传动布置示意图

a）平行排列 b）等腰三角形排列

1—输入轴 2—输出轴 3—传动轴

单万向节传动的不等速性，将使从动轴及与其相连的传动部件产生扭转振动，影响部件寿命。因此在变速器的输出轴和驱动桥的输入轴之间，常采用图 15-5 所示的双十字轴式万向节传动，第一万向节的不等速效应可以被第二万向节的不等速效应所

抵消，从而实现两轴间的等角速传动。但要达到这一目的，必须满足以下两个条件：

1）第一万向节两轴间夹角 α_1 与第二万向节两轴间夹角 α_2 相等。

2）第一万向节的从动叉与第二万向节的主动叉处于同一平面内。

二、准等速万向节和等速万向节

1. 准等速万向节

准等速万向节是根据上述双十字轴万向节实现等速传动的原理而设计的。常见的有双联式和三销轴式。

(1) 双联式万向节 双联式万向节实际上是一套传动轴长度缩减至最小的双万向节等速传动装置。图 15-6 中的双联叉 3 相当于两个在同一平面上的万向节叉。欲使轴 1 和轴 2 的角速度相等，应保证 $\alpha_1 = \alpha_2$。为此，在双联式万向节结构中装有分度机构，以使双联叉的对称线平分所连两轴的夹角。

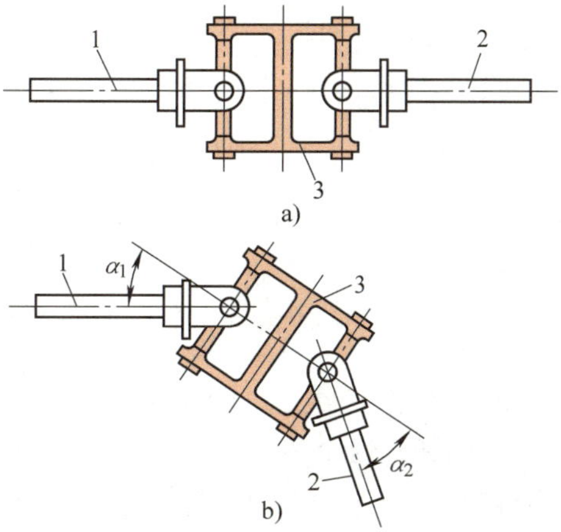

图 15-6 双联式万向节示意图

1、2—轴 3—双联叉

双联式万向节用于转向驱动桥时，可以没有分度机构，但必须在结构上保证双联式万向节中心位于主销轴线与半轴轴线的交点，以保证准等速传动。

双联式万向节允许有较大的轴间夹角，且具有结构简单、制造方便、工作可靠等优点，故在转向驱动桥中的应用逐渐增多。北京切诺基、延安 SX2150、斯泰尔等汽车均采用了这种双联式万向节。

(2) 三销轴式万向节 三销轴式万向节是由双联式万向节演变而来的准等速万向节。如图 15-7 所示，它由主动偏心轴叉 2、从动偏心轴叉 4、两个三销轴 1 和 3 及六个滑动轴承和密封件等组成。每一偏心轴叉的两叉孔通过轴承和一个三销轴大端的两轴颈配合，两个三销轴的小端轴互相插入对方的大端轴承孔内，形成了 Q_1—Q_1'、Q_2—Q_2'、R—R'三根轴线。传递时，转矩由主动偏心轴叉经轴 Q_1—Q_1'、R—R'、Q_2—Q_2'传到从动偏心轴叉。

与主动偏心轴叉相连的三销轴的两个轴颈端面和轴承座之间装有推力垫片。其余轴颈端面均无推力垫片，且端面与轴承座之间留有较大的空隙，保证转向时三销轴式万向节无运动干涉现象。

三销轴式万向节的最大特点是允许相邻两轴有较大的交角，最大可达 45°。采用此万向节的转向驱动桥可使汽车获得较小的转弯半径，提高了汽车的机动性。东风 EQ2080 型汽车转向驱动桥即装用了三销轴式万向节。

2. 等角速万向节

等角速万向节的基本原理是从结构上保证万向节在工作过程中，其传力点永远位于

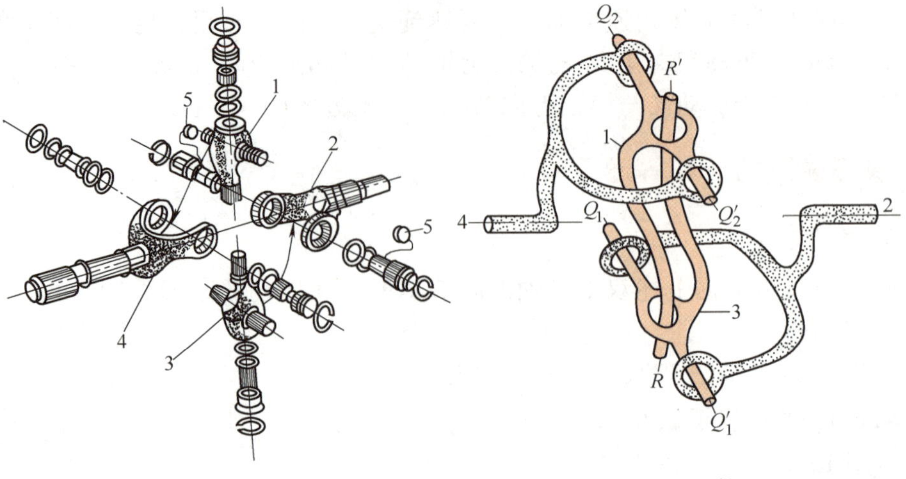

图 15-7 三销轴式准等速万向节

a）零件形状 b）装配示意图

1、3—三销轴 2—主动偏心轴叉 4—从动偏心轴叉 5—推力垫片

两轴交角的平分面上。图 15-8 所示为等角速万向节的工作原理图。两个大小相同的锥齿轮的接触点 P 位于两齿轮轴线交角 α 的平分面上，由 P 点到两轴的垂直距离都等于 r，P 点处两齿轮的圆周速度相等，两个齿轮的角速度也相等。在汽车上应用较为广泛的等角速万向节有球笼式和球叉式万向节。

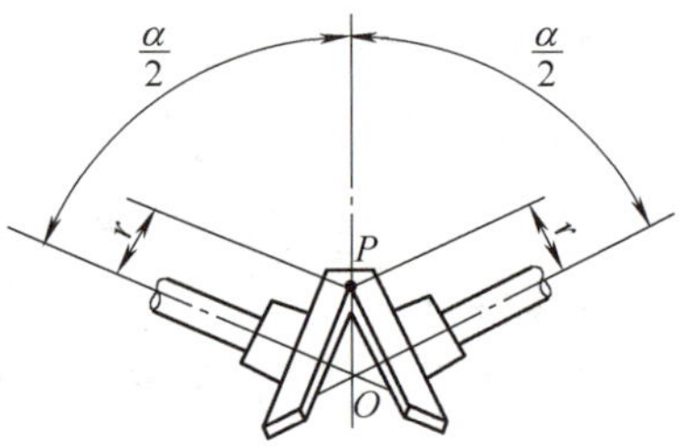

图 15-8 等角速万向节的工作原理图

球笼式等角速万向节如图 15-9 所示，星形套 7 与主动轴 1 用花键固接在一起，星形套外表面有六条弧形凹槽滚道，球形壳 8 的内表面有相应的六条凹槽，六个钢球分别装在各条凹槽中，由保持架 4 使其保持在同一平面内。动力由主动轴 1、钢球 6、球形壳 8 输出。球笼式等角速万向节的传动原理如图 15-10 所示。外滚道中心 A 与内滚道中心 B 分别位于万向节中心 O 的两侧，并且到 O 点的距离相等。钢球中心 C 到 A、B 两点的距离也相等。保持架的内、外球面，内环的外球面和外环的内球面均以万向节中心为球心。当两轴交角变化时，保持架可沿内、外球面滑动，以保持六个钢球在同一个平面。由于 $OA = OB$，$CA = CB$，CO 是公共边，则三角形 COA 与三角形 COB 为全等三角形，故 $\angle COA = \angle COB$，即传力钢球 C 始终处于 α 角的角平分面上，确保了钢球中心到主动轴与从动轴的距离 a 和 b 始终相等，从而使主动轴和从动轴以相等的角速度旋转。

有的万向节采用直槽滚道，使万向节本身可轴向伸缩，省去了其他万向节传动中的滑动花键，且滚动阻力小，最适合于断开式驱动桥。

球笼式等角速万向节受力均匀，承载能力强，允许两轴最大夹角为 42°，在轿车（一汽奥迪 100、捷达、高尔夫、红旗 CA7220 等）的转向驱动桥中得到广泛的应用。

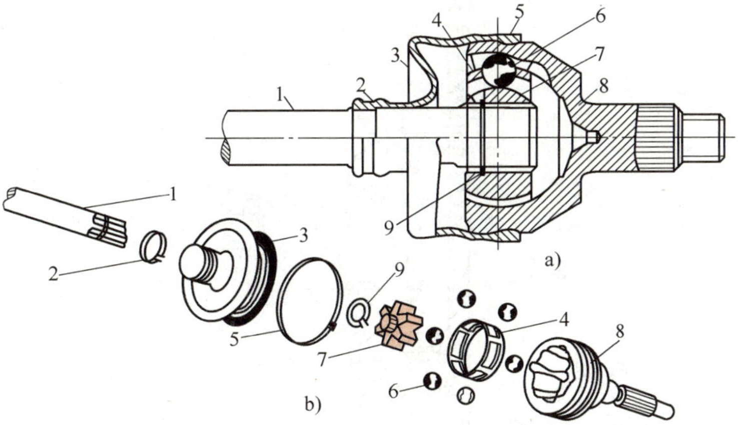

图 15-9 球笼式等角速万向节

1—主动轴 2、5—钢带箍 3—外罩 4—保持架（球笼） 6—钢球 7—星形套（内滚道） 8—球形壳（外滚道） 9—卡环

三、挠性万向节

挠性万向节的特点是其传力元件采用夹布橡胶盘、橡胶块、橡胶环等弹性元件，从而保证在相交两轴间传动时不发生机械干涉。图 15-11 是上海 SH3540A 型自卸汽车发动机与变速器之间安装的万向传动装置，它由一个十字轴式刚性万向节、传动轴和一个挠性万向节组成。由于弹性元件的变形量有限，故挠性万向节一般用于夹角较小（3°～5°）的两轴间和有微量轴向位移的传动场合。例如，安装在车架上的两个部件之间，可使装配方便不需轴向严格对正，并能消除工作中车架变形对传动的不利影响。挠性万向节不仅结构简单、无须润滑，而且具有缓冲和减振作用。

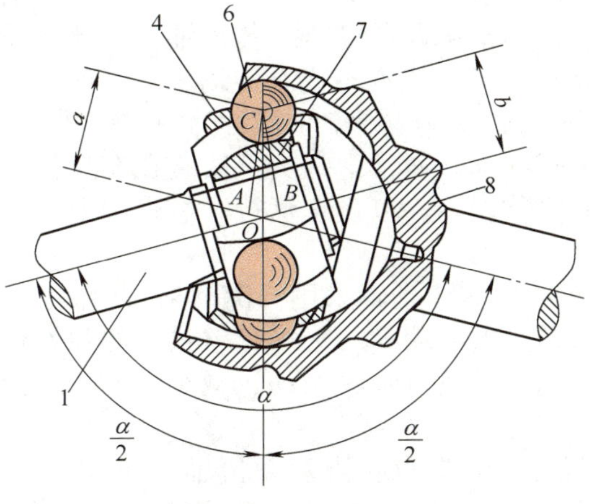

图 15-10 球笼式等角速万向节的传动原理

（图注同图 15-9） *A*—外滚道中心 *B*—内滚道中心 *C*—钢球中心 *O*—万向节中心 α—两轴交角（指钝角）

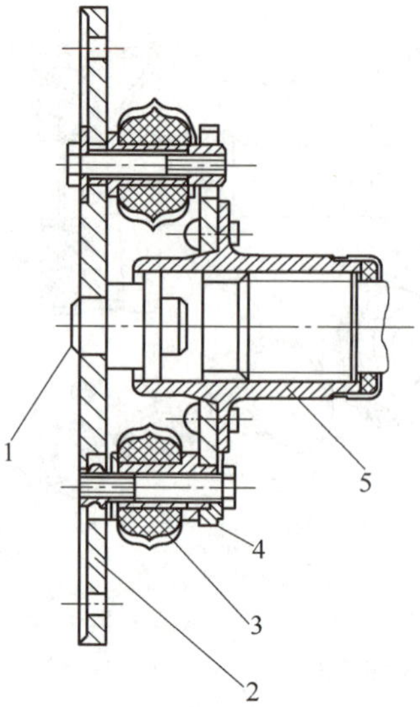

图 15-11 挠性万向节

1—中心轴 2—大圆盘 3—弹性连接件 4—连接圆盘 5—花键毂

第三节 传动轴和中间支承

传动轴的功用是把变速器的转矩传递到驱动桥上。

由于汽车在行驶过程中由万向传动装置连接的部件在位置上经常发生变化，为了避免运动干涉，往往在传动轴上设置有可以轴向伸缩滑动的花键，以适应传动轴改变长度的需要。花键由花键轴和滑动套配合而成，为了减小两者轴向滑动阻力和磨损，提高使用寿命，在结构上设有加注润滑脂的油嘴，以及密封用的油封、堵盖和防尘套，同时，也可以对花键进行磷化处理或喷涂尼龙层，还可以在花键槽内设置各种滚动元件，将花键中的滑动摩擦转化为滚动摩擦。

传动轴在高速旋转时，由于离心力的作用将产生剧烈振动。因此，当传动轴与万向节装配后，必须满足动平衡要求。如图 15-12 所示，中间传动轴 4 上的平衡片 3 即为平衡用的零件。平衡后，在万向节滑动叉 13 与主传动轴 16 上刻有装配位置标记 21，以便拆卸后重新安装时保持二者的相对角位置不变。传动轴过长时，自振频率较低，易产生共振。通常将传动轴分成两段并加中间支承。前段称为中间传动轴 4，后段称为主传动轴 16。

传动轴分段时须加中间支承。通常中间支承安装在车架横梁上。中间支承应能补偿传动轴轴向和角度方向的安装误差，以及车辆行驶过程中由于发动机窜动或车架等变形所引起的位移。

东风 EQ1090E 型汽车的中间传动轴采用蜂窝软垫式中间支承（见图 15-13）与车架相连接。轴承 3 可在轴承座 2 内滑动。由于蜂窝软垫 5 的弹性作用，能适应上述安装误差和行驶中出现的位移。此外，还可吸收振动，减小噪声。蜂窝软垫式中间支承结构简单，效果良好，应用较为广泛。

有的汽车上采用摆动式中间支承。当发动机轴向窜动时，中间支承可绕支撑轴摆动，改善了轴承的受力状况。此外，橡胶衬套能适应传动轴轴线在横向平面内少量的位置变化。

三轴驱动的越野汽车后桥传动装置的中间支承通常支撑在中驱动桥上。

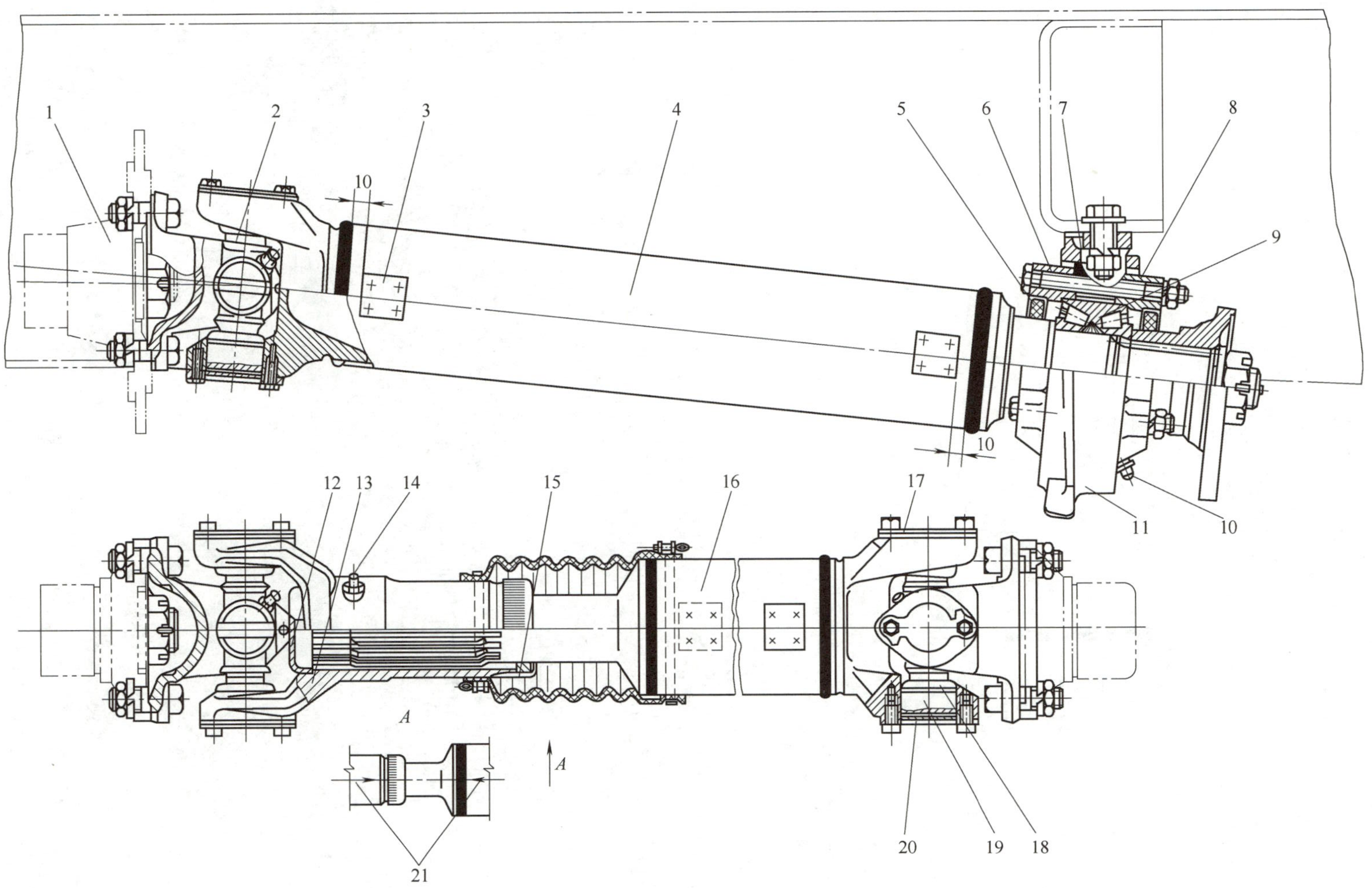

图 15-12　解放 CA1091 型汽车传动轴

1—凸缘叉　2—万向节十字轴　3—平衡片　4—中间传动轴　5、15—油封　6—中间支承前盖　7—橡胶垫环　8—中间支承后盖　9—双列圆锥滚子轴承　10、14—注油嘴　11—支架　12—堵盖　13—万向节滑动叉　16—主传动轴　17—锁片　18—滚针轴承油封　19—万向节滚针轴承　20—滚针轴承轴承盖　21—装配位置标记

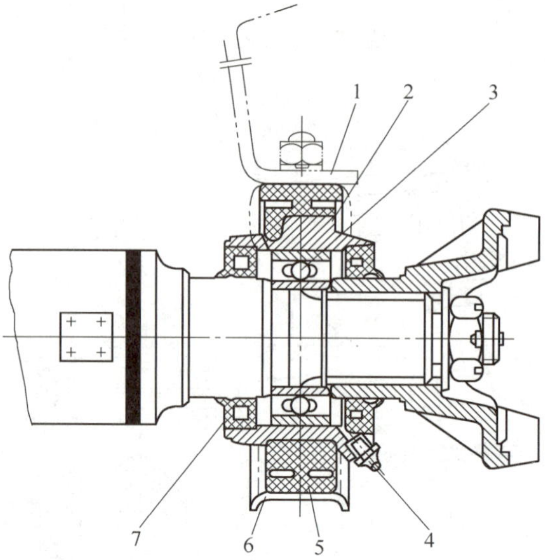

图 15-13 中间支承

1—车架横梁 2—轴承座 3—轴承 4—注油嘴 5—蜂窝软垫 6—U 形支架 7—油封

延伸阅读

七沟道双偏置式等速万向节

七沟道双偏置式等速万向节结构如图 15-14 所示，它主要由七沟道筒形壳、七沟

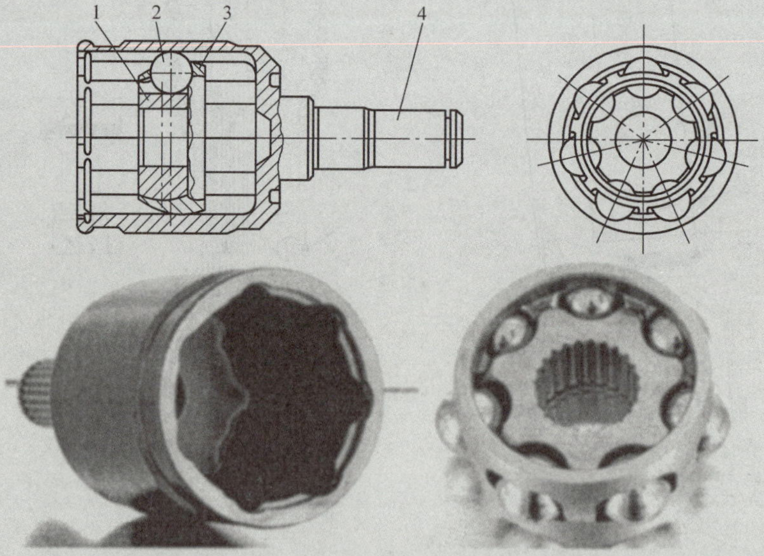

图 15-14 七沟道双偏置式等速万向节

1—七沟道星形套 2—钢球 3—七窗孔偏心保持架 4—七沟道筒形壳

道星形套、七窗孔偏心保持架和钢球等组成。七沟道双偏置式等速万向节的特征：筒形壳的内圆柱面上周向等分地设计有 7 个与该圆柱面（或轴线）平行的内沟道。同样，星形套的外球面上也周向等分地设计有 7 个与轴线平行的外沟道。筒形壳与星形套的内、外沟道截面，一般设计成与钢球 36° 接触的双偏心圆弧或椭圆形结构，它们分别与钢球共轭接触。两轴的最大转角为 ±23° 。根据等速性原理，偏心保持架的内、外球面中心分别置于钢球中心的两侧，且偏心距相等，相应地，偏心保持架也有 7 个周向窗孔，用于夹持钢球，偏心保持架的内、外球面分别与星形套的外球面、筒形壳的内圆柱面间隙配合。从而确保在主、从动轴同时有一定角位移和轴向位移等复杂工况下，仍能平稳、灵活、可靠和精确地传递运动和转矩。

四球销式等速万向节

四球销式等速万向节的结构如图 15-15 所示，它主要由四柱槽壳和四球销轴承等组成。四柱槽壳的工作部分是沿周向四等分的沟道，且该沟道的素线与轴线平行。连接部分由柄部的台阶面及外花键等组成。四球销轴承由四销架、偏心球环和若干滚针等组成。四销架是在球形基座上四等分的销轴，在每一销轴上均排满滚针，滚针组外径与偏心球环的内径配合，球形基座的内孔是内花键。偏心球环的两端是双挡边结构，直径较大的一端装在四柱槽壳的外径方向，四个偏心球环的外球面分别与四柱槽壳的四个沟道配合。两轴的最大转角为 ±20°。四销架通过内花键与传动轴的外花键配合。从而确保在主、从动轴同时有一定角位移和轴向位移等复杂工况下，仍能平衡、灵活、可靠和精确地传递运动和转矩。

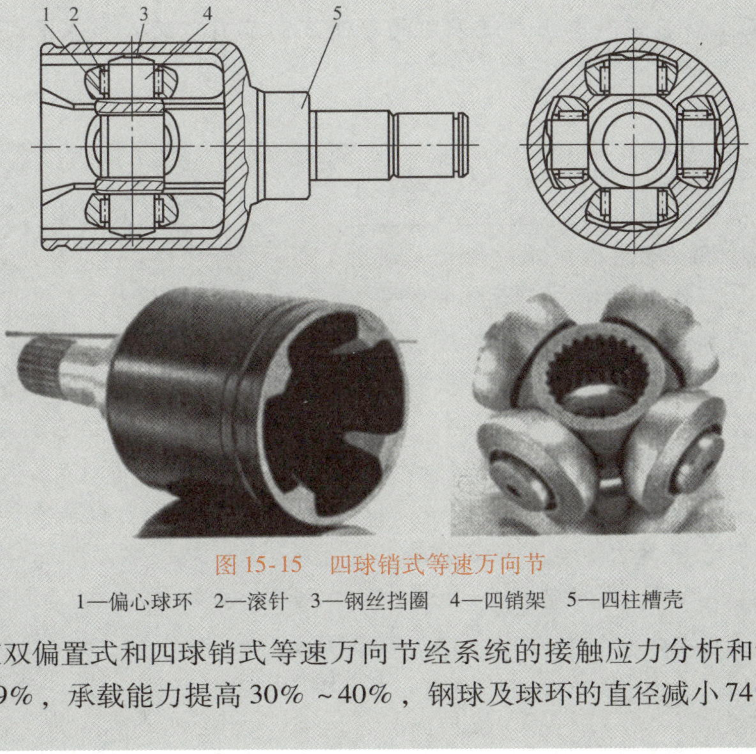

图 15-15　四球销式等速万向节

1—偏心球环　2—滚针　3—钢丝挡圈　4—四销架　5—四柱槽壳

对七沟道双偏置式和四球销式等速万向节经系统的接触应力分析和计算，可使额定转矩提高 79%，承载能力提高 30% ~40%，钢球及球环的直径减小 74%，外壳外径也减小7.4%，总质量减小20%。在确保可靠性和寿命的前提下，显著地减小了质量，节约了材料，有利于前桥的总体布置，且具有结构先进、合理、紧凑、工作平稳、可靠等特点。

上述两种等速万向节是对等速万向节设计理论的拓展，可改变本领域的产品结构和技术格局，提高汽车核心和关键零部件乃至整车的科技含量及自主创新能力，实现产品的更新换代。

本章小结

万向传动装置一般由万向节和传动轴组成，当传动距离较远时，还需采用分段式传动轴，在中部加装中间支承。

万向传动装置的功用是在轴线相交且相对位置经常发生变化的两轴间传递动力。万向传动装置用于连接变速器与驱动桥、离合器与驱动桥或变速器与分动器、转向驱动桥或断开式驱动桥、转向操纵机构。

万向节可分为刚性万向节和挠性万向节。刚性万向节又分为不等速万向节、准等速万向节和等速万向节。十字轴式刚性万向节可以保证在轴向交角变化时可靠地传动，结构简单，并有较高的传动效率，在汽车上得到广泛的运用。其缺点是单个万向节在输入轴和输出轴有夹角的情况下，两轴的角速度不等，且角速度的差值随轴间夹角 α 的增大而增大。

等速万向节的基本原理是从结构上保证万向节在工作过程中，其传力点始终处于两轴交角的平分面上。目前汽车上广泛采用的等速万向节有球叉式和球笼式两种。

练习题

一、填空题

1. 万向传动装置一般由________和________组成，有时还加装上________。
2. 万向传动装置除用于汽车的传动系统外，还可用于________等。
3. 目前，汽车传动系统中广泛应用的是________万向节。
4. 等速万向节的基本原理是从结构上保证万向节在工作过程中，______________。
5. 为了避免运动干涉，传动轴中设有由________和________组成的滑动花键联接。

二、选择题

1. 十字轴式不等速万向节，当主动轴转过一周时，从动轴转过________。

A. 一周　　B. 小于一周　　C. 大于一周　　D. 不一定

2. 下面万向节中属于等速万向节的是________。

A. 球笼式　　B. 双联式　　C. 十字轴式　　D. 三销轴式

3. 主、从动轴具有最大交角的万向节是________。

A. 球笼式　　B. 球叉式　　C. 双联式　　D. 三销轴式

三、简答题

1. 汽车传动系统中为什么要设万向传动装置？举例说明万向传动装置主要应用在什么地方？

2. 万向节可分为哪几种类型？

3. 普通十字轴式刚性万向节为了达到等角速传动，要满足什么条件？

第十六章 驱 动 桥

学习目标

1. 了解驱动桥的组成和结构类型，以及主减速器的调整方法和桥壳的结构形式。
2. 熟悉不同类型的主减速器和差速器的结构特点及半轴的支撑方式。
3. 掌握主减速器和差速器的结构组成和工作原理。

第一节 概 述

汽车驱动桥的功用是把由万向传动装置传来的发动机转矩传递给左、右驱动车轮，实现降低转速增大转矩、改变转矩的传递方向，并可实现两侧车轮的差速及承受载荷和传力作用，保证内外侧车轮的不同转速转向。

驱动桥应能保证具有合适的主减速比，使汽车具有良好的动力性和经济性；具有较大的离地间隙以保证良好的通过性；尽可能减轻重量以提高行驶的平顺性。

一、驱动桥的组成

一般汽车驱动桥由主减速器、差速器、半轴和驱动桥壳等组成。

发动机的动力经离合器、变速器（或分动器）、万向传动装置输入驱动桥，首先传到主减速器，降低转速增大转矩后，再由差速器分配给左右半轴，最后通过半轴外端的凸缘盘传至驱动车轮的轮毂。驱动桥壳由主减速器壳和半轴套管组成。轮毂借助轴承支承在半轴套管上。

二、驱动桥的类型

驱动桥按其半轴套管与主减速器壳体的连接方式可分为非断开式（或称整体式）驱

动桥和断开式驱动桥两种。

在非断开式驱动桥（见图 16-1）中，半轴套管与主减速器壳体刚性连成一体，整个驱动桥通过非独立弹性悬架与车架连接，故左、右半轴和驱动轮相对主减速器没有相对运动，也称为整体式驱动桥。其结构简单，但平顺性差，一般多用于普通汽车。

在图 16-2 中，左、右半轴 1 的内端通过万向节 2 与主减速器相连，外端通过万向节与驱动轮相连，主减速器固连于车架上，而左、右驱动轮则分别通过悬架与车架相连。这样，两侧驱动轮就可以彼此独立地相对于主减速器上下跳动。

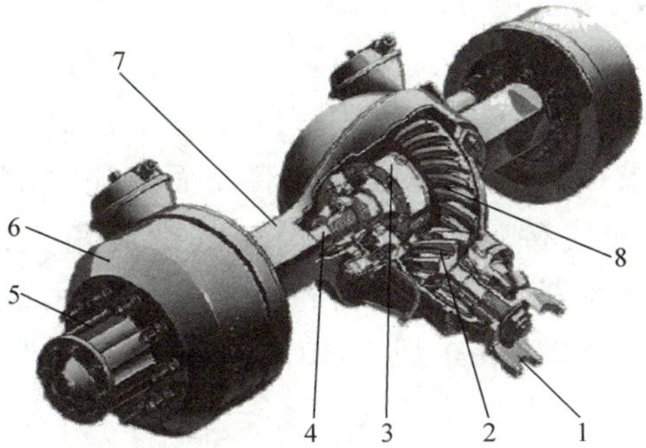

图 16-1 非断开式（整体式）驱动桥

1—万向节叉 2—主减速器主动锥齿轮 3—差速器 4—半轴 5—轮毂 6—制动鼓 7—桥管 8—主减速器从动锥齿轮

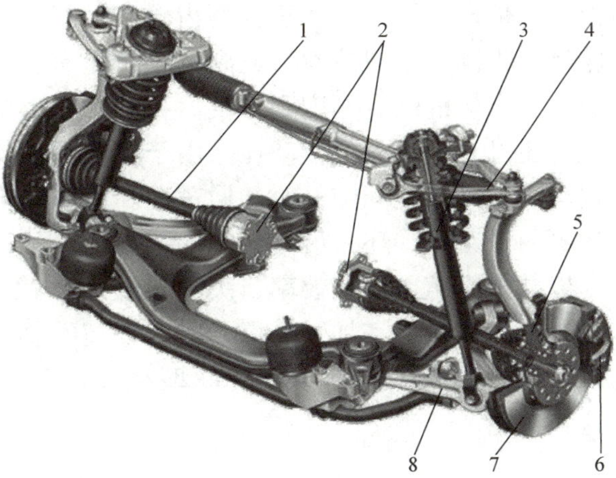

图 16-2 断开式驱动桥

1—半轴 2—万向节 3—悬架 4—上横臂 5—轮毂 6—制动钳 7—制动盘 8—下横臂

断开式驱动桥的优点是可以提高汽车行驶平顺性和通过性，相应采用的悬架为独立悬架。其缺点是结构复杂，制造成本高，许多轿车和越野汽车的驱动桥采用独立悬架。

若驱动桥同时兼作转向桥，则此类驱动桥称为转向驱动桥，它与车架之间可以是非独立悬架式连接，也可以是独立悬架式连接，后者称为断开式转向驱动桥。

第二节 主 减 速 器

主减速器的功用是降低转速增大转矩并改变转矩的传递方向。

一般汽车正常行驶时，由于主减速器的减速比通常是传动系统中最大的，起到主要的降低转速增大转矩作用，故称为主减速器，通常由一对或若干对减速齿轮副构成。

根据主减速器的使用目的和要求的不同，其结构形式也有很大差异。按参加减速传动的齿轮副数目可分为单级式主减速器和双级式主减速器。按主减速器速比的变化可分为单速主减速器和双速主减速器。按齿轮副结构形式可分为圆柱齿轮式和锥齿轮式。

主减速器齿轮类型有圆柱齿轮、直齿锥齿轮、曲线齿锥齿轮和准双曲面齿轮等。

圆柱齿轮结构简单，容易加工，且直齿圆柱齿轮没有轴向力，使用中不需要调整。圆柱齿轮多用于横置发动机的前置前驱动或后置后驱动的轿车上。

直齿锥齿轮齿线的形状是直线，制造较容易，传动时轴向力小，支撑较简单，但不产生根切的小齿轮最少齿数较多，传动比较小，轮齿重叠系数小，承载能力较低，传动中噪声较大，目前已很少采用。

曲线齿锥齿轮的齿线形状是圆弧线或延伸外摆线。螺旋角通常为30°~35°。这种形式的齿轮允许的最少齿数随螺旋角的增大而减少，最少齿数为5~6个，在传动比相同时，其结构尺寸比直齿锥齿轮小。传动时，同时啮合的齿数较多，故承载能力较大，传动平稳，噪声较小。但对轴承的支撑刚度和轴向定位要求较高，需用专用铣齿机床加工。目前在汽车上应用较广泛。

准双曲面齿轮的节面理论上应为双曲面，但实际上均制成近似的圆锥面。它与曲线齿锥齿轮传动不同之处在于：两齿轮的轴线不相交，而有一偏置距，当传动比一定、大齿轮尺寸相同时，双曲面齿轮副的小齿轮有较大的分度圆直径及齿轮轴的轴颈直径，从而提高了齿轮的啮合刚度和强度。另外，啮合的齿数多，传动更平稳，噪声小，承载能力强，还可获得更大的传动比。由于双曲面齿轮副两轴线偏置，所以可以调整汽车质心位置，或提高离地间隙，改善通过性。但双曲面齿轮副在啮合过程中，除了有沿齿高方向的侧向滑动外，还有沿齿长方向的纵向滑动，要求用含刮伤添加剂的双曲面齿轮油润滑，以减少摩擦，提高效率，决不允许用普通齿轮油代替。此外，小齿轮的螺旋角大，传动时轴向力大，需加强支撑，要求较高的制造和装配精度。这种齿轮在汽车上应用最为广泛，奥迪100轿车、CA7560型高级轿车、保时捷911、东风EQ1090E型汽车上都用这种齿轮。

一、单级主减速器

轿车和轻、中型货车一般是以速度为主，采用单级主减速器即可满足汽车动力性要求。而且单级主减速器结构简单、体积小、重量轻、传动效率高，所以单级主减速器应用非常广泛。但对速比较大的主减速器，主动锥齿轮容易发生根切现象，从而降低齿轮强度。德国奔驰W124型、保时捷911，以及我国的东风EQ1090E等车型均采用单级主减速器。

图16-3所示为单级主减速器总成图。该主减速器的减速传动机构为一对准双曲面齿轮18和7，主减速比为6.33。

为使主、从动齿轮啮合传动时冲击噪声较小，且沿轮齿长度方向磨损较均匀，必须保证主动和从动齿轮之间正确的相对位置。为此，在结构上一方面要使主、从动锥齿轮有足够的支撑刚度，使其在传动过程中不至于发生较大变形而影响正常啮合；另一方面应有必要的啮合调整装置。

主动锥齿轮18的支撑方式采用跨置式支撑，即前端支撑在互相贴近而小端相向的两个圆锥滚子轴承13和17上，后端支撑在圆柱滚子轴承19上。环状的从动锥齿轮7连接在差速器壳5上，而差速器壳则用一对圆锥滚子轴承3分别支撑在主减速器壳4两端的轴承座孔中。在从动锥齿轮的背面，装有支撑螺栓6，以限制从动锥齿轮过度变形而影响齿轮的正常工作。装配时，支撑螺栓与从动锥齿轮端面之间的间隙为0.3~0.5mm。

主减速器装配时，圆锥滚子轴承应有一定的装配预紧度，目的在于减小在锥齿轮传动过程中产生的轴向力所引起的齿轮轴的轴向位移，提高轴的支撑刚度，保证锥齿轮副的正常啮合。但预紧度过大，传动效率则降低，且加剧轴承磨损。为调整圆锥滚子轴承

13 和 17 的预紧度，在两轴承内座圈之间的隔离套的一端装有一组厚度不同的调整垫片 14。若预紧度过大，则增加调整垫片 14 的总厚度；反之，则减少调整垫片的总厚度。工程上用预紧力矩表示预紧度的大小，调整到能以 1.0～1.5N·m 的力矩转动叉形凸缘 11，预紧度即为合适。支撑差速器壳的圆锥滚子轴承 3 的预紧度靠拧动两端轴承调整螺母 2 调整。调整时应用手转动从动锥齿轮，使滚子轴承具有适宜的预紧度。调好后应能以 1.5～2.5N·m 的力矩转动差速器组件。

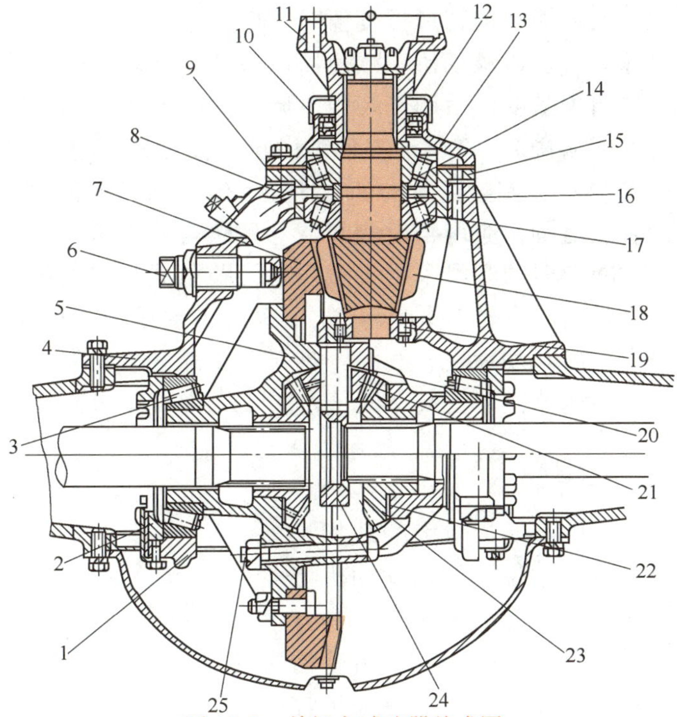

图 16-3 单级主减速器总成图

1—差速器轴承盖 2—轴承调整螺母 3、13、17—圆锥滚子轴承 4—主减速器壳 5—差速器壳 6—支撑螺栓 7—从动锥齿轮 8—进油道 9、14—调整垫片 10—防尘罩 11—叉形凸缘 12—油封 15—轴承座 16—回油道 18—主动锥齿轮 19—圆柱滚子轴承 20—行星齿轮垫片 21—行星齿轮 22—半轴齿轮推力垫片 23—半轴齿轮 24—行星齿轮轴（十字轴） 25—螺栓

锥齿轮啮合的调整是指齿面啮合印痕和齿侧间隙的调整。先在主动锥齿轮轮齿上涂以红色颜料（红丹粉与机油的混合物），然后用手往复转动主动锥齿轮，于是从动锥齿轮轮齿的两工作面上便出现红色印迹。若从动齿轮轮齿正转和逆转工作面上的印迹均位于齿高的中间偏于小端，且占齿面宽度的 60% 以上，则为正确啮合（见图 16-4）。正确啮合的印迹位置可通过增减主减速器壳与轴承座 15（见图 16-3）之间的调整垫片 9 的总厚度（即移动主动锥齿轮的位置）而获得。

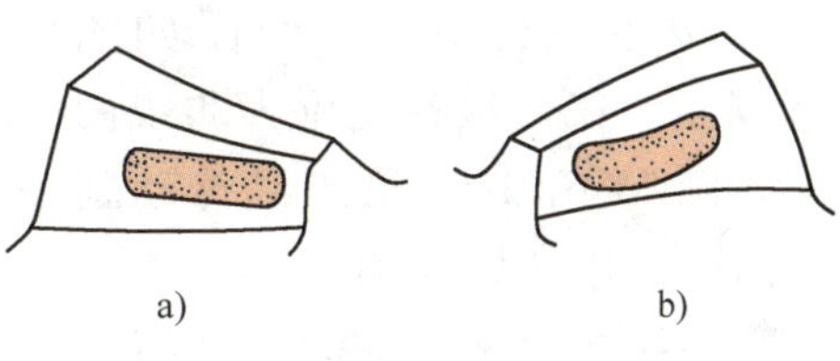

图 16-4 从动锥齿轮正确的啮合印迹位置

a）正转工作时 b）逆转工作时

齿侧间隙是指轮齿啮合时，轮齿侧面间的最小间隙。齿侧间隙除了能适应齿形误差，防止齿轮受热膨胀卡滞外，还可以储存润滑油。一般新轮齿齿侧间隙为 0.15～0.50mm。

齿侧间隙的调整方法是转动轴承调整螺母 2（见图 16-3）以改变从动锥齿轮的位置。若间隙大于规定值，应使从动锥齿轮靠近主动锥齿轮，反之则离开。为保持已调好的差速器圆锥滚子轴承预紧度不变，一般应将一端轴承调整螺母 2 拧入的圈数等于另一端轴承调整螺母 2 退出的圈数。有时，也可通过同时调整垫片 9 和轴承调整螺母 2 来保证齿轮副的正确啮合间隙。长期使用后的齿轮，因磨损而使齿侧间隙增大是正常现象。在进行啮合印痕调整时，不应强行恢复原有的齿侧间隙，而应以保证正常的啮合印痕的要求为主。当齿侧间隙超过报废值时，齿轮应成对更换。

综上所述，驱动桥主减速器调整的总体思路是：先主动件，后从动件；具体某一件则是先调预紧度，后调安装距。调整的一般步骤为：①调整主动锥齿轮圆锥滚子轴承预紧度（或游隙）；②调整主动锥齿轮的安装距；③调整从动锥齿轮圆锥滚子轴承预紧度（或游隙）；④调整齿轮的啮合印痕；⑤检查齿侧间隙。新装齿轮副时，若其齿侧间隙未达到合适范围，应调整齿侧间隙，且应与啮合印痕调整结合进行。

主减速器的润滑采用飞溅润滑，即主减速器壳中所储齿轮油，靠从动锥齿轮转动时甩溅到各齿轮、轴和轴承上进行润滑。主动齿轮轴前端的圆锥滚子轴承 13 和 17（图 16-3）远离从动齿轮，润滑困难，在主减速器壳体中铸出进油道 8 和回油道 16 以便润滑。主减速器壳体上装有通气塞防止壳内气压过高而使润滑油渗漏。

二、双级主减速器

对一些载质量较大的载货汽车和公共汽车来说，根据发动机特性和使用条件，要求主减速器具有较大的传动比时，由一对锥齿轮构成的单级主减速器已不能保证足够的离地间隙，这时则需要用两对齿轮降速的双级主减速器。

双级主减速器，一般第一级采用曲线齿锥齿轮或准双曲面齿轮，第二级采用圆柱齿轮。解放 CA1091 型汽车驱动桥和美国罗克韦尔（Rockwell）U—240 型驱动桥即为双级主减速器，剖面图如图 16-5 所示。第一级传动副为曲线齿锥齿轮副 11 和 16，第二级传动副为斜齿圆柱齿轮副 5 和 1。

第一级主动锥齿轮 11 与第一级主动齿轮轴 9 制成一体，主动齿轮轴支撑在位于齿轮同一侧的两个相距较远的圆锥滚子轴承上，而主动锥齿轮悬伸在轴承之外，构成悬臂式支撑。这种支撑形式的结构比较简单，但支撑刚度不如跨置式。一般双级主减速器中，主动齿轮轴多用悬臂式支撑，主要是因为第一级齿轮传动比较小，产生的轴向力

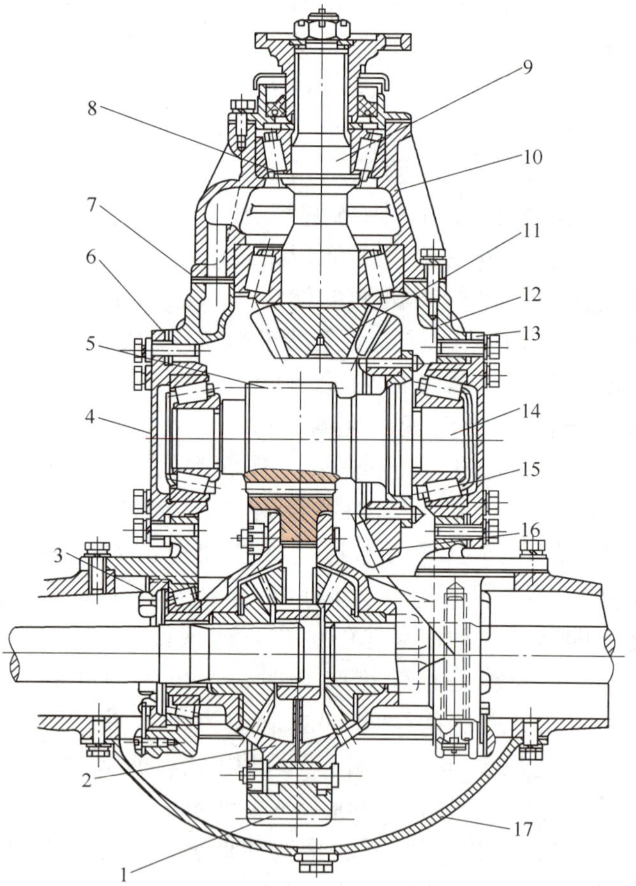

图 16-5 双级主减速器及差速器

1—第二级从动齿轮 2—差速器壳 3—调整螺母 4、15—轴承盖 5—第二级主动齿轮 6、7、8、13—调整垫片 9—第一级主动齿轮轴 10—轴承座 11—第一级主动锥齿轮 12—主减速器壳 14—中间轴 16—第一级从动锥齿轮 17—后盖

也较小，且从动锥齿轮直径较小，在主动锥齿轮外端要再加一个支撑，布置上很困难。另外，小传动比的主动锥齿轮及轴颈尺寸有可能做得较大，同时，尽可能将两轴承的距离加大，同样可得到足够的支撑刚度。这种主减速器也需要调整，调整方法可参考前文主减速器的调整。

三、轮边减速器

在重型货车、越野车或大型客车上，当要求有较大的主传动比（通常大于 10）和较大的离地间隙时，往往将双级主减速器中的第二级减速齿轮机构制成同样的两套，分别安装在两侧驱动车轮的近旁，称为轮边减速器，而第一级即称为主减速器。这样可使第一级主减速器外形尺寸减小，从而提高了离地间隙，与轮边减速器配合获得较大的速比。实际上轮边减速器也属于双级主减速器，有时与双级主减速器构成三级减速器。

轮边减速器可采用行星齿轮传动，也可采用圆柱齿轮传动。德国 ZF 系列车桥中即有行星轮轮边减速装置。

图 16-6 所示为轮边减速器的结构示意图。轮边减速器为一行星齿轮机构，齿圈 6 与半轴套管 1 固定在一起，半轴 2 传来的动力经太阳轮 3、行星齿轮 4、行星齿轮轴 5、行星架 7 传给车轮。

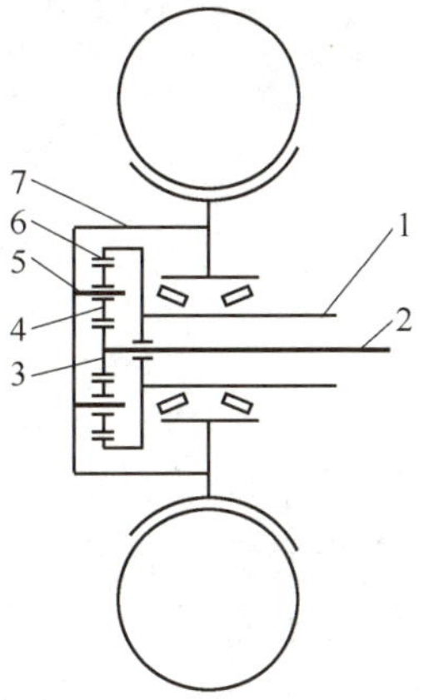

图 16-6 汽车轮边减速器的结构示意图

1—半轴套管 2—半轴 3—太阳轮

4—行星齿轮 5—行星齿轮轴

6—齿圈 7—行星架

采用轮边减速器可使驱动桥主减速器尺寸减小，以保证足够的离地间隙，并可得到比较大的主传动比。由于半轴在轮边减速器之前，所承受的转矩大为减少，因而半轴和差速器等零件尺寸可以减小。但是需要两套轮边减速器，结构较复杂，制造成本也较高。

在大型客车和同级越野车上，还常采用由一对外啮合圆柱齿轮组成的轮边减速器。主动小齿轮与半轴相连，从动大齿轮与轮毂相连。当主动齿轮位于上方时，可增大驱动桥离地间隙，以适应提高越野车通过性的需要；当主动齿轮位于下方时，能降低驱动桥壳的离地高度，以利于降低客车地板的高度。德国 Unimog 407 全轮驱动后桥即采用这种结构。但采用这种布置时，由于轴向和径向空间的限制，轮边减速器的传动比是有限的。

在液压传动和电传动的车辆中，应用轮边减速较多，特别是轮边液压马达和轮边电动机驱动装置中，轮边减速器应用更为广泛。

四、双速减速器

对于多用途载货汽车和半挂车，为适应复杂的使用条件，常装用两档可变速比的主减速器，增多了传动系统的档数，根据使用条件选择所需要的档位，充分提高了汽车的动力性和经济性。具有双速主减速器的驱动桥称为双速驱动桥。双速主减速器可分为行星齿轮式双速主减速器和圆柱齿轮式双速主减速器两种。

图16-7所示为一种常见的结构形式示意图。

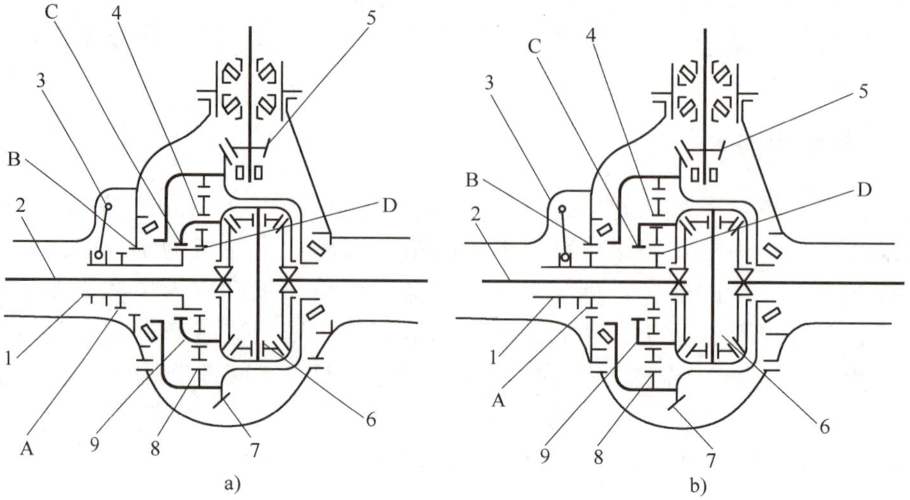

图16-7 行星齿轮式双速主减速器的结构示意图

a）高速档单级传动 b）低速档双级传动

1—接合套 2—半轴 3—拨叉 4—行星齿轮 5—主动锥齿轮 6—差速器 7—从动锥齿轮 8—齿圈 9—行星架

一般行驶条件下，用高速档传动。此时，拨叉3将接合套1保持在左端位置（见图16-7a）。接合套短齿接合齿圈A与固定在主减速器壳上的接合齿圈B分离，而长齿接合齿圈D与行星齿轮4和行星架9的内齿圈C同时啮合，从而使行星齿轮不能自转，行星齿轮机构不起减速作用。于是，差速器壳体与从动锥齿轮7以相同转速运转。显然，高速档主传动比即为从动锥齿轮齿数与主动锥齿轮齿数之比 i_{01}。

当行驶条件要求有较大的驱动力时，驾驶人可通过操纵系统转动拨叉3，将接合套1推向右端（见图16-7b），使接合套的短齿接合齿圈A与齿圈B接合，接合套即与主减速器壳连成一体，其长齿接合齿圈D与行星架的内齿圈C分离，而仅与行星齿轮4啮合，于是，行星机构的太阳轮被固定。与从动锥齿轮7连在一起的齿圈8是主动件，与差速器壳体连在一起的行星架则是从动件，行星齿轮机构起减速作用。整个主减速器的主传动比为锥齿轮副的传动比与行星齿轮机构传动比之积，即 $i_0 = i_{01} i_{02}$，这就构成低速档。

双速主减速器一般是利用电动或气动操纵机构选择所需的档位。

五、贯通式减速器

有些多轴驱动的汽车，中间的驱动桥采用贯通式驱动桥。如图16-8所示，前面（或后面）两驱动桥的传动轴是串联的，传动轴从距分动器较近的驱动桥中穿过，通往另一驱动桥。在这种万向传动装置的布置方案中，传动轴必须从驱动桥中穿过，两驱动桥中的主传动器的主动轴是用万向传动装置连接起来的。这种驱动桥为贯通式驱动桥，其主减速器称为贯通式主减速器。

贯通式主减速器又分为单级式和两级式两种。单级式主要是为了实现贯通传动；双级式还可以获得较大的减速比。贯通式双级主减速器，一般也由一对锥齿轮副和一对圆柱齿轮副构成。锥齿轮副可前置作为第一级减速齿轮副，也可以后置作为第二级减速齿轮副。前者因纵向高度较大，但可得到较大的速比，故适用于载质量较大的载货汽车；后者第一级减速齿轮采用圆柱齿轮副，一般减速比都很小，多数速比为 1。

斯太尔汽车贯通式驱动桥的结构示意图如图 16-9 所示。它由主减速器 10、过渡箱齿轮 4、轴间差速器 3、轮间差速器 9、输入轴凸缘 1、输出轴 7、半轴 6 和 8 及桥壳等组成。动力从输入轴凸缘 1 输入，并通过轴间差速器 3 将动力分配给过渡箱齿轮 4 和输出轴 7。传给过渡箱齿轮 4 的动力再经主减速器 10、轮间差速器 9 传给两根半轴 6 和 8。其中，输出轴 7 又称为贯通轴，它将动力传给后面的驱动桥。该桥上还装有轴间差速锁 2 和轮间差速锁 5。

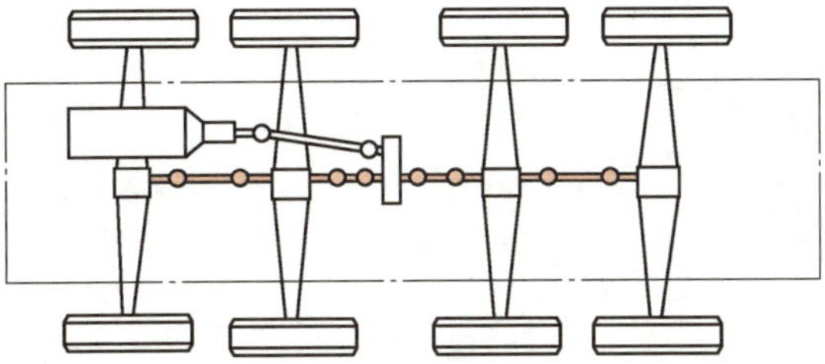

图 16-8 贯通式驱动桥示意图

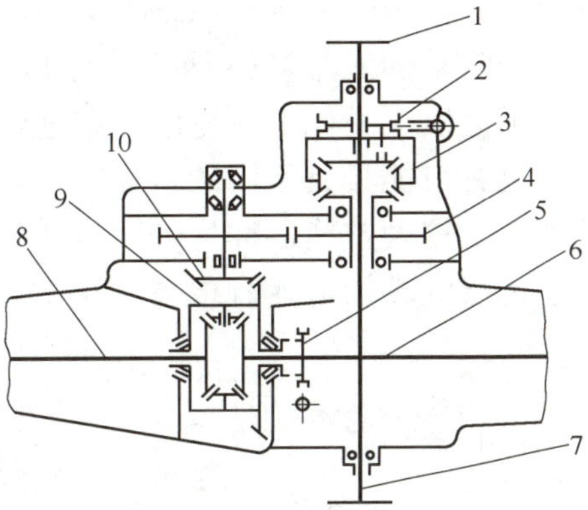

图 16-9 斯太尔汽车贯通式驱动桥的结构示意图

1—输入轴凸缘 2—轴间差速锁 3—轴间差速器 4—过渡箱齿轮 5—轮间差速锁 6、8—半轴 7—输出轴 9—轮间差速器 10—主减速器

贯通式主减速器主要用于中型多轴驱动汽车，以解决轴的贯通问题。其优点在于可使结构简化，零、部件通用性好，便于形成系列产品，而且车桥的高度降低，容易降低车厢高度，对降低汽车重心高度有利。有些中型多轴越野车，为了与同级货车驱动桥的零、部件通用和简化传动轴的布置，也可采用贯通式双级主减速器。

第三节 差 速 器

汽车左右驱动轮在同一时间内驶过的路程不等时（如弯道、不平路面等），差速器可使两侧车轮以不同转速旋转，同时传递转矩，即保证两侧驱动轮的运动是纯滚动，从而减小驱动轮胎磨损，提高传动效率。

汽车转弯行驶时，两侧车轮在同一时间内驶过的路程不等，外侧车轮驶过的路程较内侧车轮的长。若两侧车轮用一根轴刚性连接，则两轮转速必然相等，而两轮却要在同时间内驶过不同路程，车轮必然不是纯滚动。

同样，汽车在不平路面上直线行驶时，两侧车轮实际驶过的曲线路程也不相等。因此在角速度相同的条件下，在明显坑洼不平的路面上行驶的一侧车轮是边滚动边滑移，另一侧车轮则是边滚动边滑转。即使路面非常平直，但由于轮胎制造装配误差、磨损程度不同、承受载荷不同或充气压力不等，各轮胎的滚动半径实际上不可能相等，因此，只要各轮角速度相等车轮对路面的滑动就必然存在。

车轮对路面的滑动不仅会加速轮胎磨损，增加汽车的动力消耗，而且可能导致转向和制动性能的恶化。所以，在正常行驶条件下，应使车轮尽可能不发生滑动。为此，在汽车结构上，必须保证各个车轮有可能以不同角速度旋转。驱动桥主减速器从动齿轮通过一根整轴同时带动两侧驱动轮，则两轮角速度只能是相等的。因此，为了使两侧驱动轮可用不同角速度旋转，以保证其纯滚动状态，就必须将两侧车轮的驱动轴分成左右两段（称为半轴），而由主减速器从动齿轮通过一个齿轮系统分别驱动两侧半轴和驱动轮，从而使左右半轴可以以不同的转速驱动驱动轮。这种装在同一驱动桥左右驱动轮之间的分别驱动两侧半轴的传动系统称为轮间差速器。

多轴驱动的汽车各驱动桥间由传动轴相连。若各桥的驱动轮均以相同的角速度旋转，除了会发生类似上述轮间无差速器时的现象外，还存在功率循环问题。为使各驱动桥之间也有可能具有不同的转速以消除各桥驱动轮的滑动现象，可以在各驱动桥之间装设差速器，这种差速器称为轴间差速器。

差速器的结构形式有很多，其主要的结构形式如下：

- 差速器
  - 普通齿轮差速器
    - 按结构分
      - 圆柱齿轮差速器
      - 圆锥行星齿轮差速器
    - 按两侧输出转矩是否相等分
      - 对称式（等转矩式）
      - 不对称式（不等转矩式）
  - 防滑差速器
    - 强制锁止式差速锁
    - 自锁式差速器
      - 变传动比式差速器
      - 自由轮式差速器
        - 滚柱式自由轮差速器
        - 牙嵌式自由轮差速器
      - 高摩擦式差速器
        - 摩擦片式自锁差速器
        - 滑块凸轮式差速器
        - 托森差速器（蜗轮式）
        - 常作用摩擦片式自锁差速器
        - 液体黏性联轴式差速器

大多数汽车都属于公路运输车，路面较好，各驱动车轮与路面的附着系数变化很小，因此几乎都采用了结构简单、工作平稳、制造方便、用于公路汽车上也是很可靠的普通的对称式圆锥行星齿轮差速器。作为轮间差速器，当车辆的行驶路况非常复杂时，左、右或前、后驱动轮与路面之间的附着条件相差较大，简单的齿轮式差速器将不能保证汽车得到足够的驱动力，此时，致使附着较差的驱动轮高速滑转而汽车却不能前进，故经常在这种路况上行驶的汽车应当采用防滑差速器。它可以在这种情况下将输入转矩更多地甚至全部分配到附着条件较好、滑转程度较小（角速度较低）的驱动轮，保证汽车继续行驶。

一、普通齿轮差速器

普通齿轮差速器的结构形式，按其两侧的输出转矩是否相等可分为对称式（等转矩式）和不对称式（不等转矩式）两类。对称式用作轮间差速器或由平衡悬架联系的两驱动桥(6×6 或 6×4 汽车的中、后驱动桥）之间的轴间差速器。不对称式用作前、后驱动桥之间(4×4 汽车）或前驱动桥与中、后驱动桥之间（6×6 汽车）的轴间差速器。

对称式锥齿轮差速器目前应用比较广泛，其结构如图 16-10 所示。

图 16-10　对称式锥齿轮差速器的结构

1—差速器壳轴承　2、8—差速器壳　3—半轴齿轮减磨垫片　4—半轴齿轮　5—行星齿轮球面减磨垫片　6—行星齿轮　7—主减速器从动齿轮　9—行星齿轮轴　10—差速器左右壳体联接螺栓

对称式锥齿轮轮间差速器由圆锥行星齿轮、行星齿轮轴（十字轴）、圆锥半轴齿轮和差速器壳等组成（装配关系参见图 16-3 和图 16-5）。差速器壳由左壳 2 和右壳 8 两部分组成，用联接螺栓 10 紧固为一体。主减速器的从动齿轮用铆钉或螺栓固定在差速器壳左半部的凸缘上。装合时，十字形的行星齿轮轴 9 的四个轴颈嵌在差速器壳两半端面上相应的凹槽所形成的孔内，差速器壳的剖分面通过行星齿轮轴各轴颈的中心线。每个轴颈上松套着一个直齿圆锥行星齿轮 6，它们均与两个直齿圆锥半轴齿轮 4 啮合。而半轴齿轮的外圆轴颈分别支撑在差速器壳相应的左右座孔中，其内花键与半轴相连。动力自主减速器从动齿轮依次经差速器壳、十字轴、行星齿轮、半轴齿轮、半轴输出给驱动车轮。当两侧车轮以相同的转速转动时，行星齿轮绕半轴轴线转动——公转。若两侧车轮阻力不同，则行星齿轮在做上述公转运动的同时，还绕自身轴线转动——自转，因而，两半轴齿轮带动两侧车轮以不同转速转动。

行星齿轮的背面和差速器壳相应位置的内表面，均做成球面，保证行星齿轮对正中心，并和两个半轴齿轮正确地啮合。

由于行星齿轮和半轴齿轮是锥齿轮传动，在传递转矩时，沿行星齿轮和半轴齿轮的轴线作用着很大的轴向力，而齿轮和差速器壳间又有相对运动。为减少齿轮和壳的磨损，在半轴齿轮和差速器壳之间，装着软质半轴齿轮减磨垫片 3；而在行星齿轮与差速器壳之间，装着软质行星齿轮球面减磨垫片 5。当汽车行驶一定里程，垫片磨损后，可换上新垫片，以延长差速器寿命。垫片通常用铜或者聚甲醛塑料制成。

差速器由主减速器壳体中的润滑油润滑。在差速器壳体上开有窗口，供润滑油进出。为保证行星齿轮和十字轴轴颈之间有良好的润滑，在十字轴轴颈上铣出一平面，并在行星齿轮的齿间钻有油孔。

微型、轻型载货汽车和大部分轿车的驱动桥，因主减速器输出的转矩不大，故可用两个行星齿轮，因而行星齿轮轴相应为一根直销轴。差速器壳也不是两半，而是整体式的，其前后两侧都开有大窗孔，以便拆装行星齿轮和半轴齿轮。奥迪100型轿车的差速器即为此种结构。如图16-11所示，差速器壳5为一整体式壳体，从动锥齿轮6通过螺栓4与差速器壳5连接，在行星齿轮轴10上装有两个行星齿轮11。通过弹性圆柱销12把齿轮轴固定在差速器壳体上。两个半轴齿轮9的背面也成球面，因此，两个半轴齿轮和两个行星齿轮背面的垫片制成一整体球形耐磨垫片8，装配于差速器壳体中。左、右轴承及内圈7、3通过左、右调整螺母1来调整轴承预紧力和齿轮的正确啮合。

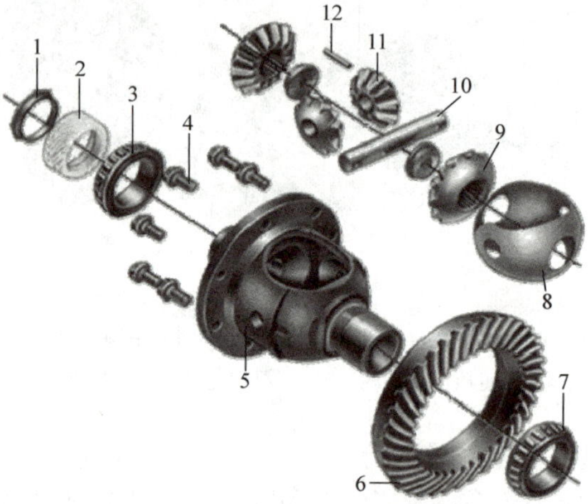

图16-11 奥迪100型轿车的差速器

1—调整螺母 2—里程表主动齿轮 3—右轴承及内圈 4—从动齿轮联接螺栓 5—差速器壳 6—从动锥齿轮 7—左轴承及内圈 8—球形耐磨垫片 9—半轴齿轮 10—行星齿轮轴 11—行星齿轮 12—弹性圆柱销

图16-12所示为对称式锥齿轮差速器的工作原理。

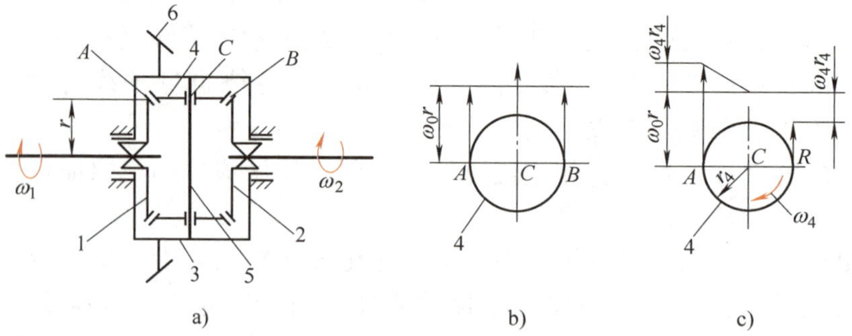

图16-12 对称式锥齿轮差速器的工作原理

1、2—半轴齿轮 3—差速器壳 4—行星齿轮 5—行星齿轮轴 6—主减速器从动齿轮

差速器之所以能够起差速作用，行星齿轮在其中起了重要作用。行星齿轮可能有三种运动情况，即公转、自转和既公转又自转。对称式锥齿轮差速器是一种行星齿轮机

构。差速器壳 3 与行星齿轮轴 5 连成一体形成行星架，同时又与主减速器从动齿轮 6 固连，故为主动件，设其角速度为 ω_0；半轴齿轮 1 和 2 为从动件，其角速度为 ω_1 和 ω_2。A、B 两点分别为行星齿轮 4 与两半轴齿轮的啮合点。行星齿轮的中心点为 C，A、B、C 点到差速器旋转轴线的距离均为 r。

当行星齿轮只随行星架绕差速器旋转轴线公转时，处在同一半径 r 上的 A、B、C 三点的圆周速度都相等（见图 16-12b），其值为 $\omega_0 r$。于是，$\omega_1=\omega_2=\omega_0$，即差速器不起差速作用，两半轴角速度等于差速器壳的角速度。

当行星齿轮除公转外，还绕自身的轴以角速度 ω_4 自转时（见图 16-12c），啮合点 A 的圆周速度为 $\omega_1 r=\omega_0 r+\omega_4 r_4$，啮合点 B 的圆周速度为 $\omega_2 r=\omega_0 r-\omega_4 r_4$。

故有

$$\omega_1 r+\omega_2 r=(\omega_0 r+\omega_4 r_4)+(\omega_0 r-\omega_4 r_4)$$

即

$$\omega_1+\omega_2=2\omega_0$$

若角速度以每分钟转数 n 表示，则

$$n_1+n_2=2n_0 \tag{16-1}$$

式（16-1）即为两半轴齿轮直径相等的对称式锥齿轮差速器的运动特性方程式。它表明：左右两侧半轴齿轮的转速之和等于差速器壳转速的两倍，而与行星齿轮转速无关。因此，在汽车转弯行驶或其他行驶情况下，都可以借行星齿轮以相应转速自转，使两侧驱动车轮以不同转速在地面上滚动而无滑动。

由式（16-1）还可得知：①当任何一侧半轴齿轮的转速为零时，另一侧半轴齿轮的转速为差速器壳转速的两倍，即：当 $\omega_1=0$ 时，$\omega_2=2\omega_0$；当 $\omega_2=0$ 时，$\omega_1=2\omega_0$；②当差速器壳转速为零时（例如使用中央制动器制动传动轴时），若一侧半轴齿轮受其他外来力矩而转动，则另一侧半轴齿轮即以相同转速反向转动，即：当 $\omega_0=0$ 时，$\omega_1=-\omega_2$。

差速器起差速作用的同时，还要分配转矩传给左右两侧的驱动轮。

在上述差速器中，由主减速器传来的转矩 M_0，经差速器壳、行星齿轮轴和行星齿轮传给半轴齿轮。行星齿轮相当一个等臂杠杆，而两个半轴齿轮半径也是相等的。因此，当行星齿轮没有自转时，总是将转矩 M_0 平均分配给左、右两半轴齿轮，即 $M_1=M_2=M_0/2$。

当两半轴齿轮以不同转速向相同方向转动时，设左半轴转速 n_1 大于右半轴转速 n_2，则行星齿轮将按图 16-13 中 n_4 的方向绕行星齿轮轴 5 轴颈自转，此时行星齿轮孔与行星齿轮轴轴颈间以及齿轮背部与差速器壳之间都产生摩擦。行星齿轮所受的摩擦力矩 M_r 方向与其转速 n_4 方向相反，如图 16-13 所示。此摩擦力矩使行星齿轮分别对左右半轴齿轮附加作用了大小相等而方向相反的两个圆周力 F_1 和 F_2。F_1 使传到转得快的左半轴上的转矩 M_1 减小，而 F_2 却使传到转得慢的右半轴上的转矩 M_2 增加。因

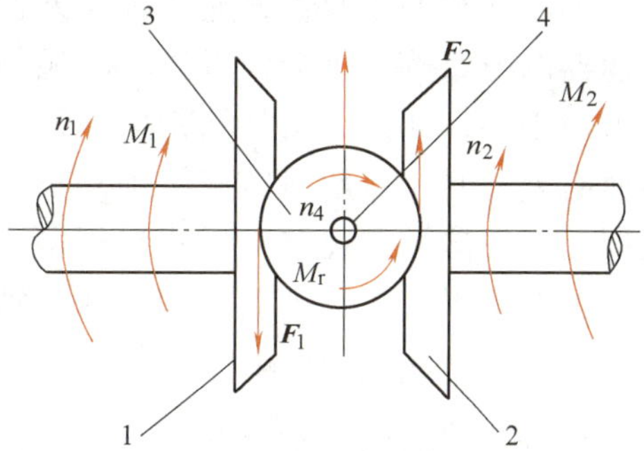

图 16-13 差速器转矩分配

1、2—半轴齿轮

3—行星齿轮 4—行星齿轮轴

此，当左右驱动车轮存在转速差时，$M_1=(M_0-M_r)/2, M_2=(M_0+M_r)/2$。左右车轮上的转矩之差等于差速器的内摩擦力矩 M_r。

为了衡量差速器内摩擦力矩的大小及转矩分配特性，常以锁紧系数 K 表示，即

$$K=(M_2-M_1)/M_0=M_r/M_0 \tag{16-2}$$

即将差速器内摩擦力矩 M_r 和输入力矩 M_0（差速器壳体上的力矩）之比，定义为差速器锁紧系数 K。而 M_2/M_1 为两半轴的转矩比，以 K_b 表示，即 $K_b=M_2/M_1=(1+K)/(1-K)$。目前，广泛使用的对称式锥齿轮差速器内摩擦力矩很小，锁紧系数 $K=0.05 \sim 0.15$，转矩比$K_b=1.1 \sim 1.4$。可以认为，无论左右驱动轮转速是否相等，其转矩基本上总是平均分配的。这样的分配比例对于汽车在好路面上直线或转弯行驶时都是满意的。但当汽车在坏路面上行驶时，却严重影响了通过能力。例如，当汽车的一个驱动车轮接触到泥泞或冰雪路面时，在泥泞路面上的车轮原地滑转，而在好路面上的车轮静止不动。这是因为，在泥泞路面上车轮与路面之间的附着力很小，路面只能对半轴作用很小的反作用转矩，虽然另一车轮与好路面间的附着力较大，但因对称式锥齿轮差速器平均分配转矩的特点，使这一车轮分配到的转矩只能与传到滑转的驱动轮上的很小的转矩相等，致使总的驱动力不足以克服行驶阻力，汽车便不能前进，而差速锁的应用可以解决这个问题。

二、防滑差速器

由于普通锥齿轮式差速器转矩平均分配的特性，当汽车一侧驱动轮附着力下降时，另一侧驱动轮所能获得的转矩受打滑一侧车轮所限，总驱动力往往不足以驱动汽车，从而使汽车驶越坏路面的能力受到限制。另外，当汽车高速转弯时，由于重量转移形成内轮附着力下降而滑转，不仅使汽车行驶驱动力不足，而且影响了汽车的操纵性。为了提高汽车在坏路上的通过能力，可采用各种形式的防滑差速器。其共同的出发点都是在一个驱动轮滑转时，设法使大部分转矩甚至全部转矩传给不滑转的驱动轮，以充分利用这一驱动轮的附着力而产生足够的驱动力使汽车能继续行驶。

目前汽车上使用的最简单的防滑差速器是在普通锥齿轮差速器上设置差速锁，根据需要将左、右半轴锁成一体，以提高汽车的通过性，这种差速器即为强制锁止式差速器。另一种类型是改善普通锥齿轮差速器的转矩平均分配特性。如前所述，普通锥齿轮差速器的内摩擦力矩会使慢转驱动轮得到较大的转矩，但是，普通锥齿轮差速器的内摩擦力矩很小，如果设法从结构上保证差速器内部造成较大的内摩擦力矩，当两侧驱动轮转速有差异时，将使慢转车轮得到较大的转矩，因此，这类差速器又称为高摩擦自锁差速器。属于这类差速器的形式有很多，常用的有：摩擦片式、滑块凸轮式、牙嵌式自由轮式、托森式、摩擦锥面式和黏性联轴差速器等。

1. 强制锁止式差速器

这种差速器的布置方式都是把其中一根半轴和另一根半轴直接或间接锁为一体，共同旋转，这种差速器也称为带差速锁式差速器。

瑞典斯堪尼亚 LT110 汽车采用的即为强制锁止式差速器。在单级主减速器之前，有一对外啮合圆柱齿轮传动，因而主减速器从动齿轮布置在主动齿轮的右侧，以保证驱动

车轮的转动方向与汽车前进方向相适应。差速锁由接合器及其操纵装置组成。该车采用电控气动方式操纵差速锁。当汽车的一侧车轮处于附着力较小的路面上时，可按下仪表板上的按钮，使电磁阀接通压缩空气管路，压缩空气推动活塞，带动外接合器使左右两半轴被联锁成一体一同旋转。

强制锁止式差速锁结构简单，易于制造，但操纵不便，一般要在停车时进行，而且如果过早接上或过晚摘下差速锁，亦即在好路段上左、右车轮仍刚性连接，则将产生如前所述的无差速器时出现的一系列问题。因此，有些越野汽车采用了在行驶过程中能根据路面情况自动改变驱动轮间转矩分配的高摩擦自锁式差速器。

2. 高摩擦自锁式差速器

高摩擦自锁式差速器包括摩擦片式、滑块凸轮式等结构形式。

（1）摩擦片式自锁差速器　摩擦片式自锁差速器是在对称式锥齿轮差速器的基础上发展而成的（见图16-14）。为增加差速器内摩擦力矩，在半轴齿轮与差速器壳1之间装有摩擦片组2。十字轴由两根互相垂直的行星齿轮轴组成，其端部均切出凸V形斜面6，差速器壳孔上相应地也有凹V形斜面，两根行星齿轮轴的V形面是反向安装的。每个半轴齿轮的背面有推力压盘3和主、从动摩擦片组。主、从动摩擦片组由薄钢片7和若干间隔排列的主动摩擦片（摩擦板）8及从动摩擦片（摩擦盘）9组成。推力压盘以内花键与半轴相连，其轴颈处用外花键与从动摩擦片连接，主动摩擦片则用两耳花键与差速器壳的内键槽相配。推力压盘和主、从动摩擦片均可进行微小的轴向移动。

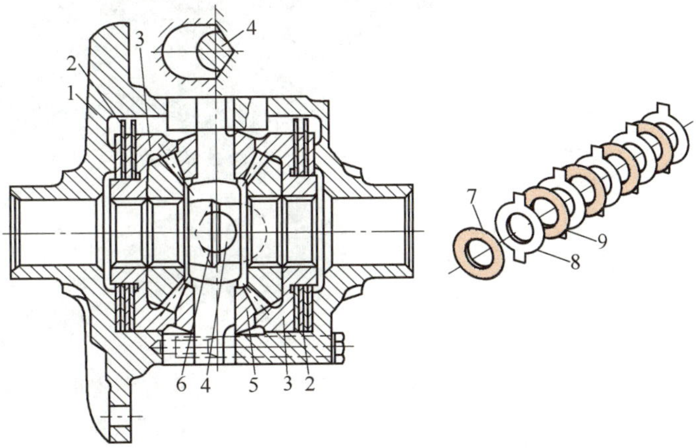

图16-14　摩擦片式自锁差速器

1—差速器壳　2—主、从动摩擦片组　3—推力压盘　4—十字轴　5—行星齿轮　6—V形斜面　7—薄钢片　8—主动摩擦片（摩擦板）　9—从动摩擦片（摩擦盘）

当汽车直线行驶两半轴无转速差时，转矩平均分配给两半轴，由于差速器壳通过斜面对行星齿轮轴两端压紧，斜面上产生的轴向力迫使两行星齿轮轴分别向左、右方向（向外）略微移动，通过行星齿轮使推力压盘压紧摩擦片。此时，转矩经两条路线传给半轴：一路经行星齿轮轴、行星齿轮和半轴齿轮将大部分转矩传给半轴；另一路则由差速器壳经主、从动摩擦片、推力压盘传给半轴。

当一侧车轮在路面上滑转或汽车转弯时，行星齿轮自转，起差速作用，左、右半轴齿轮的转速不等。由于转速差的存在和轴向力的作用，主、从动摩擦片间在滑转的同时产生摩擦力矩。其数值大小与差速器传递的转矩和摩擦片数量成正比，而摩擦力矩的方向与快转半轴的旋向相反，与慢转半轴的旋向相同。较大数值内摩擦力矩作用的结果，使慢转半轴传递的转矩明显增加。

摩擦片式差速器结构简单、工作平稳，锁紧系数 K 可达 0.6～0.7 或更高（转矩比 K_b 可达 5 或更高）。常用于轿车和轻型货车上。

大众高尔夫轿车采用的即为摩擦片式自锁差速器。

（2）托森差速器 托森差速器经过空心传动轴中央差速器、托森 A 型中央差速器、托森 B 型中央差速器等几代类型发展到现在的托森 C 型中央差速器。

纵置发动机全时四驱汽车的前、后驱动桥之间采用托森 C 型中央差速器作为轴间差速器，如奥迪 Q5、Q7、A8L、A4L 等车型。奥迪用轴间托森 C 型中央差速器的总体布置图如图 16-15 所示。奥迪用轴间托森 C 型中央差速器的结构图如图 16-16 所示。而横置发动机平台的四驱系统则采用瀚德（Haldex）电控多片离合式中央差速器，如奥迪 Q3、TT 等车型。

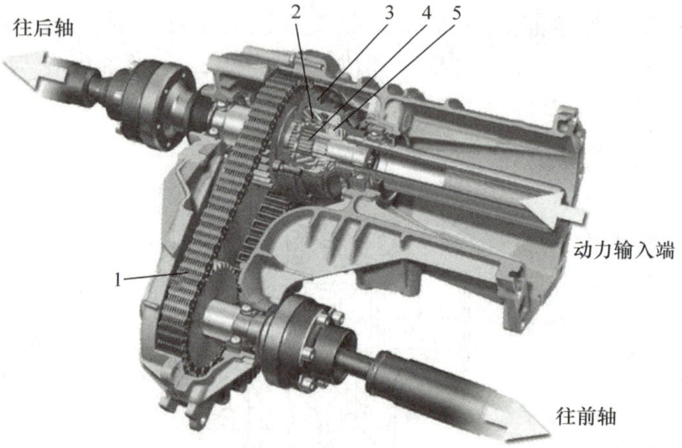

图 16-15 奥迪用轴间托森 C 型中央差速器的总体布置图

1—钢链传动带 2—行星齿轮 3—差速器壳 4—太阳轮 5—环形齿轮

托森 C 型中央差速器由差速器壳 4、行星齿轮 7、前轴太阳轮 1、环形齿圈 2 和摩擦片 6 等组成（见图 16-16）。差速器壳与动力输入轴通过花键连接，行星齿轮轴固定连接在差速器壳上，行星齿轮与环形齿圈、前轴太阳轮内外相互啮合，前轴太阳轮与前驱动轴通过链轮和链条动力连接输出动力，环形齿圈与后驱动轴动力连接输出动力。

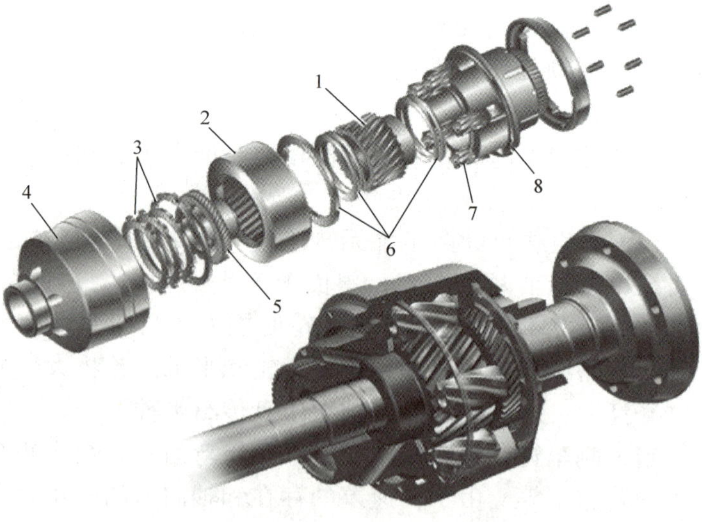

图 16-16 奥迪用轴间托森 C 型中央差速器的结构图

1—前轴太阳轮 2—环形齿圈 3—摩擦片 4—差速器壳 5—后轴驱动套筒 6—摩擦片 7—行星齿轮 8—行星轮支架

托森 C 型中央差速器与普通的速度感应式限滑差速器不同，它是全时转矩感应的，前驱动轴和后驱动轴上的转矩分配可以根据道路行驶情况的变化而实时变化。在任何车轮打滑之前，它便自动地将动力向抓地力最大的车轮转移，它没有离合器装置，也不需要预负载。当汽车在良好路面上直线行驶时，前轮与后轮的转速接近相等，即前轴太阳轮与环形齿圈的角速度也相等，行星齿轮不做自转运动，差速器的内摩擦为零。一般，前轴太阳轮与环形齿圈半径之比为2:3，前轴与后轴的转矩比为2:3。正常行驶时，后轴得到60%的转矩，前轴得到40%的转矩。这种转矩分配方式与汽车的质量分配相对应，有利于利用车辆加速时后轴载荷大于前轴的情况，提升车辆轮胎的抓地力，增加车辆的稳定性；当环形齿圈与前轴太阳轮的转速不等时（某一驱动轴有打滑趋势），前、后驱动轴出现转速差使行星齿轮产生自转运动，从而使一个驱动轴转速加快，另一个驱动轴转速下降，这个自转运动又会导致与环形齿圈或前轴太阳轮的轴向相对运动，轴向运动的压力对安装在装置内的摩擦片施加压力，产生内摩擦力，因此限制了相对运动，也就是限制了打滑驱动轴的运动，从而增加不打滑驱动轴的转矩，保证前驱动轴与后驱动轴同步运动。汽车转向时，前、后驱动轴出现转速差，通过啮合的行星齿轮的自转，可使转速低的驱动轴比转速高的驱动轴分配得到的驱动转矩大，即附着力大的驱动轴比附着力小的驱动轴得到的驱动转矩大。可见，托森C型中央差速器内速度平衡是通过行星齿轮来完成的。

托森C型差速器的最大特点是采用纯机械式结构，因此它的反应比一般电控差速器要快些，它的锁止介入没有时间上的延误，也不会消耗总转矩，它没有传统锁止差速器所配备的多片式离合器，因此磨损小，可以实现免维护。其缺点是造价高，质量大，影响车辆的加速性能和经济性。

托森差速器由于其结构及性能上的诸多优点，被广泛用于全轮驱动轿车的轴间中央差速，也可用于轮间差速。

由于在转速转矩差较大时有自动锁止作用，托森差速器通常不用作转向驱动桥的轮间差速器，转向驱动桥的轮间差速器一般采用电控多片离合式轮间差速器。

第四节　半轴与桥壳

一、半轴

半轴的功用是将转矩从差速器传递给驱动车轮，它所承受的转矩较大，故一般都是实心轴，如图16-17所示。半轴是否承受弯曲力矩或承受多大弯曲力矩，则视半轴与车轮轮毂在桥壳上的支撑形式而定。根据半轴所受弯矩的大小可分为全浮式、半浮式，如图16-18所示。现代汽车绝大多数采用此两种半轴支撑形式。

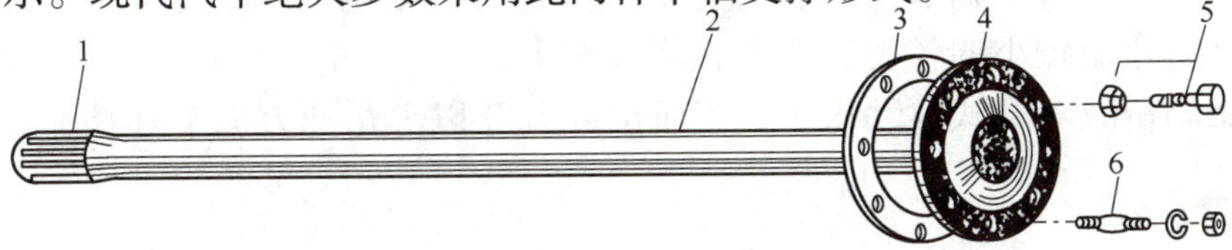

图16-17　半轴

1—花键　2—杆部　3—垫圈　4—凸缘　5—半轴起拔螺栓　6—半轴紧固螺栓

1. 全浮式半轴支撑

全浮式半轴支撑广泛应用于各型货车上（见图 16-18a）。全浮式半轴的外端安装轮毂，轮毂通过两个相距较远的轴承支撑在半轴套管上。由于轮胎所受路面的反作用力：驱动力 F_x、垂直力 F_z、侧向力 F_y 以及由这些力所引起的弯矩全都经过轮毂、轴承传给半轴套管，而内端作用在差速器半轴齿轮的中心花键上的力及弯矩全部由差速器壳直接承受，与半轴无关。因此采用这种半轴支撑形式，半轴只承受转矩，而两端不承受任何力和弯矩，故称为全浮式支撑。

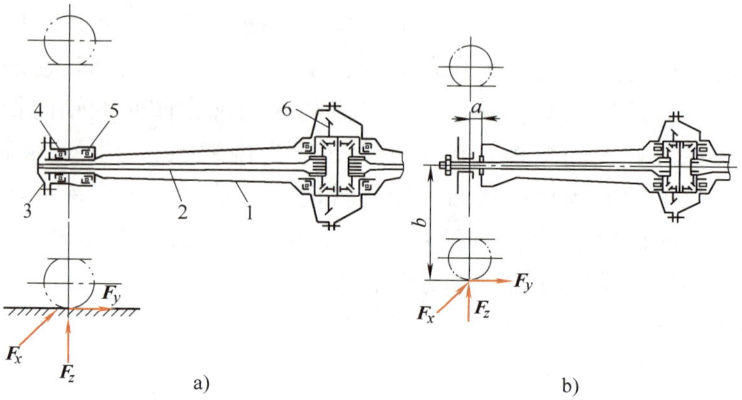

图 16-18 半轴支撑形式及受力简图

a）全浮式半轴 b）半浮式半轴

1—桥壳 2—半轴 3—半轴凸缘 4—轮毂 5—轴承 6—主减速器从动齿轮

半轴的内端用花键与差速器的半轴齿轮连接（见图 16-3）。半轴齿轮的轴部支撑于差速器壳两侧轴颈的孔内，而差速器壳又以其两侧轴颈借轴承直接支撑在桥壳上。外端则直接紧固于轮毂上。

具有全浮式半轴支撑的驱动桥的外端结构比较复杂，轮毂尺寸较大，重量较重且结构形状复杂，制造成本较高；但半轴工作可靠，且易于拆装，只需拧下半轴凸缘上的螺钉，即可将半轴从半轴套管中抽出，而车轮与桥壳仍可支撑汽车。广泛用于中、重型货车上。

2. 半浮式半轴支撑

半浮式半轴一端用花键与装在差速器壳内的半轴齿轮连接，另一端直接支撑在半轴壳外端内孔中的轴承上，而内部则以圆锥面的轴颈及键与驱动轮轮毂相固定（见图 16-18b）。因此，半浮式半轴除传递轮矩外，还要承受车轮传来的驱动力 F_x、垂直力 F_z、侧向力 F_y 所引起的全部弯矩。因为这种支撑形式只能使半轴内端免受弯矩，而外端却承受全部弯矩，故称为半浮式。

由此可见，半浮式半轴承受的载荷复杂，但它具有结构简单、重量轻、造价低等优点，多用于反力弯矩较小的各类轿车和轻型货车上。

在转向驱动桥或断开式驱动桥中，半轴应断开并以等角速万向节连接。

二、桥壳

驱动桥的桥壳在传动系统中是作为主减速器、差速器和半轴等部件的支撑、包容元件，起着保护这些部件的作用。但是，驱动桥壳又同时作为行驶系统的主要组成元件之一，还应使左右驱动轮的轴向相对位置固定，并同前桥一起支撑车架及车架上的总质量；汽车行驶时，承受由车轮传来路面的反作用力和力矩，并通过悬架传给车架。

桥壳应有足够的刚度和强度，质量要小，并便于主减速器的拆装和调整。此外，由于驱动桥壳的尺寸和质量均比较大，制造也较困难，故其结构形式在满足基本要求的前提下，要尽可能便于制造。

驱动桥壳的结构形式基本可分为整体式和分段式两大类型。

整体式驱动桥壳按制造方法又可分为整体铸造、中段铸造压入钢管、钢板冲压焊接和热胀成型式四种。

整体铸造桥壳为增加强度和刚度，两端压入无缝钢管制成的半轴套管。

图 16-19 所示为东风 EQ1090E 型汽车驱动桥壳，也为整体铸造桥壳。半轴套管 1 压入后桥壳 2 中。桥壳上有通气塞，保证高温下的通气，防止压力升高造成渗漏油，保持润滑油质量和使用周期。这种整体铸造桥壳刚度大、强度高，易铸成等强度梁形状，但质量大铸造质量不易保证，适用于中、重型汽车，更多的用于重型汽车上。

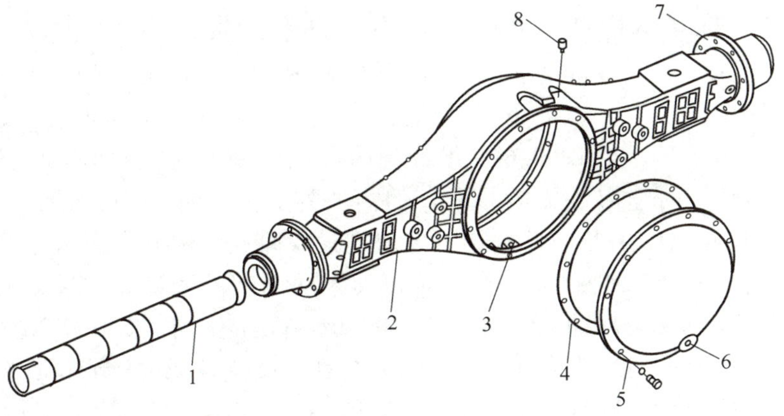

图 16-19　东风 EQ1090E 型汽车驱动桥壳

1—半轴套管　2—后桥壳　3—放油孔　4—后桥壳垫片　5—后盖　6—油面孔　7—凸缘盘　8—通气塞

整体式桥壳具有较大的强度和刚度，且便于主减速器的装配、调整和维修，因此普遍应用于各类汽车上。

中段铸造两端压入钢管的桥壳，重量较轻，工艺简单且便于变形，但刚度较差，适用于批量生产。北京 BJ2020 型汽车驱动桥壳是属于此种类型的整体式桥壳。

钢板冲压焊接式桥壳具有质量小、工艺简单、材料利用率高、抗冲击性好、成本低等优点，且适于大量生产，在轻型货车和轿车上采用较广泛。

热胀成形式桥壳是利用一根厚壁无缝钢管，在中部加工一个沿轴向的长孔，中部经加热后，再到专用机床上分级扩张，形成中部的环空心梁。两端部分即为半轴套管。这种整体式桥壳具有较高的刚度和强度，且质量小。但因所需设备昂贵，使用较少。法国索玛（SOMA）公司的工程车辆采用的是热胀成形式桥壳。

分段式桥壳有三段式和两段式两种。三段式因结构强度差现已很少采用，一般用于重型专用车辆和其他非道路车辆。分段式驱动桥壳如图 16-20 所示。

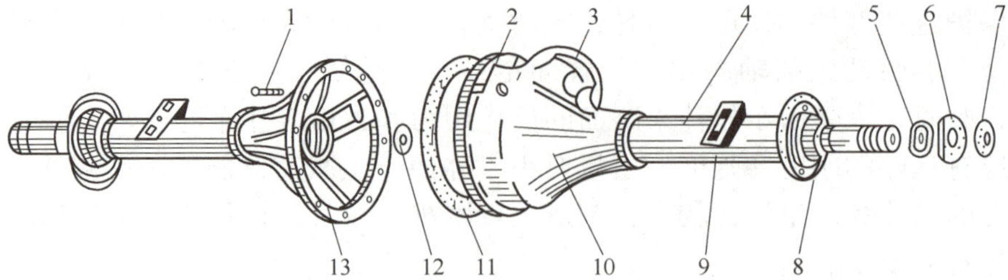

图 16-20 分段式驱动桥壳

1—螺栓 2—注油孔 3—主减速器壳颈部 4—半轴套管 5—调整螺母 6—止动垫片 7—锁紧螺母 8—凸缘盘 9—弹簧座 10—主减速器壳 11—垫片 12—油封 13—盖

分段式桥壳比整体式桥壳易于铸造，加工简便，但其装配、调整和保养修理均十分不便。当要拆检差速器、主减速器等部件时，必须把整个驱动桥从汽车上拆下来。故这种结构的应用受到一定限制，现已很少采用。

延伸阅读

你了解奥迪（Audi）托森差速器的发展历程吗？

1977 年奥迪为大众研发了四轮驱动越野车 Iltis，生产四轮驱动奥迪车型，并将奥迪的四轮驱动系统命名为“Quattro”，奥迪借鉴了 Iltis 的四轮驱动理念并逐渐将四轮驱动越野车技术转向轿车，至 1980 年，设计出第一代 Quattro 空心传动轴。空心传动轴有效解决了向前后轴同时输出动力的难题，但需要驾驶人手动调节差速器。1986 年，第二代 Quattro 托森 A 型中央差速器采用蜗轮式差速器结构，利用蜗轮蜗杆不可逆传动原理提供不同的自锁的全时四驱，不需要驾驶人手动调节差速器，主要应用车型有奥迪 80、奥迪 90 和奥迪 100。1988 年，第三代 Quattro 首次应用于自动档车型，主要应用车型有奥迪 V8。1994 年，第四代 Quattro 托森 B 型中央差速器进行两项重大技术革新，一项是采用平行齿轮结构取代了蜗轮蜗杆结构，托森 B 型与托森 A 型功能是一样的，托森 B 型的标志就是它的轴向放置的蜗杆，也可称为“平行轴式托森”；另一项是首次使用电子差速锁（EDL），并应用于自动档车型上。1997 年，第五代 Quattro 优化的托森 A 型中央差速器基本延续了 A 型的特点，并与电子稳定系统（ESP）进行配合，使 Quattro 车型具备了更高的主动安全性。第五代 Quattro 托森 C 型中央差速器采用行星齿轮结构，而且结构更加精巧，自动锁止功能的反应更为迅速，主要应用车型有奥迪 Q5、奥迪 Q7、奥迪 A8L 和奥迪 A4L；最新一代 Quattro 冠齿中央差速器，它比托森 C 型中央差速器更轻，转矩分配范围变化更大，主要应用车型有奥迪 A7、新奥迪 A6 和奥迪 RS5。

冠齿中央差速器中有两个冠形齿轮并相扣在一起，它们的外侧分别通过平行轴与前轴和后轴相连，分别负责向前轮和后轮传递动力，它们的内侧则与组成十字形的四个中间小齿轮啮合，如图 16-21 所示。后冠形齿轮 7 的啮合点高，前冠形齿轮 4 的啮合点低，并且高低之比为 60∶40，根据杠杆原理，“力臂”更长的后冠形齿轮得到的力矩较大，并且与前冠形齿轮所得力矩之比为 60∶40。因此，在正常条件下，虽然两个冠形齿轮以同样转速旋转（四个中间小齿轮不自转），但向后轴和前轴传递的力矩却不同，而且后轴与前轴的驱动力矩之比为60:40。当某个车轴出现滑动时，两个冠形齿轮的转速不同，导致四个中间小齿轮产生自转，进而导致两端的离合器片相互挤压，从而产生自锁反应，最终改变传向后轴和前轴的驱动力矩分配比例，并且使后轴和前轴的驱动力矩比例在85:15到30:70之间连续变化。

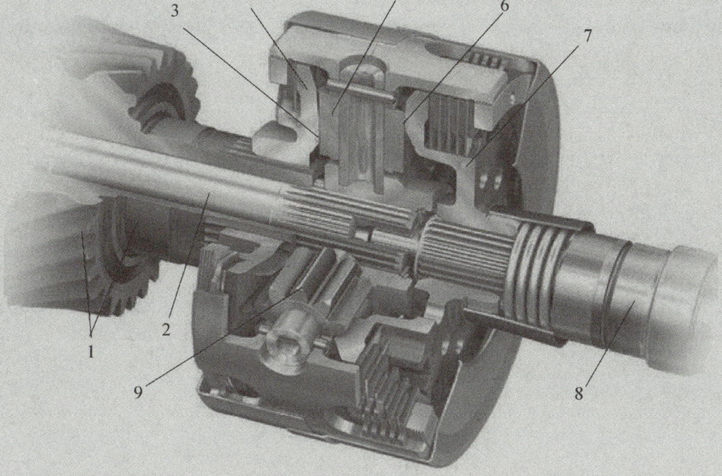

图 16-21 冠齿中央差速器的结构图

1—动力输出至前轴 2—动力输入轴 3—前冠形齿轮啮合点 4—前冠形齿轮 5、9—中间小齿轮 6—后冠形齿轮啮合点 7—后冠形齿轮 8—动力输出至后轴

本章小结

本章简要介绍了驱动桥的组成和结构类型，重点讲解了主减速器和差速器的类型、结构组成和工作原理，并介绍了半轴的支撑方式和不同类型桥壳的结构特点。

练习题

一、填空题

1. 驱动桥主要由主减速器、________、半轴和驱动桥壳等组成。

2. 主减速器中主动锥齿轮的安装有悬臂式和________两种。

3. 半轴根据其端部的支撑方式不同可分为________和________。

4. 普通锥齿轮式差速器中左、右半轴的角速度ω_1、ω_2与差速器壳的角速度ω_0之间的关系是________。

二、选择题

1. 双级主减速器一般用于________。

A. 轿车　　B. 轻型汽车　　C. 中型汽车　　D. 重型汽车

2. 主减速器调整时首先应调整的是________。

A. 主动锥齿轮轴承预紧度　　B. 从动锥齿轮轴承预紧度

C. 主动锥齿轮安装距　　D. 从动锥齿轮安装距

3. 下列汽车车桥中可用贯通式主减速器的是________。

A. 4×2 汽车后桥　　B. 4×4 汽车前桥

C. 6×4 汽车后桥　　D. 6×4 汽车中桥

4. 装用普通行星齿轮差速器的汽车，当一个驱动轮陷入泥坑时，汽车难于驶出的原因是________。

A. 该轮无转矩作用　　B. 此时的两车轮转向相反

C. 好路面上的车轮得到与该轮相同的小转矩　　D. 差速器不工作

三、简答题

1. 汽车驱动桥的功用是什么？主要有哪些组成部分？
2. 简述普通差速器的工作原理。
3. 简述单级主减速器的调整方法。
4. 驱动桥中为什么要设置差速器？
5. 全浮式半轴和半浮式半轴的本质区别是什么？

16-答案

第十七章 汽车行驶系统

学习目标

1. 掌握汽车行驶系统的功用、轮式行驶系统的组成。
2. 了解汽车行驶系统的结构形式。

汽车行驶系统的功用是：

1）接受由发动机经传动系统传来的转矩，并通过驱动轮与路面间的附着作用，产生路面对驱动轮的牵引力，以保证汽车正常行驶。

2）传递并承受路面作用于车轮上的各向反力及其所形成的力矩。

3）应尽可能缓和不平路面对车身造成的冲击，并衰减其振动，保证汽车行驶平顺性。

4）与汽车转向系协调地配合工作，实现汽车行驶方向的正确控制，以保证汽车操纵稳定性。

5）承受汽车的总质量。

汽车行驶系统的结构形式除轮式以外，还有半履带式、全履带式、车轮-履带式等，如图 17-1 ~ 图 17-4 所示。

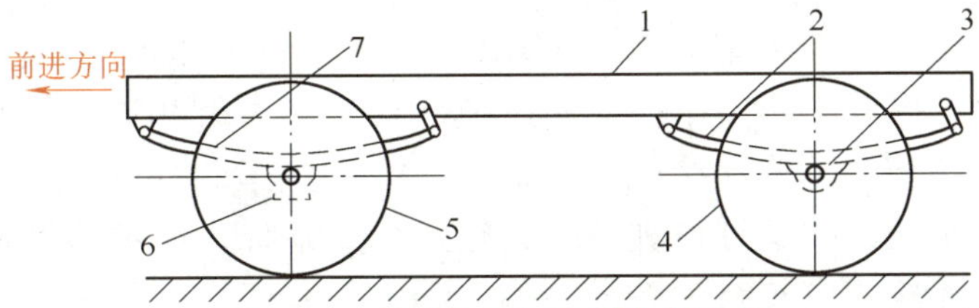

图 17-1 轮式汽车行驶系统的组成

1—车架 2—后悬架 3—驱动桥 4—后轮 5—前轮 6—从动桥 7—前悬架

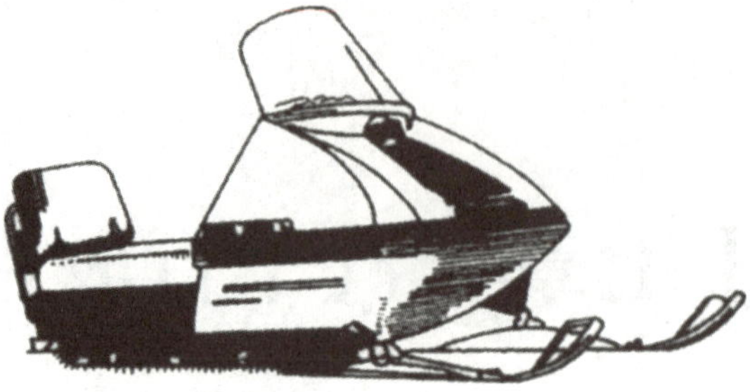

图 17-2　半履带式汽车

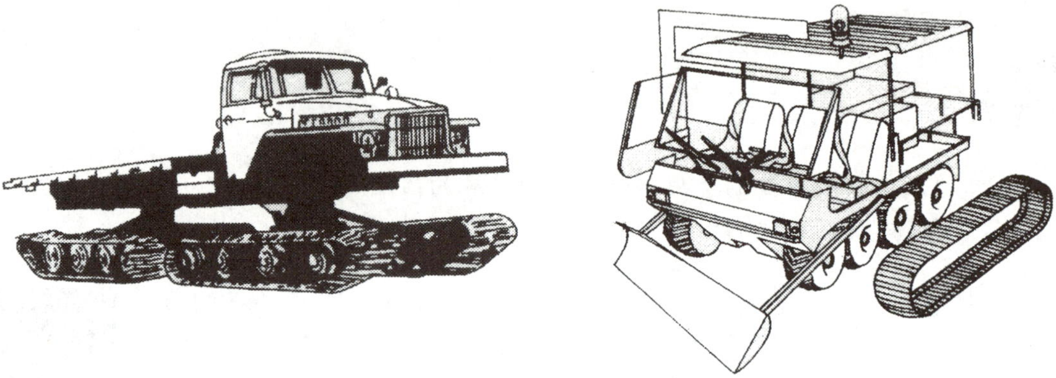

a)　　b)

图 17-3　全履带式汽车

图 17-4　车轮-履带式汽车

轮式汽车行驶系统一般由车架 1（见图 17-1）、车桥 3 和 6、车轮 4 和 5 以及悬架 2 和 7 等组成。车轮支撑着车桥，车桥又通过弹性悬架和车架相连接。车架是整个汽车的基体，它将汽车的各相关总成连接成一个整体，构成汽车的基础。因行驶系统中直接与路面接触的部分是车轮，故这种行驶系统为轮式行驶系统，这样的汽车便是轮式汽车。

下面各章将阐述轮式汽车行驶系统的构造和工作原理。

延伸阅读

一种汽车行驶监控记录仪，是将飞机黑匣子的设计思想应用于汽车，它能够实时记录车辆的运行信息，通过专用软件对这些运行信息进行数据分析，再现车辆运行状态，为交通事故的分析处理提供科学、权威的依据，同时还可以加入全球定位系统GPS，对车辆运行状况进行记录、监控。

练习题

一、填空题

1. 轮式行驶系统一般由________、________、________和________组成。

2. 汽车行驶系统主要有________、________、________、________等组成。

二、选择题

1. 在轮式行驶系统中，车轮支撑着________。

A. 车架　　B. 发动机　　C. 车桥　　D. 车轮

2. 在轮式行驶系统中，车桥通过________和车架相连接。

A. 边梁式　　B. 悬架　　C. 综合式　　D. 其他

三、简答题

汽车行驶系统的功用是什么？

17-答案

第十八章　车　　架

学习目标

1. 掌握车架的功用和分类。
2. 了解各类车架的构造和特点。

18-导言

现代汽车绝大多数都具有车架，车架是整个汽车的装配基体。汽车大多数部件和总成都是通过车架来固定其位置，如发动机、传动系统、悬架、转向系统、驾驶室、货箱和有关操纵机构等。

车架的功用是支撑、连接汽车的各零部件，并承受来自车内外的各种载荷。

车架的结构形式首先应满足汽车总布置的要求。其次，车架还应具有足够的强度和适当的刚度。此外，车架应布置得离地面近一些，以使汽车重心位置降低，有利于提高汽车的行驶稳定性。这一点对轿车和客车来说尤为重要。

目前，汽车车架的结构形式基本上有三种：边梁式车架、中梁式车架（或称脊骨式车架）和综合式车架。其中，边梁式车架应用最广。

第一节　边梁式车架

边梁式车架由两根位于两边的纵梁和若干根横梁组成，用铆接法或焊接法将纵梁与横梁连接成坚固的刚性构架。

纵梁通常用低合金钢板冲压而成，断面形状一般为槽形，也有的做成 Z 字形或箱形断面。根据汽车形式不同和结构布置的要求，纵梁可以在水平面内或纵向平面内做成弯曲的，以及等断面或非等断面的。

横梁不仅用来保证车架的扭转刚度和承受纵向载荷，而且还要支撑汽车上的主要部件。通常载货汽车有 5 ~ 6 根横梁，有时会更多。边梁式车架的结构特点是便于安装驾驶室、车厢及一些特种装备和布置其他总成，有利于改装变型车和发展多品种汽车，因此被广泛用在载货汽车和大多数的特种汽车上。

图 18-1a 所示为东风 EQ1090E 型汽车车架，它主要由两根纵梁和 8 根横梁铆接而成，又称为梯形架。由于纵梁中部所受弯矩最大，为了使应力分布均匀，同时减小质量，纵梁 6 制成中部断面最高的不等高槽形截面梁。每根纵梁上都开有上百个安装其他机件的孔。前横梁 3 上装有冷却水散热器，横梁 4 作为发动机的前悬支座。为降低发动机高度，改善驾驶人的视野，横梁 4 和 5 均制成下凹形。在横梁 7 的上面装置驾驶室的后悬置，在其下面装置传动轴中间支承，由于传动轴安装位置的需要，横梁 7 制成拱形，其余横梁都做成简单的直槽形。后横梁 12 的中部装有拖带挂车用的拖钩部件 13（见图 18-1b），因后横梁要承受拖钩传来的很大的作用力，故采用角撑加强。拖钩 19 的

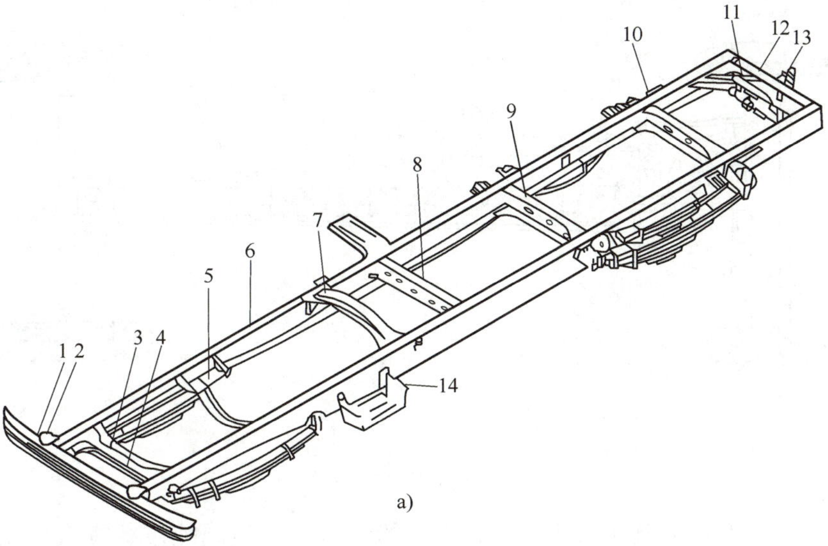

a)

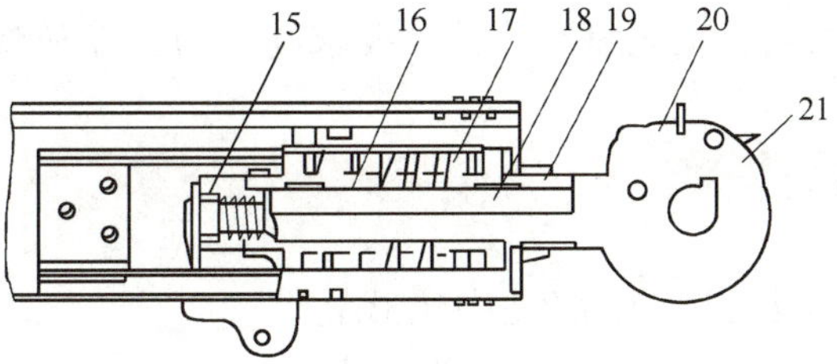

b)

图 18-1 东风 EQ1090E 型汽车车架

a）车架总成 b）拖钩部件

1—保险杠 2—挂钩 3—前横梁 4—发动机前悬置横梁 5—发动机后悬置右（左）支架和横梁 6—纵梁 7—驾驶室后悬置横梁 8—第四横梁 9—后钢板弹簧前支架横梁 10—后钢板弹簧后支架横梁 11—角撑横梁组件 12—后横梁 13—拖钩部件 14—蓄电池托架 15—螺母 16、18—衬套 17—弹簧 19—拖钩 20—锁块 21—锁扣

尾部支撑在两个衬套16与18上，在两个衬套的凸缘间装有弹簧17，而在拖钩尾部的端头旋有螺母15，并用开口销锁住。弹簧17用以缓和汽车行驶时所受到的冲击力，此冲击力可能由主车传到挂车，也可能由挂车传到主车，为保持挂车拖架的挂环与拖钩的衔接，拖钩具有可掀转的锁扣21，其上有带弹簧的锁块20，锁扣可用平头销及开口销固定在闭合位置，此时平头销穿过锁扣与锁块上相重合的小孔。

第二节　中梁式车架

中梁式车架只有一根位于中央贯穿前后的纵梁，也称为脊骨式车架，如图18-2所示。中梁的断面可以做成管形或箱形。这种结构的车架有较大的扭转刚度，使车轮有较大的运动空间，因此用在某些轿车和货车上。

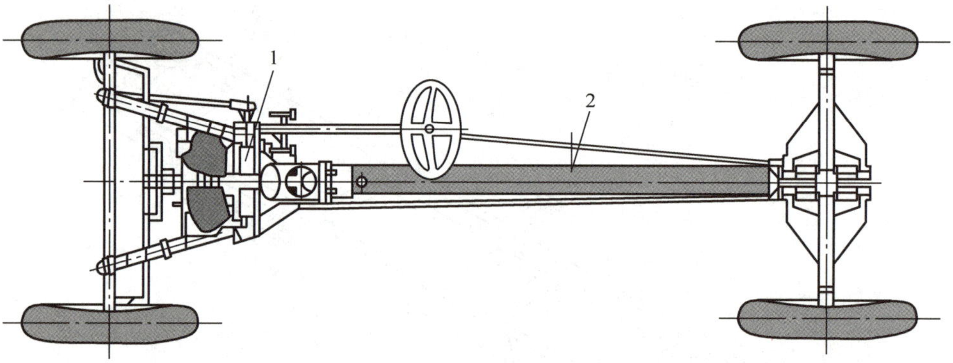

图18-2　中梁式车架结构

1—发动机　2—中梁

中梁式车架便于采用独立悬架，提高汽车的越野性；与同吨位载货汽车相比，车架较轻，同时重心较低，行驶稳定性好；车架的强度和刚度较大；脊梁还能起封闭传动轴的防尘套作用。但这种车架的制造工艺复杂，精度要求高，为保养和修理造成诸多不便。

第三节　综合式车架和承载式车身

综合式车架前部是边梁式，后部是中梁式，也称为复合式车架，如图18-3所示。它同时具有中梁式和边梁式车架的特点。该车架的边梁用以安装发动机，悬伸出来的支架可以固定车身。这种车架实际上属于中梁式车架的变型。

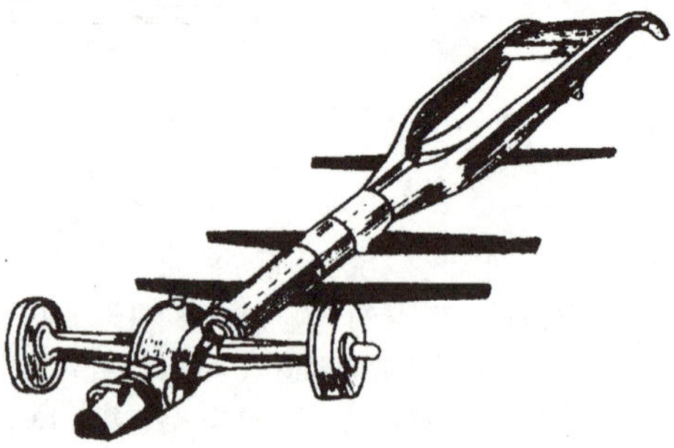

图18-3　综合式车架

部分轿车和一些大型客车取消了车架，而以车身兼起车架的作用，即将所有部件固定在车身上，所有的力也由车身来承受，这种车身称为承载式车身。目前，大多数轿车都是采用承载式车身，如上海桑塔纳轿车、一汽大众的捷达和奥迪 100 以及一汽的红旗 CA7220 型轿车等，车身均为这种结构形式。图18-4所示为承载式轿车的车身壳体。承载式车身由于无车架，可以减轻整车重量，可以使地板高度降低，上下车方便。但是，传动系统和悬架的振动和噪声会直接传入车内，为此，应采取隔声和防振措施。

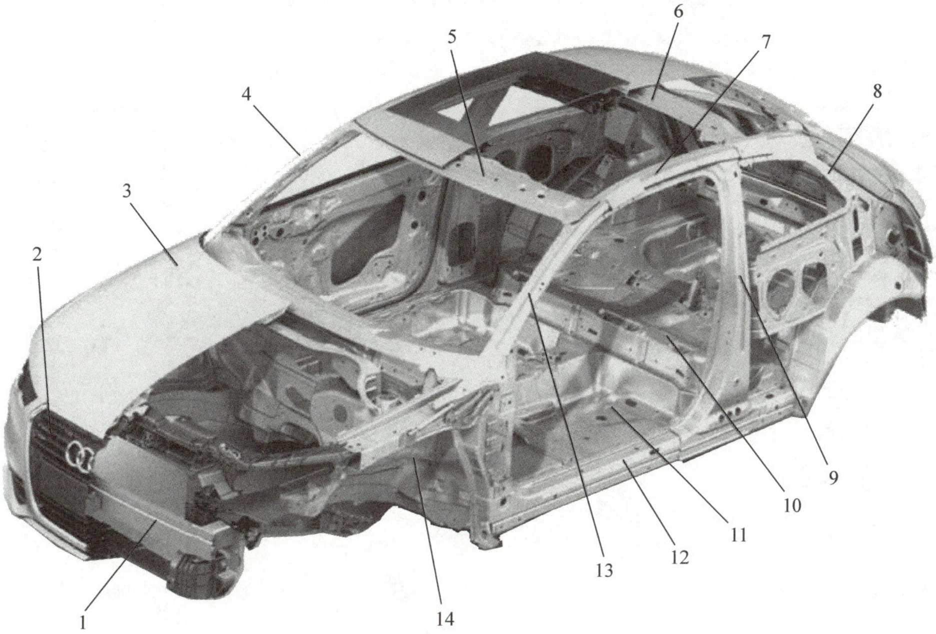

图 18-4 奥迪 A1 承载式车身

1—前横梁 2—进气格栅 3—发动机罩 4、13—A 柱 5、6—车顶横梁 7—车顶纵梁 8—C 柱 9—B 柱 10—底板高台 11—底板 12—门槛 14—车轮罩板

延伸阅读

车身结构在设计时要保证车内乘客的安全，就要避免车身变形，为此，现在的轿车车身通常采用类似鸟笼一样的结构，通过利用自己的溃缩来吸收部分碰撞能量，并通过优化结构使其能够及时吸收碰撞能量。通过撞击分散设计，减少传递到驾乘室内的撞击力，通过车门防撞设计减少侧面撞击。

同时汽车材料起到防止变形的保护作用，要降低燃油消耗，减少排放污染，车身设计要轻量化，材料要合理选择。

汽车轻量化设计是指利用高强度钢、铝合金和合成材料等轻量化材料来制造车身，优化车身结构，并采用可以减轻车身重量的先进生产工艺，最终达到减轻车身重量、降低燃油消耗、减少排放污染的目的。

根据车身上不同位置的特点，可以分别采用不同的材料来制造，例如前、后翼子板和前、后保险杠，可以采用合成材料或塑料制造；发动机罩、车门外板等车身蒙板，可以采用普通钢板或铝板制造；而 A 柱、B 柱、C 柱、车顶和车底横梁等驾乘室骨架，则应采用高强度钢板制造。

本章小结

本章介绍了车架的功用和类型，着重介绍了边梁式车架、中梁式车架和综合式车架以及承载式车身。

轿车和一些特殊用途的汽车使用较多的是承载式车身的综合式车架。

练习题

一、填空题

1. 载货汽车的车架一般分为________、________和________车架三种。

2. 轮式汽车行驶系统一般由________、________、________、________等组成。

二、选择题

1. 汽车的装配体是________。

A. 车架　B. 发动机　C. 车身　D. 车轮

2. 解放 CA1092 型汽车的车架类型属于________。

A. 边梁式　B. 中梁式　C. 综合式　D. 其他

三、简答题

车架的作用是什么？对车架有什么要求？

18-答案

第十九章　车桥和车轮

学习目标

1. 熟悉车桥的功用、分类和构造。
2. 掌握车轮定位的功用、原理、调整及应用。
3. 掌握车轮的组成与构造。
4. 掌握轮胎的组成与构造，理解轮胎规格与标志。

19-导言

第一节　车　　桥

车桥（也称车轴）通过悬架和车架（或承载式车身）相连，它的两端安装车轮，其功用是传递车架（或承载式车身）与车轮之间各方向的作用力及其力矩。

根据悬架结构的不同，车桥分为整体式和断开式两种。

根据车桥上车轮的作用，车桥又可分为转向桥、驱动桥、转向驱动桥和支持桥四种类型。一般汽车多以前桥为转向桥，前桥、中后桥均可为驱动桥。越野汽车的前桥为转向驱动桥。支持桥除不能转向外，其他功能和结构与转向桥相同。

一、转向桥和转向驱动桥

1. 转向桥

转向桥是利用车桥上的转向节使车轮偏转一定角度，实现汽车的转向。转向桥通常位于汽车前部，因此也常称之为前桥。

各种车型的整体式转向桥结构基本相同，以东风 EQ1090E 型汽车为例，主要由前梁 12（见图 19-1）、转向节 5 和主销 10 组成。

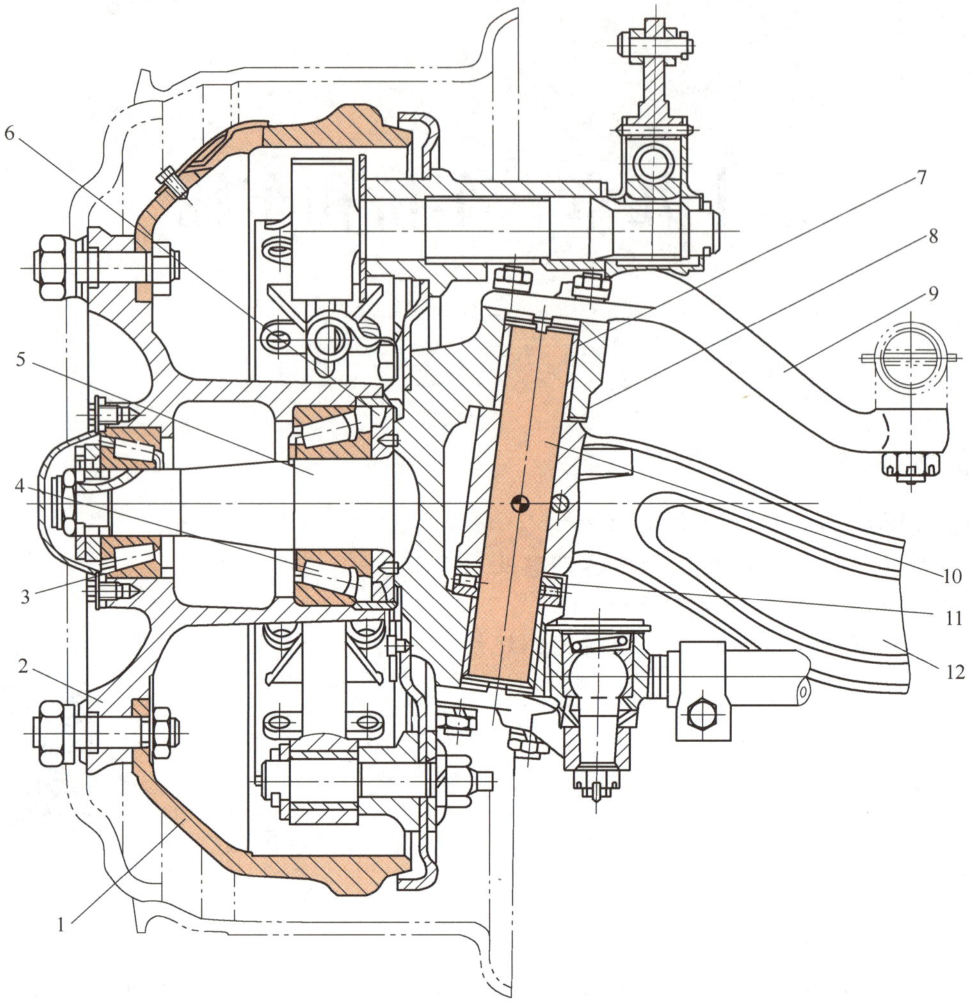

图 19-1 东风 EQ1090E 型汽车转向桥（前桥）

1—制动鼓 2—轮毂 3、4—圆锥滚子轴承 5—转向节 6—油封 7—衬套 8—调整垫片 9—转向节臂 10—主销 11—推力滚子轴承 12—前梁

前梁用钢材锻造，断面为工字形以提高抗弯强度。为提高抗扭强度，接近两端略制成方形。中部加工出两处用以支撑钢板弹簧的加宽面——弹簧座。中部向下凹，以降低发动机位置，从而降低汽车重心，扩展驾驶人视野，并减小传动轴与变速器输出轴之间的夹角。前梁两端各有一个加粗部分，呈拳形，其中有通孔，主销即插入两孔内。通过主销将转向节与前梁的拳部相连，并用带有螺纹的楔形锁销将主销固定在拳部孔内，使之不能转动。前轮可以绕主销偏转一定角度而使汽车转向。为了减小磨损，转向节销孔内压入青铜衬套 7，衬套上的润滑油槽在上面端部是切通的，用装在转向节上的油嘴注入润滑脂润滑。为使转向灵活轻便，在转向节下耳与前两拳部之间装有推力滚子轴承 11。在转向节上耳与前梁部之间装有调整垫片 8，以调整其间的间隙。

在转向节的上耳上装有与转向节臂9制成一体的凸缘，在下耳上则装着与转向梯形臂制成一体的凸缘，这两个凸缘均制有一矩形键，因此在左转向节的上下耳上都有与之配合的键槽。转向节通过矩形键及带有锥形套的双头螺柱与转向节臂及梯形臂相连。在键槽端面间装有条形的橡胶密封垫。

车轮轮毂2通过两个圆锥滚子轴承3和4支撑在转向节外端的轴颈上。轴承的松紧度可用调整螺母（装于轴承外端）加以调整。轮毂外端用冲压的金属罩盖住。轮毂内侧装有油封6。如果油封漏油，则外面的挡油盘仍足以防止润滑油进入制动器内。转向节上靠近主销孔的一端有方形的凸缘，固定制动底板。

图19-2所示为日本丰田戴娜轿车转向桥的结构图。

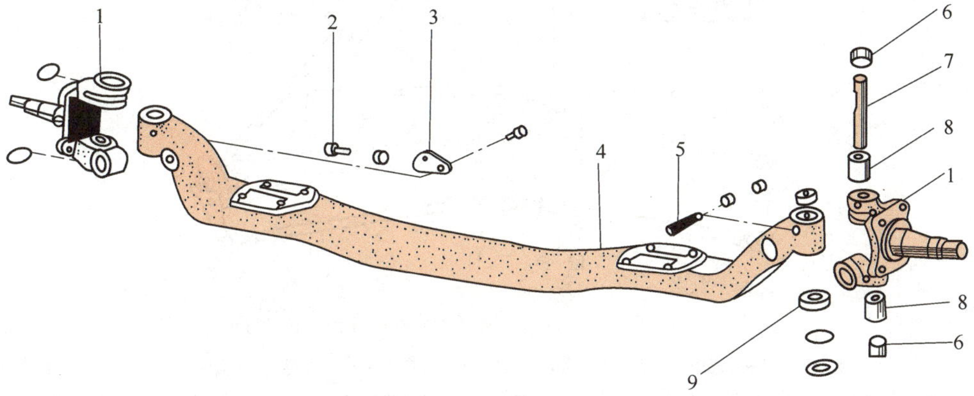

图19-2 日本丰田戴娜轿车转向桥的结构图

1—转向节 2—转向节固定螺栓 3—转向节固定器 4—前轴 5—主销固定螺栓 6—螺塞 7—主销 8—衬套 9—轴承

图19-3所示为吉林JL6360型微型客车的断开式转向桥的结构图。

断开式转向桥在轿车和微型客车上得到广泛应用，它与独立悬架相配置。由于减少了非簧载质量，降低了发动机的质心高度，因此提高了汽车的行驶平顺性和操纵稳定性。

断开式转向桥和整体转向桥一样，在具有承载传力功用的同时，还应具有实现转向的功能，它与转向机构配合，通过图19-3中的纵拉杆16、主转向臂11、中臂15、左右横拉杆10和12以及左、右梯形臂8、13，使车轮偏转以实现汽车转向。主转向臂总成如图19-4所示。

2. 转向驱动桥

在很多轿车和全轮驱动的越野汽车上，前桥除作为转向桥外，还兼起驱动桥作用，故称为转向驱动桥，如图19-5所示。

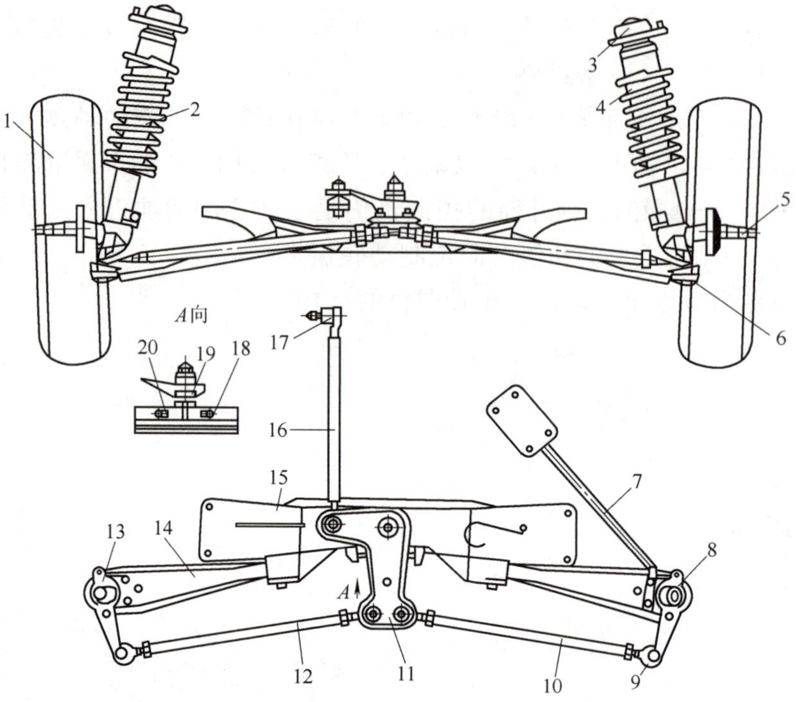

图 19-3　JL6360 型微型客车的断开式转向桥的结构图

1—车轮　2—减振器　3—上支点总成　4—缓冲弹簧　5—转向节　6—大球头销总成　7—横向稳定杆总成　8—左梯形臂　9—小球头销总成　10—左横拉杆　11—主转向臂　12—右横拉杆　13—右梯形臂　14—悬臂总成　15—中臂　16—纵拉杆　17—纵拉杆球头　18—转向限位螺钉座　19—转向限位杆　20—转向限位螺钉

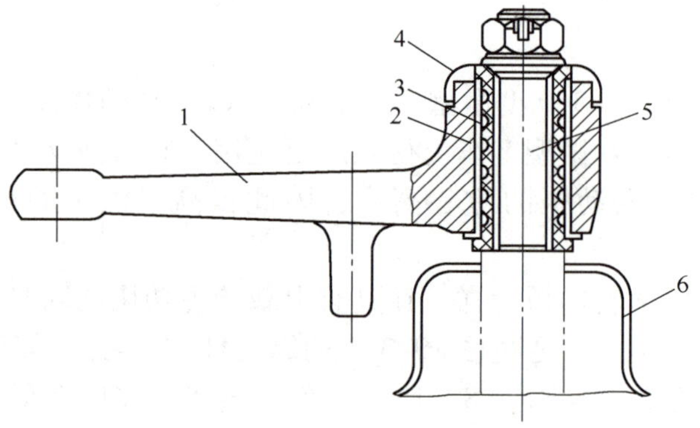

图 19-4　主转向臂总成

1—主转向臂　2—衬套　3—橡胶衬套总成　4—主转向臂罩　5—螺栓　6—中臂

属于驱动桥部分的有主减速器1和差速器3。但由于转向时转向车轮需要绕主销偏转一个角度，故与转向轮相连的半轴必须分成内外两段（内半轴4和外半轴8），其间用万向节6（一般多用等角速万向节）连接，同时主销12也因而分制成上下两段。转向节轴颈部分做成中空的，以便外半轴穿过其中。

目前，许多现代轿车采用了发动机前置前轮驱动的布置形式，其前桥既是转向桥又是驱动桥。该类型转向驱动桥多与麦弗逊式独立悬架配合使用，因其前轮内侧空间较大，便于布置，因此具有良好的接近性和维修方便性。

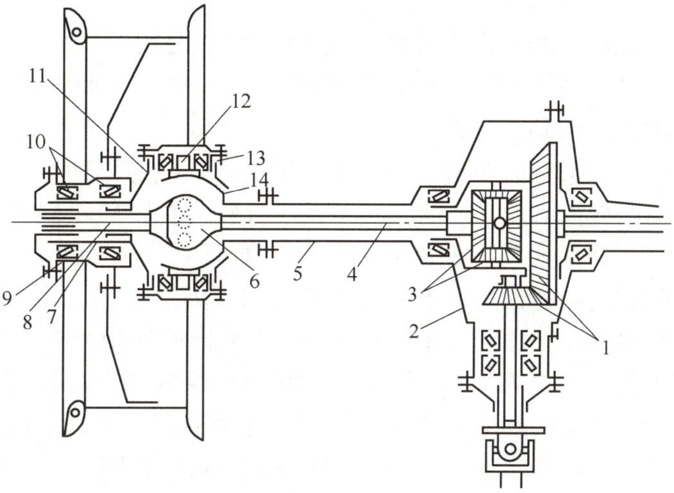

图19-5　转向驱动桥示意图

1—主减速器　2—主减速器壳　3—差速器　4—内半轴　5—半轴套管　6—万向节　7—转向节轴颈　8—外半轴　9—轮毂　10—轮毂轴承　11—转向节壳体　12—主销　13—主销轴承　14—球形支座

图19-6所示为上海桑塔纳轿车前转向驱动桥总成。其动力经主减速器和差速器传至内半轴及半轴（传动轴）2和内等角速万向节8，并经球笼式外等角速万向节1及外半轴凸缘传到轮毂，驱动车轮旋转。

当转动转向盘6时，通过齿轮齿条式转向器7和转向横拉杆10使前轮偏转，以实现转向。

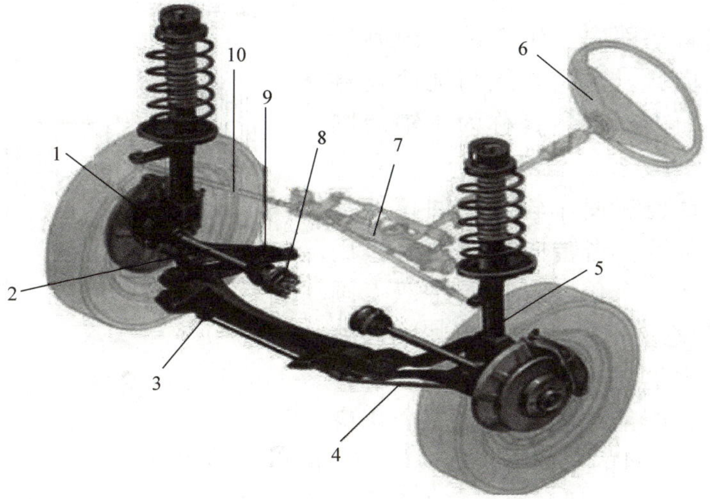

图19-6　上海桑塔纳轿车前转向驱动桥总成

1—外等角速万向节　2—传动轴　3—副车架　4—横向稳定杆　5—悬架摆臂　6—转向盘　7—转向器　8—内等角速万向节　9—发动机悬置　10—转向横拉杆

二、四轮定位

转向桥在保证汽车转向功能的同时，还应满足操纵稳定性的要求，如转向轮在遇外力作用发生偏转时，一旦作用的外力消失，应能立即自动回到原来直线行驶的位置。这种自动回正作用是由转向轮的定位参数来保证的。转向轮的定位参数有主销后倾角、主销内倾角、前轮外倾角和前轮前束。后轮的定位参数有后轮外倾角和后轮前束。

1. 主销后倾角

在汽车的纵向平面内，主销上部有向后倾斜的现象称为主销后倾。主销轴线和地面垂直线在汽车纵向平面内的夹角 γ 称为主销后倾角，如图 19-7 所示。

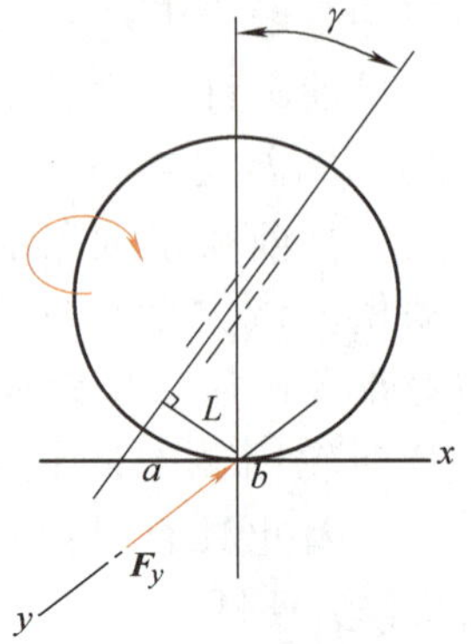

图 19-7 主销后倾角作用示意图

主销具有后倾角 γ 时，主销轴线延长线与路面交点 a 位于车轮与路面接触点 b 之前，汽车直线行驶，若转向轮偶然受到外力作用而稍有偏转（例如向右偏转，如图中箭头所示），将使汽车行驶方向向右偏离。由于汽车本身离心力的作用，在车轮与路面接触点 b 处，路面对车轮作用着一个侧向反作用力 F_y。F_y 相对主销轴线产生力矩 F_yL，其方向正好与车轮偏转方向相反。此力矩起到使车轮回到原来位置的作用，称为稳定力矩，它保持着汽车直线行驶的稳定性。但稳定力矩不宜过大，否则在转向时为了克服稳定力矩，驾驶人要在转向盘上施加较大的力而引起转向沉重。因主销后倾角 γ 的大小决定了力臂 L 的大小，又决定了稳定力矩的大小，因此通过调整 γ 的大小可以调整稳定力矩的大小。一般 γ 角不超过 $2°\sim3°$。现代高速汽车由于轮胎气压降低、弹性增加，而引起稳定力矩增大，γ 角可以减小到接近于零甚至为负值。主销后倾角的获得一般是由前轴、钢板弹簧和车架三者装配在一起时，使前轴断面向后倾斜而形成的。

2. 主销内倾角

在汽车的横向平面内主销上部向内倾斜的现象称为主销内倾。主销轴线与地面垂直线在汽车横向平面内的夹角 β 称为主销内倾角，如图 19-8a 所示。

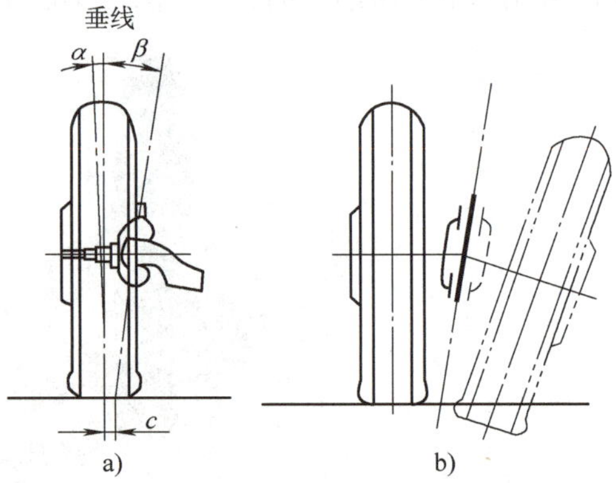

图 19-8 主销内倾角作用示意图及车轮外倾角

主销内倾角 β 也有使车轮自动回正的作用，如图 19-8b 所示。当转向轮在外力作用下由中间位置偏转一个角度（如图中双点画线所示位置），理论上车轮的最低点将陷入路面以下。但实际上这是不可能的，而是将转向车轮连同整个汽车前部向上抬起一个相应的高度。此时汽车本身的重力将使转向轮回到原来的中间位置。

主销内倾还使主销轴线与路面交点到车轮中心平面与地面交线的距离 c 减小（见图 19-8a），这可减少转向时加在转向盘上的力，使转向操纵轻便，同时减小从转向轮传到转向盘上的冲击力。但 c 值也不宜过小，即主销内倾角不宜过大，否则在车轮绕主销偏转的转向过程中，轮胎与路面间将产生较大的滑动，轮胎与路面间的摩擦阻力将增大。造成转向沉重，轮胎磨损加剧。一般内倾角 β 不大于 8°，距离 c 一般为 40～60mm。

主销内倾角是在前梁设计中保证的。机械加工时，将前梁两端主销孔轴线上端向内

倾斜就形成内倾角 β。

如前所述，主销后倾和主销内倾都有使汽车转向自动回正，保持直线行驶的作用。但主销后倾角的作用与车速有关，主销内倾角的作用几乎与车速无关。因此，高速时主销后倾角的回正作用居主导地位，而低速时则主要靠内倾起回正作用。此外，汽车直线行驶时前轮偶尔遇到冲击而偏转时，也主要靠主销内倾起回正作用。

3. 前轮外倾角

前轮安装在车桥上时，其旋转平面上方略向外倾斜的现象称为前轮外倾。通过车轮中心的汽车横向平面与车轮平面的交线与地面垂线之间的夹角 α 称为前轮外倾角，如图19-8a 所示。如果空车时车轮的安装正好垂直于路面，则满载时，车桥将因承载变形而可能出现车轮内倾，这将加速汽车轮胎的偏磨损。另外，路面对车轮的垂直反作用力沿轮毂的轴向分力，将使轮毂压向轮毂外端的小轴承，加重了外端小轴承及轮毂紧固螺母的负荷，易使螺母松脱，车轮飞出，造成危险。因此，为了使轮胎磨损均匀和减轻轮毂外轴承的负荷，提高行车安全性，安装车轮时应使车轮有一定的外倾角，以防止车轮内倾。同时，车轮有了外倾角也可以与拱形路面相适应。但是，外倾角也不宜过大，否则会使轮胎产生偏磨损。

前轮的外倾角是在设计转向节时确定的。设计时使转向节轴颈的轴线与水平面成一角度而获得（一般 α 为 1°左右）。

4. 前轮前束

汽车两个前轮安装后，在通过车轮轴线而与地面平行的平面内，两车轮前端略向内束的现象称为前轮前束。左右两轮前边缘距离 B 小于后边缘距离 A，$A-B$之差称为前轮前束值，如图 19-9 所示。

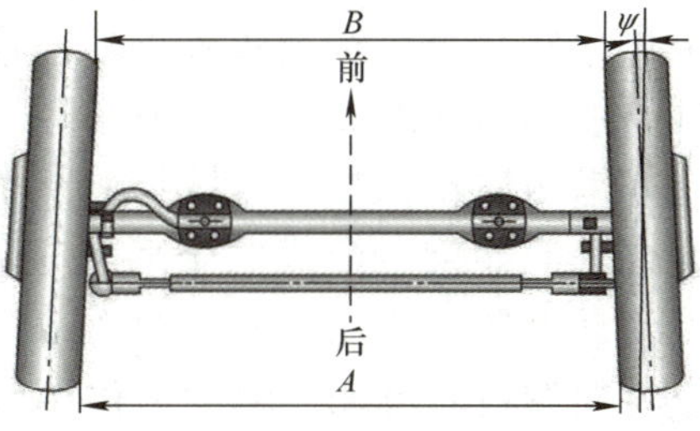

图 19-9　前轮前束（俯视图）

前轮前束是为了消除车轮外倾带来的不良影响。因前轮外倾，在滚动时将导致两侧车轮向外滚开。由于转向横拉杆和车桥的约束使车轮不可能向外滚开，车轮将在地面上出现边滚边滑的现象，从而增加了轮胎的磨损。当两车轮具有前束时，两车轮向前滚动时会产生向内侧的滑动。这样前束引起的滑动可以抵消外倾引起的滑动，从而基本保证两前轮无滑动的向前运动。

前轮前束可通过改变横拉杆的长度来调整。调整时，可根据各厂家规定的测量位置，使两轮前后距离差（$A-B$）符合规定的前束值。一般前束值为 0 ~ 12mm。测量位置除图示位置外，还通常取两轮胎中心平面处的前后差值，也可以选取两车轮钢圈内侧面处前后差值。此外，前束也可用角度——前束角表示，如图 19-9 中的 ψ 角。

5. 后轮的外倾角和前束

随着道路条件的改善，现代轿车的行驶速度越来越高，对前轮驱动汽车和独立后悬架汽车，如果后轮定位不当，即使前轮定位良好，仍然会有不良的操纵性和轮胎早期磨损。为了防止高速行驶时汽车出现的“激转”及自动转向现象，在结构设计上应确保汽车具有不足转向特性。汽车后轮具有一定程度的外倾角和前束可使后轮获得合适的侧偏角，提高高速行驶的操纵稳定性。

理想状态是四个车轮的运动外倾角均为零，这样轮胎和路面接触良好，从而得到最佳的牵引性能和操纵性能。

车轮外倾角不是静态的，它随悬架的上下移动而变化。车辆加载后悬架下沉就会引起车轮外倾角改变。

为了对载荷进行补偿，采用独立后悬架的大多数车辆常有一个较小的正后轮外倾角。滑柱筒破坏或错位、滑柱弯曲、上控制臂衬套破坏、上控制臂弯曲、弹簧压缩或悬架过载都会使后轮外倾角产生变成负外倾角的趋势。转向节弯曲、下控制臂弯曲会使后轮外倾角过大。

悬架摇动和反弹时后轮前束就要起变化。滚动阻力和发动机转矩对后轮前束也有影响。对于前驱动车辆，前驱动轮宜正前束，后从动轮宜负前束。后驱动车辆则相反，前轮宜负前束，独立悬架的后驱动轮应尽可能为正前束。

如果后轮前束不符合技术要求，就要影响轮胎磨损和转向稳定性，其影响程度与前轮前束相同。即使前束测量值在规定范围内，也并不意味着车轮定位正确，尤其对后轮前束测量值来说更是如此。如果一侧后轮前端向内偏斜量与另一侧后轮前端向外偏斜量相等，那么前束值将在规定的范围内。但由于后轮与车纵轴线不平行，车辆还会跑偏。

当汽车在路面上行驶时，最理想的状态是所有车轮的运动前束量均为零。对于防抱死制动车辆尤其如此。因为当在滑湿路面上制动时，不正确的前束会影响制动平衡性，为防止滑移，防抱死制动会一开一合循环不停。无防抱死制动系统时，地面驱动力受到干扰而可能引起无法控制的滑移。

如果两后轮相互平行且与整车平行，那么驱动力作用线将垂直于后轴并与车辆纵轴线重合。但如果一个或两个后轮前端偏里或偏外，或者一个车轮相对于另一个略为后缩，驱动力作用线就要偏离中心线，从而产生了一个驱动力偏离角并使车辆朝与偏离角相反方向偏行。例如，驱动力作用线偏右时，汽车向左侧跑偏。

驱动力偏离角的出现使得车辆在冰、雪或湿路面上的方向稳定性变差。在车辆制动或急剧加速时它有时会使车辆跑偏，使轮胎磨损加剧。所以，用于转向控制的前轮要克服后轮的这种作用。

只有消除驱动力偏离角才能解决上述问题。通过重新设置后轮前束，可使驱动力作用线回中。

某些采用独立悬架和中梁式车架后轮驱动的重型汽车，为了保持加载后汽车行驶时轮胎处于正确的接地位置，减少磨损，后轮也设计成有一定的正外倾角，如太脱拉138型汽车。

第二节　车轮与轮胎

车轮与轮胎是汽车行驶系统中的重要部件，通过车轮由轮胎直接与地面接触，在道路上行驶。其主要功用是：支撑整车；缓和由路面传来的冲击力；保证轮胎同路面间良好的附着作用，提高汽车的动力性、制动性和通过性；平衡汽车转弯行驶时产生的离心力；在正常行驶时通过车轮产生回正力矩使汽车自动回正保持直线行驶。

一、车轮

车轮由轮毂、轮辋和轮辐组成。轮辋和轮辐可以是整体式的、永久连接式的或可拆卸式的。车轮由轮辋和辐盘（或辐条）通过螺栓装于轮毂上，再一起通过轴承装在车轴上。轿车和载货汽车上广泛采用辐板式车轮和辐条式车轮。

1. 车轮的类型

（1）辐板式车轮　图 19-10 示出了辐板式车轮的组成，它由挡圈 1、辐板 2、轮辋 3 及气门嘴孔 4 组成。用以连接轮辋和轮毂的圆盘称为辐板。辐板大多是冲压制成的，也有铸造的。

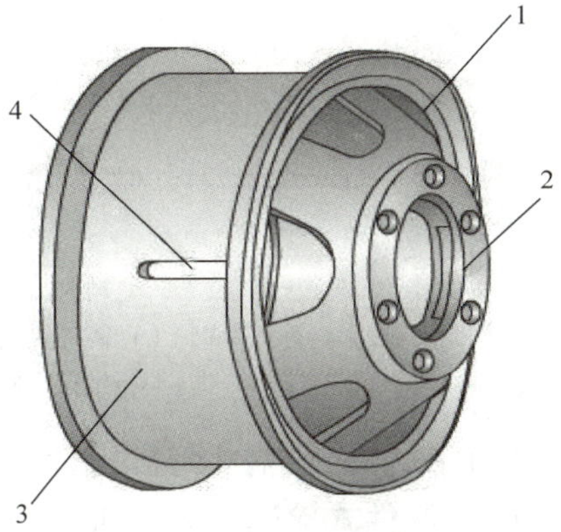

图 19-10　辐板式车轮

1—挡圈　2—辐板　3—轮辋　4—气门嘴孔

（2）辐条式车轮　这种车轮的轮辐是钢丝辐条（见图 19-11a）或者是与轮毂铸成一体的铸造辐条（见图 19-11b）。钢丝辐条车轮重量轻，但价格昂贵，维修安装不便，故仅用于赛车和某些高级轿车上（如美国别克轿车）。铸造辐条式车轮用于装载质量较大的重型汽车上。在这种结构的车轮上，轮辋 1 是用螺栓 3 和特殊形状的衬块 2 固定在辐条 4 上。为了使轮辋与辐条很好地对中，在轮辋和辐条上都加工出配合锥面 6。

此外，还有对开式车轮、轮辋可拆卸式车轮、可反装式车轮和可调式车轮等。

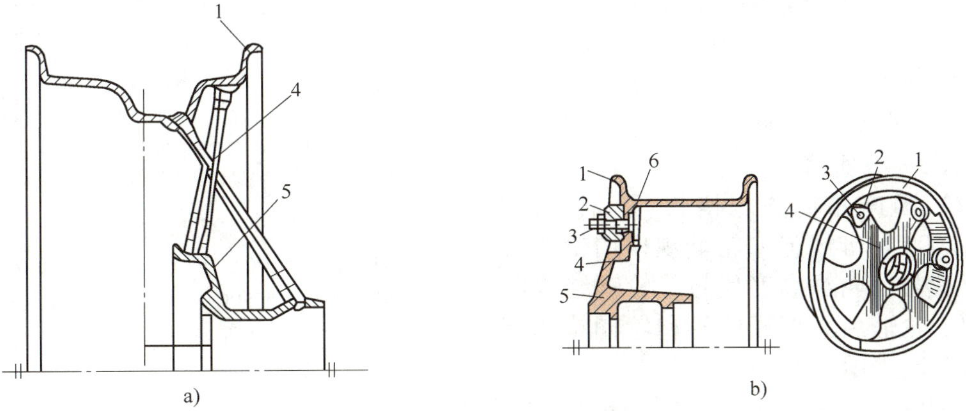

图 19-11　辐条式车轮

1—轮辋　2—衬块　3—螺栓　4—辐条　5—轮毂　6—配合锥面

2. 轮辋的类型

如图 19-12 所示，轮辋的结构形式，根据其主要的零件组成可进行如下分类。

（1）一件式轮辋　由一个部件构成并带有轮辋槽的轮辋，又称为深槽轮辋。

（2）两件式轮辋　可以拆卸为轮辋体和弹性挡圈两个主要零件。

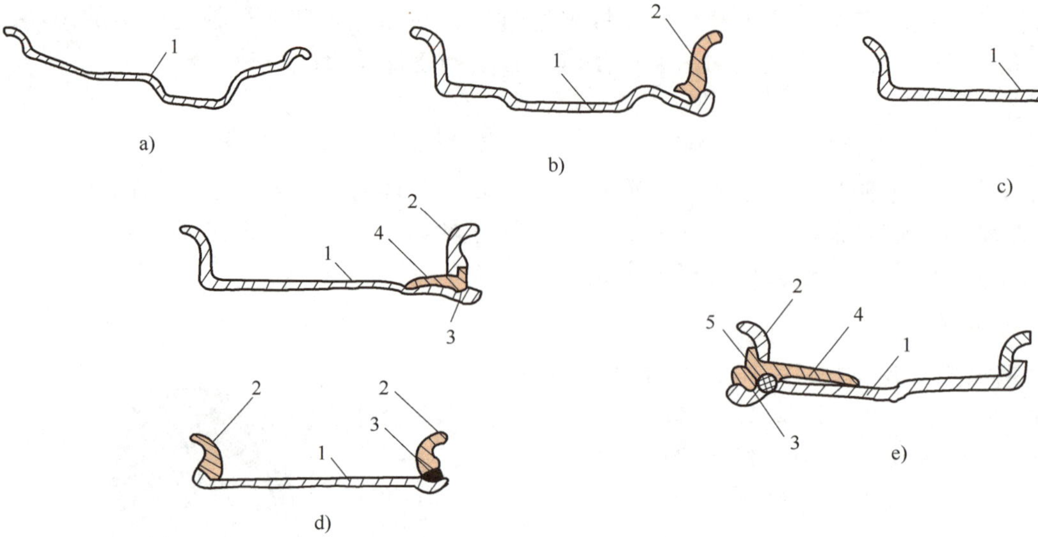

图 19-12 轮辋的结构形式

a）一件式轮辋 b）两件式轮辋 c）三件式轮辋 d）四件式轮辋 e）五件式轮辋

1—轮辋体 2—挡圈 3—锁圈 4—座圈 5—密封环

（3）三件式轮辋 可以拆卸为轮辋体、挡圈和锁圈三个主要零件。

（4）四件式轮辋 可以拆为轮辋体、挡圈、锁圈和座圈四个主要零件。

（5）五件式轮辋 可以拆卸为轮辋体、挡圈、锁圈、座圈和密封环五个主要零件。

3. 轮辋规格的表示方法

（1）国产轮辋轮廓类型及代号 目前按 GB/T 3487—2015《乘用车轮辋规格系列》和 GB/T 31961—2015《载货汽车和客车轮辋规格系列》分为：①5°深槽轮辋（5°DC）；②15°深槽轮辋（15°DC）；③5°半深槽轮辋（5°SDC）；④5°平底轮辋（5°FB）；⑤平底轮辋，如图 19-13 所示。

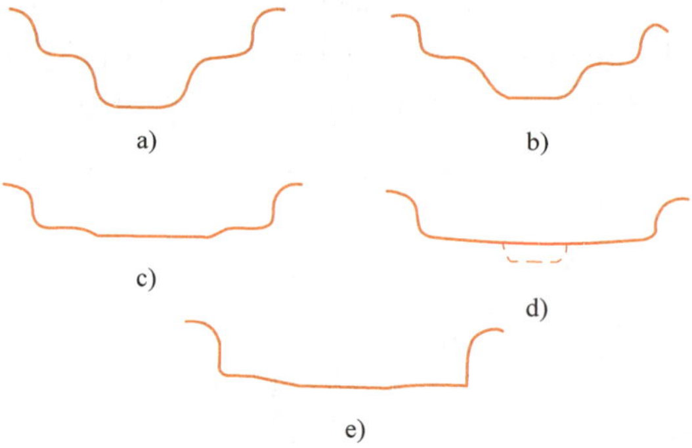

图 19-13 轮辋轮廓类型及代号

a）5°深槽轮辋（5°DC） b）15°深槽轮辋（15°DC）
c）5°半深槽轮辋（5°SDC） d）5°平底轮辋（5°FB）
e）平底轮辋

（2）国产轮辋的规格代号 （GB/T 2933—2009 标准规定）轮辋规格用轮辋名义宽度代号、轮缘高度代号、轮辋结构形式代号、轮辋名义直径代号和轮辋轮廓类型代号共同表示。

轮辋名义宽度和名义直径代号的数值是以 in（英寸）[⊖]表示（当新设计轮胎以 mm 表示直径时，轮辋直径用 mm 表示）。直径数字前面的符号表示轮辋结构形式代号，符号“×”表示该轮辋为一件式轮辋，符号“-”表示该轮辋为两件或两件以上的多件式轮辋。在轮辋名义宽度代号之后的拉丁字母表示轮缘的轮廓（B、J、C、D、E、F、G、H、S、T、V、W 等）。

⊖ 1in = 25.4mm。

例如，解放 CA1091 型汽车轮辋规格为 20-6.5，其轮辋名义直径为 20in，名义宽度为 6.5in。

新设计的轮辋以下列方式表示。

乘用车：13×4.5B，16×6J；

轻型商用车：$15\times5\frac{1}{2}$J，16.5×6.00，15－5.50F（SDC）；

中型、重型商用车：20-7.5，22-8.0，22.5×8.25。

（3）ISO 标准规定的轮辋尺寸标注 ISO 标准规定的轮辋尺寸标注如下：

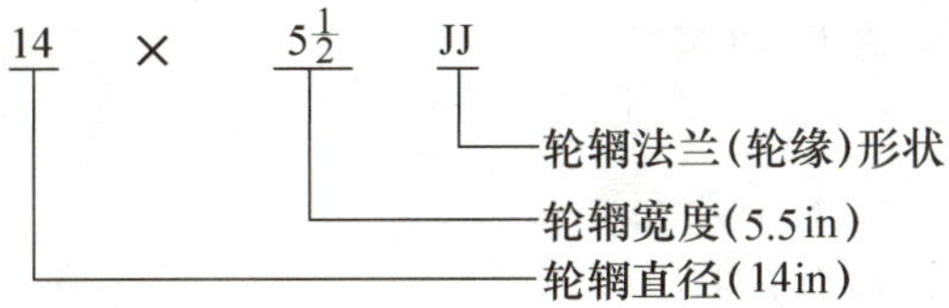

二、轮胎

轮胎安装在轮辋上，直接与路面接触，其功用是支撑汽车的总质量，与汽车悬架共同吸收和缓冲汽车行驶时所受到的冲击和振动，以保证汽车具有良好的乘坐舒适性和行驶平顺性，保证轮胎与路面的良好附着而不致打滑，使汽车行驶平稳。

因此，轮胎必须有适宜的弹性和承受载荷的能力。同时，在其与路面直接接触的胎面部分，应具有用以增强附着作用的花纹。车轮滚动时，在重力和因道路不平产生的冲击载荷的作用下轮胎受到压缩，压缩消耗的功，有一部分消耗于橡胶的内摩擦而使轮胎发热。温度过高将严重地影响橡胶的性能和轮胎的组织，大大增加轮胎的磨损而缩短轮胎的使用寿命。因此，轮胎的散热性要好。

1. 轮胎类型

轮胎按用途，可分为载货汽车轮胎和轿车轮胎。

轮胎按胎体结构不同可分为充气轮胎和实心轮胎，现代汽车绝大多数采用充气轮胎。

充气轮胎按组成结构不同，又分为有内胎轮胎和无内胎轮胎两种。

充气轮胎按胎体中帘线排列的方向不同，还可分为普通斜交轮胎、带束斜交轮胎和子午线轮胎。

（1）有内胎充气轮胎 有内胎充气轮胎的结构如图 19-14 所示，由内胎 2、外胎 1 和垫带 3 组成。内胎中充满着压缩空气；外胎是用以保护内胎使其不受外来损害的强度高而富有弹性的外壳；垫带放在内胎与轮辋之间，防止内胎被轮辋及外胎的胎圈擦伤和磨损。

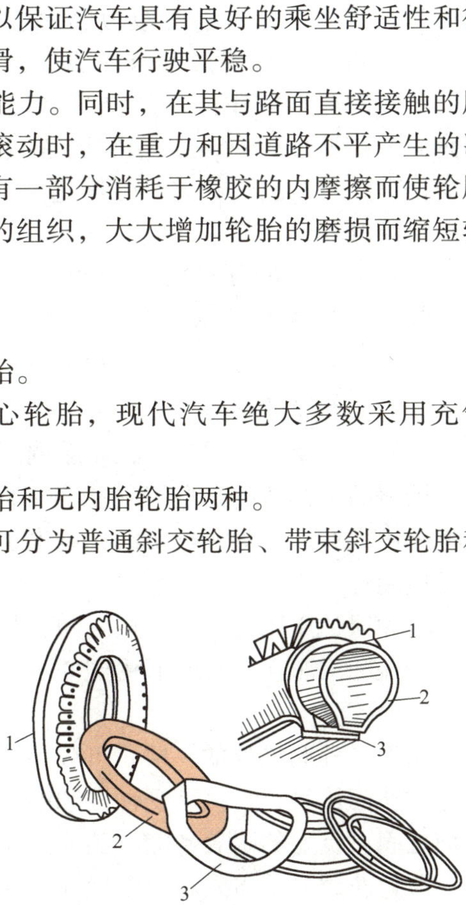

图 19-14 有内胎充气轮胎的结构

1—外胎 2—内胎 3—垫带

按胎内的空气压力大小，充气轮胎可分为高压胎、低压胎和超低压胎三种。过去，一般气压在 0.5～0.7MPa 为高压胎，0.15～

0.45MPa为低压胎，0.15MPa以下为超低压胎。目前，轿车、货车几乎全都采用低压胎。因为低压胎弹性好，断面宽，与道路接触面大，壁薄而散热性良好。这些特点提高了汽车的行驶平顺性、转向操纵的稳定性，轮胎本身的寿命也得以延长。但由于制造轮胎所用原材料的不断发展，轮胎负荷能力大幅度提高，虽然轮胎气压已在高压胎范围内，但轮胎的缓冲性能仍在某种程度上保持了原来同规格的低压胎性能，这类轮胎国内外还都将其归于低压胎之列。例如国产规格为9.00-20的14层级尼龙胎，载荷容量为22300N，气压为0.67MPa，仍属于低压胎。

普通斜交轮胎和子午线轮胎在汽车上得到了广泛应用，特别是子午线轮胎的应用最广。

1）普通斜交轮胎。帘布层和缓冲层各相邻层帘线交叉且与胎中心线呈小于90°角排列的充气轮胎，称为普通斜交轮胎。图19-15所示为有内胎的普通斜交轮胎外胎构造。外胎由胎冠5、帘布层4、缓冲层2及胎圈1组成。帘布层是外胎的骨架，用以保持外胎的形状和尺寸，通常由成双数的多层挂胶布（帘布）用橡胶贴合而成。帘布的帘线与轮胎子午断面的交角（胎冠角）一般为52°～54°，相邻层帘线相交排列。帘布层数越多，强度越大，但弹性降低。

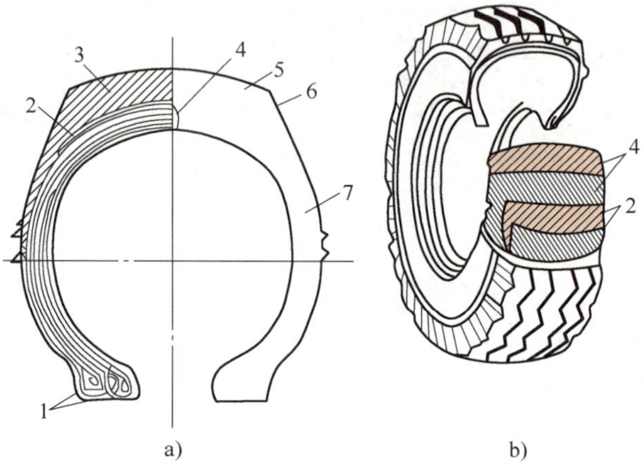

图19-15 有内胎的普通斜交轮胎外胎构造

a）外胎结构 b）帘布层和缓冲层帘线的排列

1—胎圈 2—缓冲层 3—胎面 4—帘布层 5—胎冠 6—胎肩 7—胎侧

帘布由纵向的强韧的经线和放在各经线之间的少数纬线织成。帘线可以是棉线、人造丝线、尼龙线和钢丝。采用人造丝可以使同样尺寸的轮胎增加其载荷容量，因为人造丝的强度和弹性大。尼龙丝又比人造丝好，耐用性高。因此，当采用人造丝、尼龙丝或钢丝帘线时，在轮胎的承载能力相同的情况下，帘布层数可以减少，此时在外胎表面上标注的是层级（相当于棉线帘布层数，而不是实际的帘布层数）。我国已大量采用人造丝和尼龙丝帘线，近来也开始采用钢丝帘线，但因价高和质脆而没有得到广泛应用。

缓冲层位于胎面与帘布层之间，是用胶片和两层或数层挂胶稀帘布制成，故弹性较大，能缓和汽车在行驶时所受到的不平路面的冲击，并防止汽车在紧急制动时胎面与帘布层脱离。

胎面是外胎最外的一层，可分为胎冠5、胎侧7和胎肩6三部分，如图19-15所示。胎冠与路面接触，直接承受冲击和磨损，保护帘布层和内胎免受机械损伤。为使轮胎与路面之间有良好的附着性能，胎面上制有各种凹凸花纹，如图19-16所示。

普通花纹的特点是花纹细而浅，花块接地面积大，适用于较好路面。其中纵向花纹轮胎的滚动阻力小，防侧滑和散热性好，噪声低，高速行驶性能好，但甩石性和排水性较差。横向花纹轮胎的耐磨性能好，不易夹石子。

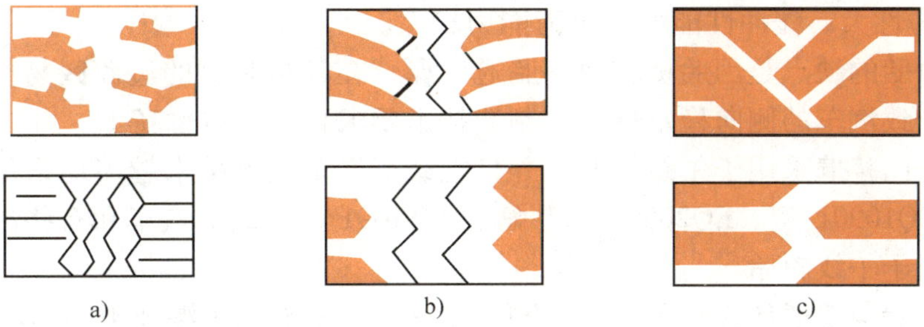

图 19-16　胎面花纹

a）普通花纹　b）混合花纹　c）越野花纹

越野花纹的沟槽深而宽，花块接地面积小，防滑性好，花纹有人字形和马牙形等。安装人字形花纹轮胎时，花纹“人”字尖端的指向要与汽车前进时车轮旋转方向一致，以提高排泥性能。

混合花纹介于普通花纹和越野花纹之间。

胎肩是较厚的胎冠与较薄的胎侧间的过渡部分，一般也制有花纹，以利散热。

胎侧橡胶层较薄，用以保护帘布层侧壁免受潮湿和机械损伤。

胎圈使外胎牢固地装在轮辋上，有很大的刚度和强度，由钢丝圈、帘布层包边和胎圈包布组成。

2）子午线轮胎。图 19-17 所示为子午线轮胎的构造。它由钢丝胎圈 2、帘布层 4、尼龙带束层 6、胎肩 7 及胎冠区域 12 组成，并以带束层箍紧胎体。其结构特点如下：

① 帘布层帘线排列的方向与轮胎的子午断面一致。由于帘线如此排列，使其强度得到充分利用，子午线轮胎的帘布层数一般可比普通斜交轮胎减少 40% ~50%，胎体较柔软。

② 帘线在圆周方向上只靠橡胶来联系，因此，为了承受行驶时产生的较大切向力，子午线轮胎具有若干层帘线与子午断面呈大角度（交角为 70° ~75°）、高强度、不易拉伸的周向环形的类似缓冲层的带束层。带束层通常采用强度较高、拉伸变形很小的织物帘布（如玻璃纤维、聚酰胺纤维等高强度材料）或钢丝帘布制造。

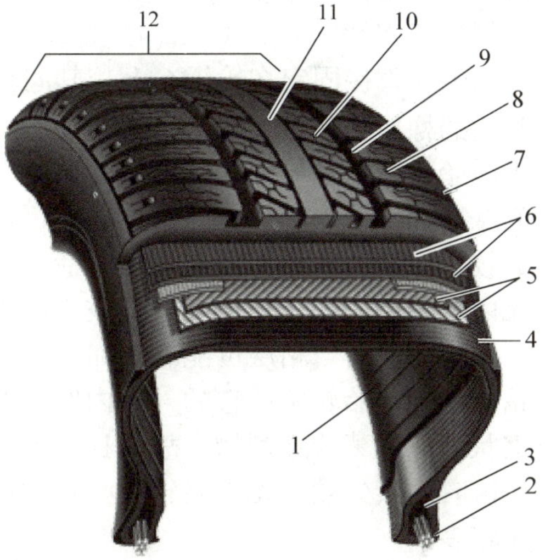

图 19-17　子午线轮胎的构造

1—气密层　2—胎圈钢丝　3—三角胶　4—帘布层（子午线）　5—钢丝层　6—尼龙带束层　7—胎肩　8—刀槽花纹　9—沟槽　10—花纹块　11—肋条形花纹　12—胎冠区域

由于子午线轮胎的结构特点，使其在使用中具有以下优点：

a. 接地面积大，附着性能好，胎面滑移小，对地面单位压力小，因而滚动阻力小，使用寿命长，比普通轮胎长 30% ~50%。

b. 胎冠较厚且有坚硬的带束层，不易刺穿；行驶时变形小，可降低油耗 3% ~8%。

c. 因为帘布层数少，胎侧薄，所以散热性能好。

d. 径向弹性大，缓冲性能好，负荷能力较大。

子午线轮胎的缺点是因胎侧较薄，胎冠较厚，在其与胎侧的过渡区易产生裂口。侧面变形大，导致汽车的侧向稳定性差，制造技术要求高，成本也高。

在轿车上已普遍采用子午线轮胎，并且在载货汽车上也越来越多地采用了子午线轮胎，如东风 EQ1090E 型、EQ2080E 型、解放 CA1091 型等载货汽车和有些越野汽车上的轮胎，均装用子午线轮胎。

子午线轮胎与普通斜交轮胎使用相同的轮辋，但不能同车混装不同的轮胎。

（2）无内胎充气轮胎 无内胎充气轮胎的空气直接压入外胎中，因此要求外胎和轮辋之间有很好的密封性。

无内胎轮胎的外胎内壁上附加了一层专门用来封气的橡胶密封层 1，厚2～3mm，如图 19-18 所示，它是用硫化的方法粘附上去的。在密封层正对着胎面的下面贴着一层用未硫化橡胶的特殊混合物制成的自粘层。当轮胎穿孔时，自粘层能自行将刺穿的孔粘合。

在胎圈外侧有一层橡胶密封层 1（有的制有若干道同心的环形槽），以保证轮胎与轮辋之间的气密性。

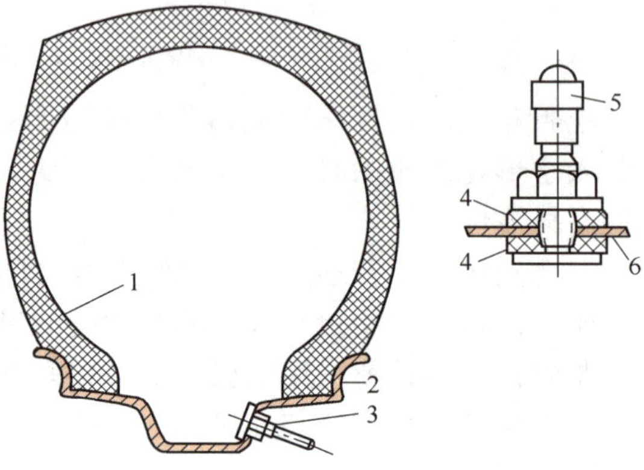

图 19-18 无内胎的充气轮胎

1—橡胶密封层 2—自粘层 3—气门嘴 4—橡胶密封衬垫 5—气门嘴帽 6—轮辋

气门嘴 3 直接固定在轮辋 6 上，其间垫以密封用的橡胶密封衬垫 4。

无内胎轮胎在轮胎穿孔时，压力不会急剧下降，能安全地继续行驶；不会因内、外胎之间摩擦和卡住而损坏；气密性较好，可以直接通过轮辋散热，所以工作温度低，使用寿命较长；结构简单，质量较小。适用于高速行驶。

无内胎轮胎的缺点是途中修理较为困难。此外，自粘层只有在穿孔尺寸不大时方能粘合，天气炎热时自粘层可能软化而向下流动，从而破坏车轮平衡。因此，一般多采用无自粘层的无内胎轮胎。它的外胎内壁只有一层密封层，当轮胎穿孔后，由于其本身处于压缩状态而紧裹着穿刺物，故能长期不漏气。即使将穿刺物拔出，无内胎轮胎只有在轮胎爆破时才会失效。无内胎轮胎必须配用深式轮辋，其几何形状精度较高。目前轿车上应用较多。

2. 轮胎规格标记方法

随着汽车工业的发展，我国轮胎也制定了相应的标准，并经过了几次修订。现执行的标准为《轿车轮胎》（GB 9743—2015）、《轿车轮胎规格、尺寸、气压与负荷》（GB/T 2978—2014）、《载重汽车轮胎》（GB 9744—2015）、《载重汽车轮胎规格、尺寸、气压与负荷》（GB/T 2977—2016）。标准规定了轮胎规格、基本参数、主要尺寸、气压负荷对应关系等。

充气轮胎尺寸标记如图 19-19 所示。其中 D 为轮胎外径、d 为轮胎内径、H 为轮胎断面高度、B 为轮胎断面宽度。轮胎断面高度 H 与宽度 B 之比称为轮胎的高宽比（以百分比表示），即 $H/B\times100\%$ 又称为轮胎的扁平率。通常高宽比有：80、75、70、60、55 等。

轮胎的高宽比（扁平率）越小，说明轮胎的断面越宽，故高宽比小的轮胎称为宽断面轮胎。宽断面轮胎的优点是：因断面宽，接地面积大，接地比压小，磨损减小，滚动阻力也小，抗侧向稳定性强。因此，在相同承载能力下，宽断面轮胎较普通轮胎的直径可以减小。扁平率为 80 的宽断面轮胎较普通轮胎的车轮中心下降了，从而降低了整车质心，提高了汽车的行驶稳定性，因此，在高级轿车上得到广泛应用。

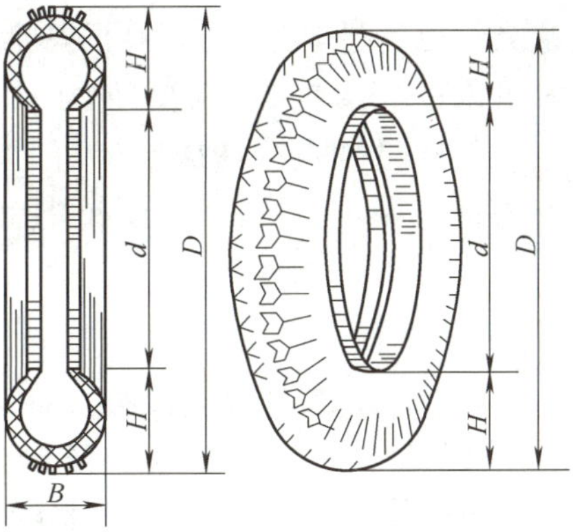

图 19-19　充气轮胎尺寸标记

轿车轮胎规格的表示方法如下：

185/60　R　13　80　H

- H——速度符号
- 80——负荷指数
- 13——轮辋名义直径(in)
- R——结构类型代号("R"为子午线结构代号)，"–"或"D"为斜交结构代号
- 60——名义高宽比
- 185——名义断面宽度(mm)

载货汽车的轮胎规格表示方法参见 GB/T 2977—2016，此处不再给出示例。

在同一种规格的轮辋上，可安装内径相同而断面高度不同（但接近基本标准）的外胎，或内径相同但胎体的帘布层数较多的外胎。后者多在汽车超载或在坏路上行驶的情况下采用。对于每种尺寸的轮胎，根据它的内压力和外胎中帘布层的数目，制造厂提供了容许载荷的限额，以保证规定的使用寿命。为使轮胎均匀磨损，汽车每行驶 6000 ~ 8000km，应进行轮胎换位，换位要包括备胎。

延伸阅读

冬季轮胎是专门针对冬季驾驶路面而特别设计的。它拥有特殊的胎胶配方和胎面花纹，可以保证在冬季气候条件下的驾驶安全性能，发挥汽车的最佳性能。

一般说来，7℃以下最好更换冬季轮胎，无论是在任何路面下，原因则是普通的夏季轮胎在低温时胶质变硬，抓地能力极度下降，轮胎的制动性能因而下降，行车安全得不到保证。而冬季轮胎通过特殊的胎胶设计以及花纹设计可以增强轮胎的抓地性能，保证冬季行车安全。

冬季轮胎在设计之初采用的均是块状花纹，以及在花纹块上增加细小的花纹，用来增加在雪地中的抓地性能。而冬季轮胎在设计之初的技术会比较容易提升在雪地中的行驶能力，因此开始的冬季轮胎被人们形象地称为“雪地胎”。然而雪总是要融化的，冰总是会不失时机地到来。提升冰面行驶能力便成为各轮胎厂商的重点。现在看来，日系厂商仍然喜欢块状花纹，如普利司通、邓禄普、优科豪马、通伊欧等，而欧系厂商则比较倾向于导向型花纹和非对称型花纹，非对称型花纹则能够提供良好的复杂路况的驾驶性能。

在轮胎更换时，切记要同时更换四条轮胎，因为部分更换在使用中会引起 4 个车轮与地面附着力不均匀，既而会造成潜在的安全隐患。车主容易忽视的是，在冬季时，低温会给胎压造成影响。根据热胀冷缩的原理，随着气温的降低，胎压值也会降低，此时可以适当给轮胎增加点胎压，以弥补轮胎与地面摩擦力变小、制动性能减弱的缺陷。但充气过度也会造成轮胎抓地力下降，影响操控的舒适性。所以为了增加轮胎的附着力，冬季车主可以适当减少胎压。

本章小结

车桥是传递车架（或承载式车身）与车轮之间各方向的作用力及其力矩的部件。它可分为驱动桥、转向桥、支持桥和转向驱动桥四种类型，各具特点。

车轮定位包括前轮定位（主销后倾角、主销内倾角、前轮外倾角和前轮前束）和后轮定位（后轮外倾角、后轮前束）。合理的车轮定位参数可增强汽车行驶的安全性和操纵稳定性以及减少轮胎磨损。

在此基础上，介绍了车轮和轮胎的结构类型，以及轮胎的规格型号。

练习题

一、填空题

1. 根据车桥作用的不同，车桥可分为________、________、________、________四种。
2. 转向桥由________、________和________等主要部分组成。
3. 前轮定位包括________、________、________和________四个参数。
4. 轮胎根据充气压力可分为________、________和________三种；根据胎面花纹可分为________、________和________三种；根据轮胎帘布层帘线的排列可分为________、________和________三种。

二、选择题

1. 越野汽车的前桥属于________。

A. 转向桥　　B. 驱动桥　　C. 转向驱动桥　　D. 支持桥

2. 转向轮绕着________摆动。

A. 转向节　　B. 主销　　C. 前梁　　D. 车架

3. 前轮定位中，转向操纵轻便主要是靠________。

A. 主销后倾　　B. 主销内倾　　C. 前轮外倾　　D. 前轮前束

4. 连接轮盘和半轴凸缘的零件是________。

A. 轮毂　　B. 轮辋　　C. 轮辐　　D. 轮胎

三、简答题

1. 什么是主销后倾角？主销后倾角的作用是什么？
2. 前轮外倾的作用是什么？
3. 简述子午线轮胎的结构特点和使用特点。
4. 转向桥的作用是什么？

19-答案

第二十章 悬　　架

学习目标

1. 理解悬架的功用、组成和分类。
2. 掌握独立悬架、非独立悬架的结构形式及组成。
3. 掌握电子控制悬架的结构和工作原理。

20-导言

第一节 概　　述

悬架是车架（或承载式车身）与车桥（或车轮）之间的一切传力连接装置的总称。它的功用是把路面作用于车轮上的垂直反力（支撑力）、纵向反力（牵引力和制动力）和侧向反力以及由这些反力所造成的力矩传递到车架（或承载式车身）上，缓冲路面冲击，以保证汽车的正常行驶。

悬架一般都由弹性元件 1、减振器 4 和导向机构（纵、横向推力杆 2、6）三部分组成，如图 20-1 所示。

弹性元件的作用是承受和传递垂直载荷，缓和并抑制不平路面所引起的冲击；导向装置是用来传递纵向力、侧向力及其力矩，并保证车轮相对于车身有正确的运动关系；减振器用以加快振动的衰减，使车身和车轮的振动得以控制。

钢板弹簧本身既是弹性元件又有减振和导向传力的功能，因而使用钢板弹簧的悬架，无须安装导向机构。

根据车桥两侧车轮运动是否相互关联，汽车悬架可分为两大类：非独立悬架和独立悬架。

（1）非独立悬架（见图 20-2a）　其结构特点是两侧的车轮由一整体式车桥相连。车轮连同车桥一起通过弹性悬架与车架（或车身）连接。当一侧车轮因道路不平而发生跳动时，必然引起另一侧车轮在汽车横向平面内发生摆动，故称为非独立悬架。在中、重型汽车上普遍采用。

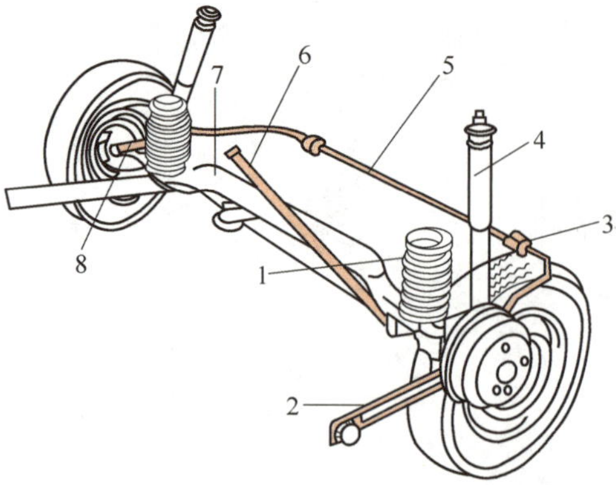

图 20-1 汽车的悬架组成示意图

1—弹性元件 2—纵向推力杆 3—橡胶套筒 4—减振器 5—横向稳定器 6—横向推力杆 7—车轴 8—支杆

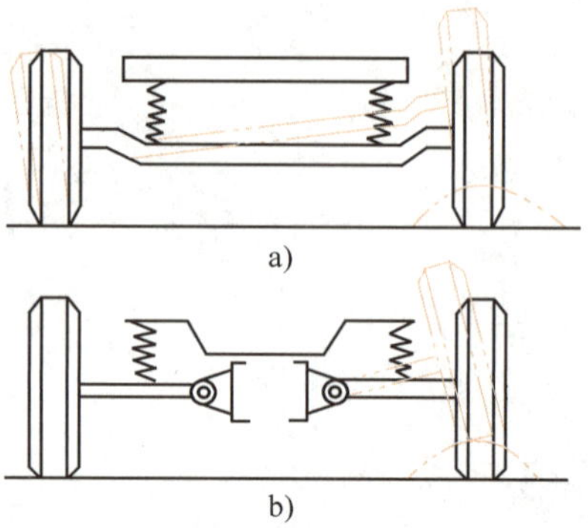

图 20-2 非独立悬架与独立悬架示意图

a）非独立悬架 b）独立悬架

（2）独立悬架（见图 20-2b） 其结构特点是车桥做成断开的，每一侧的车轮可以单独地通过弹性悬架与车架（或车身）连接，两侧车轮可以单独跳动，互不影响，故称为独立悬架。独立悬架的前轮定位可调，在轿车上广泛采用。

第二节 弹性元件和减振器

一、弹性元件

1. 钢板弹簧

如图 20-3 所示，钢板弹簧是由若干长度不等、宽度相等（厚度可以相等，也可以不等）、曲率半径不等的合金弹簧片组合而成的一根近似等强度的弹性梁。一般用 U 形螺栓将钢板弹簧固定在车桥上。

钢板弹簧 3 的最长的一片称为主片，其两端弯成卷耳 1，内装青铜或塑料、橡胶、粉末冶金制成的衬套，用弹簧销与固定在车架上的支架或吊耳连接。常将第二片末端也弯成卷耳，包在主片卷耳的外面（亦称包耳）以改善主片卷耳的受力情况。为了使在弹簧变形时各片有相对滑动的可能，在主片卷耳和第二片包耳之间留有较大的空隙。

中心螺栓 4 用以联接各弹簧片，并保证装配时各片的相对位置。除中心螺栓外，还有若干个弹簧夹（亦称回弹夹）2，保证当钢板弹簧反向变形（即反跳）时，各片不至于分开，以免主片单独承载，此外，还可防止各片横向错动。弹簧夹用铆钉铆接在与之相连的最下面弹簧片的端部。弹簧夹的两边用螺栓 5 联接，在螺栓上有套管 6 顶住弹簧夹的两边，以免将弹簧片夹得过紧。在螺栓套管与弹簧片之间有一定的间隙（不小于 1.5mm），以保证弹簧变形时，各片可以相互滑移。

在载荷作用下变形时，钢板弹簧各片之间因相对滑动而产生摩擦，可以促使车架振动的衰减。但各片间的干摩擦将使车轮所受的冲击在很大程度上传给车架，降低了悬架缓和冲击的能力，并使弹簧各片磨损加速。为减少弹簧片的磨损，钢板弹簧各片间需涂上较稠的润滑剂（石墨润滑脂），并应定期进行保养。

为了保证在弹簧片间产生定值摩擦力以及消除噪声，可在弹簧片之间夹入塑料片。如某些高级轿车（例如红旗 CA7560 型轿车）的后悬架钢板弹簧，即采用这种结构。

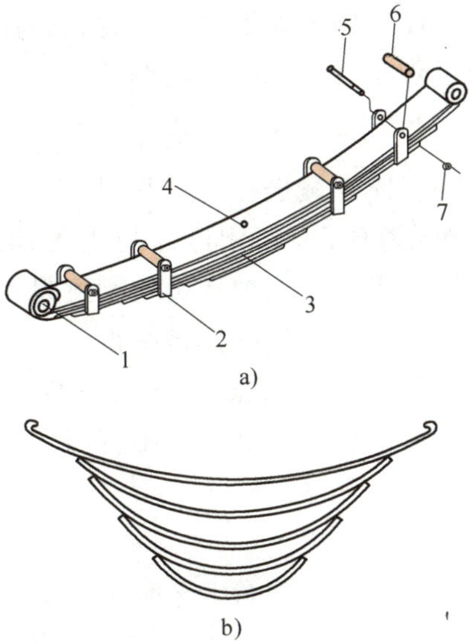

图 20-3 钢板弹簧

a）安装状态 b）自由状态

1—卷耳 2—弹簧夹 3—钢板弹簧

4—中心螺栓 5—螺栓 6—套管 7—螺母

2. 螺旋弹簧

螺旋弹簧多用于独立悬架，特别是前轮独立悬架。在有些轿车的后轮非独立悬架中，也采用螺旋弹簧（见图 20-1）。

和钢板弹簧相比，螺旋弹簧具有以下优点：无需润滑，不忌污泥；安装所需的纵向空间小；弹簧本身质量小。

由于螺旋弹簧本身没有减振作用且只能承受垂直载荷，因此在螺旋弹簧悬架中必须另装减振器以衰减振动，并装设导向机构以传递垂直力以外的各种力和力矩。

螺旋弹簧用弹簧钢棒料卷制而成，可做成等螺距或变螺距螺旋弹簧。

3. 扭杆弹簧

扭杆弹簧是一根由弹簧钢制成的具有扭转弹性的金属杆，如图 20-4 所示。

扭杆断面通常为圆形，少数为矩形和管形。其两端形状可以做成花键、方形、六角形或带平面的圆柱形等。扭杆弹簧一端固定在车架上，另一端固定在悬架的摆臂 2 上，摆臂则与车轮相连。当车轮跳动时，摆臂便绕着扭杆轴线摆动，使扭杆产生扭转弹性变形，借以保证车轮与车架的弹性联系。

扭杆弹簧用铬钒合金弹簧钢制成，为防止应力集中，其表面应加工得很光滑。使用中必须对扭杆表面很好地保护，在扭杆弹簧表面涂有环氧树脂，包一层玻璃纤维布，再涂一层环氧树脂，最后涂以沥青和防锈油漆，以防碰撞、刮伤和腐蚀。扭杆弹簧在制造时应具有一定的预应力。左、右扭杆的预加扭转的方向都与扭杆安装在车上后承受工作载荷时扭转的方向相同。左右扭杆弹簧不能互换，为此，左右扭杆刻有不同的标记。

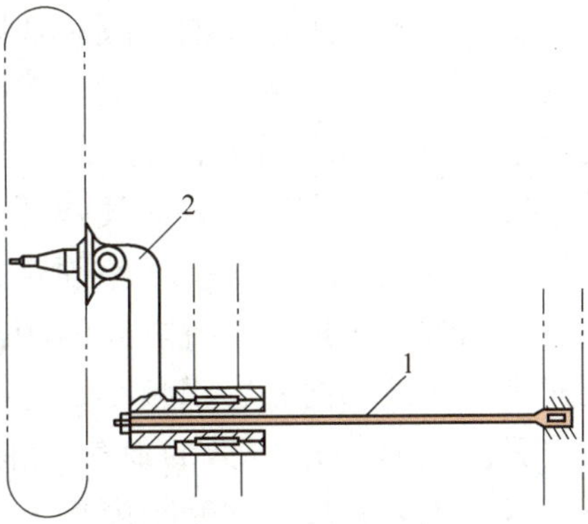

图 20-4 扭杆弹簧

1—扭杆 2—摆臂

扭杆本身的扭转刚度虽然是常数，但采用扭杆弹簧的悬架刚度却是可变的。

扭杆弹簧单位质量的储能量是钢板弹簧的 3

倍，比螺旋弹簧也高。因此，采用扭杆弹簧的悬架质量较小，结构较简单，不需润滑，易实现车身高度的自动调节。

4. 气体弹簧

气体弹簧是在一个密封的容器中充入压缩气体（气压为0.5～1MPa），利用气体的可压缩性实现其弹簧作用。这种弹簧的刚度是可变的。气体弹簧有空气弹簧和油气弹簧两种。

（1）空气弹簧 空气弹簧是以压缩空气作弹簧的。根据压缩空气所用容器的不同，空气弹簧又分为囊式（见图20-5a）和膜式（见图20-5b）两种。

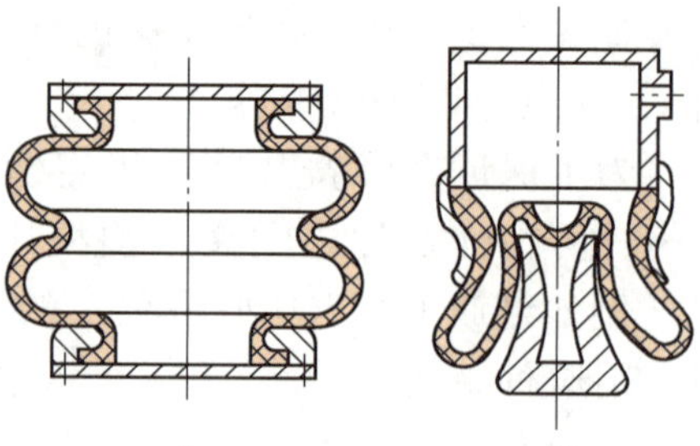

图20-5 空气弹簧

a）囊式空气弹簧 b）膜式空气弹簧

囊式空气弹簧由夹有帘线的橡胶气囊和密闭在其中的压缩空气组成。气囊的内层用气密性的橡胶制成，而外层则用耐油橡胶制成。

膜式空气弹簧的密闭气囊由橡胶膜片和金属压制件组成。与囊式相比，其弹性特性曲线比较理想，因其刚度较囊式小，车身固有频率较低，且尺寸较小，在车上便于布置，故多用在轿车上。但是制造较困难，寿命也较短。

与金属弹簧相比，空气弹簧的弹簧刚度随载荷变化而变化，使其振动频率变化很小；可通过控制阀（高度阀）自动调节悬架弹簧内的气体压力来实现车身高度的自动调节；质量小、寿命较长。空气弹簧的缺点是：高度尺寸较大，在布置上有一定的困难；密封环节多，容易漏气。空气弹簧在高档大客车上广泛应用。

（2）油气弹簧 油气弹簧是在密闭的容器中充入压缩气体和油液，从而实现弹簧的作用。油气弹簧一般由气体弹簧和相当于液力减振器的工作缸组成。

图20-6所示为单气室油气弹簧示意图。单气室油气弹簧又分为油气分隔式（见图20-6a）和油气不分隔式（见图20-6b）两种。前者可防止油液乳化，且便于充气。

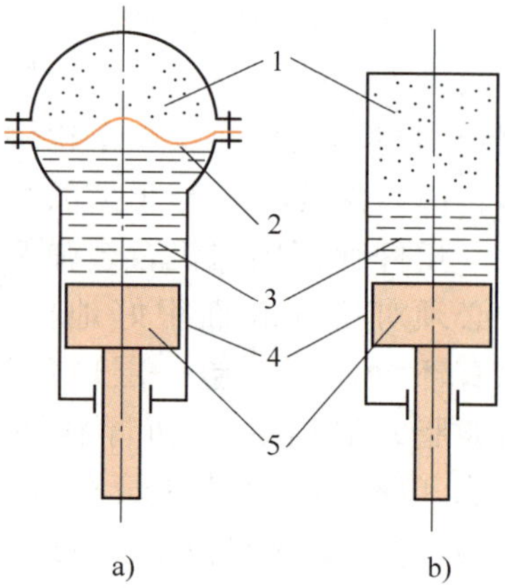

图20-6 单气室油气弹簧示意图

a）油气分隔式 b）油气不分隔式

1—气体 2—油气隔膜 3—油液 4—工作缸 5—活塞

单气室油气分隔式油气弹簧的球形气室固定在工作缸4上，其内腔用橡胶油气隔膜2隔开，一侧充入高压氮气，构成气体弹簧，另一侧与工作缸的内腔相通，并充满了工作介质（减振油液），相当于液力减振器。在球形气室上装有充气阀。油气弹簧上端的球形气室和下端的活塞分别通过上、下球座固定在车架和车桥上。当载荷增加时，车架与车桥之间的距离缩短，活塞5上移使充满工作液的内腔容积减小，迫使工作液推动橡胶油气隔膜向具有一定压力的氮气室移动，使气室容积减小，氮气压力升高，弹簧刚度增大，车架下降缓慢。当外界载荷等于氮气压力时，活塞便停止上移，这时车架与车桥的相对位置不再变化，车身高度也不再下降。

当载荷减小时，油气隔膜在高压氮气压力的作用下向油室一侧移动，推动活塞下移，从而使弹簧刚度减小，车架与车桥之间距离变长，车架上升减缓，当外部载荷与氮气相平衡时，活塞停止下移，车身高度也不再上升。

由于氮气储存在密闭的球形气室内，其压力随外载荷的大小而变化，故油气弹簧具有变刚度的特性，同时又起液力减振器的作用。

单气室油气不分隔式油气弹簧的工作缸 4 的上端和活塞的下端分别固定在车架和车桥上。活塞的上面有一油层，既可以润滑活塞又可以作为气室的密封。油层上方的空间即为高压气室，其中充满高压氮气，气体和工作油液间没有任何隔离装置。

当载荷增加时，活塞在工作缸体内向上移动，高压气室容积缩小，氮气被进一步压缩，此时油压升高。当载荷减小时（伸张行程），活塞向下移动，高压气室的容积增大，气体压力和油压都下降。

空气弹簧、油气弹簧和螺旋弹簧一样，只能承受轴向载荷，故悬架中必须设置纵向和横向推力杆等导向机构和减振器。

油气弹簧应用于重型汽车上时，其体积和质量都较钢板弹簧小（质量可减小 50% 以上）。但油气弹簧对气体和油液的密封要求很高，因而对加工和装配的精度要求和对相对滑动的工作表面的表面粗糙度及耐磨性要求都很高。

5. 橡胶弹簧

橡胶弹簧是利用橡胶本身的弹性来起弹性元件的作用，可以承受压缩载荷（见图 20-7a）与扭转载荷（见图 20-7b）。其优点是单位质量的储能量较金属弹簧多，隔声性能好，工作无噪声，不需要润滑。

橡胶弹簧具有一定的减振能力。橡胶弹簧多用作悬架的副簧和缓冲块。

二、减振器

在大多数汽车的悬架系统内部装有减振器，以加速车架与车身振动的衰减，以改善汽车的行驶平顺性。减振器和弹性元件是并联安装的，如图 20-8 所示。汽车悬架系统中以液力减振器应用最广泛。

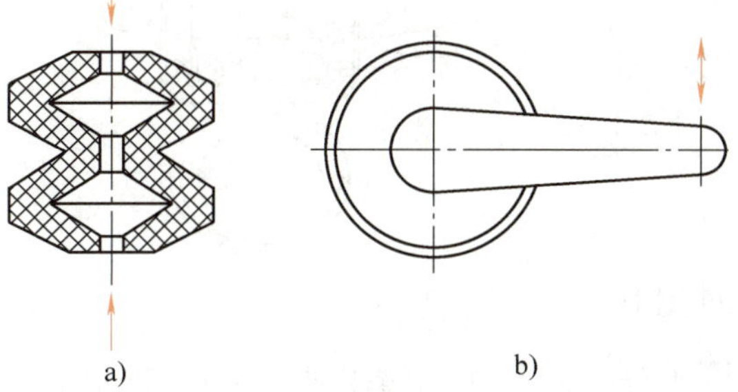

图 20-7 橡胶弹簧

a）受压缩载荷 b）受扭转载荷

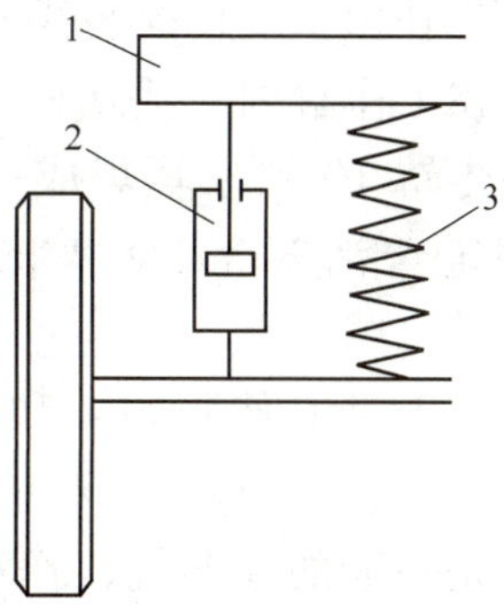

图 20-8 减振器和弹性元件的安装示意图

1—车架 2—减振器 3—弹性元件

1. 筒式液力减振器

液力减振器的作用原理是：当车架与车桥做往复相对运动而活塞在缸筒内往复移动时，减振器壳体内的油液便通过一些窄小的孔隙在两相互隔离的内腔间往复地流动，由孔壁与油液间的摩擦及液体分子内摩擦形成阻尼力，从而将车身振动的机械能转化为热能被油液和壳体吸收，并散入大气中。阻尼力的大小通过油液通道的面积，阀门弹簧刚度及油液的黏度等来控制。

减振器的阻尼力越大，振动消除得越快，但却使并联的弹性元件的作用不能充分发挥，同时，过大的阻尼力还可能导致减振器连接零件及车架损坏。为解决弹性元件与减振器之间的这一矛盾，对减振器提出如下要求：

1）在悬架压缩行程（车桥与车架相互移近的行程）内，减振器阻尼力应较小，以便充分利用弹性元件的弹性来缓和冲击。

2）在悬架伸张行程（车桥与车架相互远离的行程）内，减振器的阻尼力应较大，以求迅速减振。

3）当车桥（或车轮）与车架的相对速度较大时，减振器应能自动加大液流通道截面积，使阻尼力始终保持在一定限度之内，以避免承受过大的冲击载荷。

筒式液力减振器可分为双向作用式减振器和单向作用式减振器两种。在压缩和伸张两行程内均能起作用的减振器，称为双向作用式减振器；仅在伸张行程内起作用的减振器，称为单向作用式减振器。目前，汽车上广泛采用双向作用筒式减振器。

如图20-9所示，最外面的缸筒是防尘罩10，中间缸筒为储油缸5，内装油液，但不装满，其下端通过底座上焊接的吊耳与车桥相连。里面的缸筒为工作缸2，其内装满油液，上端密封。活塞3装在工作缸内，活塞杆1穿过密封装置，上端与防尘罩10和吊耳焊成一体，其下端用压紧螺母固定着活塞3。活塞将工作缸分成上下两个腔。

活塞上装有伸张阀4和流通阀8。工作缸下端的支座上装有压缩阀6和补偿阀7。流通阀和补偿阀是一般的单向阀，弹簧较软，较低的油压即可使其关闭或开启。压缩阀和伸张阀弹簧较硬，需要较大的油压才能使其开启，只要油压稍降低，即可立刻关闭。

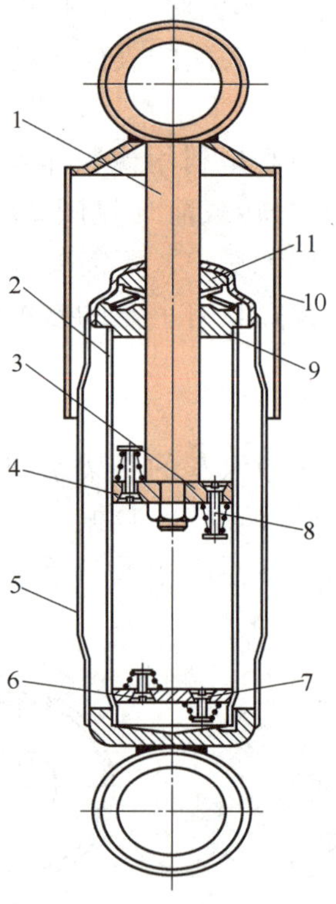

图20-9　双向作用筒式减振器示意图

1—活塞杆　2—工作缸　3—活塞
4—伸张阀　5—储油缸　6—压缩阀
7—补偿阀　8—流通阀　9—导向座
10—防尘罩　11—油封

（1）压缩行程 当车轮移近车架（车身）时，减振器受压缩，减振器活塞下移。活塞下面的腔室（下腔）容积减小，油压升高，油液经流通阀流到活塞上面的腔室（上腔）。由于上腔被活塞杆占去一部分空间，上腔内增加的容积小于下腔减小的容积，故还有一部分油液推开压缩阀，流回储油缸5。这些阀对油液的节流便造成对悬架压缩运动的阻尼力。

（2）伸张行程 当车轮相对车身移开时，减振器受拉伸，此时减振器活塞向上移动，活塞上腔油压升高，流通阀关闭，上腔内的油液便推开伸张阀流入下腔。同样，由于活塞杆的存在，自上腔流来的油液还不足以充满下腔所增加的容积，下腔内产生一定的真空度，这时储油缸中的油液便推开补偿阀流入下腔进行补充。此时，这些阀的节流作用即造成对悬架伸张运动的阻尼力。

为更好地缓和冲击和衰减振动，压缩阀、伸张阀的节流阻力应设计成随活塞运动速度而变化，且减振器在伸张行程内产生的阻尼力比压缩行程内产生的阻尼力大。

2. 充气式减振器

图20-10所示为一种轿车上用的充气式减振器。其结构特点是在缸筒的下部装有一个浮动活塞2，在浮动活塞与缸筒一端形成的密闭气室1中，充有高压（2～3MPa）的氮气。在浮动活塞的上面是减振器油液。浮动活塞上装有大断面的O形密封圈3，它把油和气完全分开，故此活塞也称为封气活塞。工作活塞7上装有随其运动速度大小而改变通道截面积的压缩阀4和伸张阀8，此二阀均由一组厚度相同、直径不等、由大到小排列的弹簧钢片组成。

当车轮上下跳动时，减振器的工作活塞在油液中往复运动，使工作活塞的上腔和下腔之间产生油压差，压力油便推开压缩阀或伸张阀而来回流动。由于阀对压力油产生较大的阻尼力，因此使振动衰减。

由于活塞杆的进出而引起的缸筒容积的变化，则由浮动活塞的上下运动来补偿。因此，这种减振器不需储油缸，称为单筒式减振器。前述双向作用筒式减振器又称为双筒式减振器。

3. 阻力可调式减振器

从保证悬架系统在各种工况下都有良好的振动特性来讲，减振器的阻尼力应是可变的。图20-11所示为阻力可调式减振器示意图。装有这种阻力可调式减振器的悬架系统采用了刚度可变的空气弹簧。

阻力可调式减振器的工作原理是：当汽车的载荷增加时，空气囊的气压升高，则气室2内的气压也随之升高，膜片向下移动与弹簧3产生的压力相平衡。与此同时，膜片带动与它相连的柱塞杆4和柱塞5下移，因而使得柱塞相对空心连杆1上的节流孔6的位置发生变化，结果减小了节流孔的通道截面积，也就是减少了节流孔的流量，从而增加了油液流动阻力。反之，当汽车载荷减小时，柱塞上移，增大了节流孔的通道截面积，从而减小了油液的流动阻力。因此，达到了随着汽车载荷的变化而改变减振器阻力的目的。

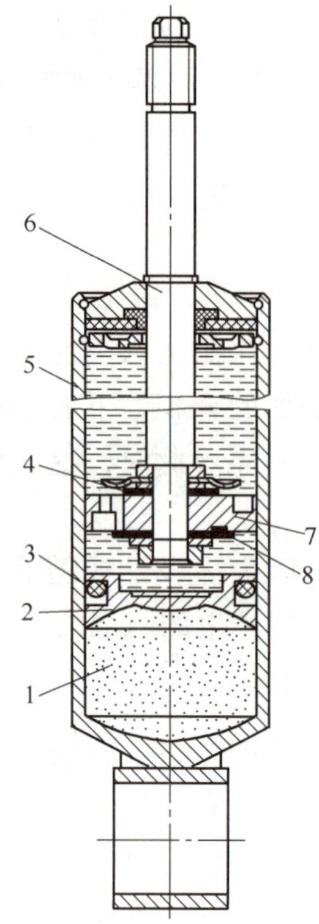

图 20-10 充气式减振器

1—密闭气室 2—浮动活塞 3—O 形密封圈 4—压缩阀 5—工作缸 6—活塞杆 7—工作活塞 8—伸张阀

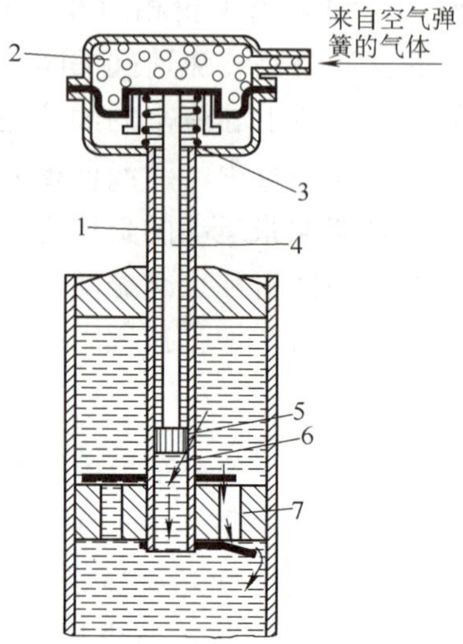

图 20-11 阻力可调式减振器示意图

1—空心连杆 2—气室 3—弹簧 4—柱塞杆 5—柱塞 6—节流孔 7—活塞

第三节 非独立悬架

非独立悬架因其结构简单，工作可靠，被广泛应用于货车的前、后悬架。

悬架的结构，特别是导向机构的结构，随所采用的弹性元件不同而有差异。弹性元件采用螺旋弹簧、气体弹簧时，由于弹性元件不能承受较大的侧向力，必须装置导向机构承受汽车行驶中的侧向力。而采用钢板弹簧时，由于钢板弹簧本身可兼起导向机构的作用，要求不高时可以不设导向机构，则悬架结构大为简化。现代轿车仅在部分后悬架上采用非独立悬架。

一、纵置板簧式非独立悬架

我国南京汽车工业联营公司引进的依维柯轻型载货汽车的后悬架，是渐变刚度纵向安置的钢板弹簧，如图 20-12 所示。其主簧 6 由厚度 9mm 的 4 片（或 3 片）和副簧 5 由厚度为 15mm 的 2 片（或 3 片）组成钢板弹簧组件，它们用中心螺栓 1 固定在一起。通过两个 U 形螺栓 2 将钢板弹簧的中部刚性地固定在车桥 4 上部。钢板弹簧两端用钢板弹簧销 3、7 与车架 8 的支座活动铰接，起传力和导向作用。在小载荷时，仅主簧起作用，而当载荷增加到一定值时，副簧开始与主簧接触，悬架刚度随之相应提高，弹簧特性变

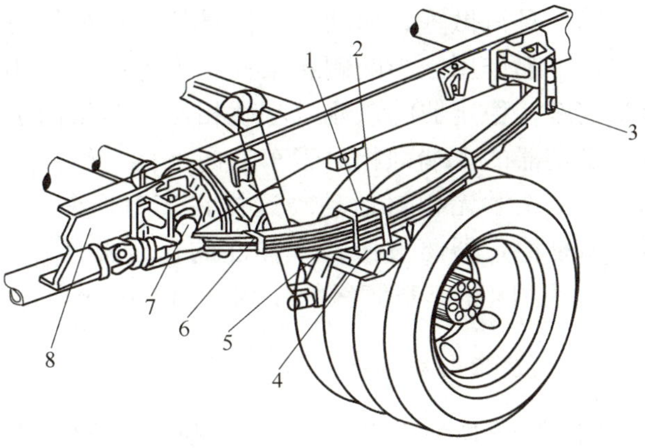

图 20-12 南京依维柯轻型载货汽车的后悬架

1—中心螺栓 2—U 形螺栓 3、7—钢板弹簧销 4—车桥 5—副簧 6—主簧 8—车架

为非线性。当副簧全部接触后，弹簧特性又变为线性的。这种渐变刚度钢板弹簧的特点是副簧逐渐起作用，因此悬架刚度的变化比较平稳，从而改善了汽车行驶平顺性。但在使用中因主簧和副簧之间容易存积泥垢，对悬架刚度的渐变有一定影响。如果在主、副簧外装上护套，则可消除此缺点。

由于载货汽车后悬架载质量变化较大，为了保持悬架的频率不变或变化不大，广泛采用后副钢板弹簧总成。副钢板弹簧总成一般装在主钢板弹簧总成上方，当后悬架负荷较小时，仅由主钢板弹簧起作用。在负荷增加到一定程度时，副钢板弹簧总成与车架上的支架接触，开始起作用。此时，主、副钢板弹簧总成一起工作，一起承受载荷，使悬架刚度增大，保证车身振动频率不致因载荷增加而变化过大。

钢板弹簧变形时，为保证车架两端与钢板弹簧连接的卷耳间的距离有伸缩的余地，钢板弹簧后端与车架的连接通常采用以下结构形式：

（1）吊耳支架式 应用最广泛。解放 CA1091 载货汽车前悬架采用。

（2）滑板支撑式 结构简单，拆装方便，不需要润滑，因此也较为广泛地应用于载货汽车。东风 EQ1090E 型载货汽车前悬架即采用此结构形式。

（3）橡胶块支撑式 主片不易磨损，无需润滑，有良好的消除噪声功能。一汽早期生产的 2.5t 越野汽车 CA30A 前悬架即采用此结构形式。

二、螺旋弹簧非独立悬架

螺旋弹簧非独立悬架一般只用作轿车的后悬架，如图 20-1 所示。两端车轮用一根整体车轴 7 相连，左右各有一个螺旋弹簧，纵向推力杆 2 的一端和车轴固定在一起，另一端头部有孔，里边装有橡胶衬套，联接螺栓穿过橡胶衬套中间的孔和车身相连，并形成铰链点。汽车行驶过程中，整个后轴可以通过纵向推力杆和车身连接的铰链点进行纵向摆动。由于铰链点处的橡胶衬套有一定的厚度和长度，橡胶本身又有弹性，所以后轴在铰链点摆动时，根据受力方向不同，橡胶衬套可以在各个方向产生较小的变形来防止运动干涉。

左右两个螺旋弹簧的间距应尽可能大，以提高悬架的横向角刚度。

横向推力杆 6 用来传递车轴和车身之间的横向作用力及其力矩。杆式横向稳定器 5 用来减少在高速行驶中转向时车身产生的横向倾斜和横向角振动。

弹簧钢制成的横向稳定器 5 横向地安装在汽车的前端或后端（也有的轿车前后都有）。稳定器中部的两端自由地支撑在两个橡胶套筒 3 内，而套筒则固定在车架上。横向稳定器的两侧纵向部分的末端通过支杆 8 与悬架下摆臂上的弹簧支座相连。

当车身只做垂直移动而两侧悬架变形相等时，横向稳定器在套筒内自由转动，横向稳定器不起作用。当两侧悬架变形不等而车身相对于路面横向倾斜时，车架的一侧移近弹簧支座，稳定器的该侧末端就相对于车架向上移；而车架的另一侧远离弹簧支座，相应的稳定器的末端则相对于车架向下移。然而，在车身和车架倾斜时，横向稳定器的中部对于车架并无相对运动。这样在车身倾斜时，稳定器两边的纵向部分向不同方向偏转，于是稳定器便被扭转。弹性的稳定器所产生的扭转内力矩就抑制了悬架弹簧的变形，起到了阻止车身倾斜的作用，因而减小了车身的横向倾斜和横向角振动。

三、空气弹簧非独立悬架

图 20-13 所示为空气弹簧非独立悬架示意图。囊式空气弹簧 6 的上下端分别固定在车架和车桥上。从压气机 10 产生的压缩空气经油水分离器 9 和压力调节器 8 进入储气筒 7。压力调节器可使储气筒中的压缩空气保持一定的压力。储气罐 4 通过管路与两个空气弹簧相通。储气罐和空气弹簧中的空气压力由车身高度控制阀 2 控制。

空气弹簧和螺旋弹簧一样只能传递垂直力，其纵向力和横向力及其力矩也是由纵向推力杆和横向推力杆（图中未画图）来传递。采用空气弹簧悬架时，可以通过车身高度控制阀来改变空气弹簧内的空气压力，从而自动调节车身高度，以保证车身高度不因载荷变化而变化。

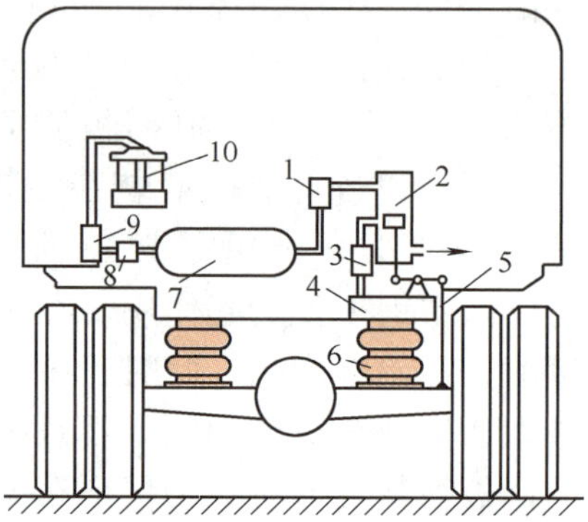

图 20-13　空气弹簧非独立悬架示意图

1、3—空气滤清器　2—车身高度控制阀　4—储气罐　5—控制杆　6—空气弹簧　7—储气筒　8—压力调节器　9—油水分离器　10—压气机

四、油气弹簧非独立悬架

图 20-14 所示为上海 SH3540 自卸汽车的油气弹簧非独立悬架示意图。油气弹簧的两端分别固定在前桥上的支架 10 和纵梁上的支架 2 上。左、右两侧各有一根下纵向推力杆 11，装在前桥 6 和纵梁 4 之间。一根上纵向推力杆 8 安装在前桥上的支架 9 和纵梁 4 的内侧支架上。上、下两纵向推力杆构成平行四边形，既可传递纵向力，承

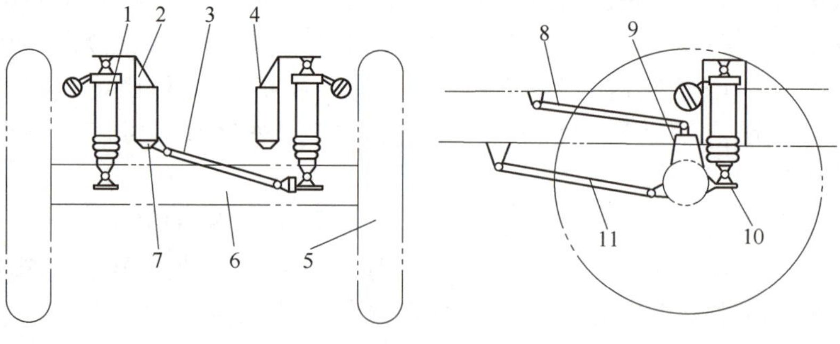

图 20-14　汽车油气弹簧非独立悬架示意图

1—油气弹簧　2、9、10—支架　3—横向推力杆　4—纵梁　5—车轮　6—前桥　7—缓冲块　8—上纵向推力杆　11—下纵向推力杆

受制动力引起的反作用力矩，又可保证车轮上下跳动时主销后倾角不变，有利于汽车操纵稳定性。一根横向推力杆3装在左侧纵梁与前桥右侧的支架上，传递侧向力。在两纵梁下面装有缓冲块7，以避免在很大的冲击载荷下前桥直接碰撞车架。采用油气弹簧非独立悬架具有变刚度特性，特别适合应用在道路条件和装载条件都很恶劣的工地和矿山的大型自卸汽车上。

第四节 独立悬架

独立悬架的结构特点是两侧的车轮各自独立地与车架或车身弹性连接（见图20-2b）。与非独立悬架不同，独立悬架很少用钢板弹簧作为弹性元件，而多采用螺旋弹簧和扭杆弹簧作为弹性元件，因而必须具有导向机构。独立悬架具有以下优点：①在一定范围内，两侧车轮可以单独运动而互不影响，这样可减少车架和车身在不平道路上行驶时的振动，而且有助于消除转向轮不断偏摆的现象；②减轻了汽车上非弹簧承载部分的质量（非簧载质量），从而减小了悬架所受到的冲击载荷，可以提高汽车的平均行驶速度；③由于采用断开式车桥，发动机位置可降低和前移，使汽车重心下降，有利于提高汽车行驶的稳定性，同时能给予车轮较大的上下运动空间，悬架刚度可设计得较小，使车身振动频率降低，以改善行驶平顺性；④可保证汽车在不平道路上行驶时，车轮与路面有良好的接触，增大了驱动力。此外具有特殊要求的某些越野汽车采用独立悬架后，可增大汽车的离地间隙，提高了汽车的通过性能。

但是，独立悬架结构复杂，制造成本高，保养维修不便，在一般情况下，车轮跳动时，由于车轮外倾角与轮距变化较大，轮胎磨损较严重。

独立悬架可按车轮运动形式分成三类（见图20-15）：

1）车轮在汽车横向平面内摆动的悬架（横臂式独立悬架，见图20-15a）。

2）车轮在汽车纵向平面内摆动的悬架（纵臂式独立悬架，见图20-15b）。

3）车轮沿主销移动的悬架，其中包括烛式悬架（见图20-15c）和麦弗逊式悬架（滑柱连杆式悬架，见图20-15d）。

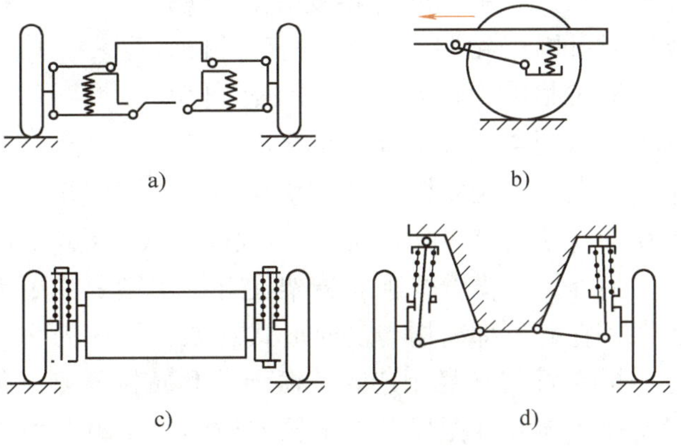

图20-15 三种基本类型的独立悬架示意图

一、横臂式独立悬架

横臂式独立悬架分为单横臂式和双横臂式两种。

1. 单横臂式独立悬架

单横臂式独立悬架的结构如图20-16所示。其特点是当悬架变形时，车轮平面将产生倾斜而改变两侧车轮与路面接触点间的距离——轮距，致使轮胎相对于地面侧向滑移，破坏轮胎和地面的附着，且轮胎磨损较严重。此外，这种悬架用于转向轮时，会使主销内倾角和车轮外倾角发生较大的变化，对于转向操纵有一定的影响，故目前很少采用。但是，由于结构简单、紧凑、布置方便，在车速不高的重型越野汽车上也有采用。

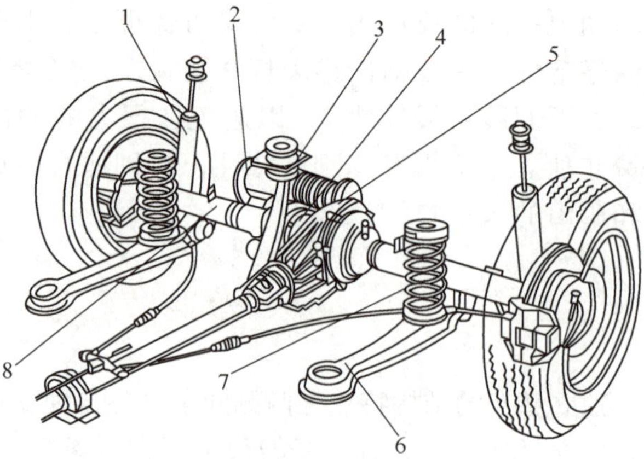

图 20-16 单横臂式（后）独立悬架的结构

1—减振器 2—油气弹性元件 3—中间支撑 4—单铰链 5—主减速器壳 6—纵向推力杆 7—螺旋弹簧 8—半轴套管

2. 双横臂式独立悬架

双横臂式独立悬架的两个摆臂长度可以相等，也可以不等（见图 20-17）。

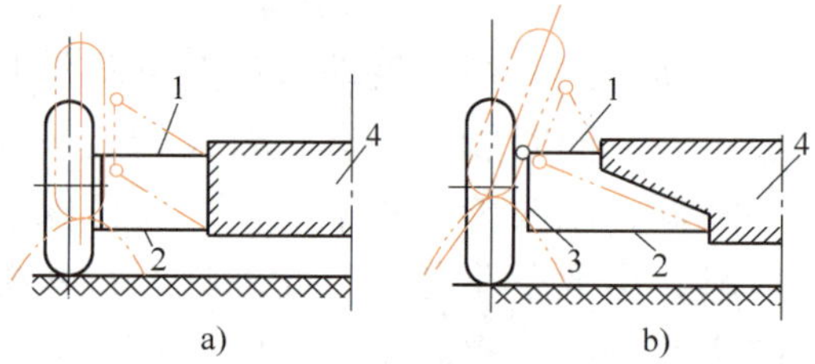

图 20-17 双横臂式独立悬架示意图

a）两摆臂等长的悬架 b）两摆臂不等长的悬架

1—上横臂 2—下横臂 3—转向节 4—车身

在两摆臂等长的悬架（见图 20-17a）中，当车轮上下跳动时，车轮平面没有倾斜，但轮距却发生了较大的变化，这将增加车轮侧向滑移的可能性。在两摆臂不等长的悬架中（见图 20-17b），如两臂长度选择适当，可以使车轮和主销的角度以及轮距的变化都不太大。不大的轮距变化在轮胎较软时可以由轮胎变形来适应，目前轿车的轮胎可容许轮距的改变在每个车轮上达到 4 ~ 5mm 而不致沿路面滑移。因此，不等长的双横臂式独立悬架多应用在轿车前轮上。采用双横臂式前悬架的主要有广州本田雅阁、一汽马自达 6 以及北京奔驰 - 戴克的克莱斯勒 300C。而采用双横臂式后悬架的有东风本田思域。

另外，双横臂式独立悬架在有些车型上变更为双叉臂式，又称为双 A 臂、双横臂式悬架，它的下部结构与麦弗逊式悬架一样，为一根 A 臂（或称叉臂），同时车轮上部也有一根 A 臂与车身相连。减振弹簧和减振器则一般与下 A 臂相连。此时的减振支柱只负责支撑车体和减振任务，车轮的横向力、纵向力则由 A 臂来承受。双叉臂式悬架通常采用上下不等长叉臂（上短下长），让车轮在上下运动时能自动改变外倾角并减小轮距变化、减小轮胎磨损，还能自适应路面，轮胎接地面积大，贴地性好。

法拉利、玛莎拉蒂等超级跑车以及 F1 方程式赛车均采用了双叉臂式前悬架，奥迪的豪华 SUV Q7、大众途锐等也采用了双叉臂式悬架。

二、纵臂式独立悬架

纵臂式独立悬架有单纵臂和双纵臂两种，如图 20-18 所示。

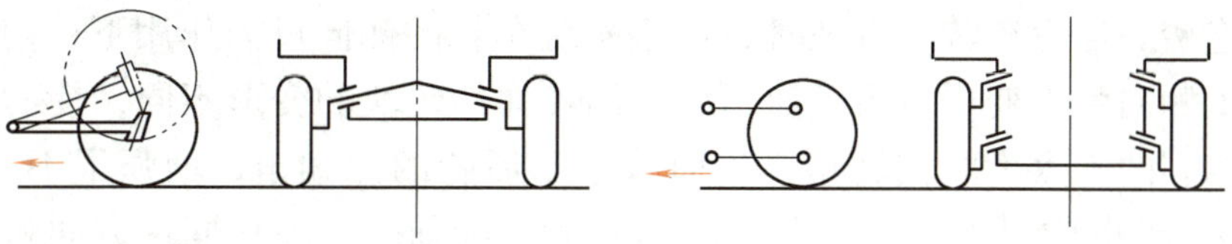

图 20-18 纵臂式独立悬架示意图

a）单纵臂式 b）双纵臂式

1. 单纵臂式独立悬架

当转向轮采用单纵臂式独立悬架时，车轮上下跳动将使主销的后倾角产生很大变化（见图 20-18a）。因此，单纵臂式独立悬架一般不用于转向轮。

国产富康轿车的后悬架为单纵臂式独立悬架，如图 20-19 所示。该独立悬架的弹性元件是扭杆弹簧。其两侧车轮不是各自独立地直接与车身弹性连接，而是通过一个后桥总成（它包括左、右扭杆弹簧支撑架 8，左、右扭杆弹簧 2、6，横向稳定杆套管 4 等），用前、后自偏转弹性垫块 7、9 与车身弹性连接。两个单纵臂通过左、右扭杆弹簧与后

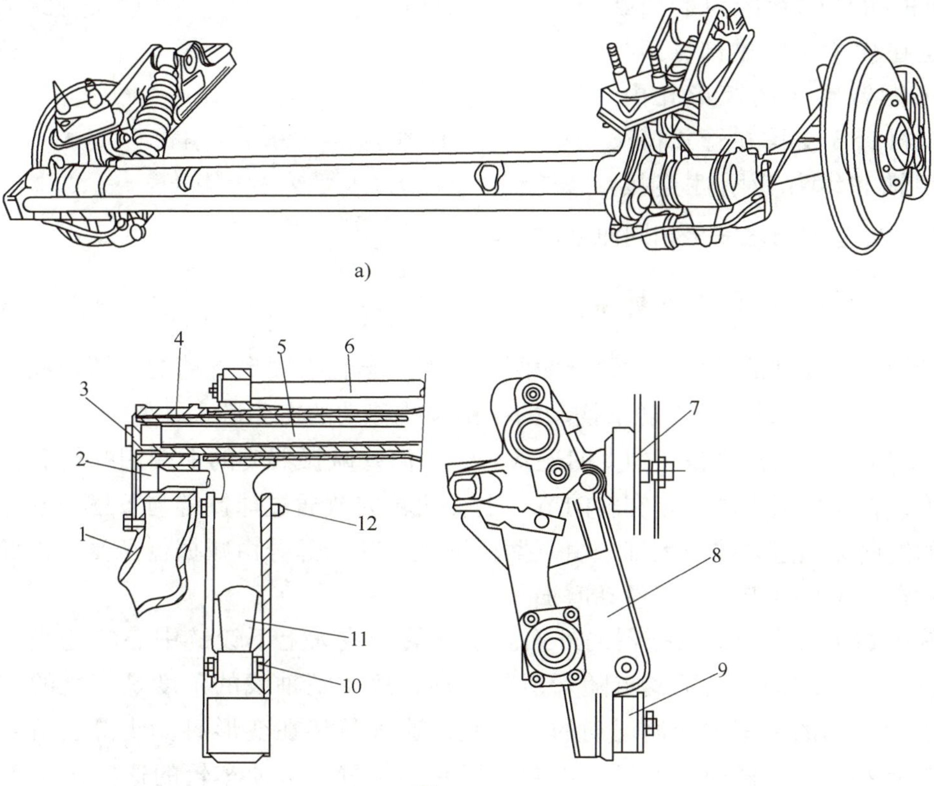

图 20-19 富康轿车的后悬架

a）后悬架整体结构示意图 b）后悬架结构图

1—单纵臂 2—左扭杆弹簧 3—横向稳定杆端头螺栓 4—横向稳定杆套管 5—横向稳定杆 6—右扭杆弹簧 7—前自偏转弹性垫块 8—扭杆弹簧支撑架 9—后自偏转弹性垫块 10、11—减振器 12—减振器螺栓

桥总成弹性连接。当汽车转弯行驶时，在路面对车轮的侧向反力作用下，前、后自偏转弹性垫块产生侧向弹性变形。由于前、后自偏转弹性垫块的变形不同，使两后轮产生与两前轮转向相同的不太大的偏转角，从而减小了后轮的侧偏角，增强了不足转向特性，因此该车高速行驶的操纵稳定性更好些。这种后轮随前转向轮按同一方向稍作偏转的特性，称为后桥的随动转向功能。它是富康轿车最具独创性的特点。

2. 双纵臂式独立悬架

双纵臂式独立悬架的两个纵臂长度一般做成相等，形成平行四连杆机构。这样，在车轮上下跳动时，主销的后倾角保持不变，故这种形式的悬架适用于转向轮。双纵臂式扭杆弹簧独立悬架如图 20-20 所示。转向节和两个等长的纵臂 1 作铰链式连接。在车架的两根管式横梁 4 内部都装有若干层矩形断面的薄弹簧钢片叠成的扭杆弹簧 6。两根扭杆弹簧的内端用螺钉 5 固定在横梁 4 的中部，而外端则插入摆臂轴 2 的矩形孔内。摆臂轴用衬套 3 支撑在管式横梁内。摆臂轴和纵臂为刚性连接。另一侧车轮的悬架与之完全相同而且对称。

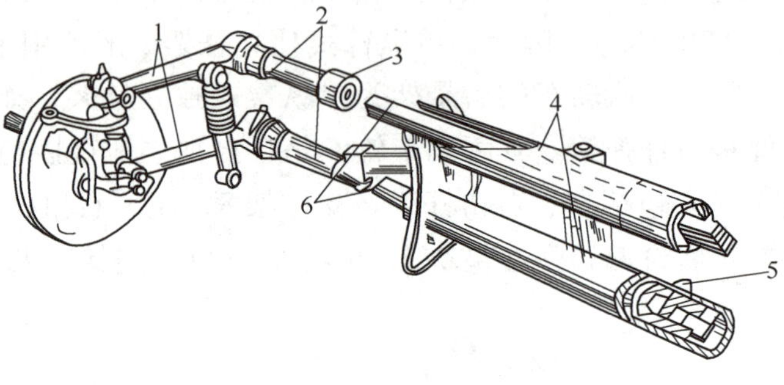

图 20-20 双纵臂式扭杆弹簧独立悬架

1—纵臂 2—摆臂轴 3—衬套 4—横梁 5—螺钉 6—扭杆弹簧

三、车轮沿主销移动的悬架

车轮沿主销移动的悬架可大致分为两种类型：车轮沿固定不动的主销轴线移动的烛式悬架（目前很少采用）；车轮沿摆动的主销轴线移动的麦弗逊式悬架。

图 20-21 所示为富康轿车的麦弗逊式悬架。筒式减振器 2 的上端用螺栓和橡胶垫圈与车身连接，减振器下端固定在转向节 3 上，而转向节通过球铰链与下摆臂 6 连接。车轮所受的侧向力通过转向节大部分由下摆臂承受，其余部分由减振器承受。因此，这种结构形式在一定程度上减少了滑动磨损。

螺旋弹簧 1 套在筒式减振器的外面。主销的轴线为上下铰链中心的连线。当车轮上下跳动时，因减振器的下支点随下摆臂摆动，故主销轴线的角度是变化的。这说明车轮是沿着摆动的主销轴线而运动的。因此，这种悬架在变形时，使得主销的定位角和轮距都有些变化。然而，如果适当调整杆系的位置，可使车轮的这些定位参数变化极小。

该悬架突出的优点是增大了两前轮内侧的空间，便于发动机和其他一些部件的布置，因此多用在前置、前驱动的轿车和微型汽车上。上海通用别克新君威、新君越、北京现代 ix35、一汽－大众的高尔夫 6 及迈腾等前悬架均采用了麦弗逊式独立悬架，世界超级跑车保时捷 911 也采用了麦弗逊式前悬架。

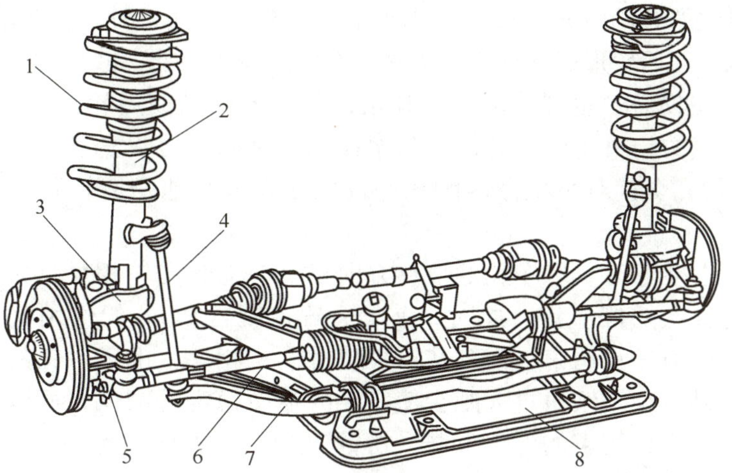

图 20-21 富康轿车前麦弗逊式悬架

1—螺旋弹簧 2—筒式减振器 3—转向节 4—联接杆 5—球头销 6—下摆臂 7—横向稳定杆 8—前托架

四、多连杆悬架

宝马新 X3 所使用的 5 连杆后悬架如图 20-22 所示。

多连杆式独立悬架是结构较新颖的悬架，它有类似于麦弗逊式的支柱结构，也在麦弗逊式的结构上有了较为明显的进化。悬架系统由 3 ~5 根杆件组合起来控制车轮的位置变化，提供多个方向的控制力，能使车轮绕着与汽车纵轴线成一定角度的轴线内摆动，是横臂式和纵臂式的折中方案，适当地选择摆臂轴线与汽车纵轴线所成的夹角，可不同程度地获得横臂式与纵臂式悬架系统的优点，能满足不同的使用性能要求。

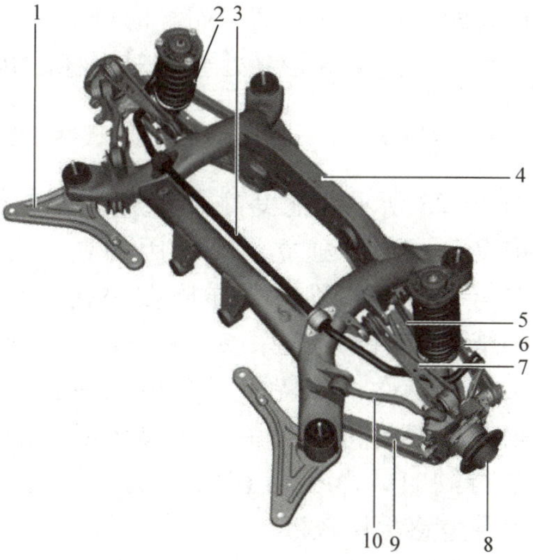

图 20-22 宝马新 X3 的后悬架

1—推力杆 2—弹簧减振支柱 3—稳定杆 4—后桥托架 5—下部横摆臂 6—后置控制臂 7—上部横摆臂 8—车轮轴承 9—前置控制臂 10—导向臂

前悬架一般为 3 连杆或 4 连杆独立悬架；后悬架则一般为 4 连杆或 5 连杆悬架系统。在结构上以常见的 5 连杆后悬架为例，其五根连杆分别为下部横摆臂 5、后置控制臂 6、上部横摆臂 7、前置控制臂 9、导向臂 10。它们分别对各个方向产生作用力。

多连杆悬架能实现主销后倾角的最佳位置，大幅度减少来自路面的前后方向力，从而改善加速和制动时的平顺性和舒适性，同时也保证了直线行驶的稳定性，因为由螺旋弹簧拉伸或压缩导致的车轮横向偏移量很小，不易造成非直线行驶。在车辆转弯或制动时，多连杆悬架结构可使后轮形成正前束，提高了车辆的控制性能，减少转向不足的情况。

多连杆悬架在收缩时能自动调整外倾角，前束值以及使后轮获得一定的转向角度。通过对连接运动点的约束角度设计使得悬架在压缩时能主动调整车轮定位（这个设计自由度非常大），能完全针对车型做匹配和调校以最大限度地发挥轮胎抓地力从而提高整车的操控极限。

当车辆进行左转弯时，后车轮的位移方向正好与前转向轮相反，如果位移过大则会使车身失去稳定性，摇摆不定。此时，前、后置控制臂 9、6 的作用就开始显现，它们主要对后轮的前束值进行约束，使其在可控范围内；相反，由于后轮的前束值被约束在可控范围内，如果后轮外倾角过大则会使车辆的横向稳定性减低，所以在多连杆悬架中增加了对车轮上下进行约束的上、下部横摆臂 7、5，一方面是更好地使车轮定位，另一方面则使悬架的可靠性和韧性进一步提高。

车轮倾角角度的不同会直接影响轮胎的磨损，同时，多连杆悬架结构能通过前、后置控制臂和上、下部横摆臂有效控制车轮的外倾角。

当车轮驶过坑洼路面时，首先上、下部横摆臂开始在可控范围摆动，以及时准确地给予车轮足够的弹跳行程，如果路面继续不平，同时车辆的速度加快，此时前、后置控制臂的作用就是把车轮始终固定在一个行程范围值内，同时液压减振器也会伴随上、下部横摆臂的摆动吸收振动，而导向臂的工作就是上下摆动配合上、下部横摆臂使车轮保持自由弹跳，使车身始终处于相对平稳的状态。

五、拖曳臂式 – 纵臂扭转梁式半独立悬架

图 20-23 所示为拖曳臂式 – 纵臂扭转梁式半独立悬架。

拖曳臂式为半独立悬架，因为左、右纵摆臂与一根扭转梁横梁连接在一起，因此悬架结构依旧保持着一定的整体桥非独立悬架式的特性，独特的复合结构使它也具有独立悬架的特性。在一些起伏不平的路面上行驶时，由于后悬横梁的整体性，造成了乘坐感觉比较颠。

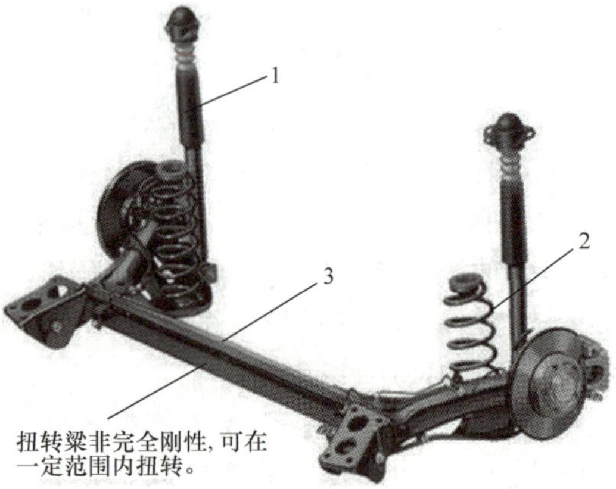

图 20-23 拖曳臂式 – 纵臂扭转梁式半独立悬架

1—减振器 2—螺旋弹簧 3—扭转梁

拖曳臂式悬架本身具有非独立悬架的缺点，但同时也兼有独立悬架的优点。拖曳臂式悬架的最大优点是左、右两轮的空间较大，而且车身的外倾角没有变化，减振器不发生弯曲应力，摩擦小。这种悬架承载性能差、抗侧倾能力较弱、减振性能差、舒适性有限，当其制动时车头较重会往下沉，拖曳臂式悬架的后轮也会往下沉平衡车身，无法提供精准的几何控制。纵臂扭转梁式悬架适用于中小型汽车、低端 SUV 的后悬架。国内采用拖曳臂式后悬架的主要有：东风标致 206、广州本田飞度、一汽丰田卡

罗拉、上海大众桑塔纳、锋范、大众斯柯达晶锐、朗逸、POLO、新宝来、帕萨特领驭、雪佛兰乐风、科鲁兹、福特嘉年华等。

第五节 电子控制悬架

汽车的行驶平顺性和稳定性是衡量悬架性能好坏的主要指标，但是二者对悬架的刚度和阻尼的要求是互相矛盾的。例如，降低悬架弹簧的刚度，可使车身振动时的加速度减小，车辆的平顺性得以改善，但这会导致车身位移增加，给操纵稳定性带来不良影响。增加弹簧刚度可提高车辆的操纵稳定性，但刚度大的悬架对路面不平度很敏感，使平顺性下降。因此，理想的悬架应该是弹簧的刚度和减振器阻尼随车辆不同载质量、不同行驶条件而自动变化，以同时满足车辆的平顺性和稳定性的要求。传统悬架的刚度和阻尼只能是根据一定的载荷、某种路面情况和车速，兼顾各方面的要求，优化选定一种刚度和阻尼，这种刚度和阻尼一定的悬架称为被动悬架。由于汽车在行驶过程中，载质量、路面情况及车速是变化不定的，因此刚度和阻尼一定的被动悬架不可能在改善汽车行驶平顺性和操纵稳定性方面再有大的作为，已不能适应现代汽车对乘坐舒适性和操纵稳定性的更高要求。

电子控制悬架是在悬架系统（弹性元件、减振器、导向装置）中附加一个可控制作用力的装置。这种悬架具有车身高度调节、阻尼力控制和悬架刚度控制的功能。根据有源与无源，电子控制悬架可以分为主动悬架系统和半主动悬架系统两大类。

主动悬架系统是在悬架系统中装设可控制作用力的装置，通常由执行机构、测量系统、反馈控制系统和能源系统四部分组成。与主动悬架不同，半主动悬架系统中可控制作用力装置中无能源系统。

执行机构的作用是执行控制系统的指令，一般为力发生器或转矩发生器（液压缸、气缸、伺服电动机、电磁铁等）。测量系统的作用是测量系统各状态，为控制系统提供依据，包括各种传感器。控制系统的作用是处理数据和发出各种控制指令，其核心部件是电子计算机。能源系统的作用是为以上各部分提供能量。

半主动及主动式悬架虽然在控制的参数和效果上各有差别，但它们却都基于一种基本设想，即在车辆行驶过程中，根据实际需要，使悬架系统的基本控制参数，如刚度、阻尼可随时调节，从而达到最佳的平顺性与稳定的行车状态。例如在好路面上正常行驶时，希望“软”一点，在坏路面或起步、制动时，希望“硬”一点；低速时，希望“软”一点，高速时，希望“硬”一点。

因此，半主动及主动式悬架的基本工作原理也是相同的。例如当车身垂直振动位移过大，则计算机在接收到这一信号后，即指令执行器增加系统刚度和阻尼，从而使悬架变“硬”，来控制车身的振动。

主动悬架就是根据汽车的运动状态和路面状况，适时地调节悬架的刚度和阻尼，使其处于最佳减振状态。半主动悬架不考虑改变悬架的刚度，而只考虑改变悬架的阻尼。

一、半主动悬架

图 20-24 所示为一种无级式半主动悬架系统示意图。微处理器 3 从速度、位移、加

速度等传感器处接收信号，计算出系统相应的阻尼值，并发出控制指令到步进电动机 2，经阀杆 4 调节阀门 5，使其改变节流孔的通道截面积，从而改变系统的阻尼。该系统虽不必外加能量装置，但所需传感器较多，故成本仍较高。

二、主动悬架

电子控制空气式主动悬架主要由信号输入装置、悬架刚度及减振器阻尼力调节装置、车身高度调节装置和悬架电控单元（ECU）组成，其布置形式如图 20-25 所示。

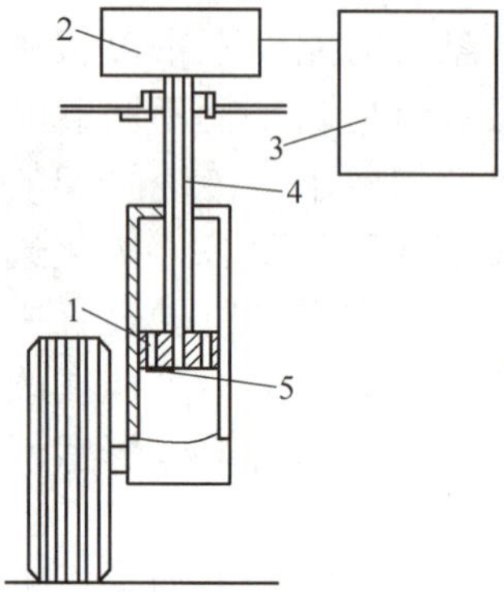

图 20-24 无级式半主动悬架系统示意图

1—节流孔 2—步进电动机 3—微处理器 4—阀杆 5—阀门

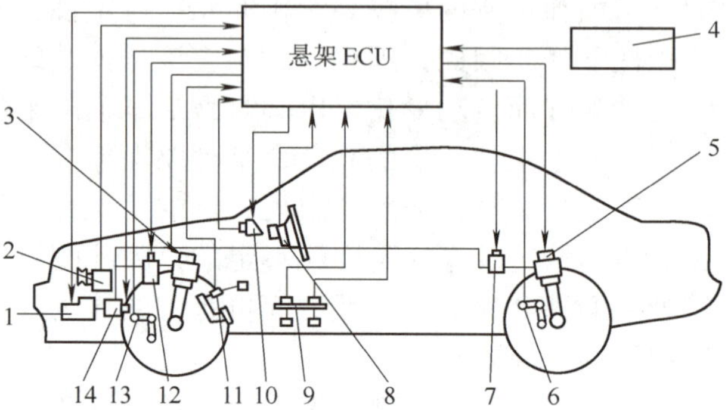

图 20-25 电子控制空气式主动悬架布置示意图

1—空气压缩机 2—发动机 IC 调节器 3—前悬架控制执行器 4—节气门开度传感器 5—后悬架控制执行器 6—后车身高度传感器 7—2 号高度控制阀 8—转向盘转角传感器 9—悬架控制开关 10—车高指示灯、LRC 指示灯、1 号车速传感器 11—制动灯开关 12—1 号高度控制阀 13—前车身高度传感器 14—干燥器与排气阀

1. 信号输入装置

信号输入装置主要由前、后车身高度传感器 13 和 6，转向盘转角传感器 8，车速传感器，节气门开度传感器 4，悬架控制开关 9 和制动灯开关 11 等组成。

（1）车身高度传感器 其安装在车身与车桥之间，把车身与车桥之间的相对高度变化（悬架变形量）转换为电信号，并输送给电控单元。

悬架电控单元根据传感器输入的“ON”、“OFF”信号得到车身位移信号。根据车身高度变化的幅度和频率，可判断车身的振动情况；根据一段时间（一般为 10ms）车身高度在某一区间的百分比频度来判断车身高度。

（2）转向盘转角传感器 其安装在转向轴上，用来检测转向盘的转角信号，间接得到汽车转向程度（快慢、大小）信号，传给悬架电控单元。

（3）车速传感器 其安装在车轮上，输出与车轮转速成正比的脉冲信号，悬架电控单元利用该信号与转向盘转角信号计算出车身的侧倾程度。

（4）节气门位置传感器 其安装在节气门体上，把节气门开度信号传给悬架电控单元，间接测得汽车加速信号。

（5）悬架控制开关 其通常由 LRC 开关与车高控制开关组成，均装在驾驶室变速杆旁边。用以选择空气弹簧和减振器的工作模式“normal auto”(常规自动控制)或“sport auto”(高速行驶自动控制),并由位于仪表板上的LRC指示灯指示当前减振器与空气弹簧的工作模式。高度控制开关用以选择所希望的车身高度“normal”(常规值)或“high”(高值),并由装于仪表板上的车高指示灯指示所选择的车身高度控制模式。

(6)制动灯开关 其获得汽车制动信号并传给电控单元,由此产生抑制汽车“点头”的控制指令。

2. 空气悬架刚度及阻尼力的调节

(1)空气悬架刚度的调节 空气悬架的构造如图20-26所示,悬架上端与车身相连,下端与车轮相连。空气悬架的内部结构如图20-27所示,主气室2、副气室1设计为一体,主、副气室之间有一通路供气体相互流动。改变主、副气室之间气体通路的大小,使主气室被压缩的空气量发生变化,就可改变空气悬架的刚度。

主、副气室之间的通路靠气阀控制,开关气阀的控制杆由悬架控制执行器驱动,当气阀处于不同位置时,即大开、小开、关闭时,可实现空气弹簧低、中、高三种状态的刚度调节。

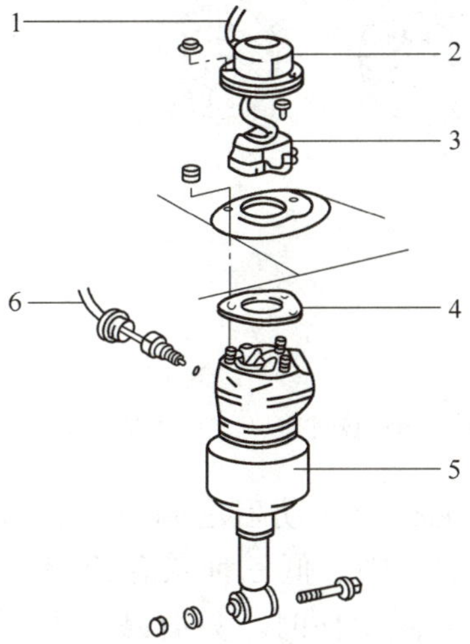

图20-26 空气悬架的构造

1—导线 2—执行器盖 3—执行器
4—悬架支架 5—气压缸 6—空气管

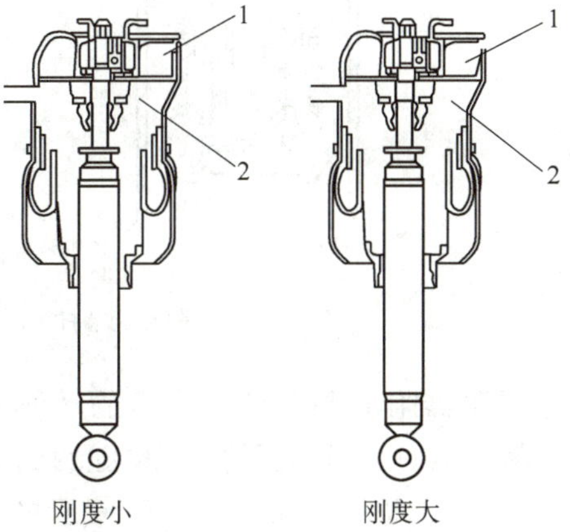

图20-27 空气悬架的内部结构

1—副气室 2—主气室

当阀芯的开口转到对准图20-28所示的“低”位置时,气阀开度大,主、副气室5和4直截面较大,主气室的气体经阀芯的中间孔、阀体的侧面孔与副气室相通,增大了承担缓冲的容积,悬架的刚度变软(处于刚度“低”的状态)。

当阀芯的开口转到图20-28所示的“中”位置时,气阀的开度较小,两气室之间空气流的通道较小,悬架的刚度处于“中等”状态。

当阀芯开口转到图20-28所示的“高”位置时,阀完全关闭,悬架的缓冲由主气室单独承担,可压缩的气体容积减小,悬架的刚度处于“高”状态。

(2)悬架阻尼力的调节 悬架阻尼大小的调节通过改变减振器阻尼孔的截面积的大小来实现,如图20-29所示。

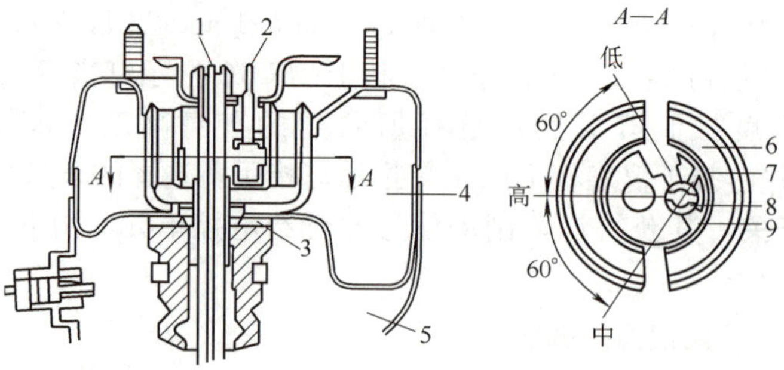

图 20-28 悬架刚度的调节原理

1—阻尼调节杆 2—气阀控制杆 3—主副气室通路 4—副气室 5—主气室
6—气阀体 7—少气体通路 8—阀体 9—多气体通路

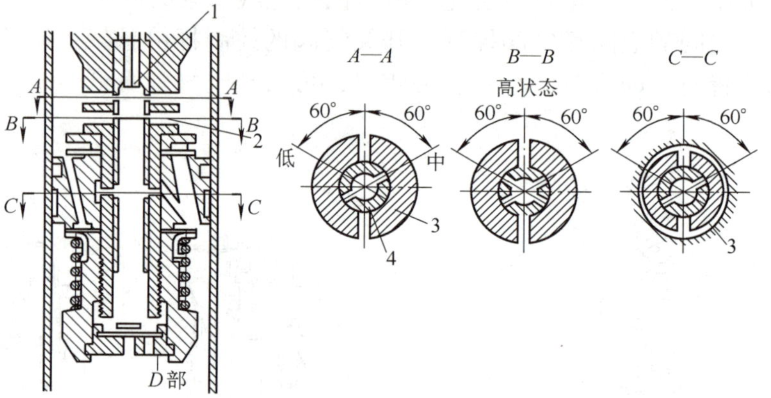

图 20-29 悬架阻尼力的调节原理

1—阻尼调节杆 2—阻尼孔 3—活塞杆 4—转阀

与减振器阻尼调节杆 1 连接的转阀 4 上有三个阻尼孔。转动阻尼调节杆，可使转阀转动，从而开闭三个阻尼孔，改变油路截面积，实现高、中、低三种状态的调节。

当 *A—A*、*B—B*、*C—C* 三个截面的阻尼孔全部被转阀封住时，只有减振器下面的主阻尼孔 *D* 工作，减振器的阻尼力最大（阻尼处于“高”状态）；转阀从高状态逆时针转动 60°，则三个截面的阻尼孔全部打开，减振器的阻尼力最小（阻尼处于“低”状态）；转阀从高状态顺时针转动 60°，则 *B—B* 截面的阻尼孔打开，*A—A*、*C—C* 截面阻尼孔仍关闭，则减振器的阻尼力处于“中”状态。

（3）悬架控制执行器 它除了控制减振器的转阀进行阻尼调节外，还同时驱动主副气室的气阀进行刚度调节。

图 20-30 所示为采用步进电动机的悬架控制执行器结构。步进电动机由悬架电控单元控制，步进电动机 3 带动小齿轮 4 驱动扇形齿轮 7 转动，与扇形齿轮同轴的阻尼调节杆 5 带动转阀转动，使阻尼孔的开闭

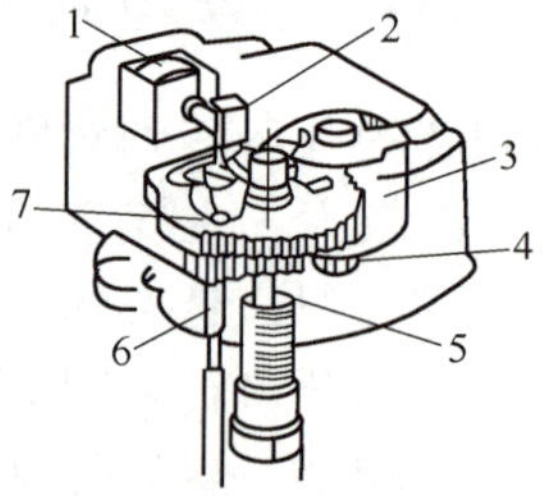

图 20-30 悬架控制执行器结构

1—电磁线圈 2—制动杆 3—步进电动机
4—小齿轮 5—阻尼调节杆
6—刚度调节杆 7—扇形齿轮

数量改变，从而调节减振器的阻尼力。同时齿轮系带动刚度调节杆 6 转动，以改变主、副气室之间通道截面的大小，调节悬架的刚度。

3. 车身高度的调节

其功用是使车身高度根据汽车内乘坐人员或车辆载质量情况自动做出调整，以保证汽车行驶所需要的高度及汽车行驶姿态的稳定。

车身高度调节装置如图 20-31 所示，主要由空气压缩机 1、直流电动机 2、高度控制电磁阀 4、空气干燥器及排气阀 3 等组成。

当需要增加车身高度时，直流电动机带动空气压缩机工作，压缩空气通过空气干燥器后，由高度控制电磁阀进入空气悬架 5，使车身高度增加。达到规定高度时，高度控制电磁阀断电关闭，车身便维持在一定的高度，如图 20-31a 所示。

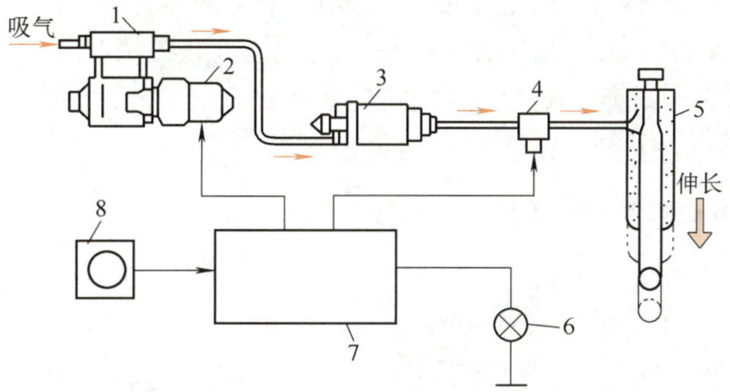

a)

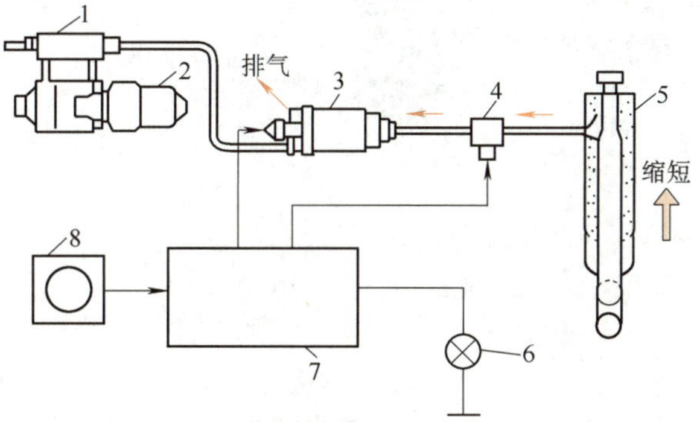

b)

图 20-31 车身高度调节装置

a）充气，车身提高 b）排气，车身降低

1—空气压缩机 2—直流电动机 3—空气干燥器及排气阀 4—高度控制电磁阀

5—空气悬架 6—指示灯 7—悬架电控单元 8—车身高度传感器

当车高需要降低时，高度控制电磁阀和排气阀同时通电打开，空气悬架主空气室空气排出，车身高度下降，如图 20-31b 所示。

主动悬架尽管性能优越，但结构复杂，造价昂贵。与主动悬架相比，半主动悬架性能接近于主动悬架，工作时几乎不消耗汽车的动力，且结构较简单。

延伸阅读

改良的麦弗逊式悬架

由于麦弗逊式悬架先天性的侧向支撑不足，由此很多厂家也在尽可能保留麦弗逊式悬架体积小、质量小的优势的同时，通过各种调整和变化以加强其侧向支撑的能力，最具有代表性的是宝马公司和凯迪拉克 XTS 采用的名为 HiperStrut 的麦弗逊式悬架的衍生品。

1. 双球节减振支柱式悬架

图 20-32 示出的宝马双球节式悬架，宝马将其称为"Double pivot strut type"（宝马官方中文名称为双球节减振支柱悬架）。该悬架将麦弗逊式悬架的 A 字形下摆臂换成了一上一下两根连杆，两支点的变化也使得两根连杆在抑制车轮跳动的过程中互不干涉，将车轮各个定位参数的变化控制在了更小的范围内。由图可以看出，双球节减振支柱式悬架缩短了主销偏距，使车辆稳定性有了较大提高，该悬架继承了麦弗逊式悬架体积小、质量小的优势；但结构复杂，转向灵敏度有所下降。

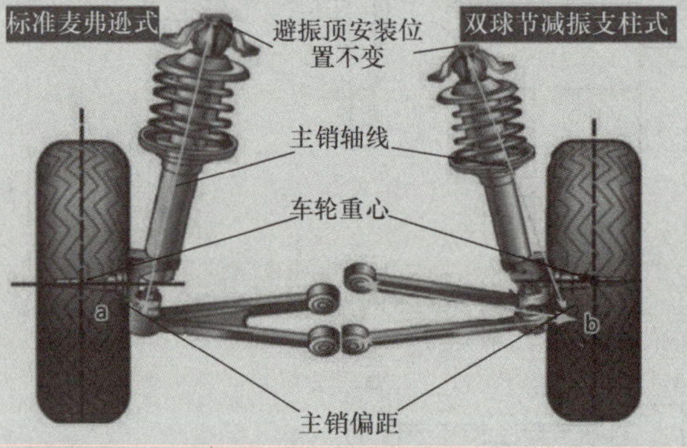

a)

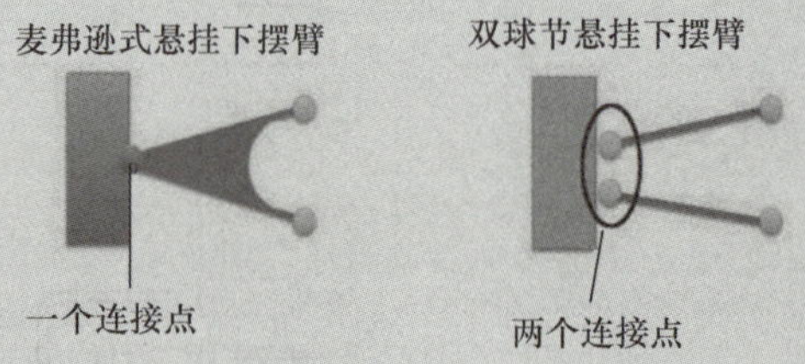

b)

图 20-32 双球节减振支柱式悬架与标准麦弗逊式悬架对比

a）主销偏距对比 b）连接点对比

2. HiperStrut 悬架

凯迪拉克 XTS、君威 GS 2.0T 采用的是名为 HiperStrut 的悬架。HiperStrut 是 High Performance Strut 的缩写。

HiperStrut 悬架（见图 20-33）与麦弗逊式悬架最大的不同是轭型构件的加入。如图 20-34 所示，麦弗逊式悬架为无主销结构，而 HiperStrut 悬架由于轭型构件的加入，因此增加了独立的车轮支架结构，形成独立的主销结构，减振器下部与轭型构件上部相连，车轮转向轴心（主销）被外移了，同时悬架的整体刚性得到提高。用一个运动副代替了上摆臂，不仅可以更精确控制车轮，还能承载一定的侧向力，同时减小了主销偏置距，减小了扭矩转向，对整个操控稳定性都有积极的作用。

HiperStrut 悬架的优点：一是能够防止出现扭矩转向，使车辆在急加速时仍能轻松控制方向；二是在转弯过程中保持车轮的负外倾角，使轮胎保持良好的抓地力。

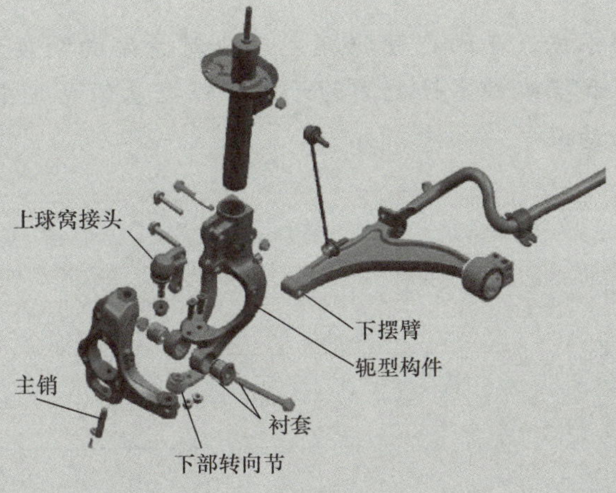

图 20-33　HiperStrut 悬架结构示意图

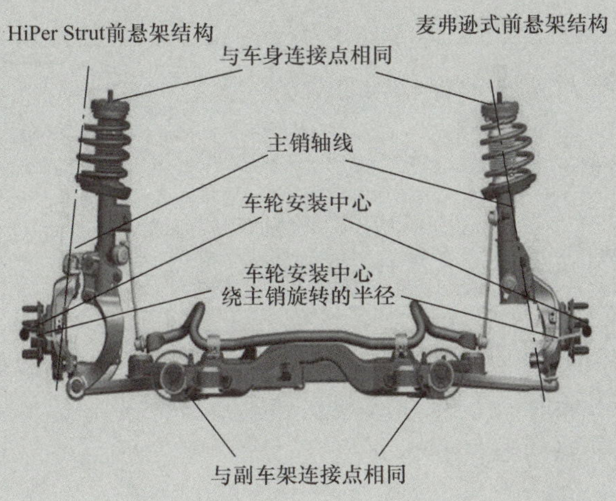

图 20-34　HiperStrut 悬架与标准麦弗逊式悬架对比

本章小结

悬架是车架（或承载式车身）与车桥（或车轮）间的传力连接装置，其作用是把路面作用于车轮上的垂直反力、纵向牵引力和制动力、侧向反力以及这些反力所造成的力矩传递到车架（或承载式车身）上，以保证汽车的正常行驶。

汽车悬架一般由弹性元件、减振器和导向机构（纵、横向推力杆）三部分组成。弹性元件使车架与车桥弹性连接，并缓和来自地面的冲击；减振器能使振动迅速衰减；导向机构在传力的同时，使车轮按一定轨迹相对车架和车身跳动。

汽车悬架分为非独立悬架和独立悬架。非独立悬架按采用的弹性元件的形式，可以分为纵置板簧式、螺旋弹簧、空气弹簧和油气弹簧非独立悬架。

独立悬架能较好地满足汽车行驶平顺性和操作稳定性的要求，它多采用螺旋弹簧和扭杆弹簧作为弹性元件。独立悬架按车轮运动形式可分为横臂式、纵臂式、车轮沿主销移动式和多杆式。

电子控制悬架能够根据汽车的行驶状况主动地对悬架的刚度和阻尼系数进行调整，从根本上解决了平顺性和操纵稳定性之间的矛盾。根据悬架系统中是否包含动力源可分为全主动悬架和半主动悬架。

练习题

一、填空题

1. 悬架一般由________、________和________三部分组成。

2. 汽车悬架可分为两大类，即________和________。

3. 汽车悬架中的弹性元件主要有________、________、________、________和橡胶弹簧五种。

4. 汽车减振器在悬架压缩行程中，其阻尼力应________，而在伸张行程中，其阻尼力应________。

二、选择题

1. 乘用车悬架中一般采用的弹性元件是________。

A. 钢板弹簧　B. 螺旋弹簧　C. 气体弹簧　D. 橡胶弹簧

2. 汽车悬架中减振器的作用是________。

A. 吸收振动　B. 传递纵向力

C. 加速振动的衰减　D. 传递侧向力及其力矩

三、简答题

1. 什么是主动悬架？

2. 钢板弹簧的作用是什么？为什么钢板弹簧各片不等长？

3. 简述电子控制悬架的组成和工作原理。

20-答案

第二十一章　汽车转向系统

学习目标

1. 理解转向系统的功用、运动规律和要求。

2. 掌握机械转向系统的构造和工作原理。

3. 掌握机械转向器（齿轮齿条式、循环球式、蜗杆曲柄指销式）的构造与工作原理。

4. 理解动力转向系统的组成与工作原理，掌握整体式液压动力转向器的构造与工作原理。

5. 掌握电子控制动力转向系统的组成和工作原理。

6. 理解四轮转向系统的组成与工作原理。

第一节　概　　述

汽车转向系统的功用是按照驾驶人的意图改变和保持汽车的行驶方向。

一、汽车转向系统的类型和组成

汽车转向系统可按转向能源的不同分为机械转向系统和动力转向系统两大类。

1. 机械转向系统

机械转向系统以驾驶人的体力作为转向能源，其中所有传力件都是机械的。机械转向系统由转向操纵机构、转向器和转向传动机构三大部分组成。

图 21-1 所示为机械转向系统的组成和布置示意图。当汽车转向时，驾驶人对转向盘 1 施加的转向力矩通过转向轴 2、万向节 3 和转向传动轴 4 输入转向器 5。经转向器放大后的力矩和减速后的运动传到转向摇臂 6，再经过转向直拉杆 7 传给固定于左转向节 9 上的转向节臂 8，使左转向节和它所支撑的左转向轮偏转。通过转向梯形，使右转向节

13 及其支撑的右转向轮随之同向偏转相应角度。转向梯形由固定在左、右转向节上的梯形臂 10、12 和两端与梯形臂作球铰链连接的转向横拉杆 11 组成。

从转向盘到转向传动轴的一系列零部件属于转向操纵机构。由转向摇臂至转向梯形的一系列零部件（不含转向节）均属于转向传动机构。

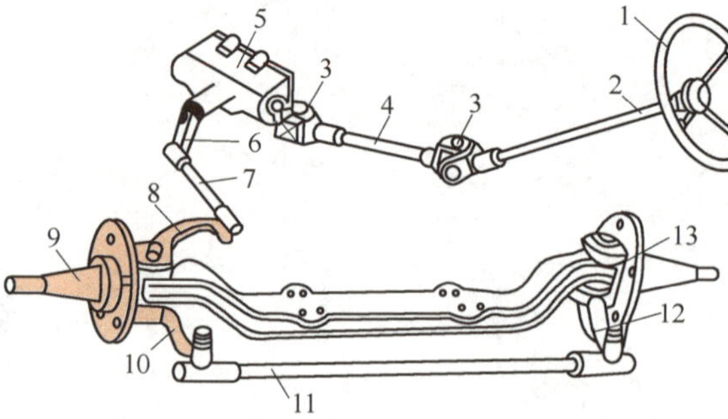

图 21-1 机械转向系统的组成和布置示意图

1—转向盘 2—转向轴 3—万向节
4—转向传动轴 5—转向器 6—转向摇臂
7—转向直拉杆 8—转向节臂 9—左转向节
10、12—梯形臂 11—转向横拉杆 13—右转向节

转向盘在驾驶室的安置位置与各国交通法规规定车辆靠道路左侧还是右侧通行有关。包括我国在内的大多数国家规定车辆右侧通行，相应地应将转向盘安置在驾驶室左侧。这样，驾驶人的左方视野较广阔，有利于两车安全交会。相反，在一些规定车辆靠左侧通行的国家和地区使用的汽车上，转向盘则应安置在驾驶室右侧。

2. 动力转向系统

动力转向系统是兼用驾驶人体力和发动机动力为转向能源的转向系统。在正常情况下，汽车转向所需的能量，只有一小部分由驾驶人提供，而大部分是由发动机通过动力转向装置提供的。但在动力转向装置失效时，则由驾驶人独立承担汽车转向任务。因此，动力转向系统是在机械转向系统的基础上加设一套动力转向装置而形成的，如图 21-2 所示。其中属于动力转向装置的部件是储油罐 7、转向液压泵 5、机械转向器与转向控制阀 2 和转向动力缸 3。转向控制阀与机械转向器安装在一起并联动，保证转向助力的同步。当驾驶人转动转向盘 1 时，机械转向器带动转向控制阀转动，使转向动力缸的右腔接通转向油罐。液压泵的高压油进入转向动力缸的左腔，于是转向动力缸的活塞上受到向右的液压作用力便经推杆施加在转向横拉杆 4 上，也使之右移，带动转向梯形臂移动，从而带动车轮偏转。这样，驾驶人施于转向盘上很小的转向力矩，便可克服地面作用于转向轮上的转向阻力矩。

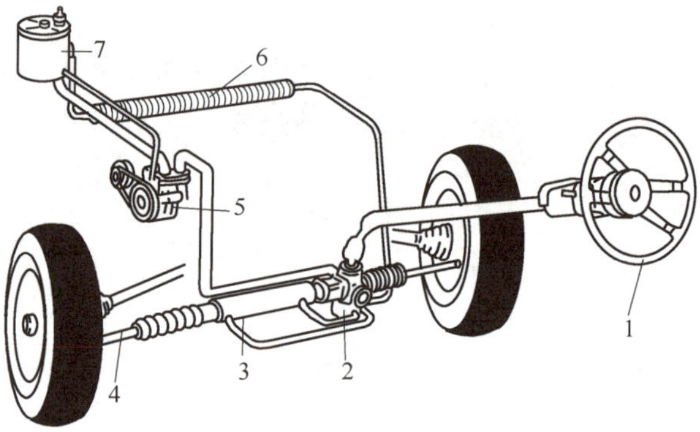

图 21-2 动力转向系统示意图

1—转向盘 2—机械转向器与转向控制阀
3—转向动力缸 4—转向横拉杆 5—转向液压泵
6—液压油散热器 7—储油罐

除上述两种转向系统外，转向系统还有前轮主动转向、线控转向和四轮转向等形式。

前轮主动转向（Active Front Steering，AFS）系统主要是根据汽车行驶状况实时调节转向器的等效传动比，从而为驾驶人提供最适宜的转向灵敏度；在底盘一体化控制中，通过使前轮主动转向产生使汽车行驶稳定的力矩。

线控转向（Steer-By-Wire，SBW）系统的最大特点是转向盘与转向轮之间没有机械连接。系统主要由转向盘模块、转向模块、控制器和传感器等组成。转向盘模块中的反力电动机的作用是向驾驶人提供合适的路感；转向模块使车轮产生偏转；控制器根据转向盘转角和转矩、车轮转角、汽车行驶速度、横摆加速度和侧向加速度等信号，判断驾驶人的转向意图及汽车运动状态，及时调整车轮转角，以提高汽车行驶的稳定性。该系统价格较贵，而且全电子系统的可靠性不如机械或液压系统，因此要达到实用化程度，还需要经历一个艰难的历程。

四轮转向（Four Wheel Steering，4WS）系统是指汽车转向过程中，4 个车轮可根据前轮转角或行车速度等信号同时相对车身偏转。结构原理在第五节中叙述。

二、转向系统的要求

1）工作可靠。

2）操纵轻便。

3）转向时要求车轮纯滚动而无滑动。

4）调整简单易行。

5）转向轮受到冲击时，转向盘上的感觉应最小，但要保证驾驶人有正确的道路感觉。

三、转向轮的运动规律

为了避免在汽车转向时产生路面对汽车行驶的附加阻力和轮胎过快磨损，要求转向系统能保证在汽车转向时，所有车轮均作纯滚动。显然，只有在所有车轮的轴线都相交于一点时才能实现。此交点 O 称为转向中心，如图 21-3 所示。内转向轮偏转角 β 应大于外转向轮偏转角 α。在车轮为绝对刚体的假设条件下，α 与 β 的理想关系式应为

$$\cot\alpha = \cot\beta + \frac{B}{L} \qquad (21\text{-}1)$$

式中，B 为两侧主销轴线与地面相交点之间的距离；L 为汽车轴距。

上述关系式由转向梯形的几何参数保证。但所有汽车的转向梯形实际上都只能设计得在一定的车轮偏转角范围内，使两侧车轮偏转角的关系大体上接近于理想关系。

由转向中心 O 到外转向轮与地面接触点的距离称为汽车转弯半径。转弯半径越小，则汽车转向所需场地就越小。由图可知，当外转向轮偏转角达到最大值 α_{max} 时，转弯半径 R 最小。在图 21-3 所示的理想情况下，最小转弯半径 R_{min} 与 α_{max} 的关系为

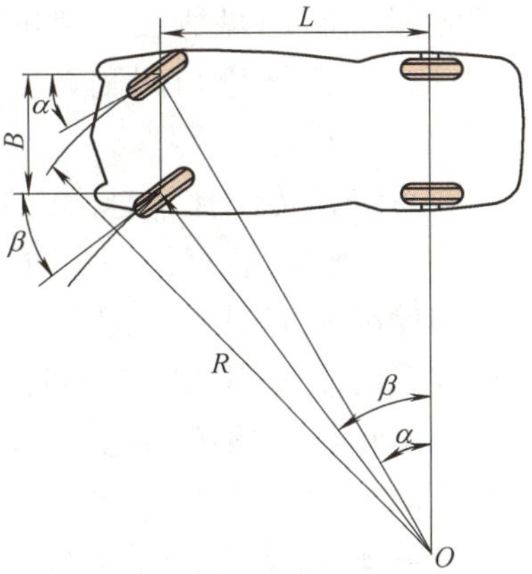

图 21-3 双轴汽车转向时理想的两侧转向轮偏转角的关系示意图

$$R_{min}=\frac{L}{\sin\alpha_{max}} \tag{21-2}$$

对于只用前桥转向的三轴汽车，由于中桥车轮和后桥车轮的轴线总是平行的，故不存在理想的转向中心。计算转弯半径时，可以用一根与中、后桥车轮轴线等距离的平行线作为假想的与原三轴汽车相当的双轴汽车的后轮轴线。

对于用第一、第三车桥转向的三轴汽车如图21-4a所示，可以第二桥车轮轴线为基线，分别利用上式求出第一桥和第三桥两侧车轮偏转角之间的理想关系式，作为设计上述两车桥的转向梯形的依据。对于利用第一、第二车桥转向的四轴汽车如图21-4b所示，可以第三、四两桥轴线之间的中间平行线为基线，分别求出这两转向桥两侧车轮偏转角的近似理想关系。显然，对上述两种汽车，都可得到下列理想的或近似理想的关系式：

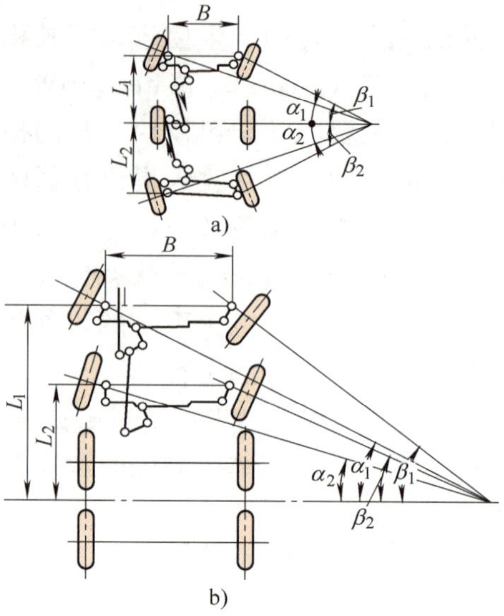

图21-4 多轴汽车转向示意图

a）三轴汽车一、三桥转向

b）四轴汽车双前桥转向

$$\cot\alpha_1=\cot\beta_1+\frac{B}{L_1}$$

$$\cot\alpha_2=\cot\beta_2+\frac{B}{L_2}$$

在图21-4a中，若$L_1=L_2=L/2$，则应有$\alpha_1=\alpha_2=\alpha$，$\beta_1=\beta_2=\beta$，且最小转弯半径为

$$R_{min}=\frac{L}{2\sin\alpha_{max}} \tag{21-3}$$

四、转向系统角传动比

转向盘转角增量与转向摇臂转角的相应增量之比$i_{\omega1}$称为转向器角传动比。转向摇臂转角增量与转向盘所在一侧的转向节转角相应增量之比$i_{\omega2}$称为转向传动机构角传动比。转向盘转角增量与同侧转向节相应转角增量之比则为转向系统角传动比，以i_ω表示。显然$i_\omega=i_{\omega1}i_{\omega2}$。

转向系统角传动比i_ω越大，则克服一定的地面转向阻力矩所需的转向盘上的转向力矩便越小，在转向盘直径一定时，驾驶人应加于转向盘上的手力也越小。但i_ω过大，将导致转向操纵不够灵敏，即为了得到一定的转向节偏转角所需的转向盘转角过大。因此，选取i_ω时应适当兼顾转向省力和转向灵敏的要求。

转向传动机构角传动比$i_{\omega2}$的数值较小，对于一般汽车而言，$i_{\omega2}$约为1。货车的$i_{\omega1}$为16～32，轿车的$i_{\omega1}$为12～20。由此可知，转向系统角传动比i_ω主要取决于转向器角传动比$i_{\omega1}$。有些转向器的$i_{\omega1}$是常数，有些则是可变的。

机械转向系统同时满足转向省力和转向灵敏要求的程度是很有限的，因此普遍采用动力转向系统已成为中型以上的载货汽车和中级以上的轿车转向系统的发展趋势。

汽车的转向操纵性能并不完全取决于转向系统，还与行驶系统有关。此外，悬架导向机构的结构和布置，以及轮胎的径向和侧向刚度都对汽车的转向操纵性有很大影响。

第二节　转向器、转向操纵机构和转向传动机构

一、转向器

1. 转向器的功用和类型

转向器的功用是增大驾驶人作用在转向盘的力并改变力的传递方向，一般有 1 ~ 2 级减速传动副。按传动副的结构形式分类，目前在汽车上广泛采用的有齿轮齿条式、循环球-齿条齿扇式、循环球-曲柄指销式和蜗杆曲柄指销式等结构形式。

转向器的输出功率与输入功率之比称为转向器的传动效率。在功率由转向轴输入，由转向摇臂输出的情况下求得的传动效率称为正效率，而传动方向与上述相反时求得的传动效率则称为逆效率。逆效率很高的转向器称为可逆式转向器，逆效率很低的转向器称为不可逆式转向器，逆效率略高于不可逆式的转向器称为极限可逆式转向器。

可逆式转向器很容易将经转向传动机构传来的路面反力传到转向盘上，有利于汽车转向结束后转向轮和转向盘自动回正，但也能将路面对车轮的冲击力传到转向盘，发生“打手”情况。不可逆式转向器不能将不平道路对转向轮的冲击载荷传到转向盘，即由其中各传动零件（主要是传动副）承受。但也能使转向盘和转向轮无自动回正作用，使得驾驶人不能得到路面反馈信息（即无“路感”），无法调节转向力矩。极限可逆式转向器反向传力性能介于可逆式和不可逆式之间，而接近于不可逆式。采用这种转向器时，驾驶人能有一定的路感，可实现转向轮自动回正，而且只有在路面冲击力很大时，才能将部分冲击力传到转向盘。现代汽车上一般不采用不可逆式转向器。经常在良好路面上行驶的汽车多采用可逆式转向器。极限可逆式转向器多用于中型以上越野汽车和工矿用自卸汽车。

在整个转向系统中各传动件之间都必然存在着装配间隙，而且这些间隙将随着零件的磨损而增大，反映到转向盘上会产生空转角度，转向盘在空转阶段中的角行程称为转向盘自由行程。转向盘自由行程对于缓和路面冲击及避免使驾驶人过度紧张是有利的，但不宜过大，否则将使转向灵敏性降低。一般说来，转向盘从相应于汽车直线行驶的中间位置向任一方向的自由行程一般不超过 10° ~ 15°。当零件磨损严重到使转向盘自由行程超过 25° ~ 30°时，则必须进行调整。主要通过调整转向器传动副的啮合间隙和轴承间隙来实现。

2. 典型转向器

（1）齿轮齿条式转向器　图 21-5 所示为两端输出式的齿轮齿条式转向器。传动副主动件转向齿轮 11 安装在转向器壳体 5 中，与水平布置的转向齿条 4 相啮合。压紧弹簧 7 通过压块 9 将转向齿条压靠在转向齿轮上，保证无间隙啮合。弹簧的预紧力可用调整螺塞 6 调整。当转向盘转动时，转向齿轮转动，使与之啮合的转向齿条沿轴向移动。从而使左右横拉杆带动转向节左、右转动，使转向车轮偏转。

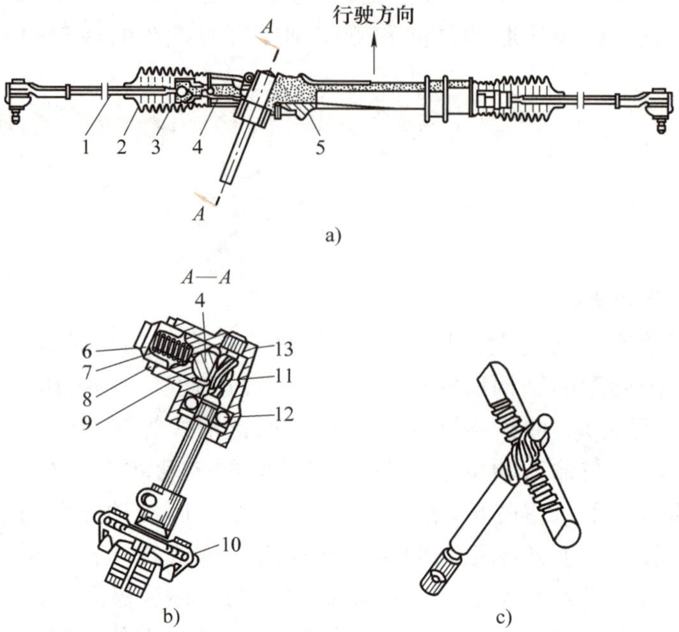

图 21-5 两端输出式的齿轮齿条式转向器

a）主视图 b）侧视图 c）齿轮齿条示意图

1—转向横拉杆 2—防尘套 3—球头座 4—转向齿条 5—转向器壳体 6—调整螺塞 7—压紧弹簧 8—锁紧螺母 9—压块 10—万向节叉 11—转向齿轮 12—深沟球轴承 13—滚针轴承

当齿轮齿条式转向器因结构上的原因只能布置在较高的位置时，就要采用如图 21-6 所示的中间输出式的齿轮齿条式转向器。其结构及工作原理与两端输出式的齿轮齿条式转向器基本相同，不同之处是它在转向齿条的中部用螺栓与左、右转向横拉杆 6、7 相连。当车轮上下跳动时，转向横拉杆将倾斜有一竖直方向的分力。由于两横拉杆与齿条轴的铰链点间有一定的间距，因此横拉杆上的作用力有可能使齿条轴转动而使齿轮齿条卡死。为此，采用了导向块，转向器壳体上加工有轴向槽，导向块可在槽中滑动。

通常，转向齿轮采用标准齿型的螺旋圆柱齿轮，与之啮合的齿条为斜齿，这可以提高齿轮齿条的啮合重叠度，使转向器运转平稳，减少冲击和噪声。为了实现变速比传动，可以使齿条从中间到两端各齿的倾斜角、压力角和模数按一定规律变化。齿轮轴线与齿条轴线间呈一定夹角，可满足转向系统总布置的要求。齿条断面为圆形，也有 V 形或 Y 形，可以防止齿条转动，节省材料，减小转向器质量。

齿轮齿条式转向器结构简单，质量小，制造容易，成本低，传动效率很高，转向灵敏，啮合间隙无需调整。由于它使转向传动机构简化（无需转向摇臂和转向直拉杆等），只适合用于独立悬架，但转向时齿条轴受横拉杆斜向作用力较大，故只在轿车、微型和轻型货车上得到广泛应用。例如，一汽的红旗 CA7220 型轿车、奥迪轿车、捷达轿车、上海帕萨特轿车、广州本田轿车、桑塔纳轿车（见图 21-6）、天津 TJ1010 型微型货车和南京依维柯轻型货车等，都采用了这种齿轮齿条式转向器。

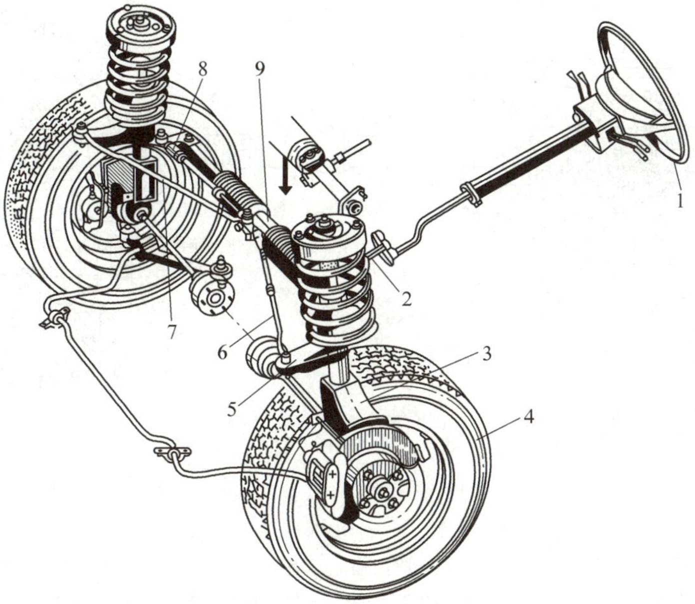

图 21-6 桑塔纳轿车转向系统

1—转向盘 2—安全转向轴 3—转向节 4—转向轮 5—转向节臂 6—左转向横拉杆 7—右转向横拉杆 8—转向减振器 9—机械转向器

可变齿比转向系统就是齿轮齿条式转向器的齿条采用两边稀疏、中间细密的齿比结构。高速行驶时，使用齿比较密的齿条段，这样转向就不会那么“灵敏”，而是非常“精确”；而在低速状态下，则使用齿比较疏的齿条段。如此一来，驾驶人在驾驶时就会感到它的转向系统在低速行驶时敏捷灵活，而进入了高速状态后则变得更加稳定精准。

（2）循环球-齿条齿扇式转向器 循环球-齿条齿扇式转向器中有两级传动副，第一级是螺杆螺母传动副，第二级是齿条齿扇传动副，如图 21-7 所示。

转向螺杆 3 的轴颈支撑在两个推力角接触球轴承 2 上。轴承紧度可用调整垫片 9 调整。转向螺母 4 外侧的下平面上加工成齿条，与齿扇轴（摇臂轴）20 上的齿扇啮合。可见转向螺母既是第一级传动副的从动件，也是第二级传动副（齿条齿扇传动副）的主动件（齿条）。通过转向盘和转向轴转动转向螺杆时，转向螺母不能转动只能轴向移动，并驱动齿扇轴转动。

为了减少转向螺杆和转向螺母之间的摩擦与磨损，二者之间的螺纹不直接接触。转向螺杆和螺母上都加工出断面轮廓为两段或三段不同心圆弧组成的近似半圆的螺旋槽。两者的螺旋槽能配合形成近似圆形断面的螺旋管状通道。其间装入钢球，实现滚动摩擦。螺母侧面有两对通孔，可将钢球从此孔塞入螺旋形通道内。两根 U 形钢球导管 7 的两端插入螺母侧面的两对通孔中。导管内也装满了钢球。这样，两根导管和螺母内的螺旋管状通道组合成两条各自独立的封闭的钢球“流道”。

转动时，转向螺杆通过钢球将力传给转向螺母，螺母即沿轴向移动。同时，在螺杆与螺母两者和钢球间的摩擦力矩作用下，所有钢球便在螺旋管状通道内滚动，形成

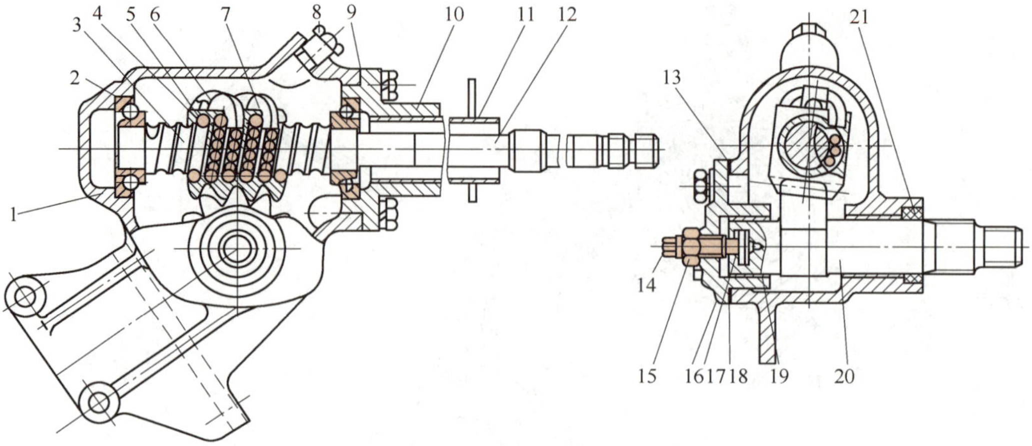

图 21-7 循环球-齿条齿扇式转向器

1—转向器壳体 2—推力角接触球轴承 3—转向螺杆 4—转向螺母 5—钢球 6—钢球导管卡 7—钢球导管 8—六角头锥形螺塞 9—调整垫片 10—上盖 11—转向柱管总成 12—转向轴 13—转向器侧盖衬垫 14—调整螺钉 15—螺母 16—侧盖 17—孔用弹性挡圈 18—垫片 19—摇臂轴衬套 20—齿扇轴（摇臂轴） 21—油封

“球流”。钢球在管状通道内绕行后，流出螺母而进入导管的一端，再由导管另一端流回螺旋管状通道。故在转向器工作时，两列钢球只是在各自的封闭流道内循环，而不致脱出。

与齿条相啮合的齿扇，其齿厚是在分度圆上沿齿扇轴线按线性关系变化的，故为变厚齿扇。只要使齿扇轴相对于齿条进行轴向移动，即能调整两者的啮合间隙。调整螺钉 14 旋装在侧盖 16 上。齿扇轴内侧端部有切槽，调整螺钉的圆柱形端头即嵌入此切槽中。将调整螺钉旋入，则啮合间隙减小，反之则啮合间隙增大。

循环球式转向器的正传动效率很高（可达 90% ~95%），故操纵轻便，使用寿命长，工作平稳、可靠。但其逆效率也很高，容易将路面冲击力传到转向盘。经常在平坦路面上行驶的轻、中型载货汽车上述缺点对其影响不大。循环球式转向器广泛应用于各类各级汽车，如解放 CA1040 系列轻型载货汽车、北京 BJ1041 型、北京 BJ2023 型、解放 CA1091 型和黄河 JN1181C13 型等汽车都采用这种转向器。

（3）蜗杆曲柄指销式转向器 图 21-8 所示为蜗杆曲柄指销式转向器。转向蜗杆 3 为主动件，装在摇臂轴 1 曲柄端部的指销 2 为从动件。转向蜗杆转动时，与之啮合的指销即绕摇臂轴轴线沿圆弧运动，并带动摇臂轴转动。

东风 EQ1090E 型汽车的蜗杆曲柄双指销式转向器如图 21-9 所示。转向蜗杆 3 支撑于转向器壳体两端的两个推力角接触球轴承 2 和 9 上。转向器下盖 6 上装有调整螺塞 7，用以调整上述二轴承的紧度，调整后用螺母 8 锁紧。蜗杆与两个锥形的指销 11 相啮合。两个指销均用双列圆锥滚子轴承 12 支于摇臂轴 20 内端的曲柄上，其中靠指销头部的一列无内座圈滚子直接与指销轴颈接触。这样，所受剪切载荷最大的这段轴颈的直径可做得大一些，以保证指销有足够的强度。指销装在滚动轴承上可以减轻蜗杆和指销的磨损，并提高传动效率。螺母 13 用以调整轴承 12 的紧度，以使指销能自由转动，且无明显的轴向间隙为宜。摇臂轴用粉末冶金衬套 17 和 18 支撑在壳体中。指销同蜗杆的啮合间隙用侧盖 14 上的调整螺钉 15 调整，调整后用螺母 16 锁紧。

双指销式转向器在中间及其附近位置时，其两指销均与蜗杆啮合，故每个指销所受载荷较单指销式转向器的指销载荷更小，因而其工作寿命较长。当摇臂轴转角相当大时，一个指销与蜗杆脱离啮合，另一指销仍保持啮合。因此双指销式的摇臂轴转角范围较单指销式更大。但双指销式结构较复杂，对蜗杆的加工精度要求也较高。

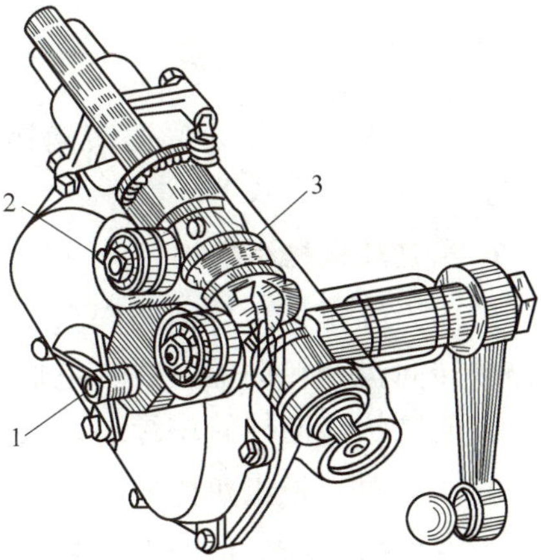

图 21-8　蜗杆曲柄指销式转向器

1—摇臂轴　2—指销　3—转向蜗杆

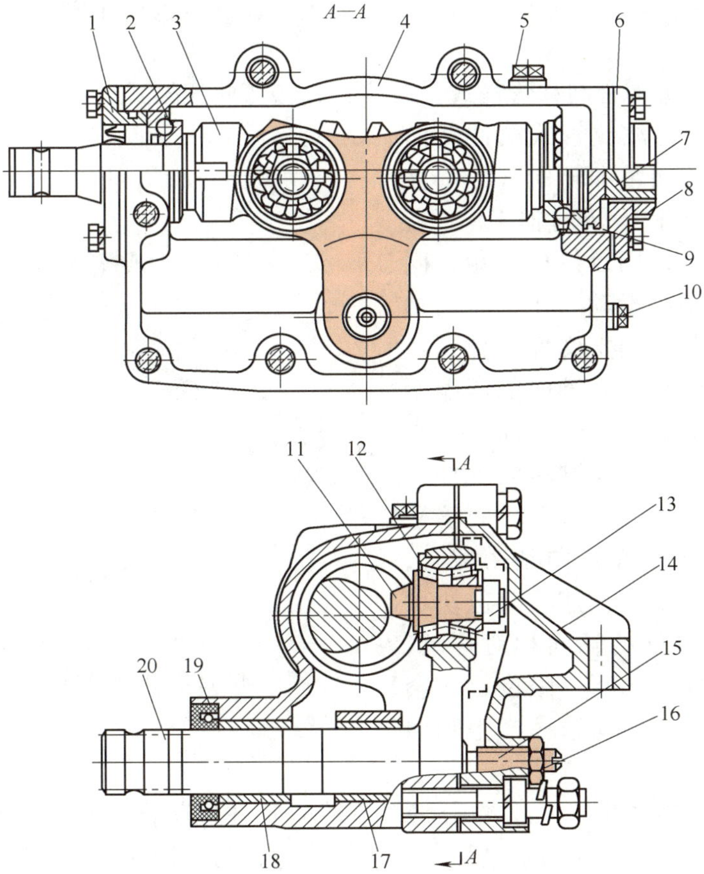

图 21-9　东风 EQ1090E 型汽车的蜗杆曲柄双指销式转向器

1—上盖　2、9—推力角接触球轴承　3—转向蜗杆　4—转向器壳体　5—加油螺塞　6—下盖　7—调整螺塞　8、13、16—螺母　10—放油螺塞　11—指销　12—双列圆锥滚子轴承　14—侧盖　15—调整螺钉　17、18—衬套　19—油封　20—摇臂轴

二、转向操纵机构

转向操纵机构分为普通转向操纵机构、缓冲转向操纵机构和位置可调整转向操纵机构。

1. 普通转向操纵机构

转向操纵机构主要由转向盘1、转向节3及转向轴2等组成，如图21-6所示。转向轴连接转向盘和转向器，并在它们之间传递转矩。转向柱管安装在车身上，支撑着转向盘。转向轴从转向柱管中穿过，支撑在柱管内的轴承和衬套上。

2. 缓冲转向操纵机构

汽车发生正面冲撞时，使驾驶人受伤的主要原因是转向盘的压迫，因此，现代汽车的转向操纵机构都设置缓冲式的安全装置。当汽车受到冲撞时，缓冲式转向操纵机构可以缓和转向盘对驾驶人造成的冲击，减轻驾驶人所受到的伤害。基本原理是当转向轴受到巨大冲击时，转向轴产生轴向位移，使支架或某些支撑件产生塑性变形，从而吸收冲击能量。

缓冲转向操纵机构有网状管柱式、波纹管式和弯曲托架式。

图21-10所示为波纹管式缓冲转向操纵机构。它的转向轴和转向管柱都被制造成上转向轴5和下转向轴1，二者通过细齿花键接合，用以传递转矩，同时可以相对地作轴向滑动。在下转向轴的外边装有波纹管8，波纹管在受到一定的轴向压力时能够产生轴向的压缩变形，消耗冲击能量。上转向管柱6套在下转向管柱9的外面，通过转向管柱压圈2和限位块3连接并定位。转向管柱压圈使上下转向管柱在径向紧密配合，但在轴向却很少有限制作用。限位块可以限制上下转向管柱的轴向相对移动，只有在一定的轴向压力下，限位块才会被剪断，使上下两段转向管柱产生轴向相对移动。

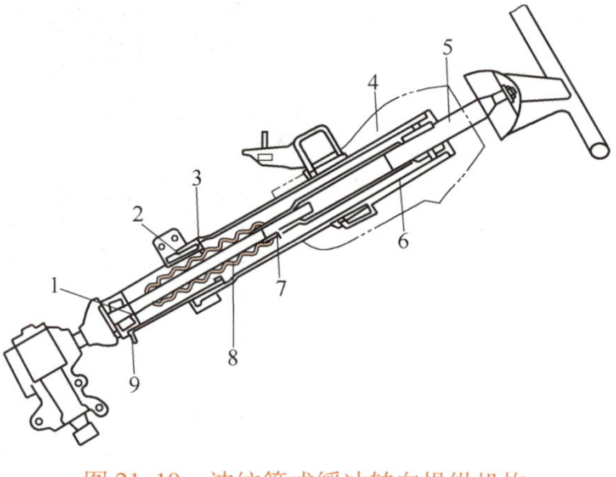

图21-10 波纹管式缓冲转向操纵机构

1—下转向轴 2—转向管柱压圈 3—限位块 4—转向管柱护盖 5—上转向轴 6—上转向管柱 7—细齿花键 8—波纹管 9—下转向管柱

当汽车受到碰撞产生第一次冲击时，下转向管柱倾斜向上移动，在冲击力的作用下，限位块首先被剪断，在剪断过程中消耗了能量，与此同时，转向管柱和转向轴都产生轴向的收缩。当驾驶人在惯性的作用下向前移动产生第二次冲击时，上转向轴在驾驶人身体的作用下向下移动，压缩波纹管，波纹管的收缩变形消耗了冲击能量，使驾驶人少受伤害。

为了满足各种身材驾驶人的操纵舒适性，现代汽车转向操纵机构，一般在转向盘的倾角和轴向位置采取措施，设计各种可调整机构。有些轿车转向操纵机构被设计成记忆式可调整的。即车主在设置好适合自己的转向盘操作位置后，记忆单元即可记住车主所设置的位置，以后每次需要恢复转向盘的位置时，只需按动自动和转向盘倾角或轴向按钮就可以将转向盘调整到自己当初设置好的位置。记忆式可调整转向盘电动调整机构的特点是：调整方法简便，利用记忆单元可以记住驾驶人所需要的转向盘操作位置信息，但机构成本高，维修比较困难。

三、转向传动机构

转向传动机构的功用是将转向器输出的力和运动传到转向桥两侧的转向节，使两侧转向轮偏转，并使两转向轮偏转角按一定关系变化，以保证汽车转向时车轮与地面的相对滑动尽可能小。转向传动机构的组成和布置因转向器位置和转向轮悬架类型而异。

1. 转向传动机构的组成与布置

（1）与非独立悬架配用的转向传动机构 与非独立悬架配用的转向传动机构示意图如图 21-11 所示，包括转向摇臂 2、转向直拉杆 3、转向节臂 4 和由转向横拉杆 6 与两个梯形臂 5 组成的转向梯形机构。这种转向传动机构的布置形式有以下三种：

1）后置式。在前桥仅为转向桥情况下，将转向梯形布置在前桥之后（见图 21-11a）。解放 CA1091、东风 EQ1090E 等汽车上均采用这种机构。

2）前置式。在发动机位置较低或转向桥兼为驱动桥的情况下，为避免运动干涉，通常将转向梯形机构布置在前桥之前（见图 21-11b）。

3）当转向摇臂在与道路平行的平面内左右摇摆时，可将转向直拉杆横置，并借助球头销直接带动转向横拉杆，从而推动两侧梯形臂转动（见图 21-11c）。北京 BJ2020N 型越野汽车即采用这种机构。

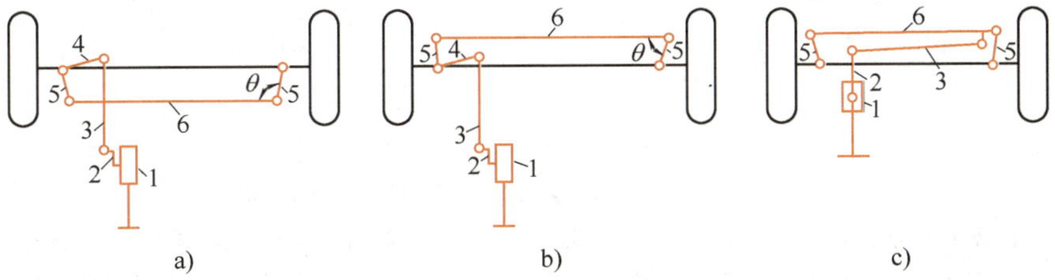

图 21-11 与非独立悬架配用的转向传动机构示意图

1—转向器 2—转向摇臂 3—转向直拉杆 4—转向节臂 5—梯形臂 6—转向横拉杆

（2）与独立悬架配用的转向传动机构 采用独立悬架的转向轮可以相对于车架单独运动，因而其转向桥必须是断开式的，而转向传动机构中的转向梯形也必须分成两段（见图21-12a）或三段（见图 21-12b）。转向摇臂 1 在平行于路面的平面上摆动，直接带动或通过转向直拉杆 2 带动转向梯形运动。

一般轿车常见的转向传动机构如图 21-13 所示。

2. 转向传动机构的结构

转向传动机构主要部件的运动和受力都比较复杂，连接部分易磨损，因此工艺要求较高。

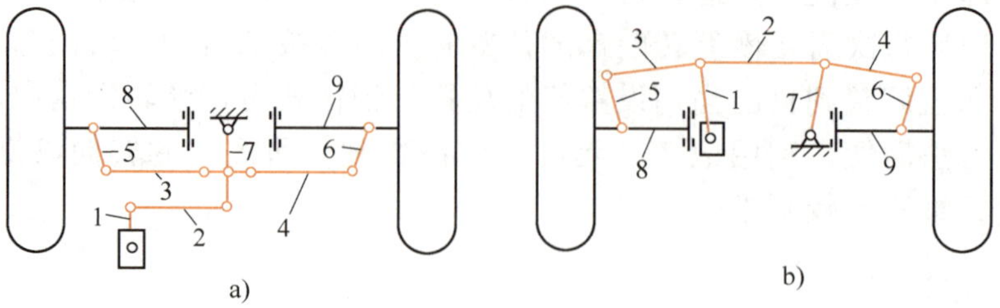

图 21-12 与独立悬架配用的转向传动机构示意图

1—转向摇臂 2—转向直拉杆 3—左转向横拉杆 4—右转向横拉杆 5—左梯形臂 6—右梯形臂 7—摇杆 8—悬架左摆臂 9—悬架右摆臂

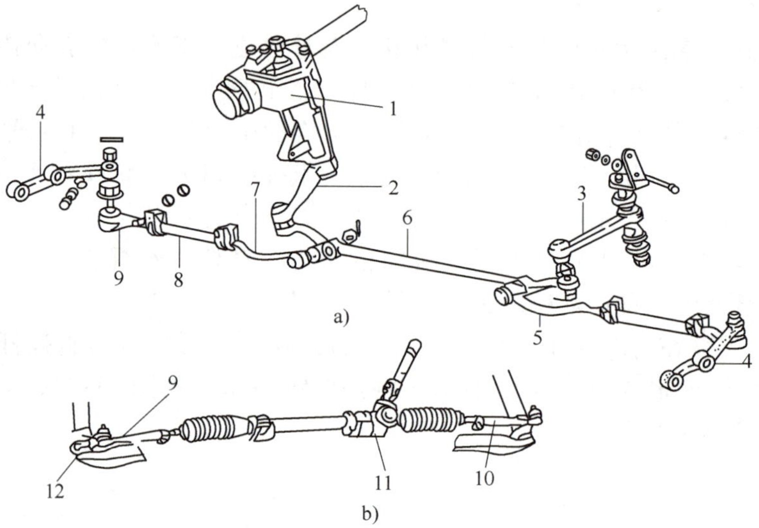

图 21-13 一般轿车常见的转向传动机构

a）采用循环球式转向器 b）采用齿轮齿条式转向器

1—循环球式转向器 2—转向摇臂 3—摆臂 4、12—梯形臂 5—右横拉杆 6—中继杆 7—左横拉杆 8—调整套管 9—横拉杆球铰接头 10—横拉杆 11—齿轮齿条式转向器

（1）转向摇臂 转向摇臂 2 一般由中碳合金钢锻造而成。它的小端锥形孔中装有与转向直拉杆相连接的球头销 3，大端具有锥形三角形细花键槽孔，与摇臂轴 4 外端花键相连接，如图 21-14 所示。

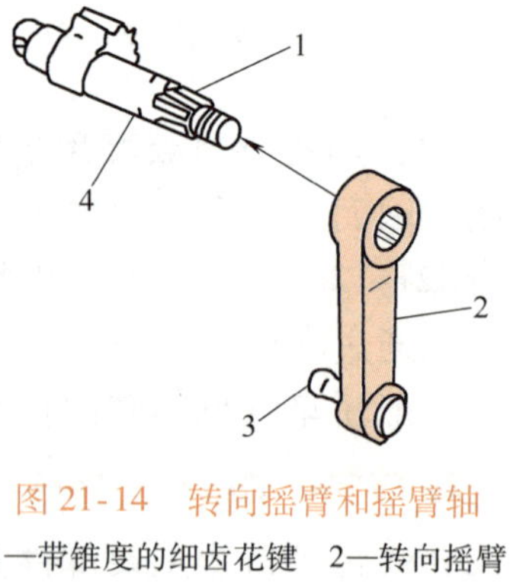

图 21-14 转向摇臂和摇臂轴

1—带锥度的细齿花键 2—转向摇臂 3—球头销 4—摇臂轴

（2）转向直拉杆 转向直拉杆 1（见图 21-15）为实心或空心杆件，两端较粗，内装球头座 3 和 5，将连接转向节臂与直拉杆的球头销的球头 4 夹持住。球头座由弹簧 6 压紧，端部用螺塞 8 塞住。转动螺塞，可以调节弹簧压力。螺塞位置校准后用开口销固定。为了使转向直拉杆在受到向前或向后的冲击力时都有一个弹簧可以起

到缓冲作用，将两端球头销弹簧都装在球头销的后面，此弹簧还可以减轻由车轮传来的跳动。杆的端部开孔，以备插入球头，此孔用橡胶防尘垫 9 密封。杆端还开有油嘴 2，用来注入润滑脂以润滑内部。

（3）转向横拉杆 转向横拉杆由转向横拉杆体 1 和两端的横拉杆接头 3 组成，如图 21-16所示。转向横拉杆体用钢管或钢杆制成，它的两端有正、反螺纹（一端为右旋，一端为左旋）。转动时，即可改变其长度，以调整转向轮的前束值。横拉杆接头的螺纹部分有切口，具有弹性。横拉杆接头旋装到横拉杆体上后，以夹紧螺母 2 夹紧。接头中的球头销 6 的尾部与梯形臂或转向节臂相连。球头座 5 用聚甲醛制成，有很好的耐磨性。装配时两球头座的凸凹部分互相嵌合。弹簧 4 保证球头座与球头紧密配合，并起缓冲作用，其预紧力由螺塞调整。

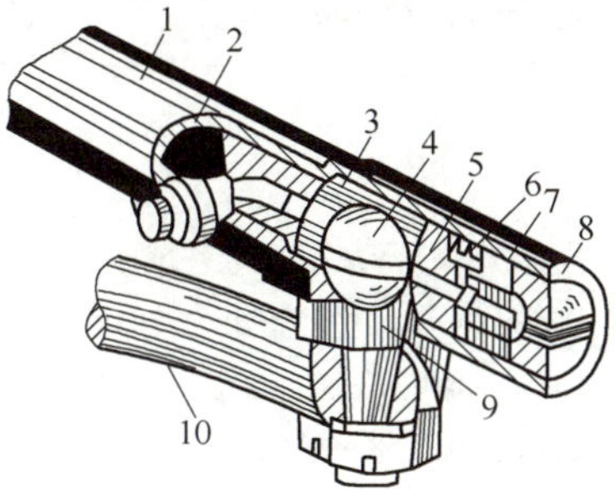

图 21-15 转向直拉杆及接头

1—转向直拉杆 2—油嘴 3、5—球头座 4—球头 6—弹簧 7—限位块 8—螺塞 9—橡胶防尘垫 10—转向节臂

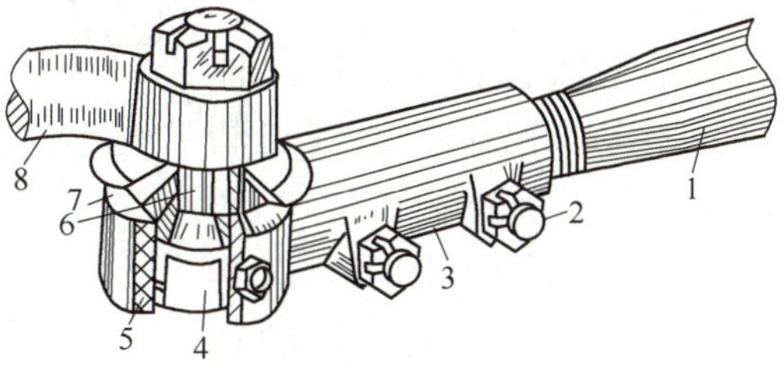

图 21-16 转向横拉杆

1—转向横拉杆体 2—夹紧螺母 3—横拉杆接头 4—弹簧 5—球头座 6—球头销 7—防尘垫 8—梯形臂

第三节 动力转向系统

动力转向系统由机械转向器和动力转向装置组成。

按传能介质不同，动力转向系统有气压式和液压式两种。气压动力转向系统主要应用于一部分前轴最大轴载质量为 3～7t，并采用气压制动系统的载货汽车和客车。液压动力转向系统的工作压力高达 10MPa 以上，其部件尺寸很小。液压系统工作时无噪声，工作滞后时间短，而且能吸收来自不平路面的冲击。因此，液压动力转向系统已在各类各级汽车上获得广泛应用。本节只讨论液压动力转向系统。

一、液压动力转向系统的一般组成、功用和工作原理

液压动力转向系统是在机械式转向系统的基础上加一套动力转向装置而成的，一般组成如图 21-17 所示。

（1）储油罐 用于储存、滤清和冷却油液，常与液压泵形成一体。储油罐 3 有进、出油管接头，通过油管分别与液压泵 2 和转向控制阀 5 连接。

（2）液压泵 安装在发动机上，由曲轴通过传动带驱动并向外输出液压油。

(3) 转向控制阀 根据转向盘的操纵方向、转角范围与力矩大小来改变液压动力的传递路线及油液压力与通道面积的大小。转向控制阀与转向齿轮连接。

(4) 齿轮齿条转向器 11 与转向动力缸 7 齿轮齿条转向器的齿条上安有动力缸活塞 10，动力缸活塞将动力缸分成左右两个工作腔，它们分别通过油道与转向控制阀连接。转向动力缸是转向的加力机构，借助于液压及活塞对机械转向器起助力作用。机械转向器通常采用齿轮齿条式或循环球式转向器。

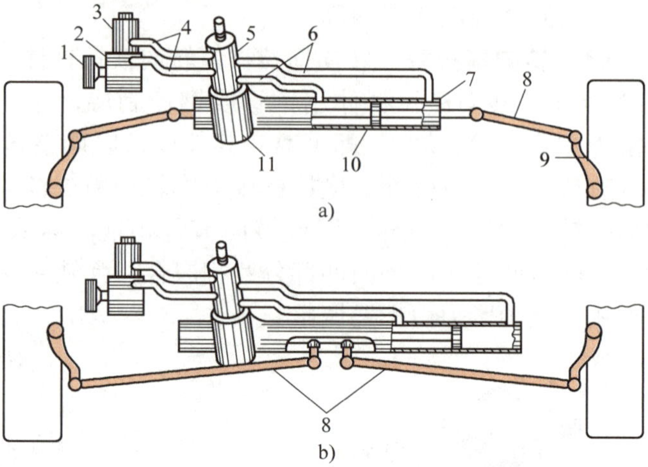

图 21-17 齿轮齿条式液压动力转向系统的组成

a）两端输出式转向器 b）中间输出式转向器

1—带轮 2—液压泵 3—储油罐 4—液压软管 5—转向控制阀 6—金属油管 7—转向动力缸 8—横拉杆 9—转向节臂 10—动力缸活塞 11—齿轮齿条转向器

当汽车直线行驶时，转向控制阀将液压泵泵出来的油液与储油罐接通，液压泵处于卸荷状态，动力转向器不起助力作用。汽车向右转向时，驾驶人向右转动转向盘，转向控制阀将液压泵泵出来的油液与左腔接通，将右腔与储油罐接通，在油压的作用下，活塞向右移动，通过传动机构 8、9 使左、右轮向右偏转，从而实现右转向。向左转向时，情况与上述相反。

二、液压动力转向系统的类型

在液压动力转向系统中，按机械转向器、转向控制阀和转向动力缸三者的组合及相对位置，分整体式动力转向器、半整体式动力转向器和转向加力器三种结构形式，如图 21-18所示。机械转向器 9 和转向动力缸 10 设计成一体，并与转向控制阀 8 组装在一起的部件称为整体式动力转向器，如图 21-18a 所示。转向控制阀同机械转向器组合成一个整体的部件，转向动力缸则作为独立部件分别进行装配，称为半整体式动力转向器，图 21-18b 所示。机械转向器作为独立部件，而将转向控制阀和转向动力缸组合成一个部件，称为转向加力器，如图 21-18c 所示。

按照转向控制阀的布置方式不同，液压动力转向系统分为滑阀式和转阀式。转向控制阀体沿轴向移动来控制油液流量的称为滑阀式液压动力转向系统；转向控制阀体绕其轴向转动来控制油液流量的，称为转阀式液压动力转向系统。

按照转向系统内部压力状态不同，液压动力转向系统分为常流式和常压式。不转向（静态）时，油液仍不断流动，故称为常流式液压动力转向系统；若静态时油液不流动，系统维持高压，称为常压式液压动力转向系统。常流式比常压式转向器功率消耗小，结构也较简单（少了蓄能器），故现在大部分汽车采用常流式助力转向器。常压式助力转向器的优点是，可采用较小流量的液压泵，即使液压泵停止工作仍能保持一定的转向能力。

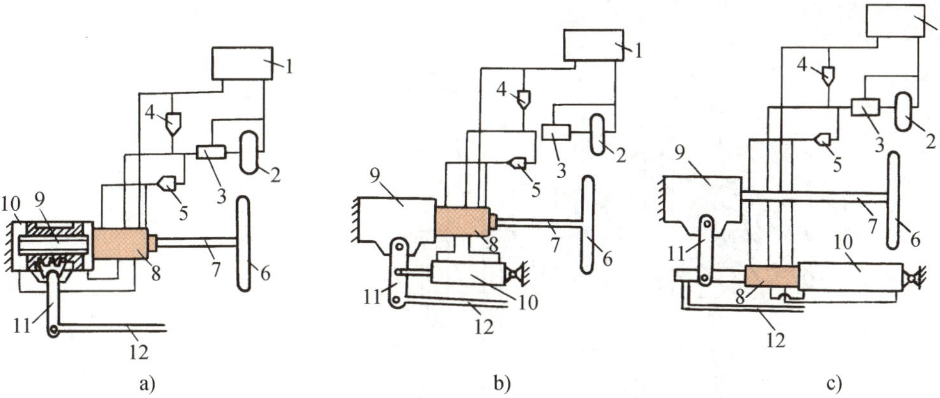

图 21-18　液压动力转向系统的结构布置方案示意图

a）整体式动力转向器　b）半整体式动力转向器　c）转向加力器

1—储油罐　2—转向液压泵　3—流量控制阀　4—溢流阀　5—单向阀　6—转向盘　7—转向轴

8—转向控制阀　9—机械转向器　10—转向动力缸　11—转向摇臂　12—转向直拉杆

目前，各种常见轻型汽车上的动力转向器多为整体式动力转向器；而重型车辆则多采用半整体式动力转向器或转向加力器。现代汽车动力转向系统转向控制阀采用转阀式结构的更多。

三、动力转向器

图 21-17 所示为转阀式液压动力转向系统，采用齿轮齿条式转向器。齿轮齿条式液压动力转向系统的结构形式与机械式齿轮齿条转向系统基本相同，不同之处在于，转向齿轮上部增加了转向控制阀，齿条轴上增加了动力缸活塞。

转阀式转向控制阀如图 21-19 所示，主要由扭杆 1、阀芯 2 和阀套 6 等组成。阀套为圆筒形，在其外圆柱形表面上制有三道较宽较深的油环槽 7 和四道较窄而浅的密封环槽 8；各油环槽中开有与内壁相通的油孔 5，分别与液压泵以及动力缸的左、右腔相通；阀套的内表面有六条（或八条）阀套内凹槽 4。阀芯 2 也为圆筒形，其外表面上也加工有六条（或八条）不贯通的阀芯凹槽 3，与阀套内槽肩相对应。阀芯外表面与阀套内表面滑动配合，但只有通过扭杆的扭转变形二者才可以相对转动。扭杆插在阀芯内，其下端和阀套 6（通过转向齿轮或转向螺杆）相连，上端和阀芯相连，阀芯通过转向轴与转向盘相连。转向时，阀芯相对阀套产生相对转动，引导高压液流进入动力缸以产生转向助力。

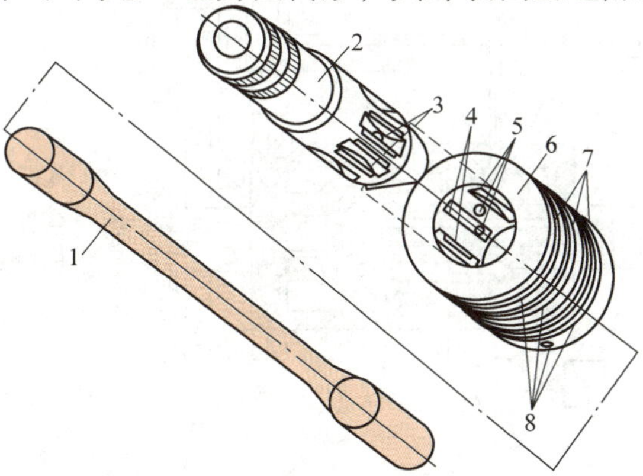

图 21-19　转阀式转向控制阀

1—扭杆　2—阀芯　3—阀芯凹槽　4—阀套内凹槽

5—油孔　6—阀套　7—油环槽　8—密封环槽

齿轮齿条式液压动力转向器的工作原理如图 21-20 所示。转向控制阀和转向器做在一起，阀套 17 和转向齿轮 7 相连

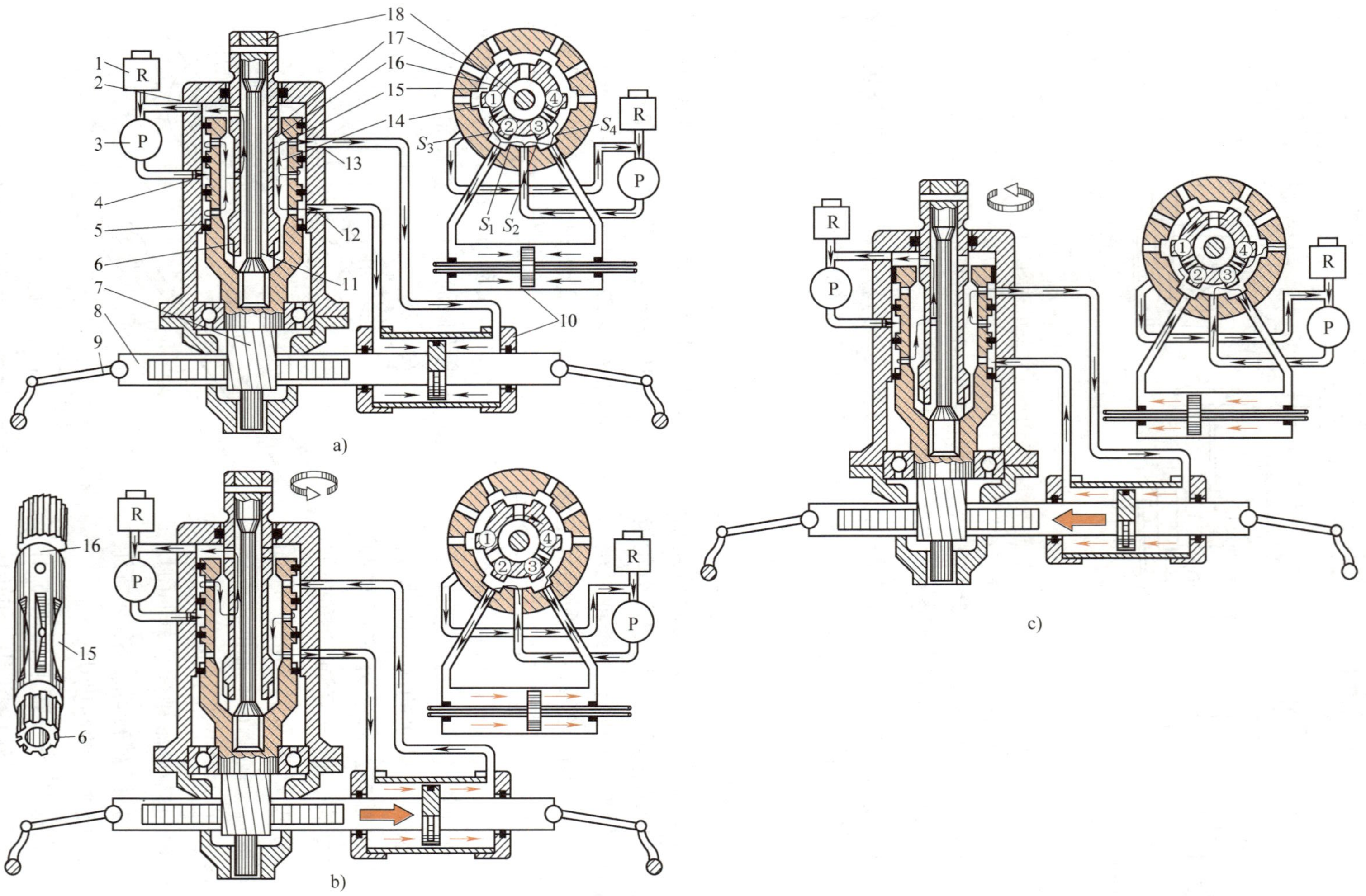

图 21-20 齿轮齿条式液压动力转向器的工作原理

a) 直线行驶 b) 右转向 c) 左转向

1—储油罐 2—回油口 3—液压泵 4—进油口 5—密封环 6—限位花键 7—转向齿轮 8—齿条 9—横拉杆 10—动力缸 11—环形腔 12—左腔油口 13—右腔油口 14—阀套凹槽 15—阀芯凹槽 16—阀芯 17—阀套 18—扭杆

（或制成一体），阀芯16和转向轴相连。通常，动力缸10与转向器也做在一起，成为整体式动力转向器。汽车直行时，转阀处于中间位置，阀芯的凹槽与阀套槽脊间有预开隙$S_1=S_2=S_3=S_4$，如图21-20a所示。液压泵3输出的油液进入阀芯槽肩②、③之间的管路后，分别经间隙S_1、S_2和S_3、S_4进入阀芯槽肩①、②和③、④间的管路，再经阀芯径向孔进入阀芯和扭杆18之间的环形腔11，流回储油罐1。由于动力缸左、右腔无压差，因此不产生助力作用。

汽车向右转向时，驾驶人操纵转向盘带动阀芯及扭杆一起转动，同时，扭杆要带动转向齿轮和阀套。由于转向阻力的作用，两者都不转动，扭杆受转向力矩作用而产生扭转变形，阀芯和阀套之间产生相对转动，使S_1和S_4增大，S_2和S_3减小，如21-20b所示；液压泵输出的油液经S_1进入动力缸左腔，推动齿条向右运动使车轮向右偏转；同时，动力缸右腔的油液经S_4进入阀芯槽肩③、④间的管路，再经环形腔流回储油罐。转向过程中，若驾驶人作用在转向盘的力矩增大，阀套与阀芯间的瞬时相对角位移也增大；相应地，动力缸左、右腔的压差增大，从而转向助力增加。当转向盘停在某一位置不再转动时，阀套与阀芯的相对转角保持不变，从而动力缸两腔的压差保持恒定，油压助力与转向阻力平衡，车轮维持在某一转向位置上。这就是转向控制阀的"渐进随动原理"。

驾驶人放松转向盘，阀芯在扭杆的带动下回到中间位置，即阀芯与阀套之间的相对转角消失，动力系统不起助力作用，此时转向轮在回正力矩的作用下自动回位。

一旦液压动力装置失效，该动力转向器即变成机械转向器。此时若转动转向盘，阀芯也随之转动，同时通过扭杆带动阀套和转向齿轮转动，以保证汽车能够转向。

汽车向左转向时的工作原理如图21-20c所示。

为了不使扭杆过载，在阀芯和阀套上做有限位机构，如图21-21所示。当阀芯1相对阀套2转过一个小角度（一般为5°~6°）后，限位机构即起作用，由阀芯直接带动转向齿轮旋转（扭杆不再进一步产生扭转变形）。图21-21a所示的限位机构中，阀芯下端伸出的两个凸起插在阀套的两个缺口中限位；图21-21b所示的限位机构中，阀芯下端的菱形部分插在阀套中间的凹陷部位；图21-21c、d所示的机构中，分别利用花键和凸台对阀芯转动进行限位。

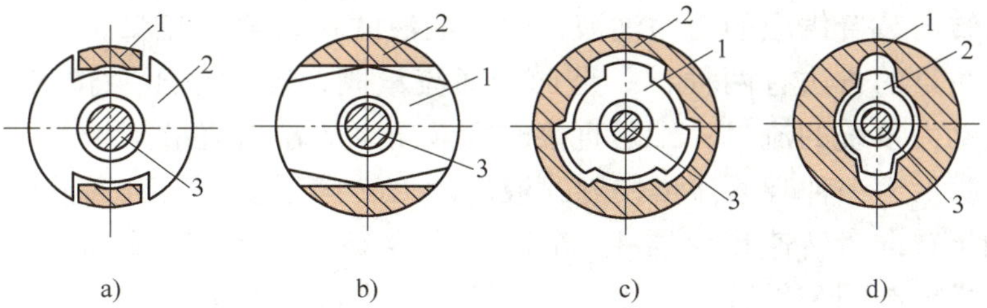

图21-21　阀芯和阀套限位机构

a）凸起限位　b）斜面限位　c）花键限位　d）凸台限位

1—阀芯　2—阀套（转向齿轮或螺杆）　3—扭杆

国产轿车大多采用了转阀式的整体动力转向器，如一汽生产的红旗CA7220型、奥迪、捷达以及神龙汽车有限公司生产的富康等轿车，均采用此种结构形式。

第四节 电子控制动力转向系统

传统动力转向系统在设计时存在着一些矛盾：如果所设计的固定放大倍率是为了减小汽车在停车或低速行驶状态下转动转向盘的力，则当汽车高速行驶时，会使转动转向盘的力显得太小，不利于对高速行驶的汽车进行方向控制；反之，如果所设计的固定放大倍率是为了增加汽车在高速行驶时的转向力，则当汽车停驶或低速行驶时，转动转向盘就会显得非常吃力。

电子控制动力转向系统（Electronic Control Power Steering，EPS），根据动力源不同又可分为液压式电子控制动力转向系统（液压式 EPS）和电动式电子控制动力转向系统（电动式 EPS）。

一、液压式电子控制动力转向系统

液压式 EPS 是在传统的液压动力转向系统的基础上增设了控制液体流量的电磁阀、车速传感器和电控单元等，如图 21-22 所示。电控单元根据检测到的车速信号，控制电磁阀，使转向动力放大倍率实现连续可调，从而满足高、低速时的转向助力要求。

根据控制方式的不同，液压式 EPS 又可分为流量控制式、反力控制式等多种形式。

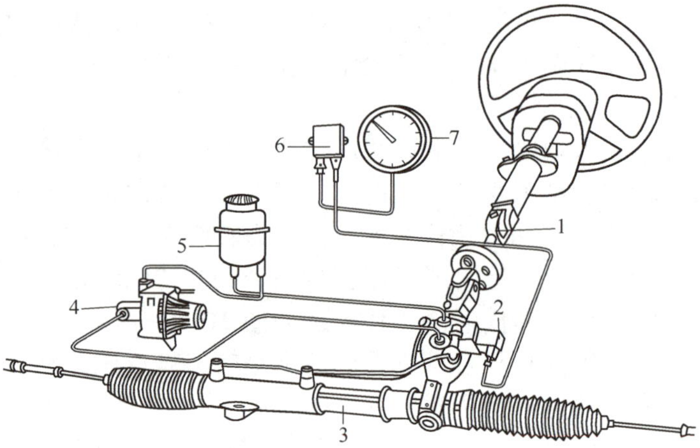

图 21-22 液压式 EPS

1—万向节 2—车速传感器 3—齿轮齿条式转向器 4—液压泵 5—储油罐 6—电控单元 7—车速表

1. 流量控制式 EPS

这是一种根据车速传感器信号调解动力转向装置供应的压力油液，改变油液的输入输出流量，以控制转向操纵力的方法。控制流量的方法有两种：一是加旁通流量阀，即对液压泵输出流量进行分流，控制流入转向动力系统的流量；二是直接改变液压泵的输出流量。

图 21-23 所示为一种旁通流量控制式液压动力转向系统。与普通液压动力系统相比该系统中增加了转向盘转速传感器 4、车速传感器 13、流量控制阀 8、电磁阀 9 及电控单元 5 等。流量控制阀 8 与转向液压泵 1 并联，转向液压泵输出的油液，一部分进入转向器，一部分经流量控制阀直接回到储油罐 2。电控单元 5 根据采集到的车速和转向盘转速信号，通过电磁阀控制流量控制阀的开度进行，从而改变了旁通流量。例如，根据对路感的要求，随着车速的增加，希望增大操纵力。此时，依据车速及转向盘转动的速度，使流经电磁线圈的电流适当增大，让动力转向系统供给的油液流量相应适当减小。由于转向液压泵是定量泵，因此旁通流量的变化会引起动力转向系统供给流量的变化。

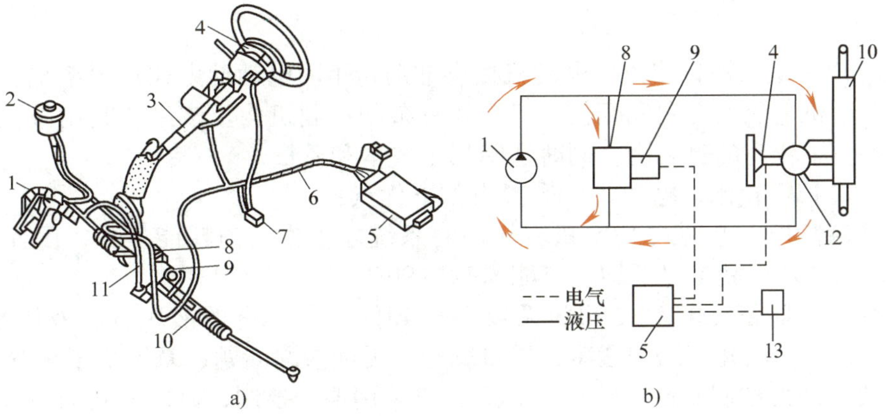

图 21-23　旁通流量控制式液压动力转向系统

a）结构图　b）原理图

1—转向液压泵　2—储油罐　3—转向管柱　4—转向盘转速传感器　5—电控单元　6—线束　7—转速信号处理电路　8—流量控制阀　9—电磁阀　10—转向器助力油缸　11—油管　12—转向控制阀　13—车速传感器

旁通流量控制式液压动力转向系统的液压泵由发动机驱动，只要发动机在运转，液压泵就工作，这会增加发动机的附加燃油消耗。如果液压泵的转速能随车速和转向盘转速的变化而改变，而且汽车不转向时液压泵不工作或以较低转速运转，这样不仅能获得随车速而变化的路感，而且能减少由动力转向系统造成的附加燃油消耗。为此，该系统采用电动机驱动液压泵。控制器根据车速和转向盘转速对电动机转速进行控制，从而改变流入液压动力转向系统的油液流量，达到改变操纵力大小的目的。由于这种液压动力转向系统中，电动机和液压泵制成一体（称为电动泵），因此称为电动泵式液压动力转向（Electro Hydraulic Power Steering，EHPS）系统。

采用 EHPS 系统后，不仅能够获得随车速而变化的路感，而且大大减少了转向动力系统的功率消耗。EHPS 系统的功率消耗仅为传统液压动力转向（Normal Hydraulic Power Steering，NHPS）系统的 20%。

2. 反力控制式 EPS

反力控制式 EPS 是一种根据车速大小，控制反力室油压，从而改变输入、输出增益幅度以控制转向力的方法。系统工作时转向电控单元根据采集到的车速信号，控制电磁阀线圈电流，改变反作用腔中的油压，使阀芯附加的转动阻力产生变化，获得所需要的路感。汽车行驶速度低时，流经电磁阀线圈的电流大，反力腔与进油腔间的通道被堵塞，反力腔中无法建立油压，这与普通液压动力转向系统相同，转向操纵力较小。随着车速的增加，流过电磁阀线圈的电流减小，反作用腔与进油腔之间的节流面积增大，油液的压力损失减小，反作用腔中压力升高，转动阀芯的阻力增大，增加转向操纵力。它具有较大的选择转向力的自由度，转向刚度大，驾驶人能感受到路面情况，可以获得稳定的操作手感等优点。缺点是结构复杂，价格较高。

二、电动式电子控制动力转向系统

电动式EPS是一种直接依靠电动机提供辅助转矩的电动助力式转向系统。该系统仅需要控制电动机电流的方向和幅值，不需要复杂的控制机构。该系统利用微机控制，为转向系统提供了较高的自由度，同时还降低了成本和重量。

与液压式EPS相比，电动式EPS具有如下优点：

（1）能耗降低 电动式EPS只有转向时系统才工作，消耗能量少，因而与液压式EPS相比，在各种行驶工况下均可节能80%～90%。

（2）轻量化显著 电动式EPS无液压式EPS必须具有的液压缸、液压泵、转阀、液压管道等部件，因此其结构紧凑，重量减轻，无油渗漏问题，系统易于布置。

（3）优化助力控制特性 电动式EPS由于采用电子控制，可以使转向系统的转向性能得到优化，增强随动性。

（4）系统安全可靠 当电动式EPS出现故障时，可立即切断电动机与助力齿轮机构的动力传送，迅速转入人工－机械转向状态。

电动式EPS由转矩传感器3、车速传感器、电控单元1、电动机4和减速器5等组成，如图21-24所示。

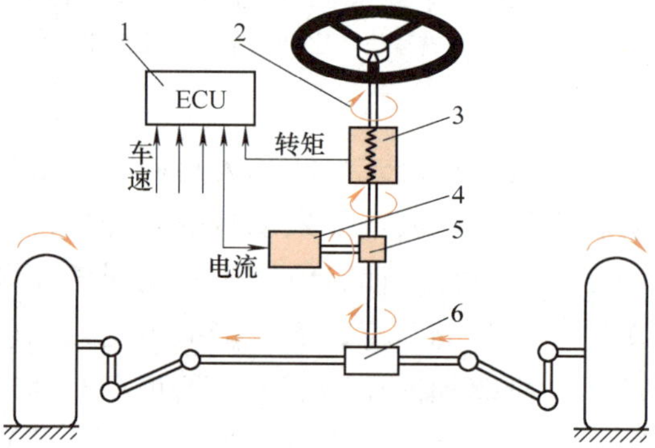

图21-24 EPS系统组成示意图

1—电控单元 2—转向轴 3—转矩传感器 4—电动机 5—减速器 6—转向器

电动式EPS的助力源是电动机，EPS的电控单元根据车速、转向力及转向角等参数，计算得到最佳的转向助力转矩，并向转向助力机构输出控制信号，实现最佳的转向助力控制。当操纵转向盘时，装在转向盘轴上的转向力矩传感器不断地测出转向轴上的转向力矩信号，该信号与车速信号同时输入到电控单元。电控单元根据这些输入信号，确定助力转矩的大小和方向，即选定电动机的电流大小和方向，调整转向辅助力的大小。电动机的转矩由安装在电动机上的电磁离合器接合，通过减速机构减速增矩后，加在汽车的转向机构上，使之得到一个与汽车工况相适应的转向作用力。

按汽车前轴负荷的不同，电动式EPS电动机的安装位置有不同的方案，前轴负荷较轻（<6500N）时，电动机减速器总成通常安装在转向轴上，称为转向轴助力式EPS（C-EPS）；前轴负荷稍重（6500～12 000N）时，电动机减速器总成通常安装在转向齿轮上，称为转向齿轮助力式EPS（P-EPS）；前轴负荷再重（>12 000N）时，电动机减速器总成通常安装在齿条轴上，称为齿条轴助力式EPS（R-EPS）。目前，受车载蓄电池的限制，EPS电动机的功率不能太大（<500W），因此电动式EPS在商用车上的应用受到限制。

第五节 四轮转向系统

现代汽车多采用前轮转向，能够基本满足汽车的转向行驶。随着现代道路交通系统和先进汽车技术的发展，汽车速度在不断提高，两轮转向汽车在高速行驶时，相对于一定的转向盘转角增量，车身横摆角速度和横向加速度的增量也增大，从而在汽车高速行驶时的转向操纵性能和稳定性变差，为满足汽车在各种行驶工况下的转向操纵性能，提高高速行驶安全性和转弯的灵活性，四轮转向技术于20世纪80年代中期在汽车上得到应用，并随着现代汽车工业的发展而不断发展。汽车的四轮转向（Four Wheel Steering，4WS）是指汽车在转向时，后轮可相对车身主动转向，使汽车的4个车轮都能起转向作用，以改善汽车的转向机动性、操纵稳定性和行驶安全性。

一、四轮转向汽车的转向特性

1. 4WS汽车转向方式

4WS汽车转向过程中，根据不同的行驶条件，前、后轮转向角之间应遵循一定的规律。目前，典型4WS汽车前、后轮的偏转规律如下：

（1）逆相位转向　在低速行驶或者转向盘转角较大时，前、后轮实现逆相位转向，即后轮的偏转方向与前轮的偏转方向相反，且偏转角度随转向盘转角增大而在一定范围内增大（后轮最大转向角一般为5°左右）。这种转向方式可改善汽车低速时的操纵轻便性，减小汽车的转弯半径，提高汽车的机动灵活性，便于汽车掉头转弯、避障行驶、进出车库和停车场。

（2）同相位转向　在中、高速行驶或转向盘转角较小时，前、后轮实现同相位转向，即后轮的偏转方向与前轮的偏转方向相同（后轮最大转角一般为1°左右）。这种转向方式可使汽车车身的横摆角速度大大减小，并能减小汽车车身发生动态侧偏的倾向，保证汽车在高速超车、进出高速公路和高架引桥及立交桥时，处于不足转向状态。

现在，有许多4WS汽车把改善汽车操纵性能的重点放在提高汽车高速行驶的操纵稳定性上，而不过分要求汽车在低速行驶的转向机动灵活性。其工作特点是：低速时汽车只采用前轮转向，只在汽车行驶速度达到一定数值后（如50km/h），后轮才参与转向，进行同相位四轮转向。

2. 4WS汽车低速时的转向特性

汽车在低速转向的情况下，可以认为汽车的前进方向和车的朝向是大体一致的，所以各车轮上几乎不产生转向力。四轮的前进方向的垂线在一点相交，而汽车以此交点（转向中心）为中心进行转向。

图21-25所示为低速转向时的行驶轨迹。由图21-25a可知，2WS汽车（前轮转向操纵）的情况是后轮不转向，所以转向中心大致在后轴的延长线上。图21-25b所示的4WS汽车的情况是对后轮进行逆向转向操纵，转向中心比2WS汽车的超前，并在靠近车体处。在低速转向时，若前轮转向角相同，则4WS汽车的转向半径更小，内轮差也更小，所以转向性好。对小轿车而言，如果后轮逆

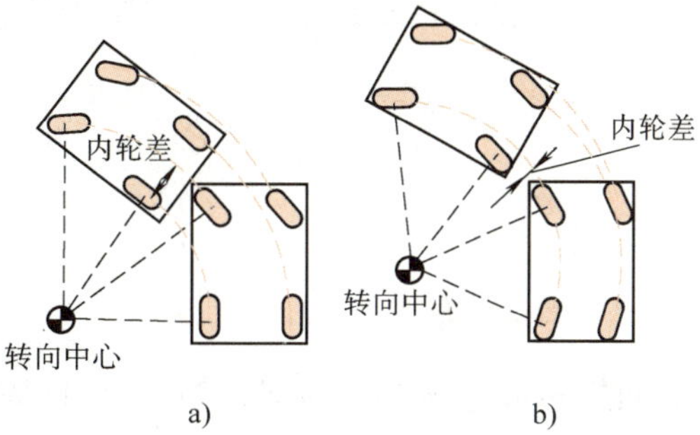

图21-25　低速转向时的行驶轨迹
a）2WS汽车　b）4WS汽车

向转向 5°，则可减少最小转弯半径约 0.5m，内轮差约为 0.1m。

3. 4WS 汽车中高速时的转向特性

直行汽车的转向是由汽车的质心点绕改变前进方向的转向中心的公转和绕质心点的自转运动两个运动合成的。

图 21-26 所示为高速转向时 2WS 汽车的运动状态。前轮转向时，前轮产生侧偏角，并产生旋转向心力使车体开始自转。当车体出现偏向时，后轮也出现侧偏角，也产生旋转向心力。4 轮分担自转和公转的力，一边平衡一边转向。但是，车速越高，离心力就越大，因此必须给前轮更大的侧偏角，使它产生更大的旋转向心力，从而使后轮也产生与此相对应的侧偏角，使车体有更大的自转运动。但是，车速越高，车体的自转运动就越不稳定，容易引起车辆的旋转或侧滑。

理想的高速转向运动状态是尽可能使车体的方向和前进方向一致，以防多余的自转运动，使前后轮产生足够的旋转向心力。在 4WS 汽车上通过对后轮的同相位转向操纵，使后轮也产生侧偏角，使它与前轮的旋转向心力相平衡，从而抑制自转运动。这样就有可能得到车体方向与车辆前进方向相一致的稳定转向状态，如图 21-27 所示。

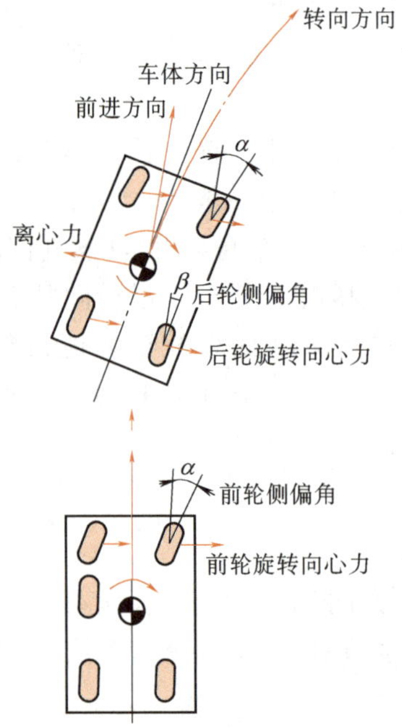

图 21-26 高速转向时 2WS 汽车的运动状态

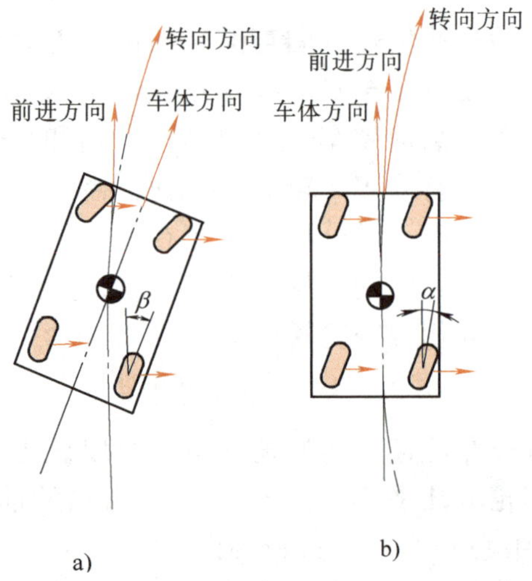

图 21-27 高速转向时的 2WS 汽车与 4WS 汽车运动状态比较

a）2WS 汽车 b）4WS 汽车

二、四轮转向系统的类型

四轮转向系统是在前轮转向机构的基础上，增加后轮转向机构组成的。

1. 按照控制和驱动后轮转向的方式分类

后轮转向装置主要有后轮转向驱动装置（后转向器）和后轮转向控制装置。按照控制和驱动后轮转向的方式可分为机械式（驾驶人通过机械传动控制并驱动后轮转向）、液压式（借助液压来控制并驱动后轮转向）及电动式（借助电力来控制并驱动后轮转向）。

机械式后轮转向装置的结构简单，多用于轻、微型汽车上；液压式后轮转向装置适用于各种汽车使用，但结构较复杂，并且主要用于改善汽车高速行驶的操纵稳定性；电动式 4WS 系统结构简单、布置容易、控制效果好，是 4WS 汽车的发展趋势。

2. 按照控制后轮转向的方法分类

后轮转向装置从控制方法上可分为转角随动型四轮转向装置和车速感应型四轮转向装置。

（1）转角随动型四轮转向 后轮偏转受前轮偏转控制，作被动转向，即后轮偏转方向和转角大小受转向盘转动的方向和转角大小的控制。结构上通过一根后轮转向传动轴将前、后轮转向机构相连，一般都采用机械式传动和人力直接控制。

（2）车速感应型四轮转向 车速感应型四轮转向一般为液压式、电控液压式、电控机械液压式和电控电动式。其后轮偏转是由液力驱动的，后轮偏转方向和转角大小受转向盘转角大小和转动方向的限制，但主要受车速高低的限制。车速感应型四轮转向汽车在转向行驶时，当车速低于 v_1 时，后轮相对于前轮反相偏转，并且车速越低，其偏转角度越大；当车速超过 v_1 时，后轮随前轮同相偏转。

三、机-电控制的四轮转向系统

机-电控制的四轮转向系统如图 21-28 所示。前、后转向机构由机械连接。转向盘 1

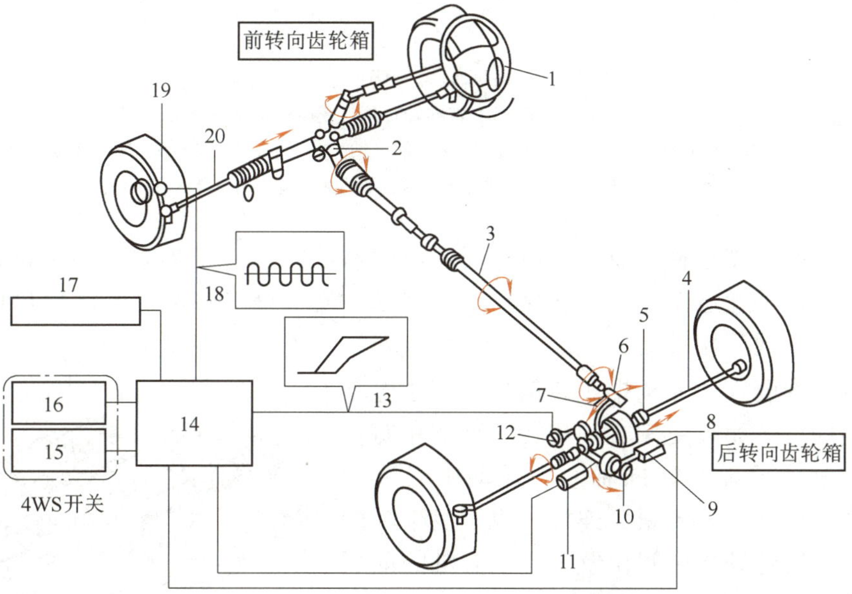

图 21-28 机-电控制的四轮转向系统

1—转向盘 2—从动小齿轮 3—转向连接轴 4—后横拉杆 5—连接杆 6—驱动小齿轮 7—扇形小齿轮 8—转向轴 9—辅助电动机 10—4WS 变换器 11—主电动机 12—转角比传感器 13—转角信号 14—转向控制计算机 15—模式切换开关 16—REVS 2WS 开关 17—车速信号（SP_1） 18—车速信号（SP_2） 19—车速传感器（SP_2） 20—转向横拉杆

的转动传到前轮的转向器（齿轮齿条式）中的齿条，齿条带动转向横拉杆 20 左右移动，使前轮转向。同时，前转向器中的从动小齿轮 2 转动，并通过转向连接轴 3 将转动传到后转向器中。

后转向器中的转向轴为一大轴承，如图 21-29a 所示。其外圈与扇形齿轮一体，可绕转向轴左右转动中心偏转。内圈与一个凸出在连接杆上的偏心轴相连。连接杆由 4WS 转换器中的电动机驱动，绕其转动中心可正反向运动，并使偏心轴在转向轴内可上下旋转约 55°。

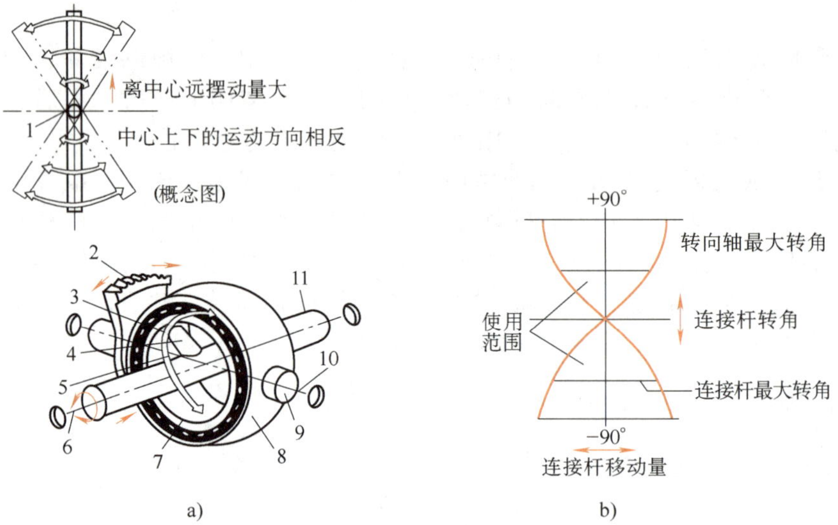

图 21-29 转向轴总成构造和运动关系

a）转向轴总成构造 b）转向轴转角与变换杆位移量的关系

1—转动中心 2—扇形齿轮 3—连接部位 4—偏心轴 5—偏心轴轨迹 6—连接杆转动中心 7—内圈 8—外圈 9—转向轴 10—转向轴左右转动中心 11—连接杆

当转向盘通过连接轴使驱动小齿轮向左或向右旋转时，带动扇形小齿轮转动，扇形小齿轮带动转向轴通过偏心轴使连接杆左右移动，连接杆又带动后转向横拉杆以及后转向节臂转动，实现后轮转向。

四轮转向的电控单元根据车速信号控制主电动机驱动连接杆，从而改变偏心轴与转向轴的相对位置。当偏心轴的前端与转向轴左右转动中心一致时，转向轴即使向左右倾斜，连接杆也不发生轴向移动，此时，后轮处于中间位置；当偏心轴的前端位于转向轴转动中心上方或下方偏离转向轴中心时，转向轴的左右倾斜将使连接杆产生轴向位移。当偏心轴前端分别位于转向轴上、下方时，后轮相对于前轮分别做反向与同向转动，转向轴转角与连接杆的转角左右移动量的关系如图 21-29b 所示。

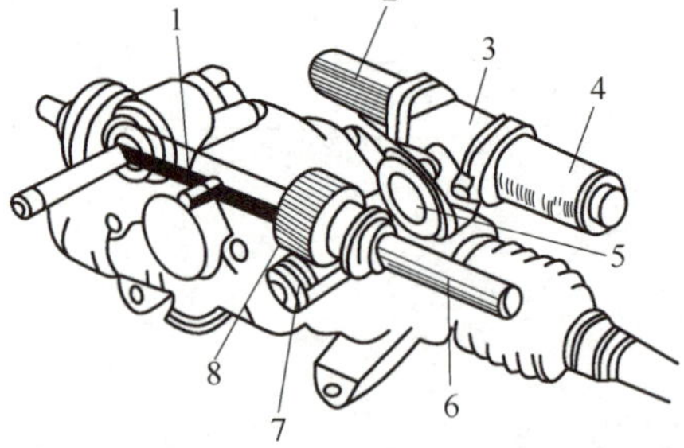

图 21-30 4WS 汽车的变换器

1—偏心轴 2—辅助电动机 3—4WS 变换器 4—主电动机 5—4WS 变换器输出轴 6—连接杆 7—蜗轮 8—转角比检测用齿轮

4WS 汽车的变换器如图 21-30 所示，主要由驱动部分（主电动机与辅助电动机）和减速部分（行星齿轮以及使连接杆转动的蜗杆）组成。主电动机输出轴与行星齿轮相连，辅助电动机的输出轴与行星齿轮机构中的太阳轮相连，行星齿轮机构中的齿圈则为变换器的输出轴。一般情况下，主电动机工作，辅助电动机不工作。平时，太阳轮固定，与主电动机相连的行星齿轮转动，即行星齿轮边随太阳轮公转边自转，带动齿圈转动，使变换器输出轴转动。当主电动机不工作时，行星齿轮则为中间惰轮，只自转不公转，直接将辅助电动机的转动传给齿圈，带动连接杆同相转动。

4WS 电控系统框图如图 21-31 所示。电控单元（ECU）根据转角角传感器、车速传感器的输入信号进行各项控制。

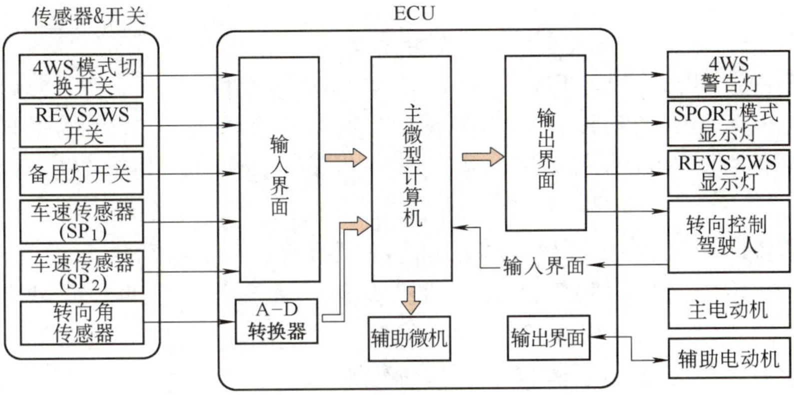

图 21-31　4WS 电控系统框图

1）车速信号主要来自车速表的速度传感器，另外，任一前轮车速传感器中的车速信号将作为反馈信号输入给控制系统。由转角比传感器检测出的后转向器中连接杆的转动角度信号和由横摆运动产生的车身回转角模拟电压信号也输入至电控单元（ECU），进行反馈控制。

2）驾驶人使用4WS 模式切换开关，可选择“NORMAL”或“SPORT”模式。

3）当变速器处于倒档时，接通 2WS 开关，锁住后转向，保持直线行驶状态，便于倒车。

4）当系统出现异常时，防误操作控制系统将使驾驶室内的4WS 警告灯点亮，同时将故障存入 ECU。

四轮转向系统在使用中应注意：

1）汽车进出车库时、倒车停车时和在路边或墙边驻车后再次起步时，应注意车身碰擦墙壁或碰撞别的物体。

2）汽车驻车时应将转向盘回位到中间位置，并且使后轮回位到直行位置后，再停止发动机运转。汽车在停车或起步时，都应认真查看后轮附近不能停留有人或物品，以防发生危险。

3）采用液压式四轮转向的汽车，当需要用千斤顶顶起汽车进行维修时，必须使发动机停止运转，并且使用楔块将着地车轮可靠固定。在千斤顶顶起一侧车轮的情况下，不得起动发动机。

4）一般情况下，不要随意拆卸四轮转向系统，当需要对它进行调整和维修时，应在有保修条件的专业汽车修理厂中进行维修。

目前，在成型的4WS汽车中主要采用电控液压式4WS系统。虽然电控电动式4WS系统发展较晚，相应的技术还不够成熟，存在动力小、电控单元复杂、成本高等不足之处，但随着现代电子技术、电机技术的飞速发展和应用，电控电动式4WS系统在技术上将不断完善，在转向控制性能、系统布置、节能等方面也将越来越显示出其优越性，其应用前景广阔，必将取代电控液压式4WS系统，并成为4WS系统发展的主流。

延伸阅读

主动转向系统

宝马的主动转向系统可以根据车速变化而不断改变转向系统中主动齿轮与从动齿条的传动比。该系统中，在转向盘和转向轮之间装有一个电子控制的机械调控器，其中的行星齿轮有两根输入轴和一根输出轴，一根输入轴连接到转向盘，另一根输入轴则由电动机通过一个自锁式蜗杆驱动机构控制，输出轴则与转向柱相连，最终以输出轴传出的整体转向角度是由驾驶人输入的转向盘角度叠加电动机附加的角度而成的。最后转动车轮所用的力量，并不是由电动机决定，而是由独立的转向助力系统与传统的转向装置一同决定。主动转向系统的其他组成部件还包括判定当前驾驶条件和驾驶人指令的独立控制单元和多个传感器。依据驾驶条件，主动转向系统会增加或减小前轮的转向角度。低速时，电动机的作用与驾驶人转动转向盘的的方向一样，可以减少对转向力的需求；高速时，电动机的运转方向与驾驶人转动转向盘的方向相反，这减少了前轮的转向角度，转向传动比减小，转向稳定性提高。低速行驶时，转向盘角度较小，而转向轮的转向角度却很大，以保证低速行驶时转向盘的灵活性；高速行驶时，转向盘角度较大，而转向轮的转向角度却很小，以保证高速行驶时转向盘的稳定性。

本章小结

汽车转向时四个车轮都作纯滚动的条件是 $\cot\alpha = \cot\beta + B/L$。影响汽车转向性能的参数有转向角传动比、转向盘自由行程、转向器传动效率、车轮定位参数以及转向传动机构的几何尺寸等。

汽车转向系统分为机械转向系统和动力转向系统两大类。汽车机械转向系统由转向操纵机构、机械转向器和转向传动机构三大部分组成。汽车转向操纵机构包括转向盘、转向轴、转向管柱等，它的作用是将驾驶人的操纵力传给转向器。现代汽车转向操纵机构还带有各种调整机构及安全保护装置。转向器是转向系统中的减速增矩装置，并改变转向力矩的传动方向。目前应用广泛的转向器有齿轮齿条式转向器、循环球式转向器和蜗杆曲柄指销式转向器等。可变传动比转向器的应用使高低速转向性能更好。

动力转向系统有液压式和气压式两种。液压动力转向系统的转向加力装置由液压泵、转向动力缸、转向阀和转向油罐等组成。转向控制阀有滑阀式和转阀式两种。阀芯沿轴向移动来控制油液流量和流动的转向控制阀，称为滑阀式转向控制阀；阀芯绕其圆心转动来控制油液流量和流向的转向控制阀，称为转阀式转向控制阀。

电子控制动力转向系统根据理想的转向操纵力特性对动力转向系统的助力进行控制，可同时满足转向轻便和操纵稳定性的要求。近年来电子控制动力转向系统在轿车上得到了广泛的应用。

汽车四轮转向是对后轮也进行转向操纵的系统。前、后转向轮的转向控制有同相位和逆相位两种情况，逆相位的转弯半径比两轮转向的转弯半径小，提高了汽车转向的机动性，适于汽车低速行驶；同相位在转向时车身与行驶方向的偏转角小，提高了操纵稳定性，适于汽车的高速行驶。

练习题

一、填空题

1. 机械转向系统是由________、________和________三大部分构成。

2. 动力缸、控制阀转向器合为一体称为________。

3. 要满足汽车在转向时，两侧车轮不发生滑动，各个车轮的轴线在转向时应________。

4. 转向横拉杆是连接左、右梯形节臂的杆件，它与左、右梯形节臂及前轴构成________。

二、选择题

1. 要实现正确的转向，只能有一个转向中心，并满足关系式________。

A. $\cot\alpha = \cot\beta - B/L$　　B. $\cot\alpha = \cot\beta + B/L$　　C. $\alpha = \beta$

2. 转向盘自由行程一般不超过________。

A. $10° \sim 15°$　　B. $25° \sim 30°$

3. 在四轮转向系统中，高速转向时前后轮的偏转方向是________。

A. 同向　　B. 反向　　C. 后轮不偏转

三、简答题

1. 简述电动式电子控制动力转向系统的组成、工作原理及优点。

2. 齿轮齿条式转向器有何特点？

3. 简述转向梯形的作用。

第二十二章　汽车制动系统

学习目标

1. 熟悉制动系统的功用、分类及工作原理。
2. 掌握制动器（鼓式、盘式）的构造及工作原理。
3. 掌握制动总成的气压制动系统组成及工作原理。
4. 理解制动力调节装置的类型、特点，掌握防抱死制动系统（ABS）的构造和工作原理。

22-导言

第一节　概　　述

一、汽车制动系统的功用

汽车制动系统的功用是使行驶中的汽车根据行驶条件或驾驶人的意愿，减速、停车、保持某一稳定速度或使已停驶的汽车保持不动。

起制动作用的是作用在汽车上，其方向与汽车行驶方向相反的外力。运行中的汽车所受到的滚动阻力、坡道阻力、空气阻力都能对汽车起制动作用，这些外力都是随机并且不受驾驶人控制的。因此，汽车上必须安装一系列专用装置，以便驾驶人能根据道路和交通等情况，使外界对汽车某些部分（主要是车轮）施加一定的力，以便对汽车进行一定程度的强制制动。这种可控制的对汽车进行制动的外力称为制动力。这样的一系列专门装置称为制动系统。

二、制动系统的类型

1. 按制动系统的功用分类

（1）行车制动系统　使行驶中的汽车减速或停车的装置。

(2) 驻车制动系统　使已停驶的汽车停在原地不动的装置。

(3) 辅助制动系统　在汽车下长坡时用以稳定车速或在驾驶人紧急制动时快速反应缩短制动距离的装置。经常行驶在山区的汽车，若仅靠行车制动系统来达到连续下长坡时稳定车速的目的，会使行车制动系统的制动器过热而降低制动效能，甚至完全失效，可以通过加载辅助制动系统解决此问题。另外，汽车在高速行驶需要紧急制动时，辅助制动系统可迅速加载以加强制动效能，缩短制动距离。辅助制动系统大多数利用发动机加装排气制动器、发动机缓速器、电涡流缓速器、液力缓速器等实现，本章不予详述。

2. 按制动系统使用能源分类

按其使用能源不同，制动系统分为以驾驶人的肌体作为唯一制动能源的人力制动系统；依靠发动机动力形成的气压或液压形式的势能进行制动的动力制动系统；兼用人力和发动机动力进行制动的伺服制动系统等。按照制动能量的传输方式，制动系统又可分为机械式、液压式、气压式和电磁式等。

三、制动系统的组成

制动系统具有以下四个基本组成部分：

(1) 制动能源供给装置　包括供给、调节制动所需能量及改善能源传递介质状态的部件。产生制动能量的部分称为制动能源。人的肌体也可作为制动能源，如图22-1所示。

(2) 制动控制装置　包括产生制动动作和控制制动效果的各种部件。图22-1所示的制动踏板机构即是最简单的一种制动控制装置。

(3) 制动传动装置　将制动能量传输到制动器的各个部件，如图22-1所示的制动主缸2和制动轮缸4。

(4) 制动执行装置——制动器　包括一切能够产生阻碍车辆运动或运动趋势的力（能够由驾驶人控制的制动力）的部件，包括辅助制动系统中的缓速装置。

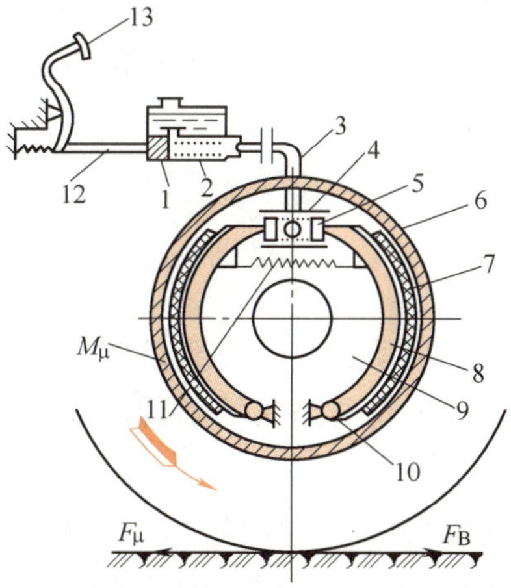

图22-1　制动系统的工作原理示意图

1—制动主缸活塞　2—制动主缸　3—油管　4—制动轮缸　5—制动轮缸活塞　6—制动鼓　7—摩擦衬片　8—制动蹄　9—制动底板　10—支撑销　11—制动蹄复位弹簧　12—推杆　13—制动踏板

四、制动系统的工作原理

制动系统的工作原理示意图如图22-1所示。制动系统主要由制动器、液压传动机构等组成，车轮制动器主要由旋转部分和固定部分组成。制动鼓6以内圆面为工作表面，固定在车轮轮毂上，随车轮一同旋转。支撑销10（两个）固定在不动的制动底板9上，支撑在两个弧形制动蹄8的下端。制动蹄的外圆面上又装有一般是非金属的摩擦衬片7。制动底板上还装有液压制动轮缸4，用油管3与装在车架上的液压制动主缸2相连通。制动主缸活塞1由驾驶人通过制动踏板13来操纵。

当制动系统不工作时，制动鼓的内圆面与制动蹄摩擦衬片的外圆面之间保持有一定的间隙，允许车轮和制动鼓相对自由旋转。汽车需要减速时，驾驶人踩下制动踏板13，通过推杆12和制动主缸活塞1，使制动主缸内的油液在一定压力下流入轮缸，油液推动两个制动轮缸活塞5，使两制动蹄绕支撑销转动，上端向两边分开而以其摩擦衬片压紧在制动鼓的内圆面上。这样，不旋转的制动蹄就对旋转着的制动鼓作用一个摩擦力矩 M_{μ}，其方向与车轮旋转方向相反。制动鼓将该力矩传到车轮后，由于车轮与路面间的附着作用，车轮对路面作用着一个向前的切向力，路面对车轮作用着一个向后的反作用力，即制动力 F_B。制动力 F_B 由车轮经车桥和悬架传给车架及车身，迫使汽车产生一定的减速度。制动力越大，则汽车减速度也越大。当松开制动踏板时，制动蹄复位弹簧11即将制动蹄拉回复位，摩擦力矩 M_{μ} 和制动力 F_B 消失，制动作用终止。

由制动鼓6、带摩擦衬片7的制动蹄8构成的对车轮施加制动力矩（摩擦力矩 M_{μ}）的部件称为制动器。阻碍汽车运动的制动力 F_B 不仅取决于制动力矩 M_{μ}，还取决于轮胎与路面间的附着条件（$F_B \leqslant G\varphi$，G 为轴载荷，φ 为附着系数）。如果无附着作用，则制动系统不可能产生制动汽车的作用。一般在讨论制动系统的结构问题时，都假定具备良好的附着条件。

第二节 制 动 器

汽车的制动过程，一般是通过固定元件对旋转元件施加制动力矩，使其旋转角速度降低，依靠车轮与路面的附着作用产生制动力，达到减速的目的。这种制动器称为摩擦制动器。

按旋转元件的形状的不同，汽车制动器可分为鼓式（或称为鼓-蹄式）和盘式两大类。鼓式制动器的摩擦副中的旋转元件为制动鼓，其工作表面为圆柱面；盘式制动器的旋转元件为盘状的制动盘，以两端面为工作表面。

一、鼓式制动器

现代汽车使用的鼓式制动器多采用内圆柱面为工作表面的内张型的制动鼓，如图22-1所示。位于制动鼓内部的制动蹄在一端承受促动力时，可绕其另一端的支点向外旋转，压靠到制动鼓内圆面上，产生摩擦力矩（制动力矩）。对蹄端加力使蹄转动的装置称为制动蹄促动装置。图22-1中制动蹄促动装置是液压制动轮缸的称为轮缸式制动器。此外，还有用凸轮作为促动装置的凸轮式制动器和用楔块作为促动装置的楔块式制动器等。

（一）轮缸式制动器

由制动器的前、后制动蹄在制动时受力的不同类型，轮缸式制动器可分为简单非平衡式（领从蹄式）、平衡式（双领蹄式、双向双领蹄式和双从蹄式）和自行增力式三种类型。

1. 领从蹄式制动器

图 22-2 所示为上海桑塔纳轿车的后轮制动器，该制动器由制动器总成及制动鼓两部分组成。

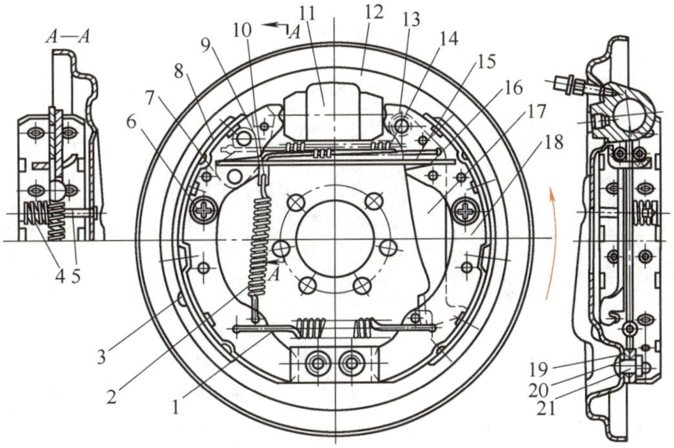

图 22-2　上海桑塔纳轿车的后轮制动器

1、2、14、15—回位拉簧　3—检测孔　4—压簧　5—夹紧销　6—弹簧座　7—带楔形支撑的制动蹄　8—摩擦衬片　9—楔形支撑　10—楔形块　11—制动分泵（轮缸）　12—制动底板　13—销轴　16—压杆　17—驻车制动拉杆　18—带有杠杆的制动蹄　19—支架　20—止挡板　21—铆钉

制动器总成与制动鼓配合工作，通过短轴等零件安装在后桥上，制动器、制动鼓及短轴零件如图 22-3 所示。制动底板 12（见图 22-2）固定在后桥轴端支撑座上；制动分泵（轮缸）11 以螺栓固定在制动底板上方，支架 19 及止挡板 20 用铆钉 21 铆固在制动底板 12 下方。制动蹄 7 与 18 的上、下支撑面均加工成弧面，采用浮式支撑，上方支撑在制动分泵活塞的凹槽中，下方支撑在止挡板 20 上。制动轮缸活塞通过两端带耳槽的支撑块对前后两制动蹄的上端施加等促动力。此种支撑结构可使整个制动蹄沿支撑平面有一定的浮动量。其优点是制动蹄可以自动定心，保证有可能与制动鼓全面接触。这种制动器的另一特点是，该行车制动器可兼充驻车制动器，因此在制动器中还装设了驻车制动机械促动装置。

制动时，制动分泵内进入压力油，使活塞从制动分泵（制动轮缸）的两端外伸，由于止挡板是固定在制动底板上不动的，成为制动蹄的支点，这样，制动蹄受活塞推动克服拉簧 14 与 15 的拉力绕下部止挡板转动而胀开，消除了摩擦衬片 8 与制动鼓间的间隙而实现制动。当解除制动时，制动分泵内油压消失，制动蹄受回位拉簧 14 与 15 拉力作用被拉，制动蹄下方绕止挡板转动缩回，恢复了制动摩擦衬片与制动鼓间的间隙而解除制动器的制动作用。夹紧销 5 通过压簧 4 及弹簧座 6 限制了制动蹄的轴向位置，使制动蹄只能径向张开，防止了轴向移动。

图 22-4 所示为等促动力制动器制动时制动蹄的受力分析简图。轮缸中的两个活塞都可在轮缸内轴向浮动，且二者直径相同。因此，制动时两个活塞对两个制动蹄所施加的促动力永远是相等的，称为等促动力制动器。

设汽车前进时制动鼓的旋转方向如图中箭头所示（这称为制动鼓正向旋转）。制动

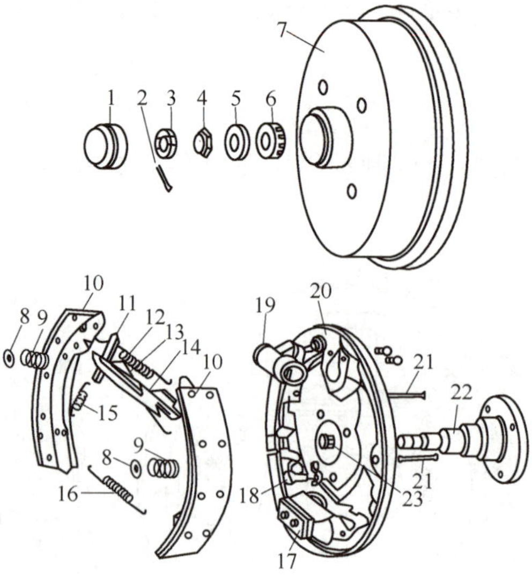

图 22-3 上海桑塔纳轿车后制动器、制动鼓及短轴零件

1—轮毂盖 2—开口销 3—开槽垫圈 4—调整螺母 5—止推垫圈 6—轴承 7—制动鼓 8—弹簧座 9—弹簧 10—制动蹄 11—楔形件 12—回位弹簧 13—上回位弹簧 14—压力杆 15—用于楔形件回位弹簧 16—下回位弹簧 17—固定板 18—螺栓（拧紧力矩 60N·m） 19—制动分泵（轮缸） 20—制动底板 21—定位销 22—后轮毂短轴 23—观察孔橡胶塞

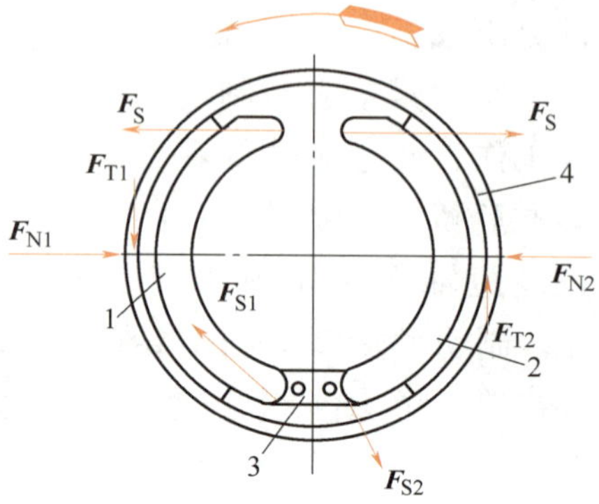

图 22-4 等促动力制动器制动时制动蹄的受力分析简图

1—领蹄 2—从蹄 3—止挡板 4—制动鼓

蹄 1 的支撑点在止挡板 3 前端，轮缸所施加的促动力作用于其上端，因而该制动蹄张开时的旋转方向与制动鼓的旋转方向相同。具有这种属性的制动蹄称为领蹄（或增势蹄）。与此相反，制动蹄 2 的支撑点在止挡板 3 后端，促动力加于其上端，其张开时的旋转方向与制动鼓的旋转方向相反。具有这种属性的制动蹄称为从蹄（或减势蹄）。当汽车倒车时，即制动鼓反向旋转时，蹄 1 变成从蹄，而蹄 2 则变成领蹄。这种在制动鼓正向旋转和反向旋转时，都有一个领蹄和一个从蹄的制动器称为领从蹄式制动器。

制动时，领蹄 1 和从蹄 2 在相等的促动力 F_S 的作用下，分别绕各自的支撑点（与止挡板接触处）旋转紧压在制动鼓 4 上。领蹄上的切向合力 F_{T1} 所造成的绕支点的力矩与促动力 F_S 所造成的绕同一支点的力矩是同向的。所以力 F_{T1} 的作用结果是使领蹄 1 在制动鼓上压得更紧，即力 F_{N1} 变得更大，从而力 F_{T1} 也更大。这表明领蹄具有“增势”作用。与此相反，切向合力 F_{T2} 则使从蹄 2 有放松制动鼓，即有使 F_{N2} 和 F_{T2} 减小的趋势。故从蹄具有“减势”作用。

两制动蹄对制动鼓所施加的制动力矩不相等。一般说来，领蹄制动力矩约为从蹄制动力矩的 2~2.5 倍。倒车制动时，虽然蹄 2 变成领蹄，蹄 1 变成从蹄，但整个制动器的制动效能还是同前进制动时一样。

由于领蹄与从蹄所受法向反力不等，在两蹄摩擦衬片工作面积相等的情况下，领蹄摩擦衬片上的单位压力较大，磨损较严重。为了使领蹄和从蹄的摩擦衬片寿命相近，有些领从蹄式制动器的领蹄摩擦衬片的周向尺寸设计得较大。但是这样将使得两蹄摩擦衬片不能互换，从而增加了零件种数和制造成本。领从蹄式制动器的制动鼓所受到的来自两蹄的法向力（数值上分别等于力 F_{N1} 和 F_{N2}）不相平衡，则此二法向力之和只能由车轮的轮毂轴承的反力来平衡。这就对轮毂轴承造成了附加径向载荷，使其寿命缩短。

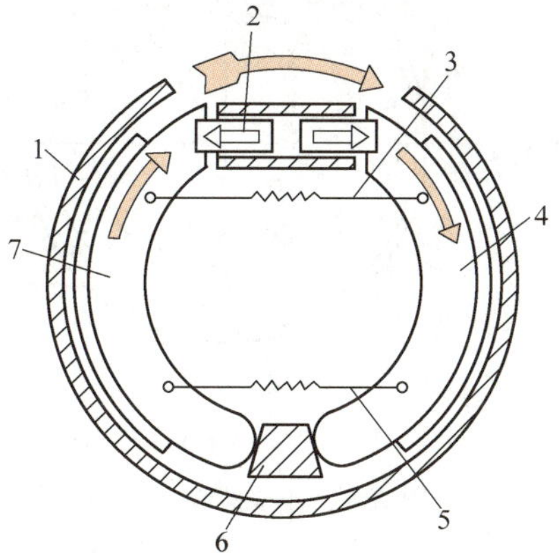

图 22-5　浮动式支撑制动蹄

1—制动鼓　2—制动轮缸　3—回位弹簧　4、7—制动蹄　5—拉紧弹簧　6—支座

制动蹄的下端有两种支撑方式，其一如图 22-1 所示采用支撑销铰接，第二种如图 22-4、图 22-5 所示采用浮动式支撑。浮动式支撑结构有自动定心作用，从而保证制动蹄与制动鼓接触更好。制动器中都有强力的回位弹簧，确保制动蹄与制动鼓在非制动状态下的可靠分离。

回位弹簧有使制动蹄翻转的趋势，因此，必须对制动蹄进行轴向定位，如图 22-6 所示。常用的定位方式是通过弹簧将制动蹄压靠在制动底板的凹陷处。

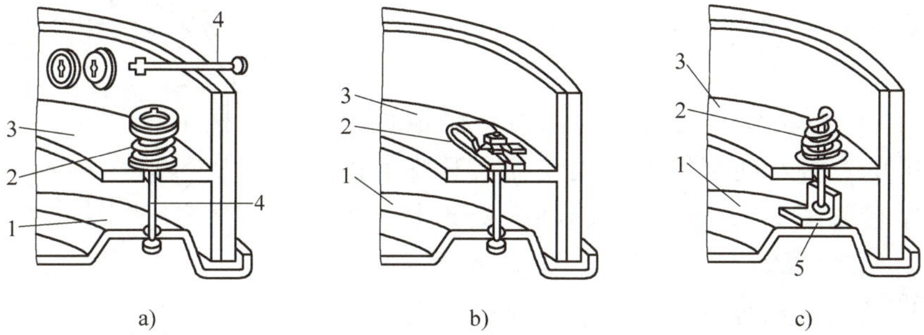

图 22-6　制动蹄的轴向定位

1—制动底板　2—弹簧　3—制动蹄腹板　4—支撑销　5—弹簧座

2. 双领蹄式和双向双领蹄式制动器

（1）双领蹄式（单向）制动器　可以设想，在制动鼓正向旋转时，如果将领从蹄式制动器后蹄的支撑点和促动力点调换位置的话，两蹄将均成为领蹄，如图 22-7 所示。此类制动器称为双领蹄式制动器。图 22-8 所示为北京 BJ2020N 型汽车前轮制动器，两制动蹄各用一个制动轮缸 2，且两套制动蹄、轮缸、支撑销和调整凸轮等在制动底板上的布置是中心对称的，以代替领从蹄式制动器中的轴对称布置。两个轮缸借轮缸连接油管 13 连通，使其中油压相等。这样，在前进制动时，两蹄都是领蹄，制动器的效能因而得到提高。在倒车制动时，两蹄将都变成从蹄。该制动器属于单向双领蹄式制动器。

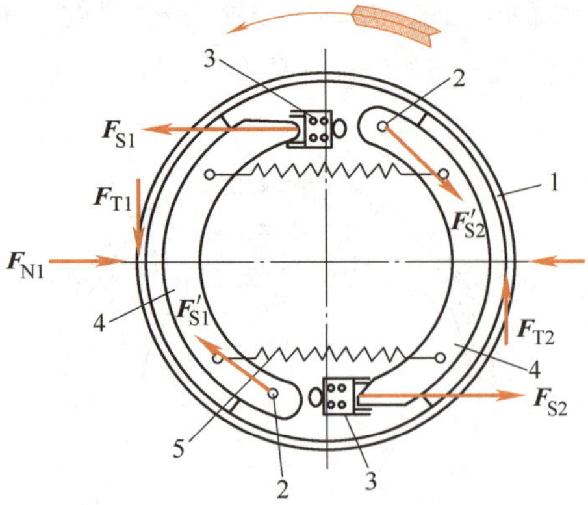

图 22-7　双领蹄式制动器示意图

1—制动鼓　2—支撑销　3—制动轮缸
4—制动蹄　5—回位弹簧

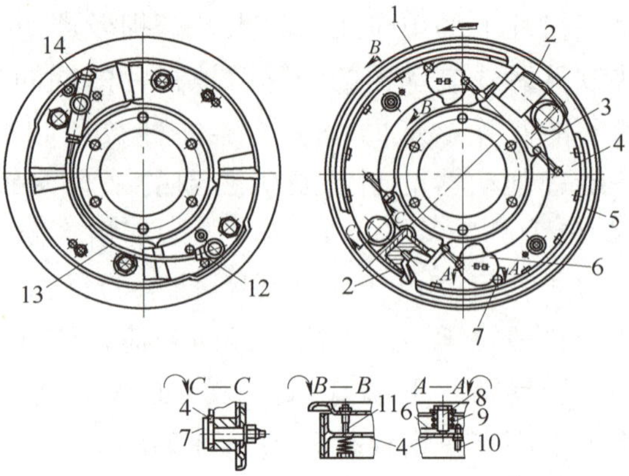

图 22-8　北京 BJ2020N 型汽车前轮制动器

1—制动底板　2—制动轮缸　3—制动蹄复位弹簧
4—制动蹄　5—摩擦衬片　6—调整凸轮　7—支撑销
8—调整凸轮轴　9—弹簧　10—调整凸轮锁销
11—制动蹄限位杆　12、14—油管接头
13—轮缸连接油管

（2）双向双领蹄式制动器　如果在倒车制动时，使上述制动器的两个制动蹄的支撑点和促动力作用点互换位置，就可以得到与前进制动时相同的制动效能，即成为双向双领蹄式制动器，如图 22-9 所示。

红旗 CA7560 型轿车的前后轮制动器即是根据上述设想而制成的一种双向双领蹄式制动器。其中的前轮制动器的结构如图 22-10 所示。制动底板 3 上的所有固定元件，如制动蹄、制动轮缸、复位弹簧等都是成对的，而且是既按轴对称，又按中心对称布置。两制动蹄的两端都采用浮式支撑，且支点的周向位置也是浮动的。

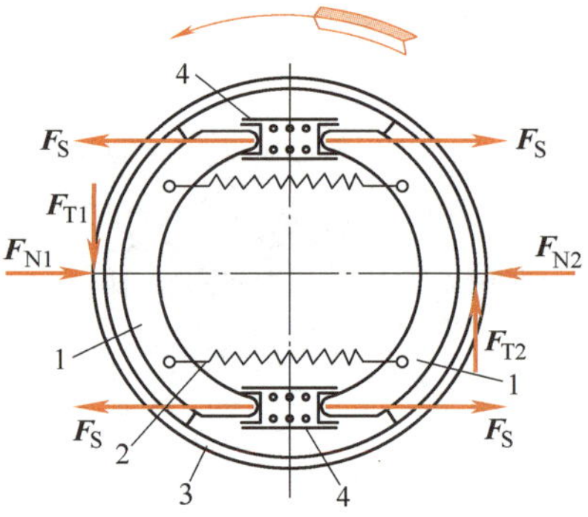

图 22-9　双向双领蹄式制动器示意图

1—制动蹄　2—回位弹簧　3—制动鼓
4—制动轮缸

在前进制动时，所有的轮缸活塞 8 都在液压作用下向外移动，将两制动蹄 6 和 11 压靠到制动鼓 1 上。在制动鼓的摩擦力矩作用下，两蹄都绕车轮中心 O，朝箭头所示的车轮旋转方向转动，将两轮缸的活塞外端的支座 7 推回，直到顶靠着轮缸端面为止。此时两轮缸的支座 7 成为制动蹄的支点，制动器的工作情况便同图 22-8 所示的制动器一样。

倒车制动时，摩擦力矩方向改变，使两制动蹄绕车轮中心 O 逆箭头方向转过一个角度，将可调支座 10 连同调整螺母 9 一起推回原位，于是两个可调支座 10 便成为蹄的新支撑点。这样，每个制动蹄的支点和促动力作用点的位置都与前进制动时相反，其制动效能同前进制动时完全一样。该制动器为双向双领蹄式制动器。

3. 双从蹄式制动器

同理，前进制动时两制动蹄均为从蹄的制动器称为双从蹄式制动器，结构示意图如

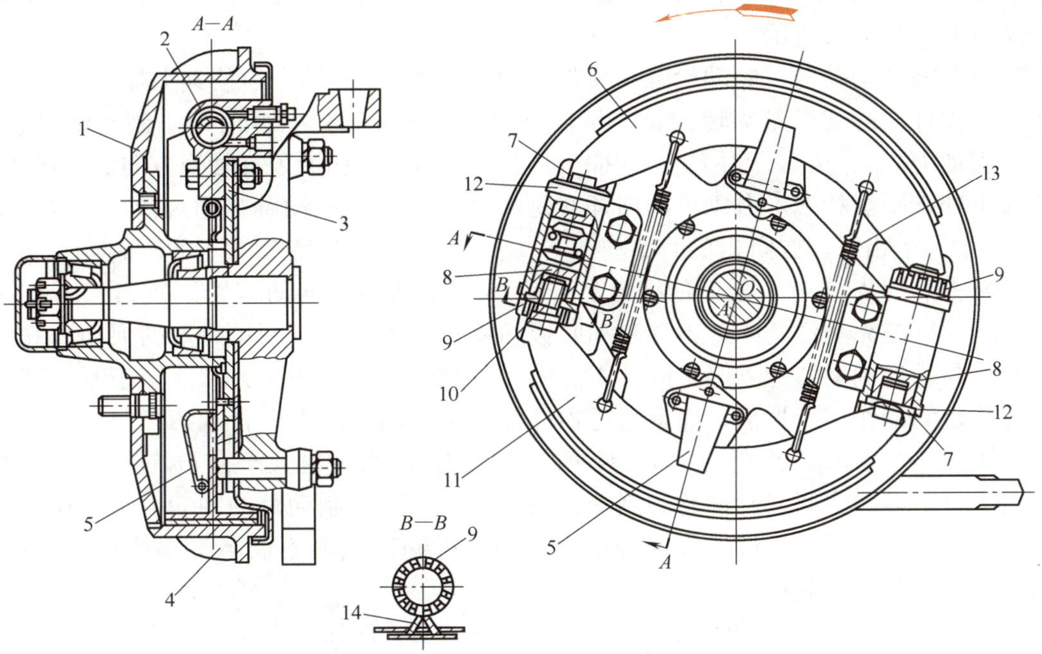

图 22-10　红旗 CA7560 型轿车前轮制动器

1—制动鼓　2—制动轮缸　3—制动底板　4—制动鼓散热肋片　5—制动蹄限位片　6—上制动蹄　7—支座
8—轮缸活塞　9—调整螺母　10—可调支座　11—下制动蹄　12—防护套　13—复位弹簧　14—锁片

图 22-11 所示。与双领蹄式制动器结构相似，二者的差异只在于固定元件与旋转元件的相对运动方向不同。虽然双从蹄式制动器的前进制动效能很差，但其效能对摩擦因数变化的敏感程度较小，具有良好的制动效能稳定性，因此仍然有少数汽车采用。

4. 增力式制动器

（1）单向自增力式制动器　单向自增力式制动器的结构原理及制动蹄的受力情况如图 22-12 所示。前、后两制动蹄的下端分别浮支在浮动的可调顶杆 6 的两端。在制动器上

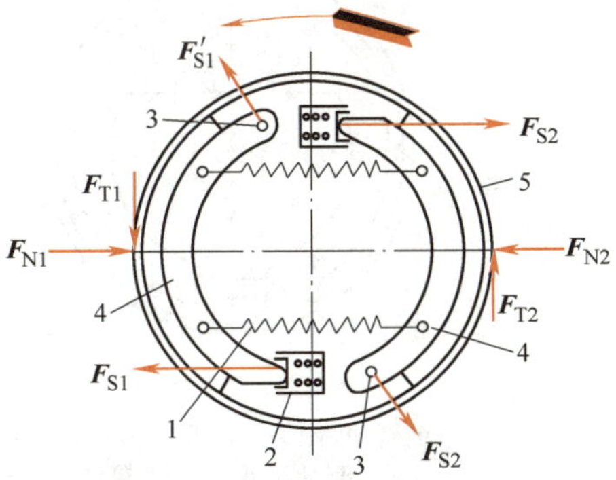

图 22-11　双从蹄式制动器示意图

1—回位弹簧　2—制动轮缸　3—支撑销
4—制动蹄　5—制动鼓

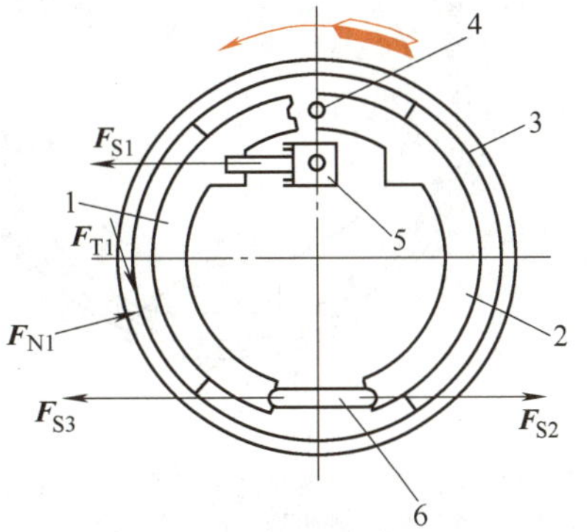

图 22-12　单向自增力式制动器示意图

1—第一制动蹄　2—第二制动蹄　3—制动鼓
4—支撑销　5—制动轮缸　6—可调顶杆

方装有支撑销 4。不制动时，两蹄上端均借各自的复位弹簧拉靠在支撑销 4 上。制动鼓正向旋转方向如箭头所示。

当汽车前进制动时，制动轮缸 5 将促动力 F_{S1} 加于第一蹄，迫使其上端离开支撑销，制动蹄绕顶杆左端支撑点旋转，并压靠在制动鼓 3 上。显然，此时第一制动蹄是领蹄，并且在促动力 F_{S1}、法向合力 F_{N1}、切向（摩擦）合力 F_{T1} 和沿顶杆轴线方向的支反力 F_{S3} 的作用下处于平衡状态。由于可调顶杆 6 是浮动的，第一制动蹄将通过浮动可调顶杆 6 以与力 F_{S3} 大小相等、方向相反的促动力 F_{S2} 施加于第二制动蹄 2 的下端，而第二制动蹄的上端被推靠在支撑销 4 上，顶杆自然成为第二制动蹄的促动装置，故第二蹄也是领蹄。由于顶杆是完全浮动的，不受制动底板约束，作用在第一制动蹄上的促动力和摩擦力的作用与一般制动器的领蹄不同，不能完全被制动鼓的法向反力和固定于制动底板上的支撑件反力的作用所抵消，而是通过顶杆传到第二制动蹄上，合成第二制动蹄促动力 F_{S2}。所以 F_{S2} 大于 F_{S1}。此外，力 F_{S2} 对第二蹄支撑点的力臂也大于力 F_{S1} 对第一制动蹄支撑点的力臂。因此，第二制动蹄的制动力矩必然大于第一制动蹄的制动力矩。在制动鼓尺寸和摩擦因数相同的条件下，这种制动器的前进制动效能不仅高于领从蹄式制动器，而且也高于双领蹄式制动器。

倒车制动时，第一制动蹄上端压靠支撑销不动。此时第二制动蹄虽然仍是领蹄，且促动力 F_{S1} 仍可能与前进制动时的相等，但其力臂却大为减小，因而第一制动蹄此时的制动效能比一般领蹄低得多。第二制动蹄则因未受促动力而不起制动作用。故此时整个制动器的制动效能甚至比双从蹄式制动器的效能还低。图 22-13 所示为罗马尼亚的布切奇 SR113N 型货车前轮用的单向自增力式制动器。

（2）双向自增力式制动器 如果将单向自增力式制动器的单活塞轮缸改为双活塞式制动轮缸，如图 22-14 所示，可向两蹄同时施加相等的促动力 F_S，即可实现在制动鼓正向和反向旋转时均能借蹄鼓摩擦起双向自增力作用。

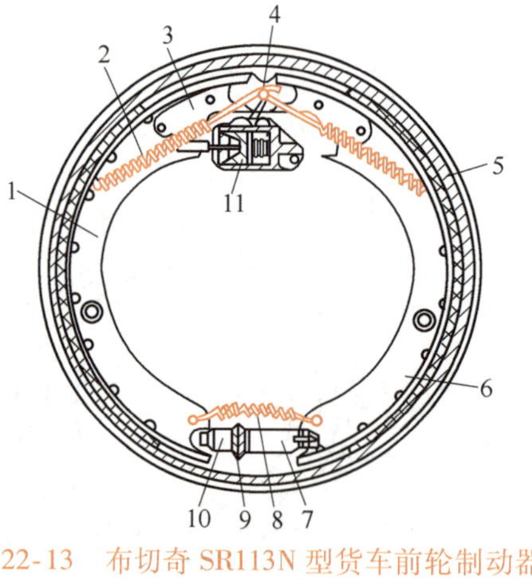

图 22-13 布切奇 SR113N 型货车前轮制动器

1—第一制动蹄 2—制动蹄复位弹簧 3—夹板 4—支撑销 5—制动鼓 6—第二制动蹄 7—可调顶杆体 8—拉紧弹簧 9—调整螺钉 10—顶杆套 11—制动轮缸

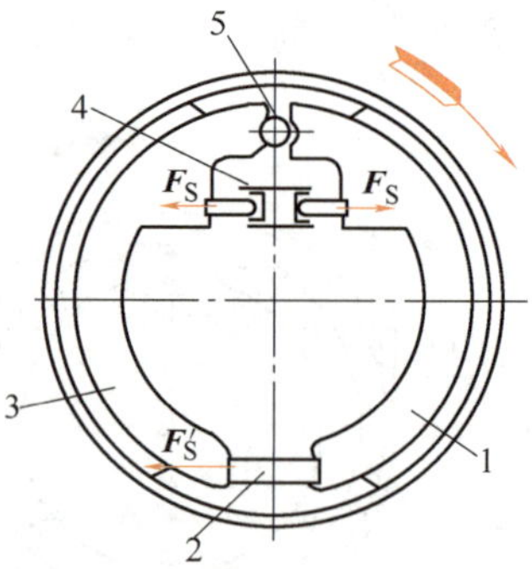

图 22-14 双向自增力式制动器示意图

1—前制动蹄 2—顶杆 3—后制动蹄 4—制动轮缸 5—支撑销

双向自增力式制动器的结构采用双活塞式制动轮缸 4，可向两蹄同时施加相等的促动力 F_S。制动鼓正向（如箭头所示）旋转时，前制动蹄 1 为第一制动蹄，后制动蹄 3 为第二制动蹄；制动鼓反向旋转时则情况相反。由图可见，在制动时，第一制动蹄只受一个促动力 F_S，而第二制动蹄则受两个促动力 F_S和 F'_S，且 $F_S < F'_S$。汽车前进制动的机会远多于倒车制动，且前进制动时制动器的工作负荷也远大于倒车制动，故后制动蹄 3 的摩擦衬片面积做得较大。

各种轮缸式制动器各有利弊。就制动效能而言，在基本结构参数和轮缸工作压力相同的条件下，自增力式制动器由于对摩擦增势作用利用得最为充分而居首位，以下依次为双领蹄式、领从蹄式。但蹄鼓之间的摩擦因数本身是一个不稳定的因素，随制动鼓和摩擦衬片的材料、温度和表面状况（如是否沾水、沾油，是否有烧结现象等）的不同，可在很大范围内变化。自增力式制动器的效能对摩擦因数的依赖性最大，因而其效能的热稳定性最差。此外，在制动过程中，自增力式制动器制动力矩的增长在某些情况下显得过于急速。

双向自增力式制动器多用于轿车后轮。单向自增力式制动器只用于中、轻型汽车的前轮，因倒车制动时对前轮制动器效能的要求不高。双领蹄式、双向双领蹄式和双从蹄式制动器等具有两个轮缸的制动器最宜布置双回路制动系统。领从蹄式制动器发展较早，其效能及效能稳定性均居于中游，且有结构较简单等优点，故目前仍相当广泛地用于各种汽车。

5. 制动器的调整

制动器必须具有检查、调整鼓蹄间隙的功能。当制动器不工作时，摩擦衬片与制动鼓之间应该保留适当的间隙，间隙值由制造厂规定，一般为 0.25 ~ 0.5mm。制动器摩擦副中的这一间隙（以下简称制动器间隙）如果过小，就不易保证彻底解除制动，造成摩擦副的拖磨；过大又会使制动踏板行程过长，使得驾驶人操作不便，推迟制动器作用时刻。制动器在工作过程中摩擦衬片的磨损必将导致制动器间隙逐渐增大，严重时，即使将制动踏板踩到极限位置，也无法产生足够的制动力矩。制动器间隙的调整有手动调整和自动调整两种方法。

（1）手动调整装置

1）凸轮调整式。在北京 BJ2020N 型汽车制动器中，当制动器间隙需要调整时，可按箭头所示方向转动调整凸轮 6（见图 22-8），进行调整。这样沿摩擦衬片周向各处的间隙即减小。制动鼓磨损到一定程度时，需重新加工修整工作内圆面。在进行修理作业后重新装配制动器时，为保证蹄鼓的正确接触状态和间隙值，应当全面调整制动器间隙。全面调整除靠转动调整凸轮外，还要转动制动蹄下端的支撑销。

2）调整螺母式。图 22-15 所示为红旗 7560 型轿车用调整螺母调整制动器间隙的示意图。用一字旋具 5 拨动调整螺母 1 的齿槽 4，使螺母转动，带动螺杆的可调支座 3 向内或向外做轴向移动。因此可使制动蹄上端靠近或远离制动鼓，则制动间隙减小或增大。间隙调整好以后，用锁片插入调整螺母的齿槽使螺母的角位置固定。

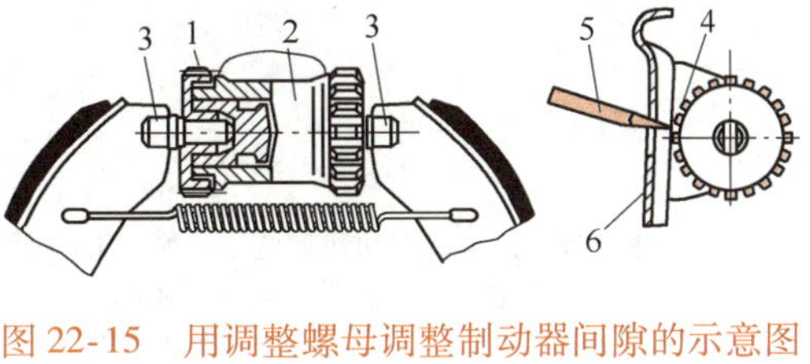

图 22-15　用调整螺母调整制动器间隙的示意图

1—调整螺母　2—制动轮缸　3—可调支座　4—齿槽　5—一字旋具　6—制动底板

3）调整可调顶杆长度式。如图 22-16 所示，可调顶杆由顶杆体 3、调整螺钉 1 和顶杆套 2 组成。顶杆套一端具有带齿的凸缘，套内制有螺纹，调整螺钉借螺纹旋入顶杆套内，顶杆套与顶杆体作间隙配合。拨动顶杆套带齿的凸缘，可使调整螺钉沿轴向移动，因此就改变了可调顶杆的总长度，从而就调整了制动器间隙。

（2）自动调整装置 为了减少或消除制动器间隙调整的工作量，制动器间隙的自动调整装置（以下简称间隙自调装置）得到迅速发展。其结构形式按工作过程有一次调准式和阶跃式两种类型。一次调准式只要经过一次完全制动，即可以使制动器间隙调到设定值；后者装到车上后，则需进行多次制动才能消除所积累的过量间隙。其中常见的几种类型介绍如下。

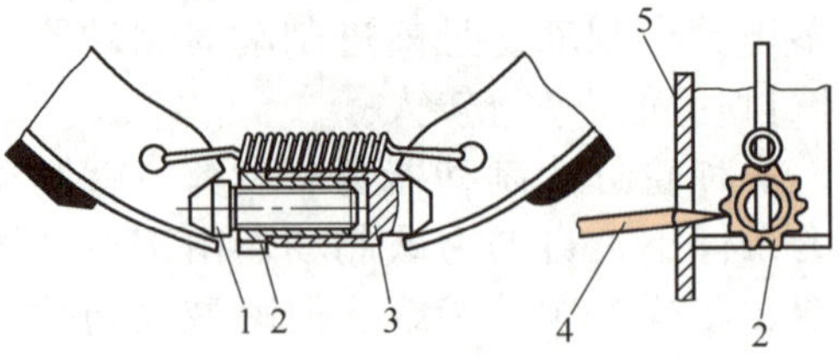

图 22-16 调整可调顶杆长度式工作示意图

1—调整螺钉 2—顶杆套 3—顶杆体 4—一字旋具 5—制动底板

1）一次调准式间隙自调装置。

① 楔块式间隙自调装置。如图 22-17 所示，上海桑塔纳 2000 型轿车、红旗 7220 型轿车后轮制动器均采用楔块式间隙自调装置。通过摩擦片间隙自动补偿调整的装置，可使间隙始终保持在 0.2～0.3mm 的范围内，其补偿过程是由楔形调节块 3 受弹簧 2 拉力向下移动实现的。

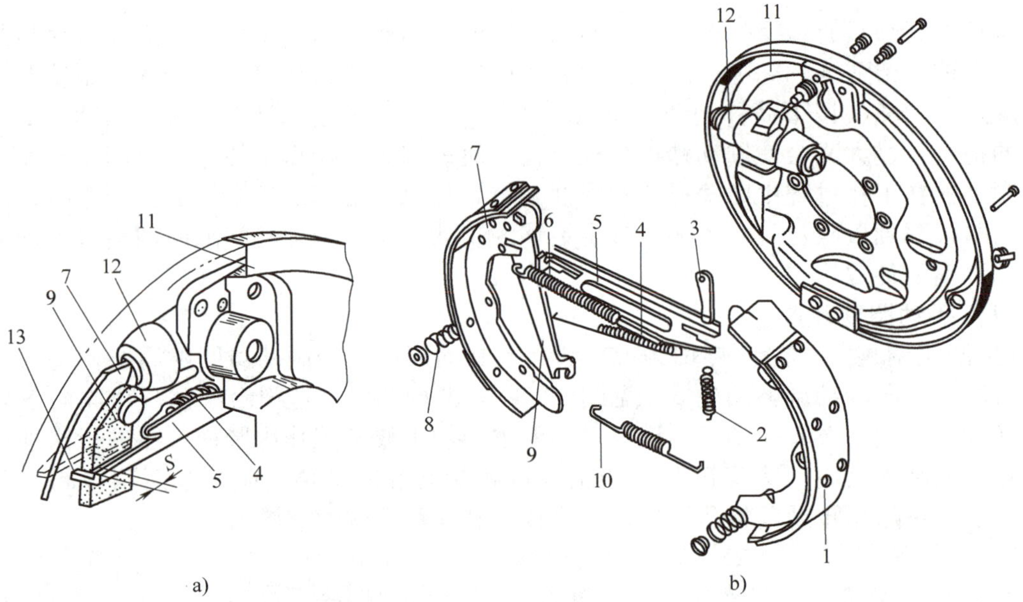

图 22-17 楔块式间隙自调装置

a）设定间隙示意图 b）制动器零件分解图

1—前制动蹄 2—制动间隙调节弹簧 3—楔形调节块 4—驻车制动推杆内弹簧 5—驻车制动推杆 6—驻车制动推杆外弹簧 7—后制动蹄 8—限位弹簧 9—驻车制动杠杆 10—制动蹄复位弹簧 11—制动底板 12—制动轮缸 13—推杆凸耳

间隙自调装置的楔形调节块 3 夹在与前制动蹄 1 固定在一起的斜支撑和驻车制动推杆 5 之间形成的切槽中。制动推杆两端有缺口，其右端缺口的端面压在楔形调节块 3 的齿形面上，楔形调节块的另一侧齿形面压在斜支撑上，在制动推杆内弹簧 4 的作用下，制动推杆紧紧压住楔形调节块和斜支撑。制动推杆左端的头部有一凸耳 13，它与驻车制动杠杆9的外侧面之间有一设定间隙 S（0.2～0.3mm）。驻车制动推杆外弹簧6使驻车制动杠杆9与制动推杆左端缺口的端面紧紧贴在一起。

当制动蹄未磨损，在正常的制动间隙（设定间隙 S）内进行行车制动时，两制动蹄在轮缸活塞推力作用下，外弹簧6被拉伸，使两蹄压靠到制动鼓上，施以制动。由于内弹簧4的刚度大于外弹簧，故不被拉伸。它同驻车制动推杆5始终压住楔形调节块3，并与前制动蹄一起左移压靠在制动鼓上。此时制动杠杆9与制动推杆凸耳不会接触（因未超出设定间隙值）。

当制动蹄磨损，制动间隙超过设定值 S，施以制动时，两蹄在轮缸活塞推力的作用下，外弹簧首先被拉伸到一定程度后，内弹簧也被拉伸，使制动杠杆与制动推杆凸耳不仅接触，并且外移。此时，驻车制动推杆与前制动蹄斜支撑间形成的切槽与楔形调节块间便产生了间隙，于是楔形调节块被弹簧2往下拉，直到调节块与切槽两侧面重新接触为止，从而补偿了制动器的过量间隙。

解除制动时，两制动蹄在复位弹簧的作用下复位，但不可能恢复到制动前的位置。因为借以补偿过量制动间隙的楔形调节块与切槽的相对位移是不可逆转的。这意味着制动杠杆外侧面与制动推杆头部凸耳之间的间隙，恢复到设定值 S。这种制动器间隙自调装置属一次调准式。

② 摩擦限位式间隙自调装置。摩擦限位式间隙自调装置的结构如图22-18所示。轮缸活塞4内端的环槽中有摩擦环3。摩擦环3是一个有切口的弹性金属环，装入轮缸后与缸壁之间的摩擦力可达400～550N。活塞上环槽的宽度大于限位摩擦环厚度，二者之间的间隙为 Δ。制动时，轮缸活塞4外移到其凸缘与摩擦环3内端面接触，即间隙 Δ 消失时，制动器间隙应已消失，并且制动蹄与制动鼓能压紧到足以产生最大制动力矩的程度。若制动蹄2摩擦片磨损，制动间隙过大，则活塞4外移到 $\Delta=0$ 时仍不能实现完全制动，但只要轮缸液压达到0.8～1.1MPa，即能将活塞4连同摩擦环3继续推出，直到实现完全制动。这样，在解除制动时，制动蹄2只能回复到活塞4与处于新位置的摩擦环3接触为止，制动器间隙恢复到设定值。正是摩擦环与缸壁之间的这一不可逆转的轴向相对位移补偿了制动器的过量间隙。这是所有摩擦限位式间隙自调装置的共同原理，图22-19所示的腹板限位式间隙自调装置的工作原理与此相同。

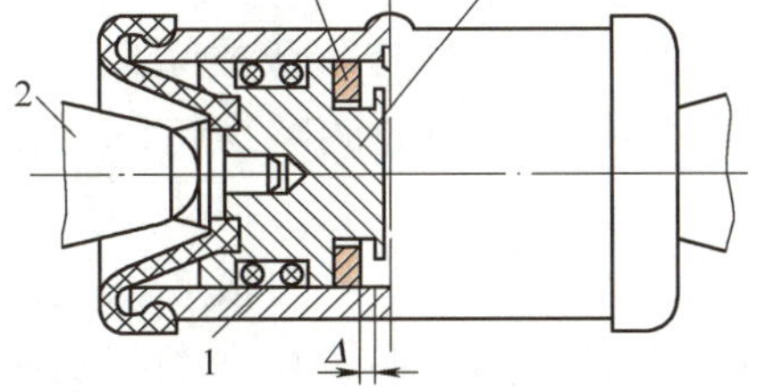

图22-18　摩擦限位式间隙自调装置的结构

1—密封环　2—制动蹄　3—摩擦环　4—轮缸活塞

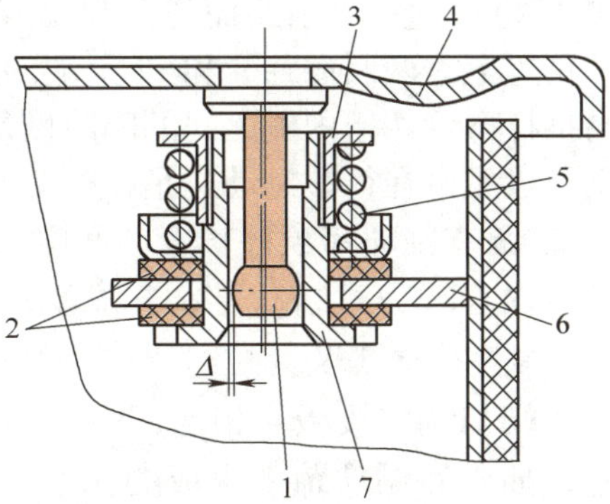

图22-19　腹板限位式间隙自调装置

1—限位销　2—限位摩擦片　3—弹簧座　4—制动底板　5—弹簧　6—制动蹄　7—套筒

腹板限位式间隙自调装置的摩擦限位在制动蹄腹板上实现。套筒 7 穿过制动蹄 6 的长孔，并通过由弹簧 5 压紧的两个限位摩擦片 2 保持其与制动蹄 6 之间的相对位置。套筒 7 内孔中有一固定于制动底板 4 上的带有球头的限位销 1，套筒 7 内表面与限位销 1 的球头之间有间隙 Δ，它限定了套筒 7 及制动蹄相对于限位销 1 的位移量，从而限定了制动器的设定间隙。当制动器存在过量间隙时，作用于制动蹄上的促动力使制动蹄腹板相对套筒 7 移动到新的位置，实现完全制动。制动蹄 6 回位弹簧的拉力不足以克服因弹簧 5 压紧而形成的制动蹄腹板与限位摩擦片 2 间的静摩擦力，这意味着制动器间隙恢复到设定值。

制动器中的过量间隙并不完全是由于摩擦副磨损所致，还有一部分是由于制动鼓热膨胀变形及制动鼓、制动蹄的弹性变形所致。因此，在确定冷态制动器间隙自调装置中的间隙时，应尽量将可能产生的制动蹄和制动鼓的弹性变形和热变形考虑在内。

2）阶跃式间隙自调装置。阶跃式间隙自调装置在装车后要进行多次（有的可能达 20 次以上）完全制动动作后，才能消除所积累的过量间隙。鼓式制动器的阶跃式间隙自动调节可以通过调节制动蹄上端有效支撑长度或顶杆长度部位来实现。

① 调节制动蹄上端有效支撑长度的间隙自调装置。图 22-20 所示为一种带有阶跃式间隙自调装置的领从蹄式制动器零件分解图。该制动器上的间隙自调装置主要由自调杠杆 23、扭簧 21 和自调锁爪 20 等组成。自调杠杆 23 和自调锁爪 20 的一侧用各自的销轴与左制动蹄 17 的腹板铰接，而另一侧的细齿互相啮合，并借扭簧 21 保持其相对位置。自调杠杆 23 和左制动蹄 17 的相对位置也因此被固定。驻车制动推杆 13 的左端有一个弯舌，自调杠杆 23 插入弯舌内的切槽中。右制动蹄 9 直接靠在驻车制动推杆 13 右端的切槽底面，并借制动推杆拉簧 10 保持两者间的相对位置。不制动时，左制动蹄 17 通过自调杠杆 23 支靠在驻车制动推杆 13 左端的切槽底面，驻车制动推杆 13 的弯舌与自调杠杆 23 的外侧有一间隙 Δ，此间隙与设定的制动器间隙相对应。制动时，两制动蹄 9 和 17 向外张开，由于驻车制动推杆 13 被制动推杆拉簧 10 拉着随右制动蹄 9 左移，驻车制动推杆 13 的弯舌与自调杠杆 23 外侧间隙减小。在制动器间隙为设定值的情况下进行完全制动时，此间隙应当减小为零。在制动器因磨损而产生过量间隙情况下进行制动时，推杆 13 的弯舌便带动自调杠杆 23 绕其销轴逆时针转动一个角度，并克服扭簧 21 的作用力而使自调锁爪 20 顺时针转过一个相应的角度。只要过量间隙未达到一定值，上述零件均可回复原位，间隙自调装置不起作用。一旦制动器间隙超过一定值，则制动时自调杠杆 23 正好相对自调锁爪 20 越过一个齿距而与自调锁爪 20 再度啮合，即自调锁爪 20 将自调杠杆 23 锁止在新的位置上，两制动蹄 9 和 17 上端的距离将增加少许。在解除制动后，自调杠杆 23 的外侧与推杆弯舌切槽内侧之间的间隙恢复到设定值。由此可见，无论在前进制动还是在倒车制动，也无论在行车制动还是在驻车制动，这种间隙自调装置都起作用。

② 调节制动蹄顶杆长度的间隙自调装置。图 22-21 所示为一种带阶跃式间隙自调装置的双向自增力式制动器。自调装置中包括用以可调顶杆组件 5 中的调整螺钉的调整拨板 4、调整拉绳 3 及其拉绳导向板 2。调整拉绳 3 的上端通过吊环固定在制动蹄支撑销上，下端与调整拨板 4 相连，中部挨靠着拉绳导向板 2 的弧面。拉绳导向板 2 以其圆筒状卷边插入后制动蹄 1 腹板的孔中，形成其自由转动的支点。调整弹簧 6 一端与前制动蹄腹板下端的孔相连，另一端与调整拨板上端的孔相连。调整拨板 4 的中部有一弯舌，弯舌插在后制动蹄腹板的相应孔中。调整弹簧 6 通过调整拨板 4 将前、后制动蹄拉靠在可调顶杆组件 5 两端的切槽中。调整拨板 4 的自由端（即下端）向上运动时，会插入调

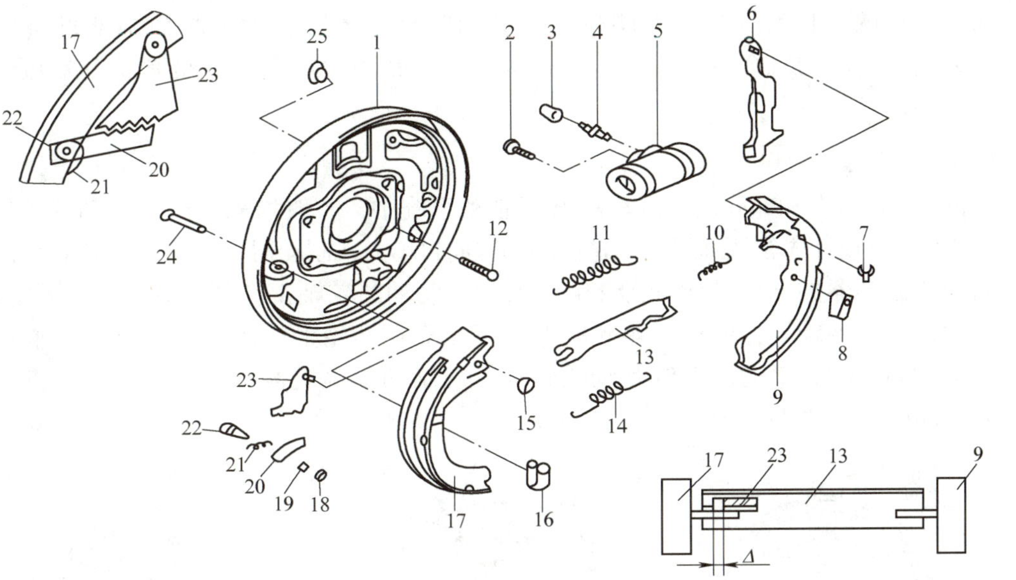

图 22-20　带有阶跃式间隙自调装置的领从蹄式制动器零件分解图

1—制动底板　2—固定螺栓　3—防尘套　4—放气螺钉　5—制动轮缸　6—驻车制动杠杆　7、15、18—开口挡圈　8、16—制动蹄定位弹簧　9—右制动蹄　10—制动推杆拉簧　11—制动蹄回位弹簧　12—制动底板固定螺栓　13—驻车制动推杆　14—制动蹄拉紧弹簧　17—左制动蹄　19—波形垫圈　20—自调锁爪　21—扭簧　22—支撑销　23—自调杠杆　24—定位弹簧销钉　25—橡胶塞

整螺钉的凸缘棘齿间。不进行倒车制动时，调整拨板 4 在调整弹簧 6 的作用下保持在最下面的平衡位置，调整拨板 4 与可调顶杆组件 5 的棘齿完全脱离。

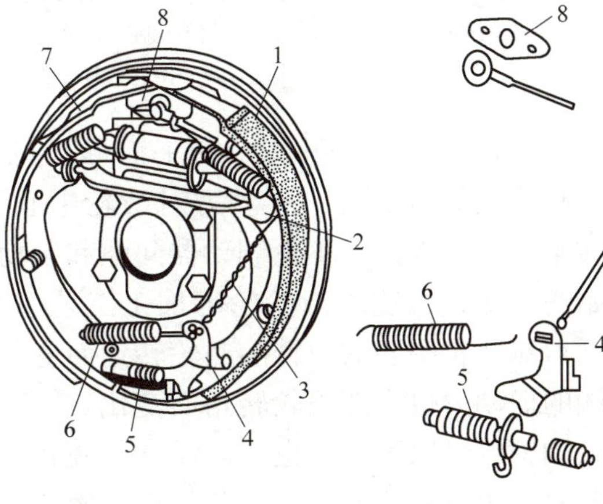

图 22-21　双向自增力式制动器的间隙自调机构

1—后制动蹄　2—拉绳导向板　3—调整拉绳　4—调整拨板　5—可调顶杆组件　6—调整弹簧　7—前制动蹄　8—制动蹄导向板

倒车制动时，后制动蹄 1 的上端离开支撑销。整个制动蹄压靠到制动鼓上，并在摩擦作用下，随制动鼓顺时针（见图 22-21）转过一个角度。在后制动蹄 1（连同拉绳导向板 2 和拨板弯舌）相对于支撑销移动过程中，调整拨板 4 的自由端向上摆动，其位移量取决于当时的制动器实际间隙的大小。如果间隙还保持着设定值或增大很少，则调整拨板 4 的自由端向上的位移量不足以使之嵌入可调顶杆组 5 的棘齿间。只有当制动器过量间隙增大到一定值时，调整拨板 4 方能嵌入可调顶杆组 5 的调整螺钉的棘齿间。解除制动时，制动蹄回位，调整拨板被弹簧拉回到下平衡位置，同时将调整螺钉拨过相应于一个棘齿距的角度。若棘齿数为 z，螺距为 t，则调整螺钉被拨转角度为 $1/z$ 周；相应地，可调顶杆组件中旋出的距离为 t/z，于是所累积的制动器过量间隙被完全消除。前进制动时，该自调装置不起作用。

采用只在倒车制动后方能起调整作用的间隙自调装置将大大减少调整过量的可能性，因为倒车制动的机会本就很少，而且进行倒车制动时未必正好是制动鼓受热严重的时候。

（二）凸轮式制动器

在目前国产汽车和部分进口汽车的气压制动系统中，一般均采用凸轮促动的车轮制动器，而且大部分设计成领从蹄式。凸轮促动的双向自增力式制动器只宜用作中央制动器。

凸轮式制动器的结构简图如图22-22所示。制动凸轮轴4与制动调整臂3固定连接。不制动时，两制动蹄6在回位弹簧5的作用下压靠在凸轮上。制动时，制动调整臂3沿图中所示方向摆动，带动凸轮绕其轴线转动，两制动蹄绕支撑销8外张，从而将制动蹄顶靠到制动鼓7的内圆周上。

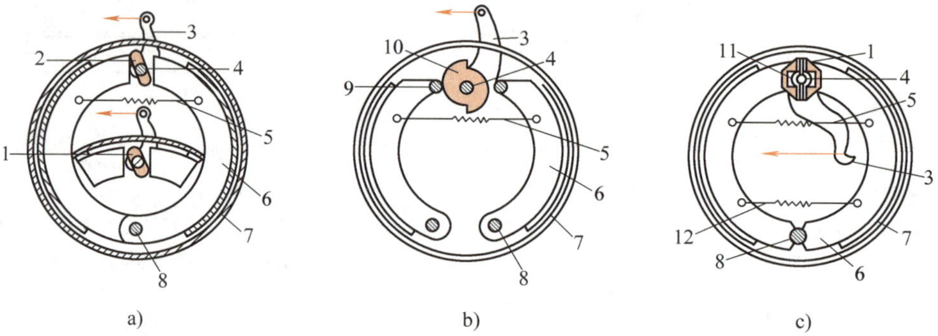

图22-22 凸轮式制动器的结构简图

a）椭圆形和平面形凸轮且轴线固定 b）渐开线形凸轮且轴线固定 c）平面凸轮且轴线浮动

1—平面形凸轮 2—椭圆形凸轮 3—制动调整臂 4—制动凸轮轴 5—回位弹簧 6—制动蹄 7—制动鼓 8—支撑销 9—滚轮 10—渐开线凸轮 11—长孔 12—拉紧弹簧

凸轮工作表面轮廓有椭圆形和平面形（见图22-22a）、渐开线形（见图22-22b）。渐开线轮廓凸轮的特点是：促动力对凸轮中心的力臂为定值（等于基圆半径的1/2），与凸轮转角无关。因此，不论制动器间隙和制动蹄摩擦片磨损程度如何，凸轮对蹄端的促动力始终不变，但这种凸轮轮廓加工工艺较复杂。而对于椭圆形和平面形轮廓的凸轮，促动力对凸轮中心的力臂随凸轮转角而变化，因而即使输入凸轮轴的力矩不变，凸轮对蹄端的促动力也会随凸轮转角而变化。

凸轮轴轴线可以固定，也可以浮动（见图22-22c）。由轴线固定的凸轮促动的领从蹄式制动器为等位移式制动器。若两蹄摩擦片的相应点与制动鼓间的间隙完全一致，则制动时两蹄对鼓的压紧程度（从而所产生的制动力矩）必然相等。

由于结构上不是中心对称，等位移式制动器两蹄作用于制动鼓的微元法向力的合力虽然大小相等，却不在一条直线上，不能相互平衡，故仍属于非平衡式制动器。轴线浮动的凸轮促动的领从蹄式制动器为等促动力制动器，由于机械效率低且凸轮滑动面磨损严重，这种制动器已很少采用。凸轮式制动器一般做成领从蹄式。

图22-23所示为东风EQ1090E型汽车前轮采用的偏心圆弧式凸轮制动器结构图，这种制动器除了用制动凸轮作张开装置外，其余部分结构与液压制动系统的领从蹄式制动

器大体相同。可锻铸铁铸成的两制动蹄10的一端套在偏心支撑销12上，支撑销下面有支撑销座11，固定在制动底板上。制动蹄的另一端靠回位弹簧14拉拢并使之紧靠在制动凸轮9上。凸轮与凸轮轴6制成一体，凸轮轴安装在制动底板8的支架7内，轴端有花键与制动调整臂内的蜗轮5相连。调整臂的另一端则和制动气室1的推杆连接叉2相连。在制动蹄的外圆弧面上铆有两块石棉摩擦衬片。不制动时，摩擦衬片和制动鼓13之间留有适当的间隙，使制动鼓能随车轮自由转动。

制动时，压缩空气进入制动气室，通过推杆及连接叉使制动调整臂转动，调整臂带动凸轮轴转动，凸轮迫使两制动蹄张开并压紧在制动鼓上，产生相应的制动作用。当放松制动踏板时，制动气室中的压缩空气排出，膜片在回位弹簧作用下回位，并通过推杆、连接叉、制动调整臂带动凸轮轴回位。同时，两制动蹄在回位弹簧作用下，以其上端支撑面靠紧于制动凸轮的两侧，制动蹄鼓间保持一定的间隙，制动作用解除。

这种由轴线固定的凸轮促动的领从蹄式制动器是一种等位移式制动器。如果制动器两蹄摩擦片的相应点与制动鼓间的间隙已调整到完全一致，则制动时两蹄对鼓的压紧程度以及所产生的制动力矩必然相等。但是，制动鼓对蹄的摩擦使得领蹄端部力图离开制动凸轮，同时又使从蹄端部更加靠紧制动凸轮。凸轮对从蹄的促动力大于对领蹄的促动力。因此，虽然领蹄有增势作用，从蹄有减势作用，但就等位移制动器而言，由于这一差别造成了制动效能高的领蹄的促动力小于制动效能低的从蹄的促动力，从而使得两蹄制动力矩相等。

凸轮制动器间隙的调整，可以根据需要进行局部或全面的调整。局部调整只是利用制动调整臂来改变制动凸轮轴的原始角位置。制动调整臂的结构如图22-24所示。

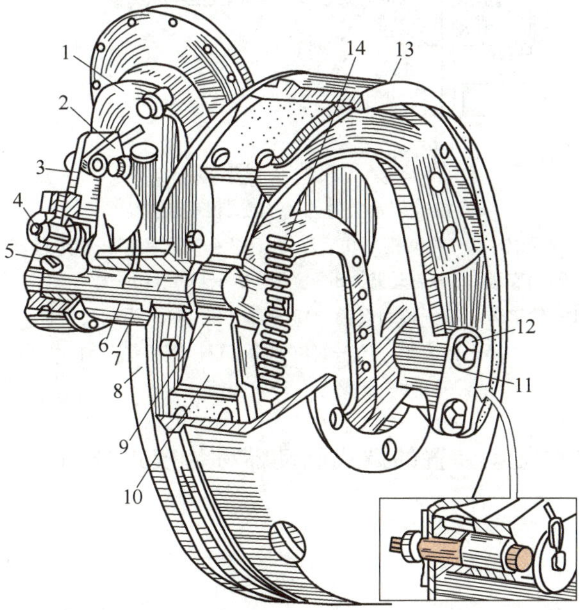

图22-23 东风EQ1090E型汽车前轮制动器

1—制动气室 2—连接叉 3—制动调整臂 4—蜗杆 5—蜗轮 6—凸轮轴 7—支架 8—制动底板 9—制动凸轮 10—制动蹄 11—支撑销座 12—支撑销 13—制动鼓 14—回位弹簧

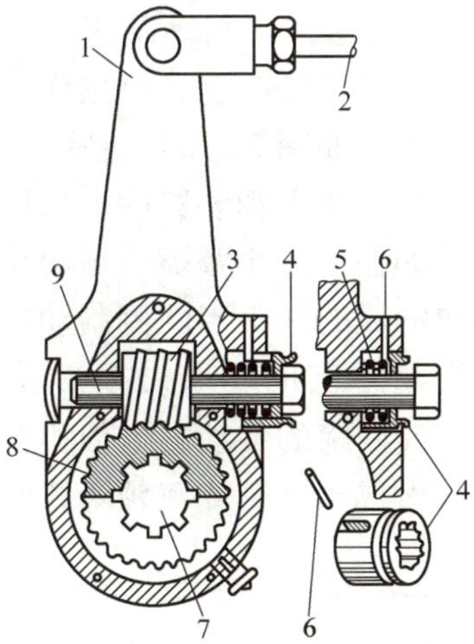

图22-24 制动调整臂的结构

1—制动调整臂 2—推杆 3—调整蜗杆 4—锁套 5—弹簧 6—锁销 7—凸轮轴 8—调整蜗轮 9—蜗杆轴

促动凸轮轴7插在调整蜗轮8的花键孔内，转动调整蜗杆轴9，即可在制动调整臂1与制动气室推杆2的位置不变的情况下，改变凸轮的初始位置。

锁套4右端的六角孔与蜗杆轴9右端的六角头相配合，锁销6使锁套4不能转动。调整间隙时，将锁套向里推，使弹簧5压缩而露出螺柱头，转动蜗杆轴9即可改变凸轮轴7的初始位置。

（三）楔块式制动器

楔块装置示意图如图22-25所示，有拉式和推式两种结构形式。柱塞壳体1的内孔中有一个浮动楔形块2，楔形块的两侧各有一个滚轮4，滚轮4的外侧与楔形柱塞5接触，制动蹄7的一端支撑在楔形柱塞5上。

当推式促动装置制动时活塞9推动柱塞3左移，浮动楔形块2和滚轮4也一同左移，两楔形柱塞向外侧移动，从而使制动蹄张开，如图22-25a所示。解除制动时，在制动蹄回位弹簧和柱塞回位弹簧的共同作用下，柱塞和滚轮右移。对于拉式促动装置，制动时活塞9推动传力套筒12、拉杆8右移，从而使柱塞3、浮动楔形块2和滚轮4一同右移，使制动蹄张开。拉式促动装置稍经改造，可用作驻车促动装置，如图22-25b所示。

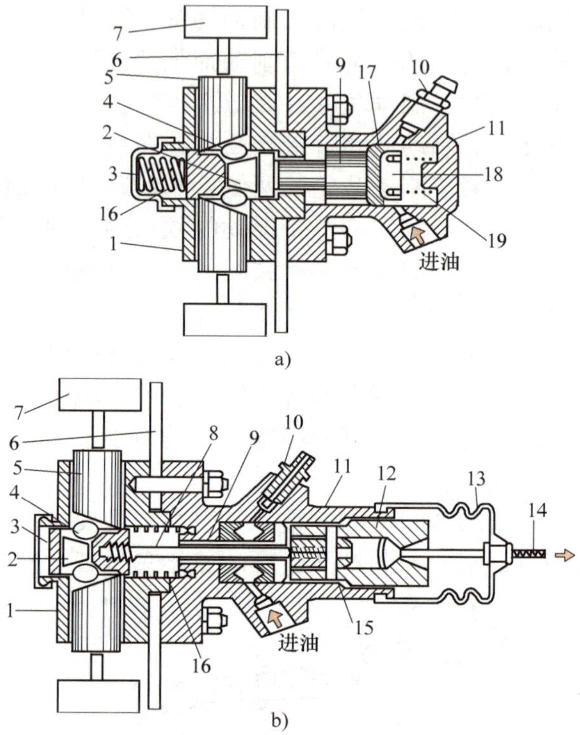

图22-25 楔块装置示意图

a）推式促动装置 b）拉式促动装置

1—柱塞壳体 2—浮动楔形块 3—柱塞 4—滚轮 5—楔形柱塞 6—制动底板 7—制动蹄 8—拉杆 9—活塞 10—放气螺钉 11—轮缸体 12—传力套筒 13—防尘套 14—手制动拉杆 15—传力销 16—回位弹簧 17—密封垫 18—弹簧座 19—弹簧

楔形块促动装置中，采用滚轮的目的在于减小摩擦；采用浮动楔形块的目的在于当两侧制动摩擦片磨损量不同时，通过楔形块的移动，使两蹄的促动力近似相等。采用楔形块促动装置的鼓式制动器称为楔式制动器，它可以做成领从蹄或双领蹄式制动器。

二、盘式制动器

盘式制动器由旋转元件（制动盘）和固定元件（制动钳）组成。制动盘是摩擦副中的旋转件，以金属圆盘的端面为工作面。制动钳是由装在横跨制动盘两侧的钳形支架中的制动块和促动装置组成，制动块是由工作面积不大的摩擦块和金属背板组成。

按摩擦副中固定元件的结构，盘式制动器有钳盘式和全盘式两大类。钳盘式制动器又可分为定钳盘式（见图 22-26a）和浮钳盘式（见图 22-26b、c）两类。按所用动力源，可分为液压式和气压式两种类型。液压式盘式制动器广泛应用于轿车和中型以下汽车，气压式盘式制动器广泛应用于重型货车和客车。

1. 钳盘式制动器

钳盘式制动器中的固定元件是工作面积不大的摩擦块与其金属背板组成的制动块，每个制动器中有 2~4 块。这些制动块及其促动装置都装在横跨制动盘两侧的钳型支架中，总称为制动钳。

（1）定钳盘式制动器　定钳盘式制动器的基本结构如图 22-27 所示。制动盘 2 与车轮相连接，随车轮一起转动。轮缸活塞 3 布置在制动盘两侧的制动钳支架中，活塞的端部粘有摩擦片 4。制动钳用螺柱固定在桥壳或转向节上，既不能旋转，也不能轴向移动。制动时，高压制动液被压入两制动轮缸中，推动轮缸活塞 3，使两个制动摩擦片 4 同时压向制动盘 2，产生制动作用。此时活塞上矩形橡胶密封圈的刃边在活塞摩擦力的作用下，产生弹性变形（见图 22-27b）。其极限变形量应等于（制动器间隙为设定值时）完全制动所需的活塞行程。

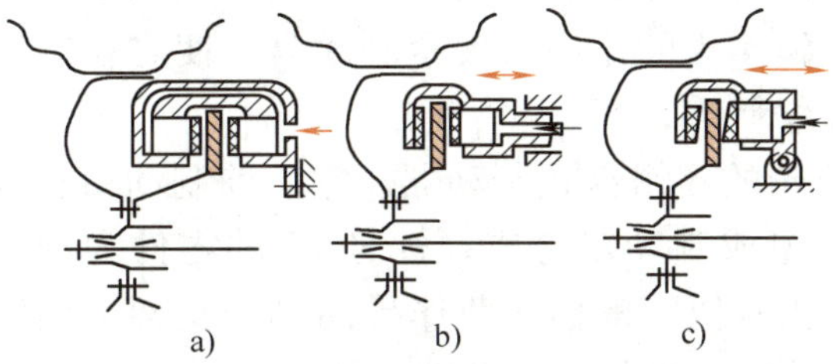

图 22-26　钳盘式制动器示意图

a）定钳盘式制动器　b）滑动钳盘式制动器　c）摆动钳盘式制动器

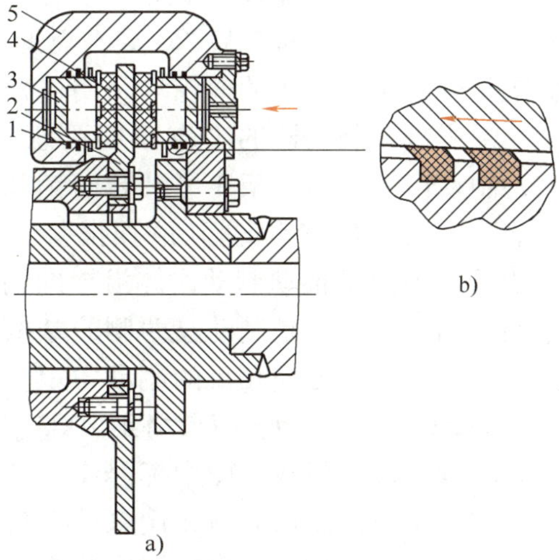

图 22-27　定钳盘式制动器的基本结构

1—密封圈　2—制动盘　3—轮缸活塞　4—摩擦片　5—制动钳支架

解除制动时，活塞在密封圈的弹力作用下回位，直至密封圈变形完全消失为止。此时摩擦片与制动盘之间的间隙即为设定间隙。

当制动器存在过量间隙，制动时活塞密封圈变形达到极限值后，轮缸活塞在液压作用下克服密封圈的摩擦力而继续移动，直到完全制动为止。但解除制动后，活塞密封圈将活塞拉回的距离为制动器间隙恢复到设定值时对应的距离。由此可见，密封圈能兼起活塞回位弹簧和一次调准式间隙自调装置的作用。这可使制动钳结构简单，造价低廉，故在轻、中型轿车上得到广泛应用。但这种结构对橡胶密封圈的弹性、耐热性、耐磨性及加工精度要求较高，而且所能保持的制动器间隙较小，在保证彻底解除制动方面还不十分可靠。

定钳盘式制动器中液压缸的结构与制造工艺都与一般制动轮缸相近。但是这种制动器存在以下缺点：①液压缸多，结构复杂；②液压缸分置于制动盘两侧，必须用跨越制动盘的钳内油道或外部油管来连通，这使得制动钳的尺寸过大，难以安装在现代轿车的轮辋内；③热负荷大时，液压缸（特别是外侧液压缸）和跨越制动盘的油管或油道中的制动液容易受热汽化；④若要兼用于驻车制动，则必须加装一个机械促动的驻车制动钳，这些缺点使得定钳盘式制动器难以适应现代汽车使用要求，故自20世纪70年代以来，已逐渐让位于浮钳盘式制动器。

（2）浮钳盘式制动器 浮钳盘式制动器分为滑动钳盘式制动器（见图22-26b）和摆动钳盘式制动器（见图22-26c）。滑动钳盘式制动器的制动钳可以相对于制动盘做轴向滑动，其只在制动盘的内侧设置液压缸，而外侧的制动块则附装在钳体上。摆动钳盘式制动器也是单侧设置液压缸，其制动钳体与固定在车轴上的支座铰接，故不能滑动，而是在与制动盘垂直的平面内摆动以实现制动。为使制动块磨损均匀，常将摩擦块预先做成楔形（摩擦面相对背板平面的倾斜角约为6°，见图22-26c）。实践证明，滑动钳盘式制动器结构简单紧凑，且便于安装，因此被越来越多地采用在轿车和一些轻型汽车上。例如，一汽红旗CA7220型、奥迪、捷达、上海桑塔纳、天津夏利等轿车以及北京切诺基轻型越野汽车的前轮均采用这种滑动钳盘式制动器。

浮钳盘式制动器的工作原理示意图如图22-28所示。制动钳支架3固定在转向节上，制动钳体1与支架3可沿导向销2轴向滑动。制动时，活塞8在液压力p_1作用下，将活动制动块6（带摩擦块磨损报警装置）推向制动盘4。与此同时，作用在制动钳体1上的反作用力p_2推动制动钳体沿导向销2向右移动，使固定在制动钳体上的制动块5压靠到制动盘上。于是制动盘两侧的摩擦块在p_1和p_2力的作用下夹紧制动盘，使之在制动盘上产生与运动方向相反的制动力矩，促使汽车制动。

图22-29所示为上海桑塔纳2000型轿车前轮的浮钳盘式制动器。它由前制动钳总成与制动盘两部分组成，图中标号1～12的零件组成制动钳总成，标号13的零件为制动盘。制动钳由制动钳壳体2用螺栓5与支架1相联接，螺栓5兼作导向销，支架1固定在前悬架的法兰板上，制动钳壳体2可沿导向销（即螺栓5）做轴向相对移动（浮动），因而称为浮动式盘式制动器。壳体的活塞腔与活塞8组成制动分泵，摩擦片11与12布置在活塞底部的制动盘13的两侧，制动盘有4个安装孔，以4个螺栓与前轮毂联接。前轮毂的内孔是花键孔，与传动轴的花键轴相联接，这样制动钳通过支架与车身（前悬架）固定不动，制动盘随车轮做旋转运动。当汽车进行制动时，制动液从壳体进油孔进入分泵活塞8的顶部，活塞在制动液的压力作用下推向内摩擦片12，使摩擦片压向制动盘。由于壳体的浮动运动，同时也消除了制动外摩擦片11与制动盘的间隙，两摩擦片即紧紧地将制动盘夹住而实现了制动。前轮盘式制动器的立体图如图22-30所示。

目前，性能较好的制动盘是陶瓷制动盘。它能承受1400℃的高温而不变形，不产生裂缝、不抖动，与铸铁制动盘相比具有明显的优势：

1）陶瓷制动盘比铸铁制动盘的质量降低了50%左右，减小了“簧下质量”。

2）陶瓷制动盘的摩擦因数比铸铁制动盘高25%左右，提高了制动效率。

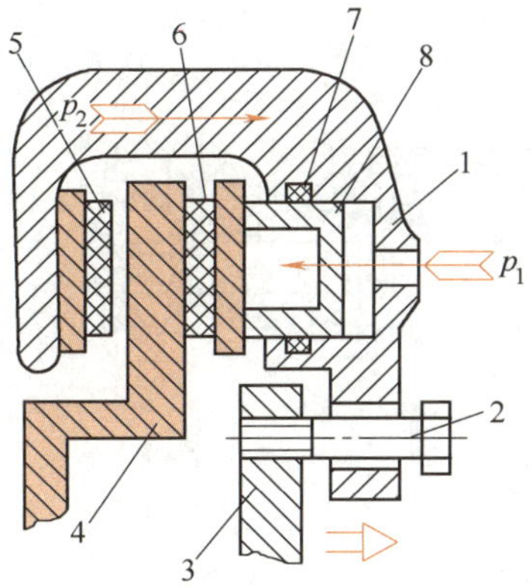

图 22-28　浮钳盘式制动器的工作原理示意图

1—制动钳体　2—导向销　3—制动钳支架　4—制动盘　5—固定制动块　6—活动制动块（带摩擦块磨损报警装置）　7—活塞密封圈　8—活塞

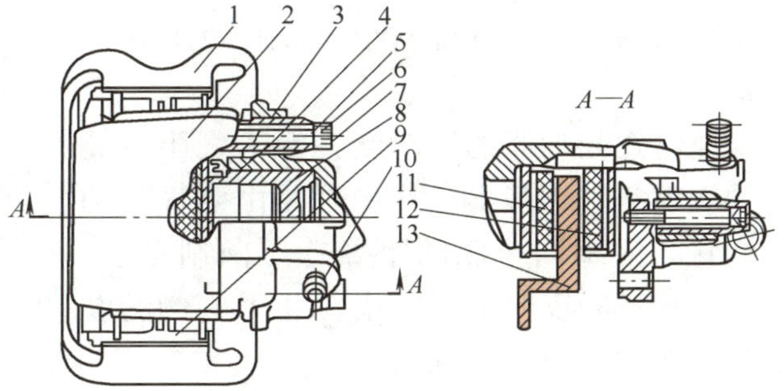

图 22-29　上海桑塔纳 2000 型轿车前轮盘式制动器

1—支架　2—制动钳壳体　3—防尘罩　4—活塞密封圈　5—螺栓　6—导套　7—导向防尘罩　8—活塞　9—止动弹簧　10—放气螺钉　11—外摩擦片　12—内摩擦片　13—制动盘

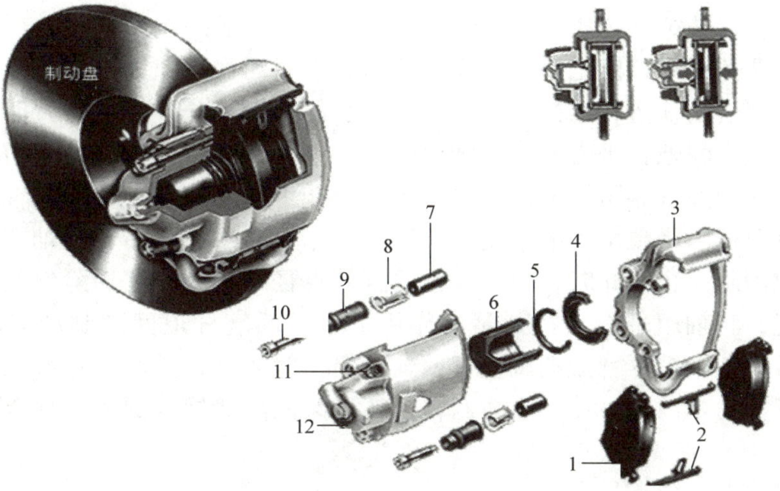

图 22-30　桑塔纳盘式制动器立体图

1—制动块　2—保持弹簧　3—制动钳支架　4—活塞防尘罩　5—油封　6—活塞　7—塑料套　8—导向钢套　9—橡胶衬套　10—螺栓　11—排气塞　12—制动钳壳体

3）陶瓷制动盘的表面硬度很高，因此它在制动时的磨损很小，使用寿命超过 30 万 km，是铸铁制动盘平均寿命的 4 倍。陶瓷制动盘的缺点是价格非常高。

（3）气压盘式制动器　气压盘式制动器（Air Disc Brake）从 1996 年在汉诺威国际汽车展览上第一次亮相到现在，已经在欧洲、北美、日本等地区、国家的商用车行业中大批量应用普及。

如图 22-31 所示，同前述采用液压为动力源的制动器一样，气压盘式制动器也是由制动盘和制动钳体总成组成的。制动钳体总成由座体、可浮动钳、双活塞组件、摩擦片及底板、减振板及防噪片等组成。

制动钳体有四种常见结构：浮动钳盘式、摆动钳盘式、固定钳盘式及拳形钳盘式。目前应用最广泛的是浮动钳盘式盘式结构。

压盘式制动器的制动动力源为气压泵提供的压缩空气，基本工作原理是由空气驱动活塞将与活塞同一侧的摩擦片压向制动盘，同时，活塞的反向力推动滑钳将另一侧的摩擦片拉向制动盘，实现制动。

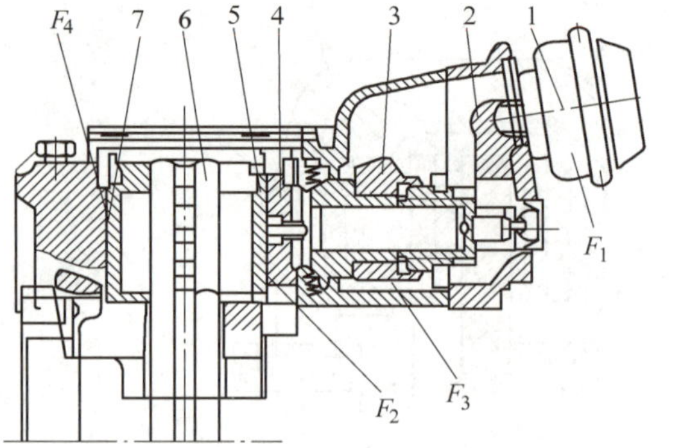

图 22-31　气压盘式制动器

1—制动气室　2—压力臂　3—转轴组件　4—推动板　5—内制动片　6—制动盘　7—外制动片

当制动气室 1 的压力增加时，活塞杆推动操纵压力臂 2 在两个滚动轴承上运动。输入压力通过转轴组件 3 和推动板 4，传递到内制动片 5 上，输入压力作用在内制动片 5 上的力为输出压力 F_2。同时，内制动片 5 压在制动盘 6 上。由于作用在制动钳上的反作用力 F_3 传递给外制动片 7，这样外制动片 7 同样以 F_2 的力压在制动盘6 上。产生的制动力大小取决于制动气室 1 的制动压力和压力臂 2 的传动比。转轴组件与压力臂、滚针副、活塞杆构成一组单向旋转增力机构。压力臂上的轴销与调整臂开口槽之间的装配间隙即等于制动器间隙为设定值时完全制动所需的活塞杆行程。当制动盘和摩擦块磨损后，制动器间隙大于设定值时，活塞杆受转轴组件推力前移到设定间隙，压力臂上的轴销拨动调整套旋转，使扭簧发生扭转变形，带动转动圈转动，转动圈依靠压簧和压紧垫片预紧力产生的摩擦力矩促使转轴转动，与转轴螺纹传动的活塞杆因受限位销的限制而不能转动，只能被迫变转动为轴向移动，直到制动器过量间隙消除为止。此时，扭簧收紧，且其直径略有减小。撤除气压后，压力臂摆回到初始位置，转轴组件在支撑弹簧的作用下带动活塞杆退回到制动器间隙设定值位置，而压力臂上的轴销尽管拨动调整套回转，但扭簧张开，其直径略有增大，扭簧与转动圈之间的摩擦力矩消失，转轴不能回转，从而保证活塞杆退回的位移等于制动器的设定间隙。

2. 全盘式制动器

全盘式制动器摩擦副的固定和旋转元件都是圆盘形，分别称为固定盘和旋转盘。

图 22-32 所示为一种全盘式制动器。固定于车桥上的制动器壳体由盆状的外侧壳体 15 和内侧壳体 12 通过螺栓 14 联接而成。每个螺栓 14 上都铣出一个平键。装配时，两个固定盘 13 以外缘上的键槽与螺栓 14 上的平键作滑动配合。两面都铆有扇形摩擦块的两个旋转盘 14 通过内花键与花键毂 17 作滑动配合。花键毂 17 与车轮轮毂固定连接。

内侧壳体 12 上有 4 个液压缸，液压缸体 4 内有活塞 8、凸缘套筒 9、回位弹簧 10 及弹簧座 3。带有 3 个活塞密封圈 7 的活塞 8 与凸缘套筒 9 作滑动配合，而套筒 9 又可相对缸壁滑动。制动时，活塞 8 连同套筒 9 左移，将所有的固定盘 13 和旋转盘 16 都推向外侧壳体 15，各盘间相互压紧。解除制动时，活塞 8 及凸缘套筒 9 在回位弹簧 10 的作用下被推到外极限位置，各固定盘 13 和旋转盘 16 间的压紧力消失。

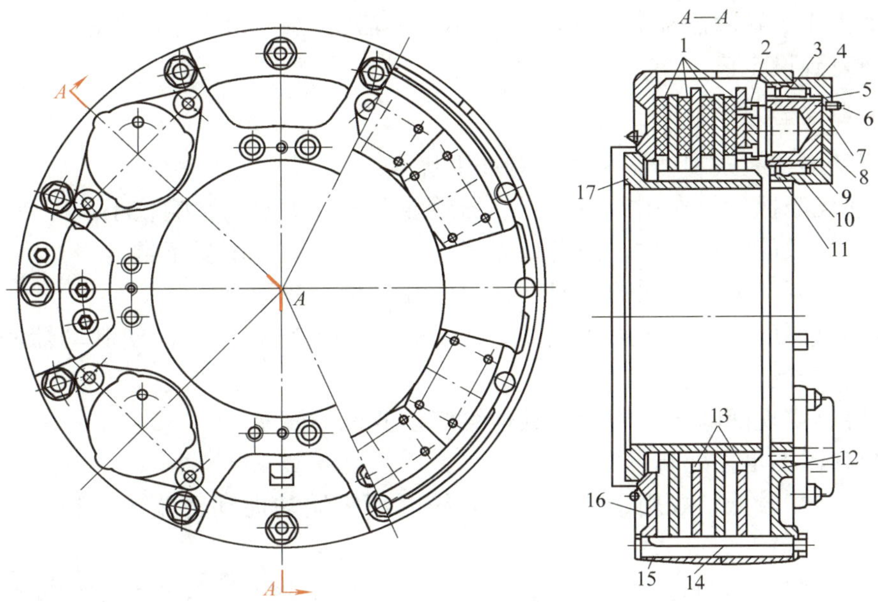

图 22-32 全盘式制动器

1—摩擦片 2—垫块 3—弹簧座 4—液压缸体 5—套筒密封圈 6—放气阀 7—活塞密封圈 8—活塞 9—凸缘套筒 10—回位弹簧 11—调整螺母 12—内侧壳体 13—固定盘 14—螺栓 15—外侧壳体 16—旋转盘 17—花键毂

3. 盘式制动器制动间隙的调整

钳盘式制动器的间隙都是自动调节的，且属于一次调准式。活塞的橡胶密封圈是常见的钳盘式制动器的间隙自调装置，密封槽的结构形式有矩形和梯形两种，其工作情况如图 22-33所示。密封圈除了密封活塞、防止漏油外，它还兼起活塞回位弹簧、一次调准式间隙自调装置的作用。

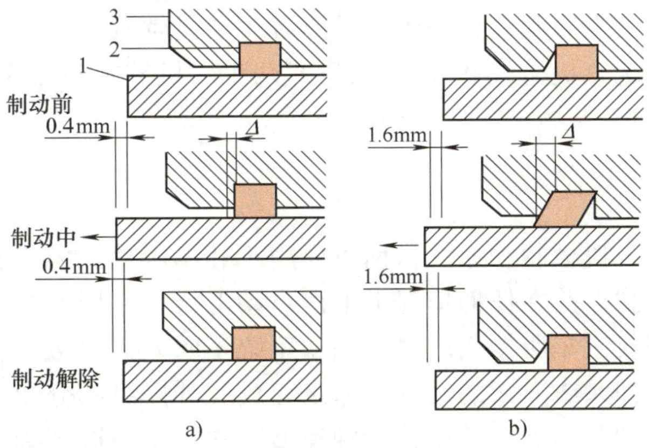

图 22-33 盘式制动器的间隙自调装置原理

a）矩形槽 b）梯形槽

1—活塞 2—橡胶密封圈 3—制动钳体

盘式制动器的间隙自调装置原理如图 22-33 所示，在制动钳体 3 内的密封槽中装有橡胶密封圈 2。在活塞 1 移动过程中，橡胶密封圈 2 要产生弹性变形，橡胶密封圈的极限弹性变形量 Δ 等于制动器间隙的设定值。一般，盘式制动器的制动间隙较小，橡胶密封圈的弹性变形可以满足要求。

若制动器存在过量间隙，则制动时活塞密封圈变形量达到极限值以后，活塞在液压作用下，克服橡胶密封圈 2 的摩擦力而继续移动，活塞与密封圈产生相对移动，直到实现完全制动为止。解除制动后，橡胶密封圈2将活塞拉回的距离仍然等于Δ，因此制动器间隙即恢复到设定值。

4. 盘式制动器的特点

盘式制动器与鼓式制动器相比，有如下优点：

1）一般无摩擦助势作用，因而制动器效能受摩擦因数的影响较小，即效能较稳定。

2）浸水后效能降低不大，而且只需经一两次制动即可恢复正常。

3）在输出制动力矩相同的情况下，尺寸和质量一般较小。

4）制动盘厚度方向的热膨胀量小，不会像制动鼓热膨胀那样使制动器间隙明显增加而导致制动踏板行程过大。

5）较容易实现间隙自动调整，其他维修作业也较简便。

盘式制动器不足之处有：

1）制动效能较低，故用于液压制动系统时所需制动促动管路压力较高，一般要用伺服装置。

2）兼用于驻车制动时，需要加装的驻车制动传动装置较鼓式制动器复杂，因而在后轮上的应用受到限制。目前，盘式制动器已广泛应用于轿车；但除了在一些高级轿车上用于全部车轮外，一般只用作前轮制动器，而后轮采用鼓式制动器，以获得汽车在较高车速下制动的方向稳定性。

第三节 人力制动系统

人力制动系统的制动能源主要是驾驶人的肌体。按传动装置的结构形式，人力制动系统有机械式和人力-液压式两种。机械式只用于驻车制动，人力-液压制动系统则用于行车制动。

一、机械制动系统

机械制动系统目前主要用于驻车制动，因为驻车制动系统必须使汽车可靠地在原地停驻，并在任何情况下不得自动滑行。利用机械系统的自锁作用可以解决此问题，因此现代汽车所使用的驻车制动系统多属人力机械式，其传动装置多用机械式传动方式，使用杆系或绳索的结构类型来完成。其操纵部分多采用手柄控制，制动器有中央布置或与行驶制动器合并布置两种类型。在行车中遇到紧急情况时，可同时使用行车制动系统和驻车制动系统，使汽车紧急制动。

图22-34所示为上海桑塔纳2000型轿车驻车制动器，它是软轴传动的机械式驻车制动器，是后轮制动器兼驻车制动器（驻车制动器与行驶制动器合并布置）。该制动器由于是机械式软轴操纵，作用于后轮，所以结构简单，可以长时间制动，不会因漏油等因素而失效；制动力可通过调整而达到要求的技术状态，调整方便。驻车制动器的工作是由驾驶人拉动座椅右侧的驻车制动杆1、传动拉杆10，再通过调整拉杆12，拉动制动拉索14，随着驻车制动杆1的运动，棘轮掣子8沿着扇形齿9运动，能将驻车制动杆的行程锁住。由于制动拉索14通过后制动器底板上的小孔伸到后制动器内，通过夹子套在

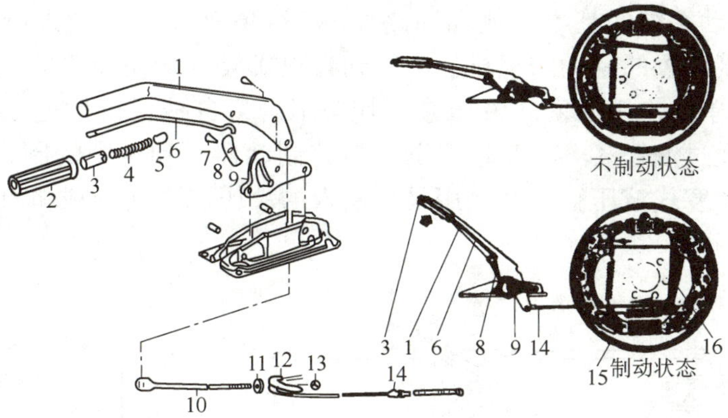

图 22-34　上海桑塔纳 2000 型轿车驻车制动器

1—驻车制动杆　2—制动手柄套　3—按钮　4—弹簧　5—弹簧套筒　6—棘轮杆　7—销　8—棘轮掣子　9—扇形齿　10—传动拉杆　11—限位板　12—调整拉杆　13—螺母　14—制动拉索　15—后调动器　16—制动拉杆

后制动器制动拉杆 16 下端钩槽内，这样，制动拉索 14 拉动制动拉杆 16 下端，制动拉杆即绕上端销轴转动而推动压杆，使两个制动蹄向外张开压向制动鼓实现了制动。因为驻车制动杆 1（俗称手制动手柄）由棘轮掣子锁住，因此可以长时间制动而不失效。调整正常的驻车制动器，将制动杆拉紧两格即实现了制动，驻车坡度为 30%。松开驻车制动时，需按下按钮 3，然后通过棘轮杆 6 推动棘轮掣子 8，使它脱离扇形齿 9 而解除对制动的锁止。再放下驻车制动杆 1，这时左右制动蹄由回位弹簧作用而恢复原来位置，这样就解除了驻车制动。

图 22-35 所示为解放 CA1091 型汽车驻车制动器操纵机构布置示意图，解放 CA1091 型汽车驻车制动器采用杆系机械式传动方式，其操纵部分采用手控，制动器采用中央布置。

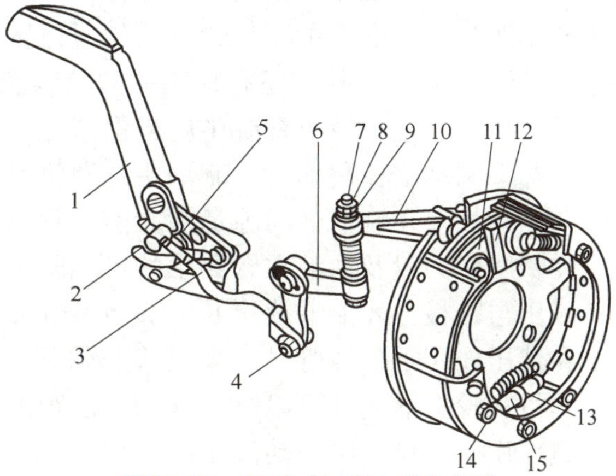

图 22-35　解放 CA1091 型汽车驻车制动器操纵机构布置示意图

1—操纵杆　2—齿扳　3、4—传动杆　5—棘爪　6—摇臂　7—拉杆　8、9—锁紧螺母　10—拉臂　11—制动蹄　12—凸轮　13—齿圈　14—密封塞　15—可调顶杆

二、人力-液压制动系统

1. 人力-液压制动系统的组成和工作原理

现代汽车制动系统所使用的人力-液压制动传动装置按工作原理可分为人力式和助力式（伺服）两种。人力-液压制动传动装置依靠制动主缸、管路、轮缸，通过介质——液压油把驾驶人的操纵力传递给制动器，助力式传动装置是在人力式的基础上，通过增加一套气压或液压助力器，增加制动促动力，以改善制动效果。具体结构和工作原理如下所述。

人力-液压制动系统的基本组成和回路如图22-36所示。驾驶人所施加的制动控制力，通过作为控制装置的制动踏板机构1传到容积式液压传动装置的主要部件制动主缸2。制动主缸属于单向作用活塞式液压泵，其功用是将自踏板机构输入的机械能转换成液压能。液压能通过油管3、5、8输入前、后轮制动器6和4中的制动轮缸7。制动轮缸属于单向作用活塞式液压缸，其功用是将输入的液压能再转换成机械能，促使制动器进入工作状态。

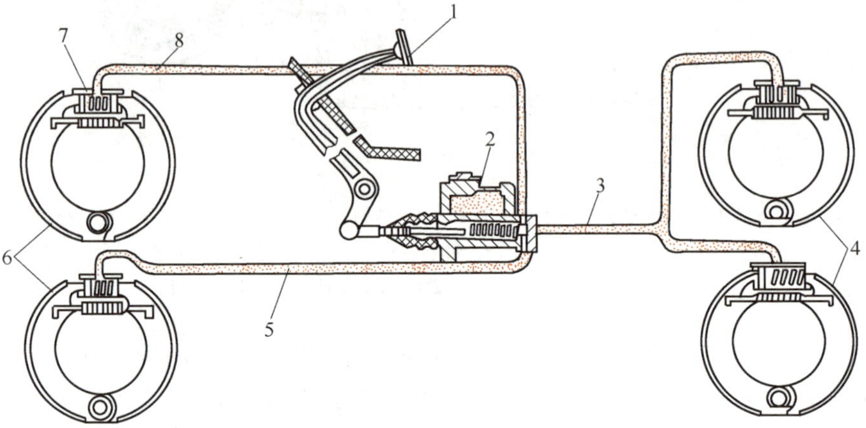

图22-36 人力-液压制动系统的基本组成和回路

1—制动踏板机构 2—制动主缸 3、5、8—油管 4—后轮制动器 6—前轮制动器 7—制动轮缸

制动系统主要由制动主缸、制动轮缸、管路组成，其传动介质为液压油。制动踏板机构和制动主缸都装在车架上（驾驶室内）。轮缸安装在车轮制动器上。车轮通过弹性悬架与车架联系，由于主缸与轮缸的相对位置经常发生变化，故主缸与轮缸间的连接油管除金属管（铜管）外，还有特制的橡胶制动软管。各液压元件之间及各段油管之间还有各种管接头。整个液压系统中应当保持充足的专用制动液。

当踩下制动踏板制动时，制动主缸即将制动液经油管压入前、后制动轮缸，将制动蹄推向制动鼓。在制动器间隙消除之前，管路中的液压不可能很高，仅足以平衡制动蹄复位弹簧的张力以及油液在管路中的流动阻力。在制动器间隙消除并开始产生制动力矩时，液压与踏板力才能继续增长，直到完全制动。在从开始制动到完全制动的过程中，由于在液压作用下，油管（主要是橡胶软管）的弹性膨胀变形和摩擦元件的弹性压缩变形，踏板和轮缸活塞都可以继续移动一段距离。放开制动踏板，制动蹄和轮缸活塞在复位弹簧作用下复位，将制动液压回主缸。

制动系统应具有合适的制动踏板力，即传动装置应具有合适的传动比，其传动比等于踏板机构杠杆比乘以轮缸直径同主缸直径之比。传动比越大，则为获得同样大的制动力矩所需的踏板力越小，但踏板行程却因此而越大，使得制动操作不便。故要求液压制动系统传动比合适，保证制动踏板力较小，同时踏板行程又不太大。对于人力-液压制动系统，考虑到制动器容许磨损量的踏板全行程不应超过150（轿车）~180mm（货车）。制动器间隙调整正常时，踩下踏板到完全制动的踏板工作行程不应超过全行程的50%~60%。最大踏板力一般不应超过350（轿车）~550N（货车）。如果液压系统中有空气侵入，将严重影响液压压力的升高，甚至使液压系统完全失效。结构上必须采取措施能够防止空气侵入或能够将已侵入的空气排出。

2. 制动主缸

现代汽车的行车制动系统都采用了双回路制动系统，即采用串联双腔主缸（单腔制动主缸已被淘汰）组成的双回路液压制动系统。目前采用双回路液压制动系统的几乎都是伺服制动系统或动力制动系统。在某些微型或轻型汽车上，为使结构简单，在制动踏板力不超出驾驶人体力范围的情况下，采用串联双腔制动主缸而组成双回路液压制动系统（非伺服制动系统或动力制动系统）。图 22-37 所示即为人力-液压制动系统中所采用的串联双腔制动主缸。该主缸相当于两个单腔制动主缸串联在一起而构成。储液罐（图中未示出）中的油液经每一腔的空心螺栓 9（其内腔形成储液室）和各自的旁通孔 7、补偿孔 8 流入主缸前、后腔。在主缸前、后工作腔内产生的液压分别经各自的出油阀 5 和各自的管路传到前、后轮制动器的轮缸。

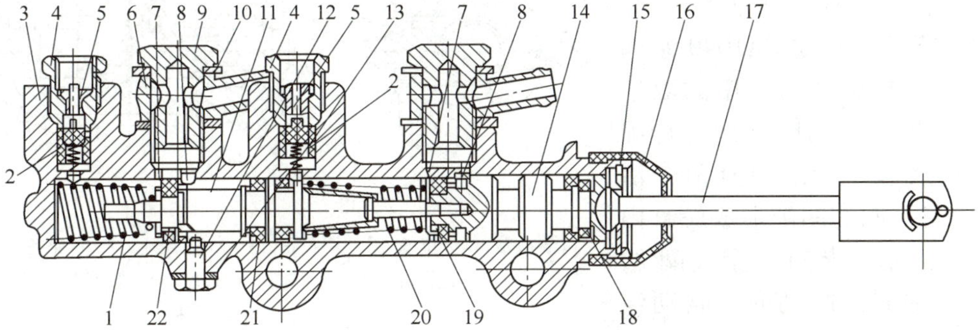

图 22-37　串联双腔制动主缸

1—前缸弹簧　2—回油阀　3—主缸缸体　4—出油阀座　5—出油阀　6—进油管接头　7—旁通孔　8—补偿孔　9—空心螺栓　10—密封垫　11—前缸（第二）活塞　12—定位螺钉　13—密封垫　14—后缸（第一）活塞　15—挡圈　16—护罩　17—推杆　18—后缸密封圈　19—后活塞皮碗　20—后缸弹簧　21—前缸密封圈　22—前活塞皮碗

主缸不工作时，前、后两工作腔内的活塞头部与皮碗正好位于前、后腔内各自的旁通孔和补偿孔之间。当踩下制动踏板时，踏板传动机构通过推杆 17 推动后缸（第一）活塞前移，到皮碗掩盖住旁通孔后，此腔液压升高。在后腔液压和后缸弹簧力的作用下，推动前缸（第二）活塞 11 向前移动，前腔压力也随之升高。当继续下踩制动踏板时，前、后腔的液压继续升高，使前、后轮制动器制动。撤除踏板力后，制动踏板机构、主缸前后腔活塞和轮缸活塞，在各自的复位弹簧作用下回位，管路中的制动液借其压力推开回油阀 2 流回主缸，于是解除制动。

当迅速放开制动踏板时，由于油液的黏性和管路阻力的影响，油液不能及时流回主缸并填充因活塞右移而让出的空间，因而在旁通孔开启之前，压油腔中产生一定的真空度。此时进油腔液压高于压油腔，因而进油腔的油液便从前、后缸活塞的密封皮碗 19 和 22 的边缘与缸壁间的间隙流入各自的压油腔以填补真空。与此同时，储液室中的油液经补偿孔流入各自的进油腔。活塞完全复位后，旁通孔已开放，由制动管路继续流回主缸而显多余的油液便可经前、后缸的旁通孔流回储液室。液压系统中因密封不良而产生的制动液泄漏，和因温度变化而引起的制动液膨胀或收缩，都可以通过补偿孔和旁通孔得到补偿。

若与前腔连接的制动管路损坏漏油时，则在踩下制动踏板时只有后腔中能建立液压，前腔中无压力。此时在液压差作用下，前缸活塞迅速前移到前缸活塞前端顶到主缸缸体上。此后，后缸工作腔中液压方能升高到制动所需的值。若与后腔连接的制动管路损坏漏油时，则在踩下制动踏板时，起先只是后缸（第一）活塞前移，而不能推动前缸（第二）活塞，因而后缸工作腔中不能建立液压。但在后缸活塞直接顶触前缸活塞时，前缸活塞前移，使前缸工作腔建立必要的液压而制动。由上述可知，双回路液压制动系统中任一回路失效时，主缸仍能工作，只是所需踏板行程加大，汽车的制动距离增长，制动效能降低。

3. 制动轮缸

制动轮缸有双活塞式和单活塞式两类，其工作原理基本相同。图22-38所示为解放CA1040系列轻型货车后轮制动器采用的双活塞式制动轮缸。缸体10用螺栓固定在制动底板上。缸内有两个活塞1，二者之间的间隙形成轮缸内腔。每个活塞上装有一个皮圈2，以使内腔密封。制动时，制动液自油管接头和进油孔6进入内腔，活塞在液压作用下外移，通过顶块7和支撑盖9推动制动蹄，使车轮制动。防护罩8除防尘外，还可防止水分进入，以免活塞和轮缸生锈而卡住。

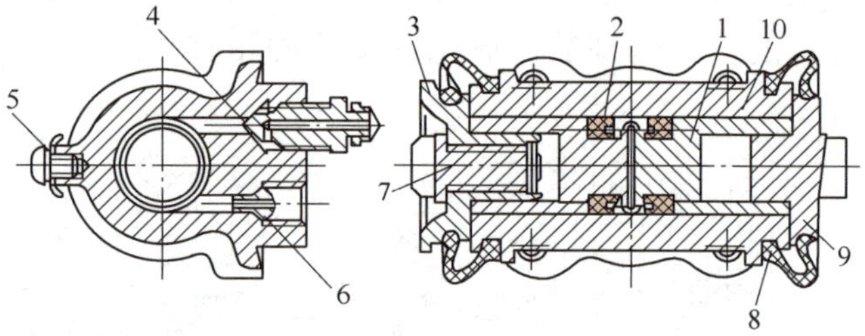

图22-38 双活塞式制动轮缸

1—活塞 2—皮圈 3—调整轮 4—放气螺钉 5—调整轮锁片 6—进油孔 7—调整螺钉（顶块） 8—防护罩 9—支撑盖 10—缸体

第四节 动力制动系统

在动力制动系统中，制动所使用的能量主要是由空气压缩机产生的气压能，或是由液压泵形成的液压能。而空气压缩机或液压泵是由汽车发动机驱动的，所以，动力制动系统是以汽车发动机为唯一的制动初始能源，可认为制动能源是空气压缩机或液压泵，而驾驶人的肌体仅作为控制能源，而不是制动能源。其能源的传递，是依靠各种管路和输出、输入阀及控制元件等。

动力制动的类型有气压制动、气顶液制动和全液压动力制动三种。气压制动系统是发展最早的动力制动系统。供能装置和传动装置全部是气压式的。其控制装置大多数是由制动踏板机构和制动阀等气压控制元件组成的，也有的在踏板机构和制动阀之间还串联有液压式操纵传动装置。气顶液制动系统的供能装置、控制装置与气压制动系统的相同，但其传动装置则包括气压式和液压式两部分。全液压动力制动系统中除制动踏板机构以外，其供能、控制和传动装置全部是液压式。

一、气压制动系统

1. 气压制动系统管路布置和工作原理

我国生产的中型以上货车或客车一般都采用气压制动系统，其回路和液压制动系统一样采用双回路或多回路。其传动管件多采用钢管、高压软管等。图 22-39 所示为解放 CA1091 型汽车的双回路气压制动系统示意图。由发动机驱动的空气压缩机 1 将压缩空气经单向阀 3，首先输入湿储气筒 5。湿储气筒上装有溢流阀 7、取气阀 4 和油水排出阀 6。压缩空气在湿储气筒内冷却并进行油水分离后，分别经两个单向阀 8 进入储气筒 15 的前、后腔。储气筒的前腔与串联双腔式制动阀 16 的上腔相连，以控制后轮制动；储气筒的后腔与制动阀 16 的下腔相连，以控制前轮制动。储气筒两腔的气压还经三通管分别通向双指针空气压力表 19 中的两个传感器。空气压力表上指针指示储气管前腔的气压，下指针指示后腔的气压。前制动管路同时还接通挂车制动控制阀 9，将由湿储气筒 5 通向挂车的通路切断。由于挂车采用放气制动，所以当湿储气筒通往挂车的通路切断时，挂车也同时制动。

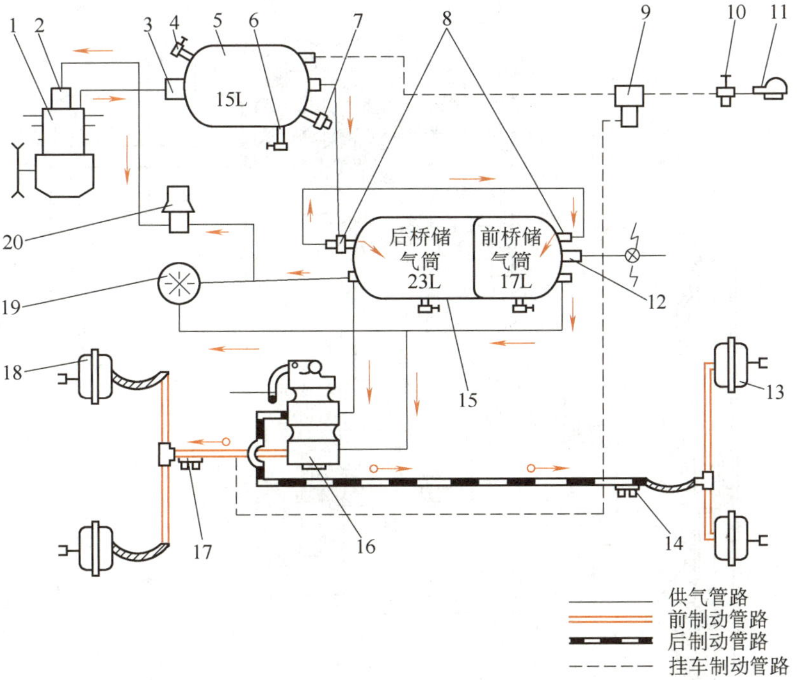

图 22-39　解放 CA1091 型汽车的双回路气压制动系统示意图

1—空气压缩机　2—卸荷阀　3—单向阀　4—取气阀　5—湿储气筒　6—油水排出阀　7—溢流阀　8—单向阀　9—挂车制动控制阀　10—分离开关　11—连接头　12—气压报警开关　13—后轮制动气室　14、17—制动灯开关　15—储气筒　16—串联双腔式制动阀　18—前轮制动气室　19—空气压力表　20—气压调节阀

储气筒中的气压在正常情况下应不超过 0.8MPa。超过时，气压调节阀 20 起作用，使空气压缩机卸荷空转。当调节阀或空气压缩机卸荷装置失效时，装在湿储气筒上的溢流阀 7 可将储气筒内气压控制在 0.85MPa 以内。若储气筒内的气压低于 0.45MPa 时，气压报警开关 12 触点闭合，接通电路，报警灯亮，同时蜂鸣器发出声响，此时应立即停

车，排除故障。

驾驶人通过踏板机构操纵串联双腔式制动阀 16。踩下制动踏板时，拉动制动阀的拉臂，使储气筒前、后腔的压缩空气穿过制动阀，分别进入后制动气室和前制动气室，促动制动器产生制动作用。同时，前制动管路的压缩空气还进入挂车制动控制阀，使挂车制动。当松开制动踏板时，串联双腔式制动阀 16 使制动气室通大气，以解除制动。

2. 气压制动系统主要部件的构造和工作原理

气压制动系统主要由空气压缩机、调压阀、储气筒、四回路保护阀及其他有关附件组成，包括溢流阀、滤清器、油水分离器、空气干燥器、防冻器等。

（1）空气压缩机 东风 EQ1090E 型汽车空气压缩机为单缸风冷式，其结构如图 22-40 所示。它固定在发动机气缸盖的一侧，由发动机通过风扇带轮和 V 带驱动。支架上有三道滑槽，可通过调整螺栓移动空气压缩机的位置，来调整传动的松紧度。

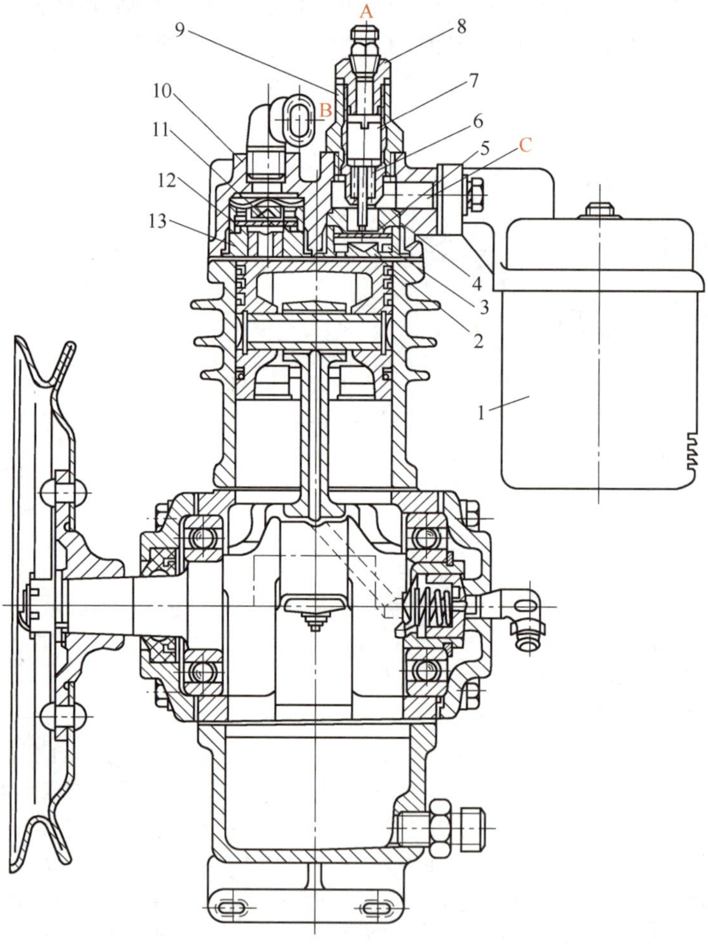

图 22-40 东风 EQ1090E 型汽车空气压缩机

1—进气滤清器 2—进气阀门导向座 3—进气阀弹簧 4—进气阀座 5—进气阀门 6—柱塞弹簧 7—卸荷柱塞 8—定位塞 9—卸荷装置壳体 10—气缸盖 11—排气阀门 12—排气阀门导向座 13—气阀座

A—调压阀控制压力输入口 B—排气口 C—进气口

空气压缩机具有与发动机类似的曲柄连杆机构。铸铁制成的气缸体下端用螺栓与曲轴箱联接，缸筒外铸有散热片。铝制气缸盖 10 用螺栓紧固于气缸体上端面，其间装有密封缸垫。缸盖上的进、排气室都装有一个方向相反的弹簧压紧于阀座的片状阀门，进气阀门 5 经进气口 C 与进气滤清器 1 相通，排气阀门 11 经排气口 B 与储气筒相通。

发动机工作时，空气压缩机曲轴随之转动，带动活塞做上下往复运动。当活塞下移时，在气缸内真空度作用下，进气阀门 5 开启，外界空气经进气滤清器 1 自进气口 C 和进气阀门 5 被吸入气缸。活塞上行时，气缸内空气被压缩，压力升高，顶开排气阀门 11，空气经排气口 B 充入储气筒。

在空气压缩机进气阀门 5 的上方设置有卸荷装置，它是由调压阀进行控制的。卸荷装置壳体 9 内镶嵌着套筒，其中装有卸荷柱塞 7 和柱塞弹簧 6。在空气压缩机向储气筒正常充气过程中，柱塞上方的卸荷气室经调压阀通大气。柱塞被弹簧顶到上极限位置，其杆部与进气阀门之间保留一定间隙，卸荷装置不起作用。当储气筒内气压超过规定值时，卸荷装置才起作用。

空气压缩机的曲轴主轴颈、连杆轴颈和活塞销靠压力润滑，活塞及气缸壁则采用飞溅润滑。

（2）调压阀　调压阀主要用于调节系统内的压力。东风 EQ1090E 型汽车的调压阀如图22-41所示。管接头 6 接空气压缩机卸荷装置，管接头 9 接储气筒。阀体 11 与阀盖 12 之间夹装有膜片组件 5。膜片组件中心借螺纹联接着与阀体中央孔作间隙配合的芯管 4，其上部有径向孔，与其轴向孔道相通。其预紧力由调整螺钉 1 调定，调压弹簧将膜片连同芯管压推到下极限位置。芯管下端面（出气阀座）紧密压住阀门 8，并使之离开阀体上的排气阀座。也就是说，调压阀的排气阀开启，出气阀关闭。此时空气压缩机卸荷气室与储气筒隔绝，而经调压阀的排气口与大气相通。

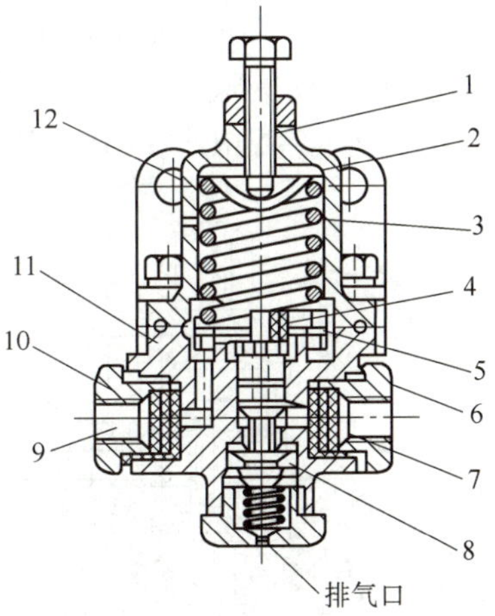

图 22-41　东风 EQ1090E 型汽车的调压阀

1—调整螺钉　2—弹簧座　3—调压弹簧　4—芯管　5—膜片组件　6—接空气压缩机卸荷装置的管接头　7—密封圈　8—阀门　9—通储气筒管接头　10—滤芯　11—阀体　12—阀盖

在空气压缩机向储气筒充气的过程中，若储气筒气压尚低，则调压阀不起作用。当储气筒气压升高到 0.7～0.74MPa 时，膜片 6（见图 22-42）下方气压作用力即足以克服调压弹簧预紧力而推动膜片向上拱曲，使芯管 3 和排气阀 2 随之上移到径向孔 5 打开和排气阀 2 关闭而出气口 4 处于开启的位置。于是储气筒中的压缩空气便沿图中箭头所标明的路线充入空气压缩机的卸荷气室，迫使卸荷柱塞下移，将空气压缩机进气阀门 11 压下，使之保持在开启位置不动。这样，空气压缩机虽然在运转，但并不产生压缩空气，即空气压缩机卸荷空转。当储气筒气压下降到 0.56～0.6MPa 时，调压阀的膜片、芯管、排气阀门又下移到径向孔 5 关闭而排气阀开启的位置。空气压缩机卸荷气室 9 中的压缩空气经调压阀的出气口 4 和排气阀 2 排入大气。卸荷柱塞在弹簧作用下向上复位。于是空气压缩机恢复向储气筒充气。

（3）制动阀 制动阀是气压行车制动系统中的主要控制装置，用以起随动作用并保证有足够强的踏板感，即在输入压力一定的情况下，使其输出压力与输入的控制信号——踏板行程和踏板力成一定的递增函数关系。制动阀输出压力可以作为促动管路压力，直接输入到作为传动装置的制动气室，但必要时也可作为控制信号输入到其他控制装置（如继动阀）。

解放 CA1091 型汽车的气压制动系统所用的串联双腔活塞式制动阀如图 22-43 所示。整个制动阀以其上盖借螺栓固定于车架上。操纵摇臂 17 的中部借销轴支于上盖的两片肋板上，其下端通过拉杆等与制动踏板机构相连。下阀体 13 上有通储气筒的进气口 A_1、A_2 和分别通向前、后轮制动气室的出气口 B_2、B_1。

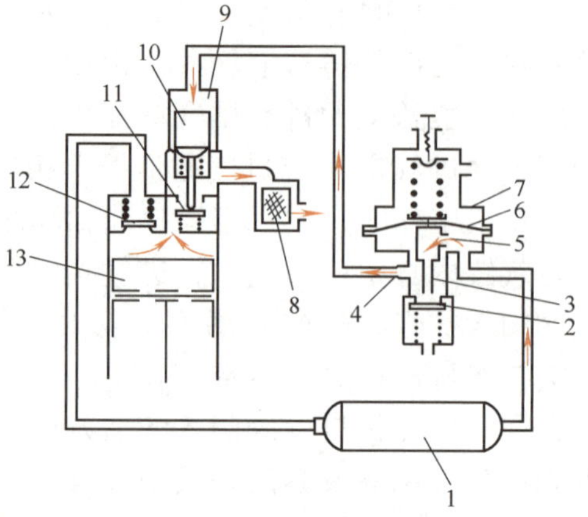

图 22-42 空气压缩机卸荷装置与调压阀工作原理示意图

1—储气阀 2—排气阀 3—芯管 4—出气口 5—径向孔 6—膜片 7—调压阀 8—空气滤清器 9—卸荷气室 10—卸荷阀 11—进气阀门 12—出气阀门 13—空气压缩机

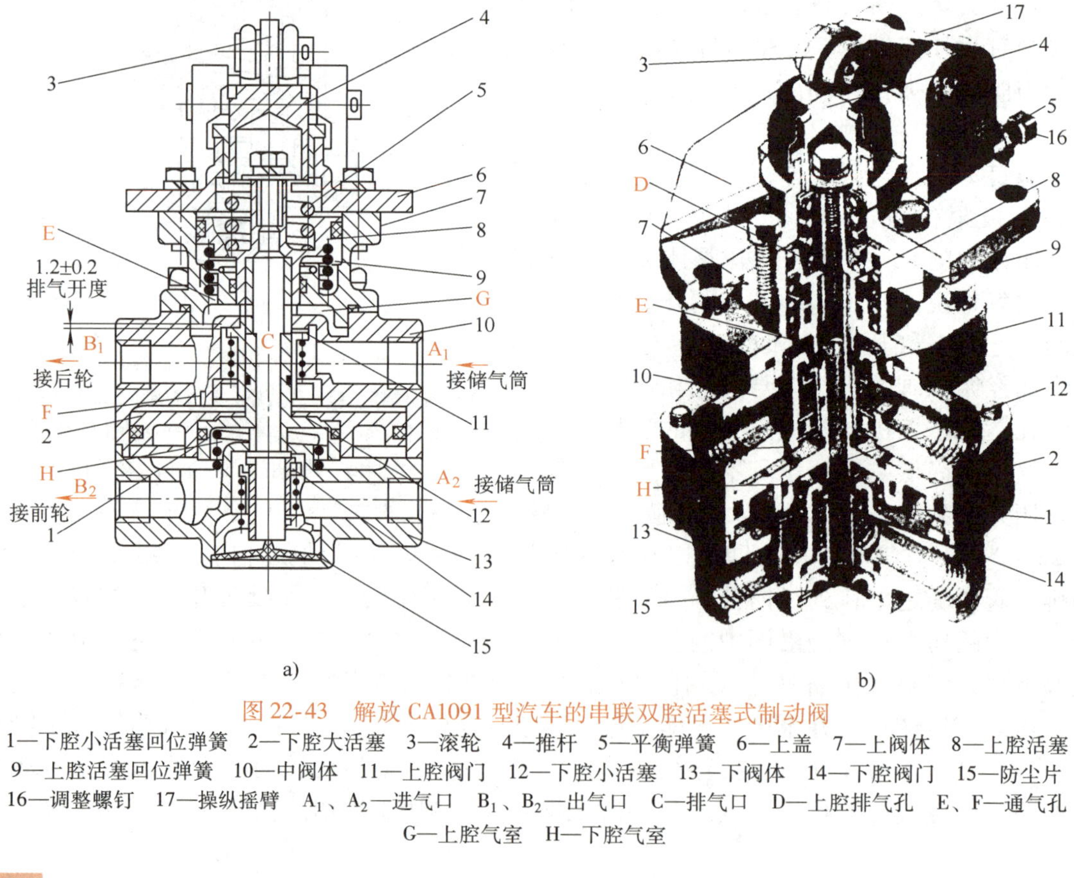

图 22-43 解放 CA1091 型汽车的串联双腔活塞式制动阀

1—下腔小活塞回位弹簧 2—下腔大活塞 3—滚轮 4—推杆 5—平衡弹簧 6—上盖 7—上阀体 8—上腔活塞 9—上腔活塞回位弹簧 10—中阀体 11—上腔阀门 12—下腔小活塞 13—下阀体 14—下腔阀门 15—防尘片 16—调整螺钉 17—操纵摇臂 A_1、A_2—进气口 B_1、B_2—出气口 C—排气口 D—上腔排气孔 E、F—通气孔 G—上腔气室 H—下腔气室

驾驶人将制动踏板踩下一定距离，使操纵摇臂17绕销轴转动，其上端通过滚轮3、推杆4使平衡弹簧5及上腔活塞8向下移动，消除排气间隙而推开上腔阀门11。此时从储气筒前腔来的压缩空气经上腔阀门11与中阀体10上的进气阀座间的进气间隙进入G腔，并经出气口B_1进入后制动气室，使后轮制动。与此同时，进入G腔的压缩空气通过通气孔F进入下腔大活塞2及下腔小活塞12的上方，使其下移推开下腔阀门14。此时从储气筒后腔来的压缩空气经下腔阀门14与下阀体13的阀座之间形成的进气间隙进入H腔，并经出气口B_2充入前制动气室，使前轮制动。串联双腔活塞式制动阀的工作情况（制动状态）如图22-44所示。

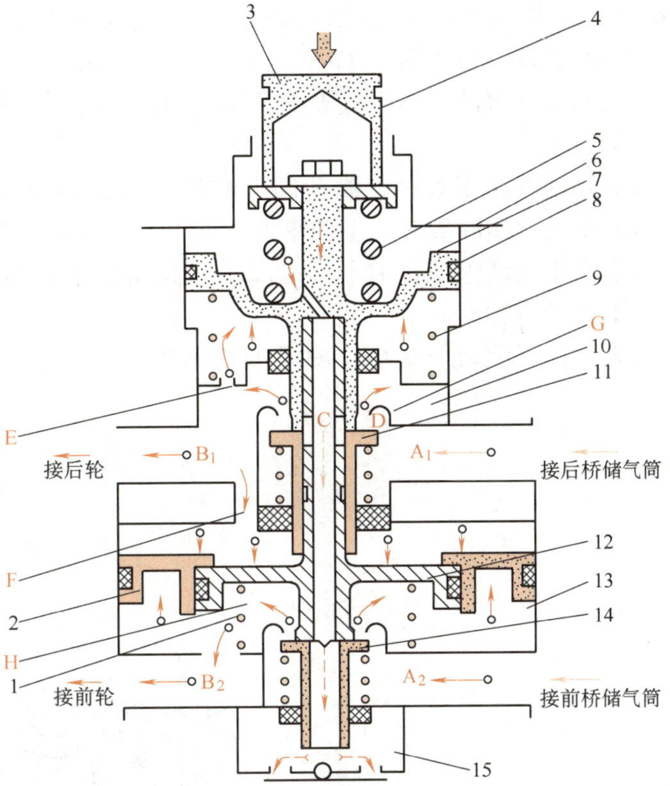

图22-44 串联双腔活塞式制动阀的工作情况（制动状态）

1—下腔小活塞回位弹簧 2—下腔大活塞 3—滚轮 4—推杆 5—平衡弹簧 6—上盖 7—上阀体 8—上腔活塞 9—上腔活塞回位弹簧 10—中阀体 11—上腔阀门 12—下腔小活塞 13—下阀体 14—下腔阀门 15—防尘片 A_1、A_2—进气口 B_1、B_2—出气口 C—排气口 D—上腔排气孔 E、F—通气孔 G—上腔气室 H—下腔气室

当驾驶人踩下制动踏板并保持在某一位置时，压缩空气在进入G腔的同时由通气孔E进入上腔活塞8的下方，并推动上腔活塞上移，使G腔中的气压作用力与回位弹簧9的力之和与平衡弹簧5的压紧力相平衡。与此同时，H腔中的气压作用力与回位弹簧1的力之和与大活塞上方的气压作用力相平衡，此时上腔阀门11和下腔阀门14均关闭，G、H腔中的气压保持稳定状态，即为制动阀的平衡位置。

若驾驶人感到制动强度不足，可以将制动踏板再踩下一些，上述的上腔阀门11和下腔阀门14又重新开启，使中阀体10的G腔和下阀体13的H腔以及制动气室进一步充气，直到G腔中气压又一次达到平衡状态为止。在此新的平衡状态下，制动气室所保持的稳定压力比以前更高，同时，平衡弹簧的压缩量和踏板力也比以前更大。

当松开制动踏板时，操纵摇臂17（见图22-43）复位，平衡弹簧恢复到原来装配长度，上腔活塞8上移到使下端与上腔阀门11之间形成排气间隙。后制动气室的压缩空气经G腔和所形成的排气间隙，以及下腔小活塞12上的排气孔和下面的排气口C排入大气。与此同时，下腔大活塞2及下腔小活塞12受回位弹簧1的作用而上升，使下腔阀门 14 与下阀体 13 的阀座接触，从而关闭储气筒与前制动气室的通路。另一方面，由于下腔大活塞 2 及下腔小活塞 12 的上移，使小活塞的下端与下腔阀门 14 之间也形成排气间隙，前制动气室的压缩空气经 H 腔及所形成的排气间隙，以及下腔阀门 14 和排气口 C 排入大气中。

当前制动管路断裂时，制动阀上腔仍能按上述方式工作，因此后制动器仍能起作用。当后制动管路断裂时，上腔平衡弹簧及上腔活塞 8 将直接推动下腔小活塞 12，使前制动器起作用。调整螺钉 16（见图 22-43）是用来调整排气间隙的，出厂时已调整好，使用中不要任意拧动。

图 22-45 所示为东风 EQ1090E 型汽车的并联双腔膜片式制动阀。当驾驶人踩下制动

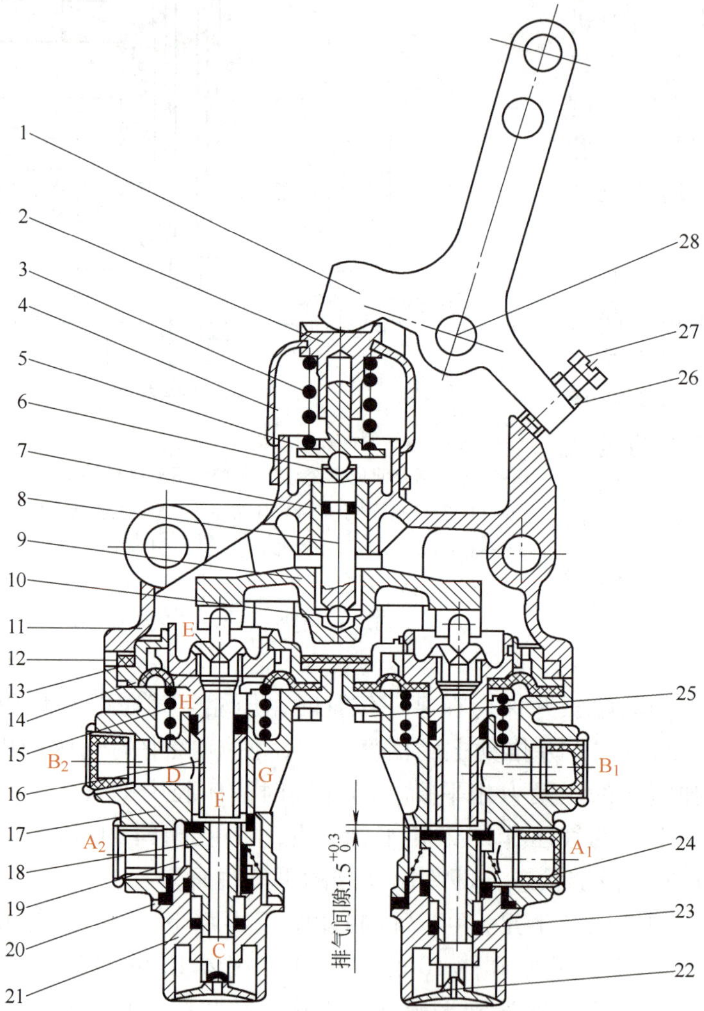

图 22-45 东风 EQ1090E 型汽车的并联双腔膜片式制动阀

1—拉臂 2—平衡弹簧上座 3—平衡弹簧 4—防尘罩 5—平衡弹簧下座 6—钢球 7、12、23、24—密封圈 8—推杆 9—平衡臂 10—钢球 11—上体 13—钢垫 14—膜片 15—膜片复位弹簧 16—芯管 17—下体 18—阀门 19—阀门复位弹簧 20—密封垫 21—阀门导向座 22—防尘堵片 25—防尘堵塞（运输及储存时用） 26—锁紧螺母 27—调整螺钉 28—拉臂轴 A_1—进气口（通前制动储气筒） A_2—进气口（通后制动储气筒） B_1—出气口（通前制动气室及挂车空气管） B_2—出气口（通后制动气室） C—下部排气口 D—节流孔 E—上部排气口 F—排气阀座 G—进气阀座 H—平衡气室

踏板时，通过拉杆使拉臂1绕拉臂轴28转动。拉臂的一端压下平衡弹簧上座2，并经平衡弹簧3、弹簧下座5、钢球6、推杆8、钢球10，使平衡臂9下移。平衡臂的两端推动两腔内的膜片下凹，并经芯管16，首先将排气阀座F关闭，继而打开进气阀座G。此时储气筒中的压缩空气经进气阀座G充入制动气室，推动制动气室膜片使制动凸轮转动以实现车轮制动。

由前、后制动储气筒来的压缩空气经进气口 A_1、A_2 和出气口 B_1、B_2 充入前、后制动气室的同时，还经节流孔D进入膜片的下腔，推动两腔的芯管16上移，促使平衡臂9等零件向上压缩平衡弹簧3。此时阀门18将进气阀座G和排气阀座F同时关闭，制动阀处于平衡状态，压缩空气保留在制动气室中。当驾驶人感到制动强度不足时，可继续下踩制动踏板到某一位置，制动气室进气量增多，气压升高。当气压升高到一定值时，进、排气阀座又同时关闭，此时制动阀又处于新的平衡状态。当放松制动踏板时，拉臂1回行，平衡弹簧伸张，压力减小，则膜片14在复位弹簧15的作用下上凸，并带动芯管16等零件上移，排气阀座F被打开，制动气室及制动管路内的压缩空气经芯管16内孔道上部的排气口E及阀门18内孔道和下部排气口C排出。当踏板放松到某一位置不动时，在平衡弹簧3的作用下，阀门18又将进气门阀座G和排气阀座F同时关闭，制动阀又处于新的平衡状态。

图22-46所示为并联双腔膜片式制动阀的工作情况（制动状态）。当制动踏板完全放

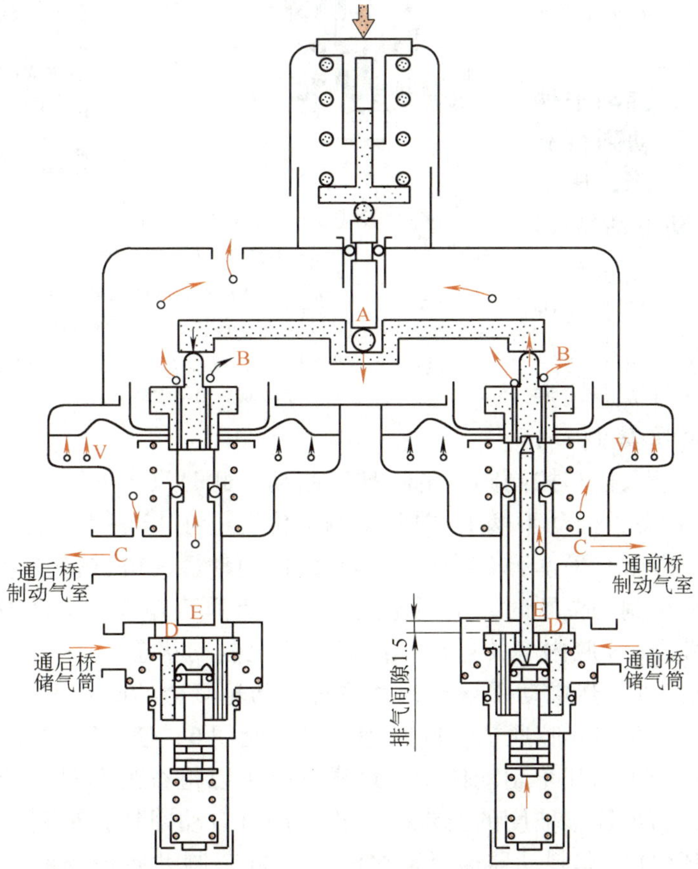

图22-46　并联双腔膜片式制动阀的工作情况（制动状态）

A—拉臂限位块　B—排气口　C—节流孔　D—进气阀门　E—排气阀口　V—平衡气室

松时，制动作用完全解除。由此可知，制动阀之所以能起到随动作用，保证制动的渐进性，主要是因为推杆与芯管之间是依靠平衡弹簧来传力的，而平衡弹簧的工作长度和作用力则随制动阀到制动气室的促动管路压力变化而变化。只要自踏板传到推杆的力大于平衡弹簧预紧力，不论踏板停留在哪一个工作位置，制动阀都能自动达到并保持以进气阀和排气阀二者都关闭为特征的平衡状态。现有的各种动力制动系统和伺服制动系统中的控制阀等随动装置的基本工作原理与此相同。

（4）手控制动阀 手控制动阀可用于控制汽车的驻车制动和第二制动（或应急制动），以及挂车的驻车制动。因为对驻车制动没有渐进控制的要求（过去对应急制动也没有这个要求），所以仅仅用以控制驻车制动的手控制动阀实际上只是一个气开关。图 22-47 所示为东风 EQ1108G6D 型汽车手控制动阀的结构及工作原理。

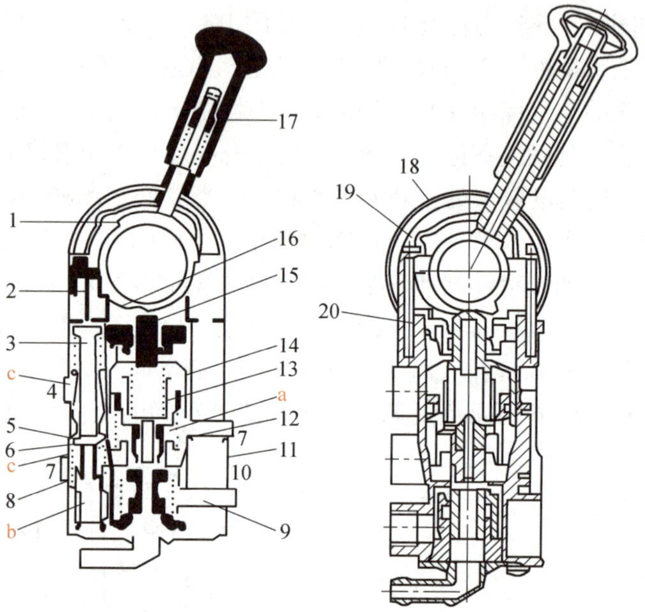

图 22-47 东风 EQ1108G6D 型汽车手控制动阀的结构及工作原理

1—凸台 2—压块 3—上推动挺杆 4—出气口（接挂车控制阀） 5—内腔 6—进气阀门 7—出气口（接弹簧制动气室） 8—附加阀 9—阀门回位弹簧 10—进气口 11—阀体 12—活塞回位弹簧 13—平衡弹簧 14—下活塞 15—上活塞 16—凸轮 17—手柄 18—罩子 19—手控阀 20—螺杆 a、b、c—气腔

1）行驶状态：推动手柄 17，带动凸轮 16 转动到行驶位置，上活塞 15 下降，压下平衡弹簧 13，推动下活塞 14 下移，关闭排气阀门，推开进气阀门，b 腔内的压缩空气进入 a 腔。此时 a 腔压缩空气分两路，一路经出气口 7 进入弹簧制动气室解除弹簧制动；另一路经出气口 4 进入挂车控制阀，解除挂车制动。此时汽车处于完全解除制动状态。

2）驻车制动状态：推动手柄 17 向驻车制动位置，在 12°～55°之间手柄的转角与输出口气压成反比，由于有平衡弹簧作用，具有操作随动性，可进行紧急制动。

当手柄达到驻车制动位置时，上活塞上升，平衡弹簧卸载，下活塞随之上移，进气门关闭，排气门敞开，a 腔内气体排出，汽车处于全制动状态。

3）检查状态：进一步推动手柄至检查位置，凸轮侧边的凸台 1 压下压块 2，推动挺杆 3 下移，关闭内腔 5 与 b 腔通道，同时顶开进气阀门 6，使 c 腔的气压进入内腔 5，通过挂车制动阀解除挂车的驻车制动作用，这样，就可以检查列车是否能在只有牵引车的驻车制动作用下，满足停车坡度的要求。放松手柄可自动回到驻车制动位置上。

东风 EQ1108G6D 驻车制动器通过连接法兰（驻车制动底板支座）安装在变速器壳后端，制动鼓通过凸缘与变速器输出轴连接。机械式操纵机构装在变速器后端。制动时只要将操纵杆向后拉即可。解除驻车制动时，用拇指按下驻车制动按钮，先向后稍微拉动操纵杆，再向前推动放下操纵杆即可。

（5）快放阀与继动阀（加速阀） 储气筒和制动气室二者一般是只通过制动阀（含手控制动阀，下同）用管路连接的。这样，储气筒向制动气室充气以及制动气室内压缩空气排入大气，都必须迂回流经制动阀。在储气筒、制动气室都与制动阀相距较远的情况下，这种迂回充气和排气将导致制动和解除制动的滞后时间过长，不利于汽车的及时制动和制动过后的及时加速。

在制动阀到制动气室的管路上靠近制动气室处，设置如图22-48所示的快放阀，可以保证解除制动时制动气室迅速排气。快放阀的进气口A通制动阀，两出气口B可分别通向左右两侧制动气室。制动时，由制动阀输送过来的压缩空气自进气口A流入，将阀门4推离进气阀座上，进而使之压靠阀盖内端的排气阀座上，然后自出气口B流向制动气室。此时，快放阀的作用有如一个三通管接头。解除制动时，进气口A经制动阀通大气，阀门在弹簧3作用下回位（即关闭进气阀），制动气室内的压缩空气即就近经孔口C排入大气，而无须迂回流经制动阀。

继动阀的功用是使压缩空气不流经制动阀而直接充入制动气室，以缩短供气路线，减少制动滞后时间。

图22-49所示为膜片式继动阀。在一般情况下，进气口A直接通储气筒，出气口B通向制动气室，孔口C则与制动阀的出气口相通。当孔口C处于大气压力下时，芯管5在自身重力作用下压靠阀门3，同时阀门也在弹簧4作用下压靠阀体1上的阀座。这意味着继动阀的进气阀和排气阀都关闭。踩下制动踏板时，制动阀的输出气压作为继动阀的控制压力，自孔口C输入。膜片2在此控制压力作用下连同芯管向下移动，将进气阀推开。于是压缩空气便由储气筒直接通过进气口A和出气口B充入制动气室，而无须流经制动阀。这就大大缩短了制动气室的充气管路，加速了气室充气过程。因此，过去多将用在这种场合下的继动阀称为加速阀。

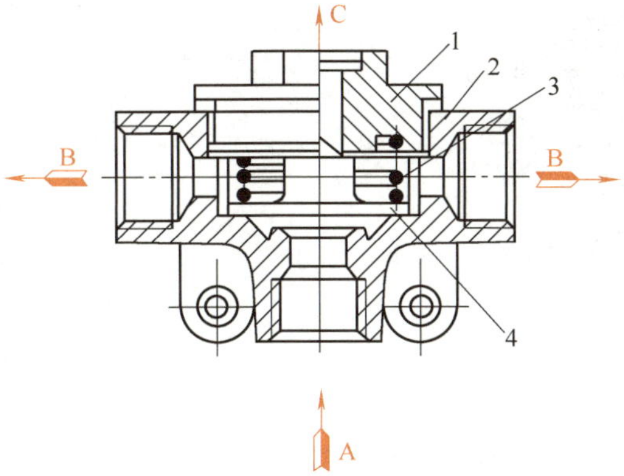

图22-48　快放阀

1—阀盖　2—阀体　3—弹簧　4—阀门

A—进气口　B—出气口　C—排气口

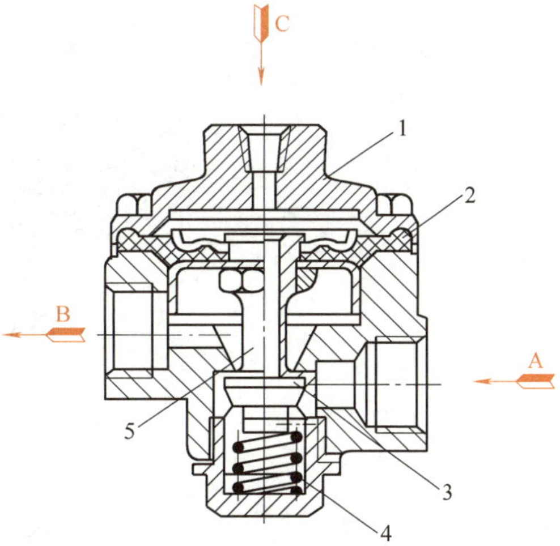

图22-49　膜片式继动阀（加速阀）

1—阀体　2—膜片　3—阀门　4—弹簧　5—芯管

A—进气口　B—出气口　C—控制气压输入口

孔口 C 处的控制压力撤除后，膜片在下方气压作用下向上拱曲，使排气阀开启。于是制动气室中的压缩空气便经芯管 5 和孔口 C 流向制动阀，并经制动阀排气口排入大气。继动阀具有平衡膜片和平衡气室，所以只要输入的控制压力是渐进变化的，则继动阀对本身输出压力的控制也是渐进的。

（6）制动气室 就气压系统而言，制动气室是执行装置，其作用是将输入的气压能转换成机械能而输出。但从整个制动系统看来，制动气室还是属于传动装置，其输出的机械能还要传到制动凸轮之类的促动装置，使制动器产生制动力矩。

解放 CA1091 型汽车和东风 EQ1090E 型汽车都采用膜片式制动气室。东风 EQ1090E 型汽车的制动气室如图 22-50 所示。夹布层橡胶膜片 2 的周缘用卡箍 8 夹紧在壳体 4 和盖 3 的凸缘之间。盖与膜片之间为工作腔，借橡胶软管与由制动阀接出的钢管连通，膜片右方则通大气。弹簧 5 通过焊接在推杆 6 上的支撑盘 1 将膜片推到图示的左极限位置。推杆的外端借连接叉 7 与制动器的制动调整臂相连。踩下制动踏板时，压缩空气自制动阀充入制动气室工作腔，使膜片向右拱，将推杆推出，使制动调整臂和制动凸轮转动而

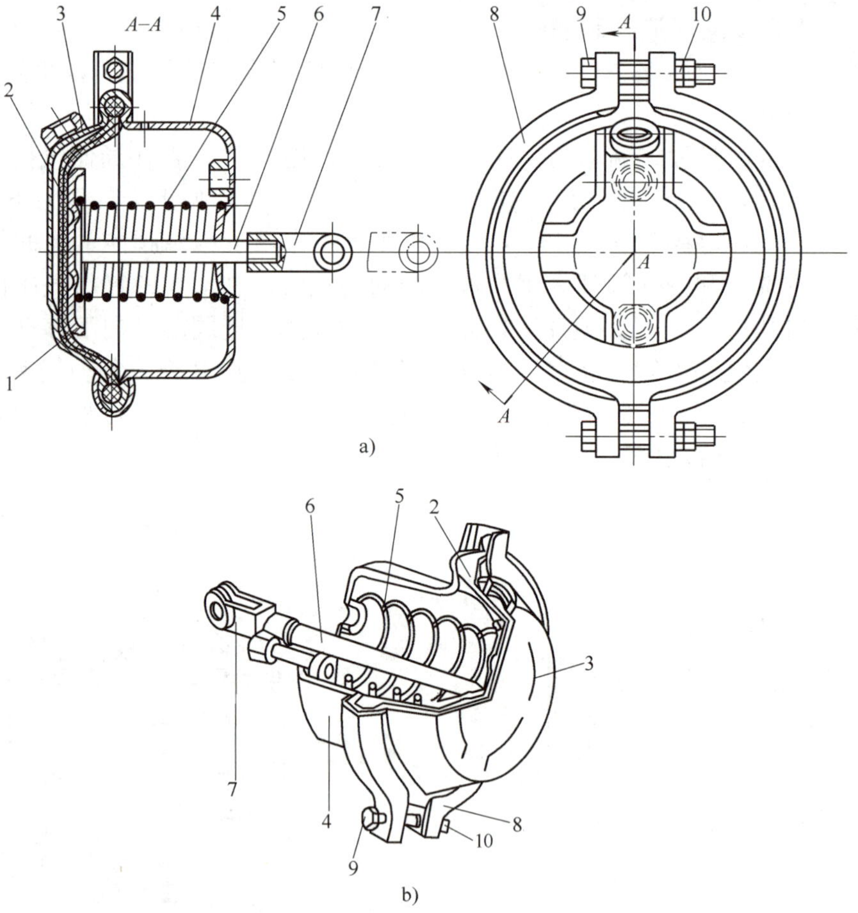

图 22-50 东风 EQ1090E 型汽车的膜片式制动气室

a）结构图 b）轴侧图

1—支撑盘 2—橡胶膜片 3—盖 4—壳体 5—弹簧 6—推杆 7—连接叉 8—卡箍 9—螺栓 10—螺母

实现制动。松开制动踏板，工作腔则经由制动阀的排气口通大气。膜片与推杆都在弹簧5作用下复位而解除制动。

二、气顶液制动系统

气压制动系统属于动力制动系统，容易满足踏板力小、踏板行程短而产生制动力却较大的要求。气压系统的工作压力比液压系统的大得多，其部件的尺寸和质量都比液压系统的相应部件大。液压轮缸可以装在制动器内直接作为制动蹄促动装置，但尺寸很大的制动气室却只能装在制动器外，通过制动臂和制动凸轮轴等一系列零件来促动制动蹄。这些零件及其支撑座都很笨重，而且属于非簧载质量，有损于汽车行驶平顺性。其他气压部件，如空气压缩机和储气筒等，也都比相应的液压泵和储能器等液压部件更大更重。因此，气压制动系统只宜用于中型以上，特别是重型的货车和客车。

气压制动系统的工作滞后时间较长，为此有些重型汽车采用了如图22-51所示的气顶液式动力制动系统。在图示的双回路制动系统中，供能装置和控制装置都是气压式的。传动装置则是气压-液压组合式的。气压能通过互相串联的制动气室和液压主缸转换为液压能。这样，气压系统可以布置得尽量紧凑些，以缩短管路长度和滞后时间。用液压轮缸作为制动器促动装置减少了非簧载质量。使用气顶液制动系统的汽车用来牵引挂车时，挂车可用气压制动，也可用液压制动。气压和液压系统兼备的汽车的各个车桥的制动器能分别采用气压促动和液压促动。

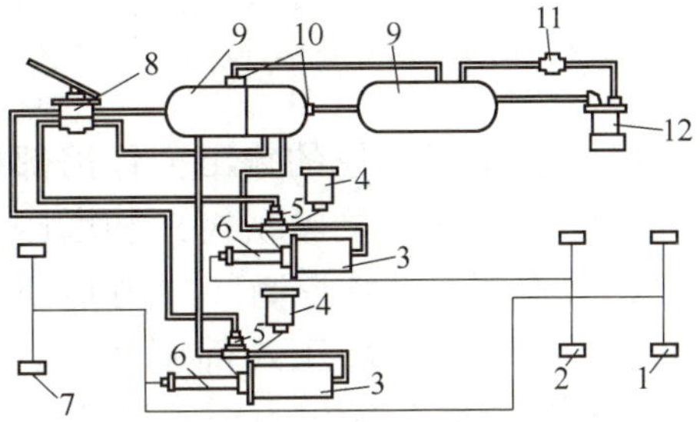

图22-51　气顶液制动系统示意图

1、2、7—制动轮缸　3—动力气室　4—储液罐　5—气压继动阀　6—液压主缸　8—串列双腔气制动阀　9—储气罐　10—单向阀　11—气调压阀　12—空气压缩机

三、全液压动力制动系统

全液压动力制动系统是以储能器储存的液压能或限制液流循环而产生的液压作用来进行制动的动力制动装置。其制动系统的液压系统，同动力转向液压系统一样，也有常压式（闭式）和常流式（开式）两种。二者的制动能源都是汽车发动机驱动的液压泵。但目前汽车用的全液压动力制动系统多用常压式，因为其中设有储能器，可以积蓄液压能，以备在发动机或液压泵停止运转，或是泵油管路损坏的情况下，仍能进行若干次完全制动。

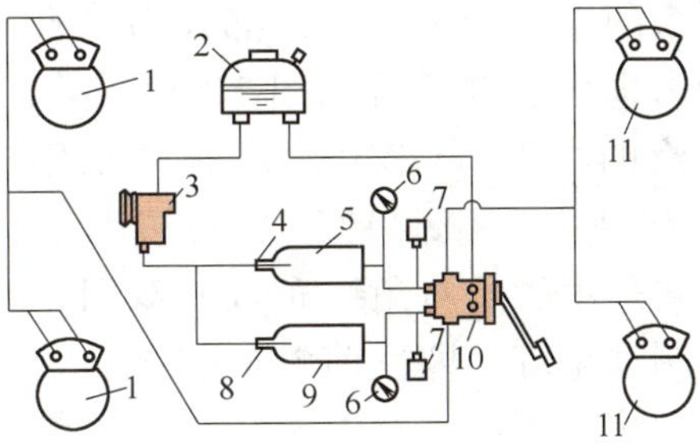

图22-52　全液压双回路动力制动系统

1—前轮制动器（盘式）　2—储液罐　3—液压泵　4、8—单向阀　5—后轮制动储能器　6—压力表　7—低压报警灯开关　9—前轮制动储能器　10—并列双腔液压制动阀　11—后轮制动器（盘式）

图22-52所示为一种较简单的全液压双回路动力制动系统。若与图22-39所示的气压制动系统比较，不难发现，二者的各组成

元件在功能上都一一相当。液压泵3相当于空气压缩机，储能器5和9相当于储气罐，液压制动阀10相当于气压制动阀，盘式制动器1和11中的液压缸（轮缸）相当于制动气室。不过，气压制动系统的传能介质是取之不竭的空气，除了有必要消除排气噪声的情况以外，一般都不设回气管路。液压系统的传能介质是特制的制动液，解除制动时由轮缸经液压制动阀排出的低压油液必须通过回油管路加以回收。

第五节 伺服制动系统

在人力制动系统的基础上加设一套动力伺服系统（助力），即兼用人体和发动机作为制动能源，即构成了所谓伺服制动系统。在正常情况下，制动能量大部分由伺服系统供给，而在动力伺服系统失效时，可全靠驾驶人供给（即由伺服制动转变成人力制动）能量。

一、伺服制动系统的类型

（1）按伺服系统的输出力作用部位和对其控制装置的操纵方式分类 伺服制动系统可分为助力式（直接操纵式）和增压式（间接操纵式）两类。

助力式伺服系统控制装置用制动踏板机构直接操纵，其输出力也作用于液压主缸，以助踏板力不足；增压式伺服系统控制装置由制动踏板机构，通过主缸输出的液压操纵，且伺服系统的输出力与主缸液压共同作用于一个中间传动液缸（辅助缸），使该液缸输出到轮缸的液压远高于主缸液压。

（2）按伺服能量的形式分类 伺服制动系统可分为真空伺服式、气压伺服式和液压伺服式三种，其伺服能量分别为真空能（负气压能）、气压能和液压能。

二、助力式（直接操纵式）伺服制动系统传动装置

1. 真空助力伺服制动系统

一汽的红旗CA7220型，一汽大众的捷达、奥迪，北京切诺基以及上海大众的桑塔纳等轿车，都采用了真空助力伺服制动系统。图22-53所示为一汽的红旗CA7220型轿车所采用的真空助力伺服制动系统布置示意图。它采用的是对角线布置的双回路液压制动系统，即左前轮缸与右后轮缸为一液压回路，右前轮缸与左后轮缸为另一液压回路。串联双腔制动主缸6的前腔通往左前轮盘式制动器的左前轮缸1，并经感载比例阀13，通向右后轮鼓式制动器的轮缸8。制动主缸6的后腔通往右前轮盘式制动器的轮缸2，并经感载比例阀通向左后轮鼓式制动器

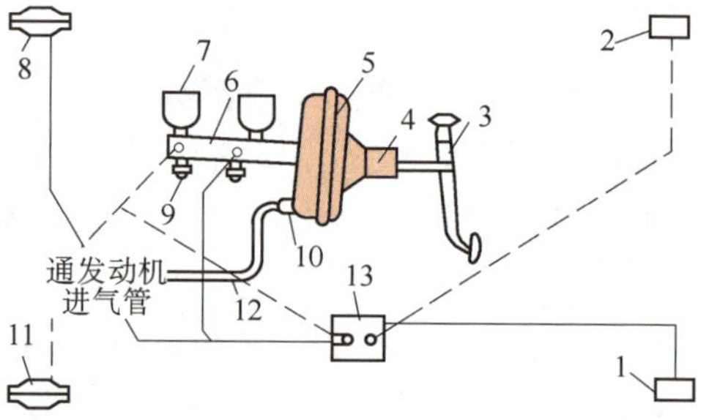

图22-53 红旗CA7220型轿车真空助力伺服制动系统布置示意图

1—左前轮缸 2—右前轮缸 3—制动踏板机构 4—控制阀 5—真空伺服气室 6—制动主缸 7—储液罐 8—右后轮缸 9—制动信号灯液压开关 10—真空供能管路 11—左后轮缸 12—真空单向阀 13—感载比例阀

的左后轮缸 11。由真空伺服气室 5 和控制阀 4 组合成一个整体部件，称为真空助力器。制动主缸直接装在真空伺服气室前端，真空单向阀 12 直接装在伺服气室上。真空伺服气室工作时产生的推力，也同踏板力一样，直接作用在制动主缸的活塞推杆上。感载比例阀属于制动力调节装置，留待本章后续部分介绍。

红旗 CA7220 型轿车的真空助力器结构示意图如图 22-54 所示，其中控制阀部分放大后如图22-54b、c所示。真空伺服气室用螺栓 5 和 17 固定在车身前围板上，并借调整叉 13 与制动踏板机构连接。伺服气室前腔经真空单向阀通向发动机进气管。外界空气经过滤环 11 和毛毡过滤环 14 滤清后进入制动气室后腔。伺服气室膜片座 8 内有连通伺服气室前腔和控制阀腔的通道 A，以及连通伺服气室后腔和控制阀腔的通道 B。带有密封套的橡胶阀门 9 与在膜片座 8 上加工出来的阀座组成真空阀，又与控制阀柱塞 18 的大气阀座 10 组成大气阀。控制阀柱塞同控制阀推杆 12 借后者的球头铰接。助力器不工作时，控制阀推杆弹簧 15、推杆 12 连同柱塞 18 处于后极限位置（即真空阀开启），阀门 9 则被弹簧 16 压紧在大气阀座 10 上（即大气阀关闭位置）。伺服气室前、后两腔经通道 A、控制阀腔和通道 B 互相连通，并与大气隔绝。在发动机开始工作，且真空单向阀被吸开后，伺服气室左右两腔内都产生一定的真空度。将制动踏板踩下时，起初伺服气室尚未起作用，膜片座 8 固定不动，故来自踏板机构的控制力可以推动控制阀推杆 12 和控制阀柱塞 18 相对于膜片座前移，当柱塞与橡胶反作用盘 7 之间的间隙消除后，控制力便经反作用盘 7 传给主缸推杆 2。

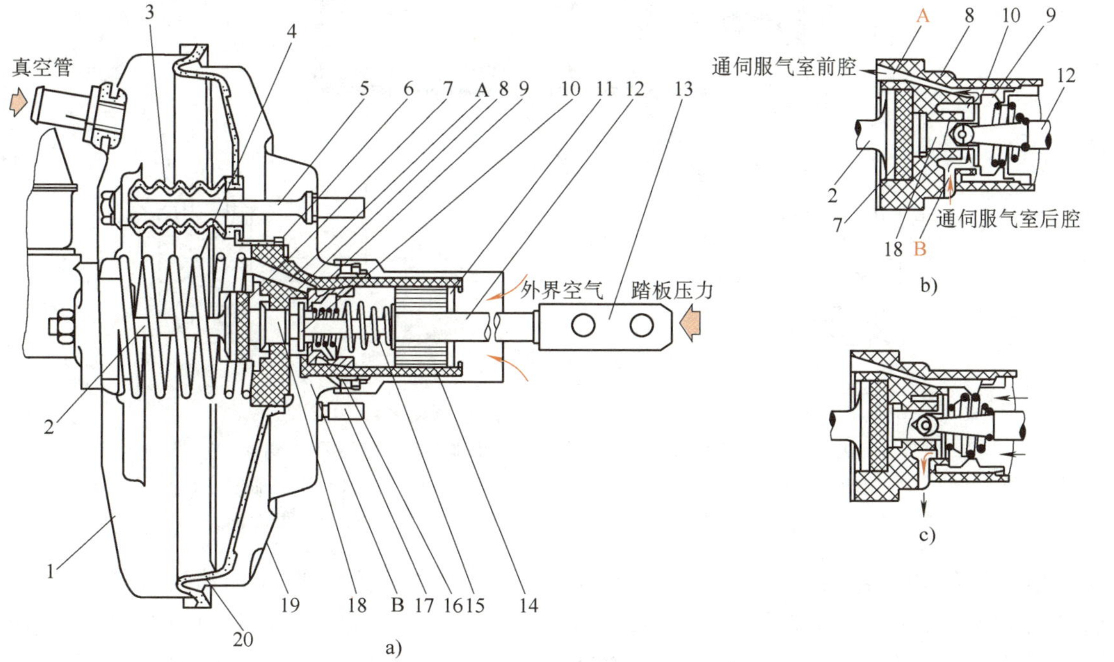

图 22-54　真空助力器结构示意图

1—伺服气室前壳体　2—制动主缸推杆　3—导向螺栓密封套　4—膜片回位弹簧　5—导向螺栓　6—控制阀　7—橡胶反作用盘　8—伺服气室膜片座　9—橡胶阀门　10—大气阀座　11—过滤环　12—控制阀推杆　13—调整叉　14—毛毡过滤环　15—控制阀推杆弹簧　16—阀门弹簧　17—螺栓　18—控制阀柱塞　19—伺服气室后壳体　20—伺服气室膜片　A、B—通道橡胶反作用盘装在由控制阀柱塞 18、膜片座 8 和制动主缸推杆形成的密闭空间内。因为橡胶是体积难以压缩的柔性材料，具有同液体类似的传递压力的性质，故经橡胶反作用盘的传动后，推杆 2 从反作用盘得到的力大于柱塞 18 加于反作用盘上的力，但推杆 2 的位移则小于柱塞的位移。此时，主缸内的制动液以一定压力流入制动轮缸。与此同时，阀门 9 也在弹簧 16 作用下随同控制阀柱塞前移，直到与膜片座 8 上的真空阀座接触，从而使伺服气室后腔同前腔（真空源）隔绝为止。然后，推杆 12 继续推动柱塞 18 前移到其后端的大气阀座 10 离开阀门 9 一定距离。于是外界空气即经过滤环 11、14，控制阀腔和通道 B 充入伺服气室后腔，使其真空度降低。在此过程中，膜片与阀座也不断前移，直到阀门重新与大气阀座接触而达到平衡状态为止。因此，在任何一个平衡状态下，伺服气室后腔中的稳定真空度均与踏板行程成递增函数关系，体现了控制阀的随动作用。

2. 气压助力伺服制动系统

图 22-55 所示为轿车使用的双回路式气压助力伺服（直接操纵气压伺服）制动系统示意图。

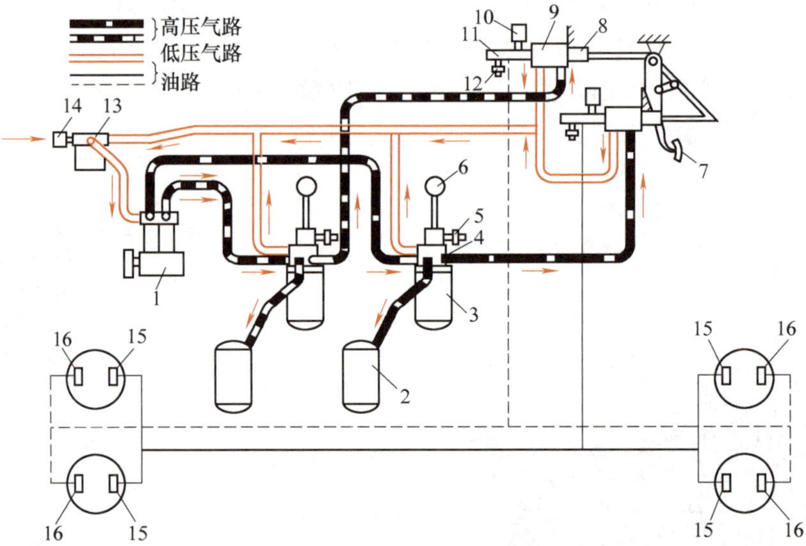

图 22-55 双回路式气压助力伺服制动系统示意图

1—空气压缩机 2—副储气筒 3—主储气筒 4—调压阀 5—低压报警灯开关 6—压力表 7—制动踏板机构 8—控制阀 9—气压伺服气室 10—储液罐 11—制动主缸 12—制动信号灯开关 13—防冻器 14—空气滤清器 15、16—制动轮缸

空气压缩机 1 通过空气滤清器 14 和防冻器 13 将外界空气吸入，其两个气缸的出气管路分别通向两个主储气筒 3 顶端的调压阀 4。压缩空气经调压阀中的单向阀充入主储气筒。在主储气筒压力升高到 0.8～0.95MPa 时，调压阀内的副储气筒充气阀开启，副储气筒 2 开始充气。当主、副储气筒压力升高至 1.0～1.2MPa 时，调压阀开始起作用，将空气压缩机的出气管路与回气管路连通，来自空气压缩机的压缩空气不再进入主、副储气筒，而是经回气管路流回空气压缩机的进气口，空气压缩机因而卸荷空转。在储气筒压力降低到 0.8MPa 时，调压阀又使回气管路与空气压缩机出气管路隔绝，从而恢复

充气。

当主储气筒压力高于副储气筒时，气压伺服气室9由主储气筒供气。当主储气筒压力低于副储气筒时，后者即向前者充气，并对气压伺服气室供气。

当储气筒气压因耗气过甚或漏气而降低到0.5～0.6MPa时，低压报警灯开关5接通，开亮低压报警灯。此时需立即停车检查。

空气压缩机卸荷空转状态时输出的空气和解除制动状态时自气压伺服气室排出的空气，都用回气管路引入防冻器，由此再流入空气压缩机进气口。采用这种封闭式循环气路可消除排气噪声。空气压缩机不运转时，上述各处排出的空气则通过防冻器中的排气阀，经空气滤清器排入大气。

两个单腔制动主缸11分别接装在两个由气压伺服气室9和控制阀8组成的气压助力器上。两气压助力器可由制动踏板机构7通过平衡杠杆操纵。

三、增压式（间接操纵式）伺服制动系统传动装置

1. 真空增压伺服制动系统

图22-56所示为南京跃进NJ1061A型汽车的双回路真空增压伺服（间接操纵真空伺服）制动系统示意图。由图可见，这种伺服制动系统比人力液压制动系统多一套真空伺服系统，其中包括：由发动机进气管10（真空源）、真空单向阀9、真空罐2组成的供能装置；作为控制装置的控制阀5；作为传动装置的伺服气室3；与液压制动系统共用的中间传动液缸——辅助缸6。辅助缸、真空伺服气室和控制阀通常组合装配成一个部件，可称为真空增压器。

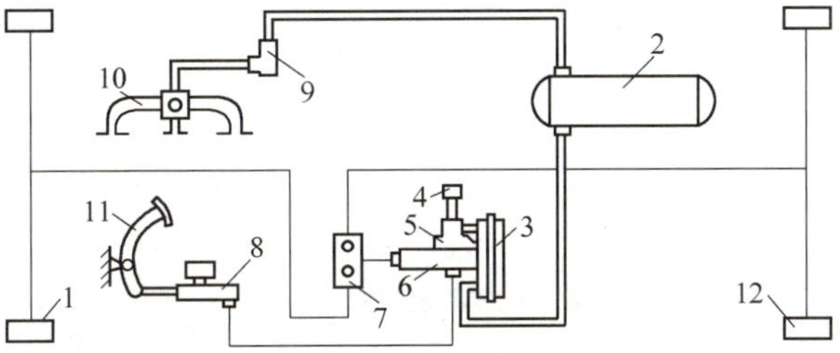

图22-56 南京跃进NJ1061A型汽车真空增压伺服制动系统示意图

1—后制动轮缸 2—真空罐 3—伺服气室 4—进气滤清器 5—控制阀 6—辅助缸 7—安全缸 8—制动主缸 9—真空单向阀 10—发动机进气管 11—制动踏板机构 12—前制动轮缸

当发动机工作时，在进气管10中的真空度作用下，真空罐2中的空气经真空单向阀9被吸入发动机，因而罐中也产生并积累了一定的真空度，作为制动伺服的能源。伺服系统中工作真空度最高可达0.07MPa。踩下制动踏板时，制动主缸的输出液压首先传入辅助缸6，由此一部分作为制动促动压力传入制动轮缸1和12，一部分又作为控制压力输入控制阀5。控制阀在主缸液压控制下，使真空伺服气室的工作腔通真空罐或通大气，并保证伺服气室输出力与主缸液压，从而与制动踏板力和踏板行程成递增函数关系。真空伺服气室输出力与自主缸传来的液压作用力一同作用于辅助缸活塞，因而辅助缸输送至轮缸的压力高于主缸压力，起到增压作用。

图22-57所示为某种真空增压器的构造，它由辅助缸、控制阀和真空伺服气室三部分组成。辅助缸内腔被活塞25分隔成两部分，左腔经出油接头28通向前后制动轮缸；右腔经进油接头通向制动主缸。推杆的前端嵌装着球阀门24，其阀座在辅助缸活塞25

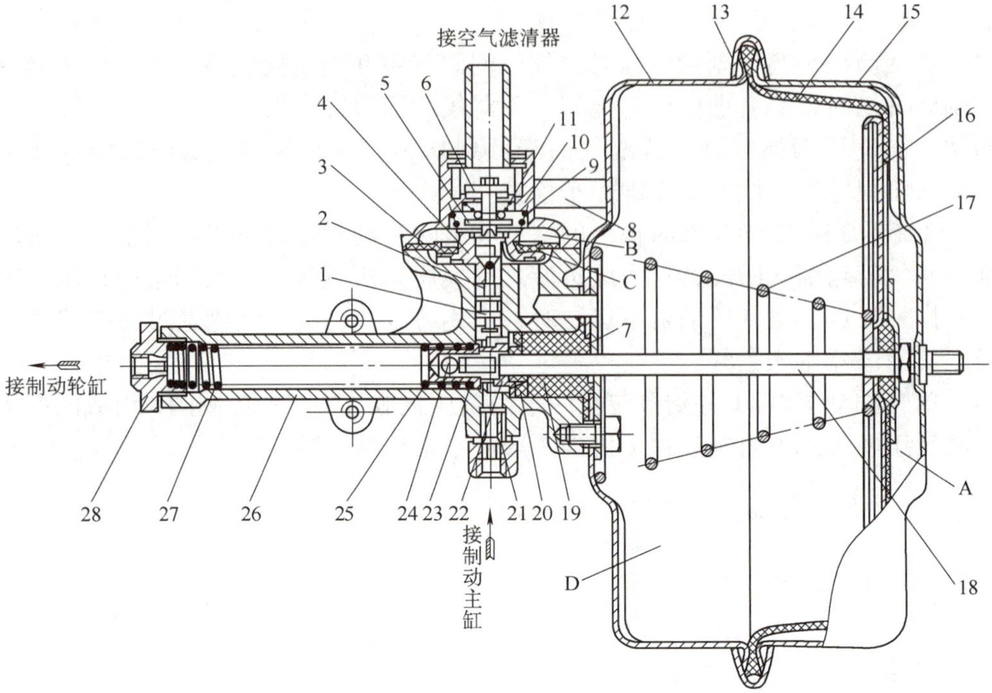

图 22-57　真空增压器（66-Ⅳ型）的构造

1—控制阀柱塞　2、23—皮圈　3—控制阀膜片　4—膜片座（带真空阀座）　5—真空阀　6—大气阀　7—连接块　8—气管　9—控制阀膜片复位弹簧　10—控制阀体（带大气阀座）　11—阀门弹簧　12—伺服气室前壳体　13—卡箍　14—伺服气室膜片　15—伺服气室后壳体　16—膜片托盘　17—伺服气室膜片复位弹簧　18—伺服气室推杆　19—密封圈座　20—密封圈　21—辅助缸进油接头　22—活塞限位座　24—球阀门　25—辅助缸活塞　26—辅助缸体　27—辅助缸活塞复位弹簧　28—辅助缸出油接头

上。推杆穿过尼龙制的密封圈座 19，并以两个橡胶双口密封圈 20 保证孔和轴表面的密封。推杆后端与伺服气室膜片 14 连接。伺服气室不工作时，活塞和推杆分别在弹簧 27 和 17 作用下处于右极限位置。球阀门与阀座保持一定距离，从而保持辅助缸两腔连通。

真空伺服气室被其中的膜片 14 分隔成左右两腔。左腔 D 经前壳体端面的真空管接头（图中已剖去）通向真空罐，且经由辅助缸体 26 中的孔道与控制阀下气室 C 相通；其右腔 A 则经焊接在后壳体圆柱面上的气管 8 通到控制阀上腔 B。控制阀是由真空阀 5 和大气阀 6 组成的阀门组件。大气阀座在控制阀体 10 上，真空阀座则在膜片座 4 上。膜片座下面与控制阀柱塞 1 连接。不制动时，如图 22-58b 所示，大气阀关闭，真空阀开启。控制阀上腔和下腔连通。这样，控制阀上腔和伺服气室右腔便具有与控制阀下腔和伺服气室左腔同等的真空度。

踩下制动踏板时（见图 22-58a），制动液自制动主缸输入辅助缸，经过柱塞上的孔进入各制动轮缸。轮缸液压等于主缸液压。同时，输入液压还作用在控制阀活塞上，推使膜片座上移，先关闭真空阀，使上腔和下腔隔绝，接着再开启大气阀。于是外界空气便经进气滤清器流入控制阀上腔和伺服气室右腔，降低其中的真空度。此时控制阀下腔和伺服气室左腔中的真空度仍保持原值不变。在两腔压力差作用下，膜片带动推杆 18 左移，使球阀门 24 关闭。这样，制动主缸便与辅助缸左腔隔绝。此时在辅助缸活塞 25

上作用着两个力，主缸液压作用力和伺服气室输出的推杆力。因此，辅助缸左腔及各轮缸的压力高于主缸压力。

在 A 和 B 两腔真空度降低的过程中，膜片 3 和阀门组逐渐下移。A、B 两腔真空度下降到一定值时，大气阀 6 落座而保持稳定。这个稳定值取决于输入控制压力（即主缸压力），而后者又取决于踏板力和踏板行程。踏板回升一定距离时（见图 22-58b），主缸液压即下降一定值，控制阀平衡状态被破坏，柱塞 1 连同膜片座 4 下移，使真空阀开启。于 A、B 两腔中的空气有一部分又被吸入真空罐，伺服气室 A、B 两腔的压力也有所减小。辅助缸输出压力也就保持在较低值。完全放开制动踏板时，所有运动件都在各自的复位弹簧作用下回复到如图 22-57 所示位置。

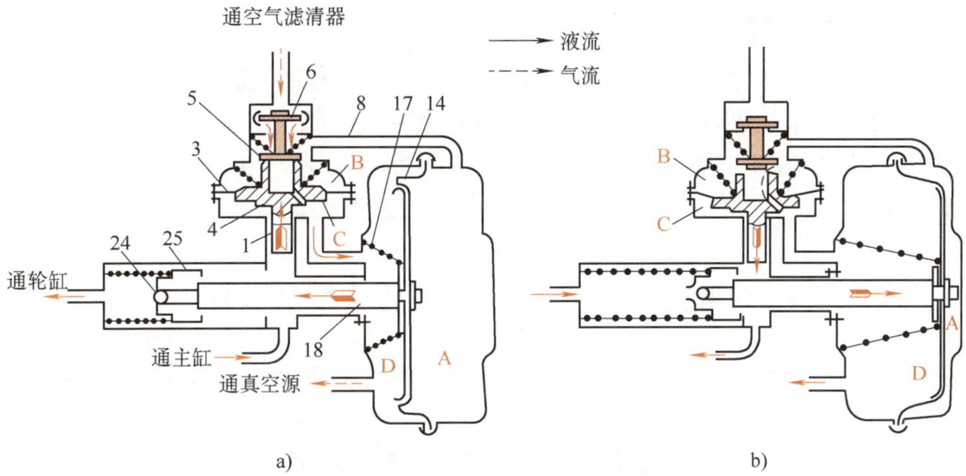

图 22-58 真空增压器工作示意图

a）踩下制动踏板时 b）制动踏板回升时

（图注同图 22-57）

在真空管路无真空度或真空增压器失效的情况下，辅助缸中的球阀将永远开启，保证制动主缸和各制动轮缸之间的油路畅通。这样，整个制动系统还可以同人力液压制动系统一样工作。当然，此时所需的踏板力比有真空伺服作用时要大得多。当发动机停止运转或其进气管中的真空度低于真空罐的真空度时，真空单向阀即行关闭，使真空罐中真空度不遭受损失。这样，真空罐便能在无真空能补充的情况下，起到若干次制动伺服作用。

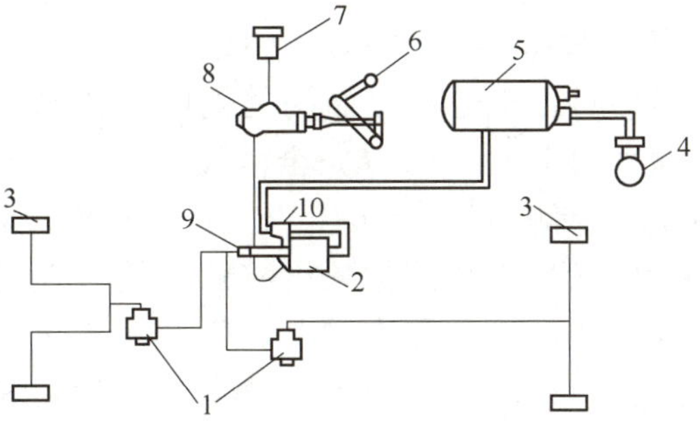

图 22-59 日产 T80 系列汽车气压增压伺服制动系统示意图

1—单腔安全缸 2—气压伺服气室 3—制动轮 4—空气压缩机 5—储气罐 6—制动踏板 7—储液罐 8—制动主缸 9—辅助缸 10—控制阀

2. 气压增压伺服制动系统

图 22-59 所示为日本日产 T80 系列汽车气压增压伺服（间接操纵气压增压伺服）制

动系统示意图。其中，由辅助缸9、气压伺服气室2和控制阀10组成的部件可称为气压增压器。必要时，控制阀也可作为一个独立部件单独安装。气压增压器之后的液压促动管路中分别装设有一个单腔安全缸1，用以实现局部双回路。与一般人力-液压制动系统相比，其区别是在传动路线上增设了气压增压器和安全缸两个装置。

第六节 制动力调节装置

一、概述

1. 制动力调节装置的功用

在本章前面已经阐述过有关汽车制动系统的工作原理：由驾驶人控制的促动力能源，通过制动器对车轮施加制动力矩 M_μ（见图22-1）时，通过车轮与路面间的附着作用，车轮即对路面施加一个向前的切向力，同时路面也对车轮作用一个向后的切向反力，即制动力 F_B。该力受到制动力矩 M_μ 和车轮与路面间的附着作用的影响、制约，即

$$F_B \leqslant F_\varphi = G\varphi \tag{22-1}$$

式中，G 为车轮对路面的垂直载荷；φ 为轮胎与路面间的附着系数。

在附着条件许可的情况下，希望制动力 F_B 尽可能大，以期获得尽可能大的汽车减速度。假设汽车制动系统中没有安装制动力调节装置，当汽车运动状态需要制动减速，车轮上的制动力 F_B 达到峰值附着力数值（$F_{\varphi max}$）时，为获取更大的汽车减速度，这时即使进一步加大制动系统促动管路压力，以进一步加大制动器的制动力矩（此时表现为静摩擦力矩），制动力 F_B 也不会再随之增大。此时，车轮运动状态表现为停止旋转（车轮被“抱死”），只是沿路面作纯滑移的极限状态。

由试验得知，汽车车轮的这种运动状态，将会产生行驶方向稳定性差和制动效果差的问题。由图22-60所示的 φ-s 曲线可知：当车轮抱死滑移时，车轮与路面间的侧向（垂直于车轮平面方向上的）附着完全消失。这意味着路面对车轮的侧向反力为零。这样，如果只是前轮（轮向轮）制动到抱死滑移而后轮（制动时也已成为从动轮）还在滚动，则汽车不可能在制动过程中转向。因为保证汽车转向的力只能是路面对偏转了一定角度的转向轮的侧向反力，所以转向轮一旦滑移而丧失侧向附着，转向即不可能进行。如果只是后轮制动到抱死滑移，

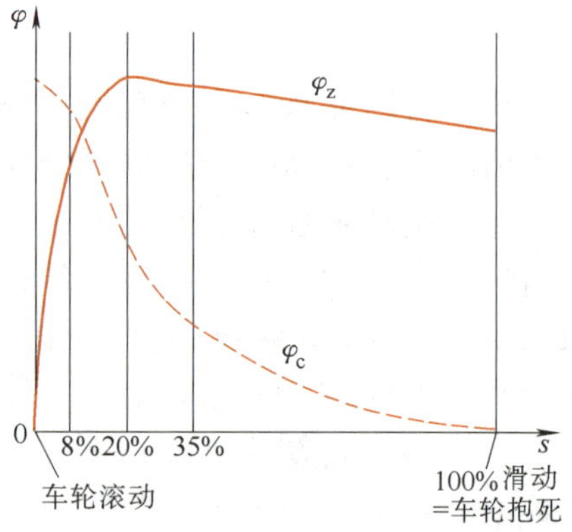

图22-60 φ-s 曲线

φ_z—路面纵向附着系数 φ_c—路面侧向附着系数

而前轮还在滚动，则汽车在制动过程中，即使受到不大的侧向干扰力（例如侧向风力、路面凸起对车轮侧面的冲击力等），也会绕其垂直轴线旋转（甩尾），严重时甚至会转过180°左右（掉头）。无论是前轮还是后轮单独滑移，都极易造成车祸，尤其是因后轮单独滑移而发生甩尾现象所造成的交通安全事故更多，其后果也更为严重。

所以应当尽量避免制动时车轮抱死滑移，尽可能使车轮制动到前后轮同步边滚动边滑的滑转运动状态，当滑移率 s 在 15% ~20% 时，附着系数 φ（纵向、侧向附着系数合成）为最大。此时可获得最大的总制动力，又能保持制动时的行驶方向稳定性（既不丧失转向操纵性，又不甩尾）。滑移率的定义为

$$s = \frac{(v_{车} - v_{轮})}{v_{车}} \times 100\% \tag{22-2}$$

式中，$v_{车}$ 为汽车的运动速度；$v_{轮}$ 为车轮滚动的速度（$v_{轮} = r\omega$，其中：r 是车轮半径；ω 是车轮转动角速度）。

当 $s=0$ 时，车轮纯滚动；当 $s=1$ 时，即车轮被抱死（$v_{轮}=0$）。为此，必须使用调节装置，将制动系统设计得能够前、后车轮制动时不抱死，使车轮的滑移率 s 保持在 15% ~20%，且同步滑移。目前多采用电子防抱死装置（简称 ABS）调节制动器的主从动元件的结合状态。前后轮同步滑移的条件是：前、后轮制动力之比等于前、后轮对路面的垂直载荷之比，如图 22-61 所示，即

$$\frac{F_{B1}}{F_{B2}} = \frac{G_1\varphi_1}{G_2\varphi_2} \tag{22-3}$$

若 $\varphi_1 = \varphi_2$，则

$$\frac{F_{B1}}{F_{B2}} = \frac{G_1}{G_2} \tag{22-4}$$

式中，F_{B1} 是前轮制动力；F_{B2} 是后轮制动力；G_1 是前轮对路面的垂直载荷；G_2 是后轮对路面的垂直载荷。

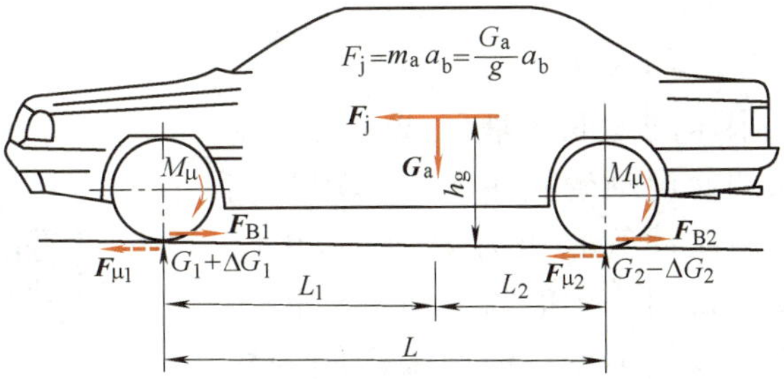

图 22-61　制动时作用在汽车上的力

G_a—汽车总重力　F_{B1}—前轮制动力　F_{B2}—后轮制动力
m_a—汽车总质量　F_j—作用在汽车重心上的惯性力（$F_j = m_a a_b$）
a_b—制动减速度　g—重力加速度　L_1—重心至前轮中心线距离
L_2—重心至后轮中心线距离　h_g—汽车重心高度

汽车静止时，前、后轮垂直载荷之比仅仅取决于汽车重心的纵向位置（L_1 和 L_2）。但在行驶制动过程中，作用于汽车重心上的向前的惯性力 F_j 对车轮与路面接触点的力矩力图使汽车俯倾，因而使前轮垂直载荷增大 ΔG_1、后轮垂直载荷减小 ΔG_2，即前、后轮垂直载荷之比变大。制动力越大，则汽车的减速度和惯性力越大，前、后轮垂直载荷之比（亦即前后轮附着力之比）也越大。如果前、后轮制动力矩（或制动力）的比值可以随时调节到等于变化着的前、后轮附着力之比，则在任何附着条件下，汽车都可能制动到前后轮同步濒临滑移状态。

2. 理想前后轮制动状态的实现

在结构形式、几何尺寸和摩擦副的摩擦因数既定的情况下，理想前、后轮制动状态的实现取决于制动器的制动力矩，即取决于促动管路压力（制动轮缸液压或制动气室气压）。任何一种车型都各有其理想的前、后轮制动力（制动力矩）分配特性曲线，而且可以换算成理想的前后轮促动管路压力分配特性曲线。理想的前、后轮促动管路压力分

配特性曲线的一般形状如图22-62中的实曲线所示。由于汽车在满载与空载时的总质量不同，重心位置也不同，故相应的理想前后促动管路压力分配特性曲线也不同。

目前，出于提高汽车制动安全性的考虑，许多国家有关汽车制动的法规都对汽车制动效能和制动时的方向稳定性提出了越来越严格的要求。对于在一般道路上行驶的汽车，应尽量避免在制动时车轮抱死滑移，并在此前提下，尽可能充分地利用附着条件，产生尽可能大的制动力。这就促使现代汽车越来越多地采用各种制动力调节装置，使前、后促动管路压力的实际分配特性曲线在不同程度上接近于相应的理想分配特性曲线。目前制动力调节装置的类型有很多，如限压阀、比例阀、感载阀和惯性阀等，它们一般都是串联在后促动管路中。但也有的是串联在前促动管路中。制动力调节的最佳装置是制动防抱死装置，它可使前、后促动管路压力的实际分配特性曲线更接近于相应的理想分配特性曲线。

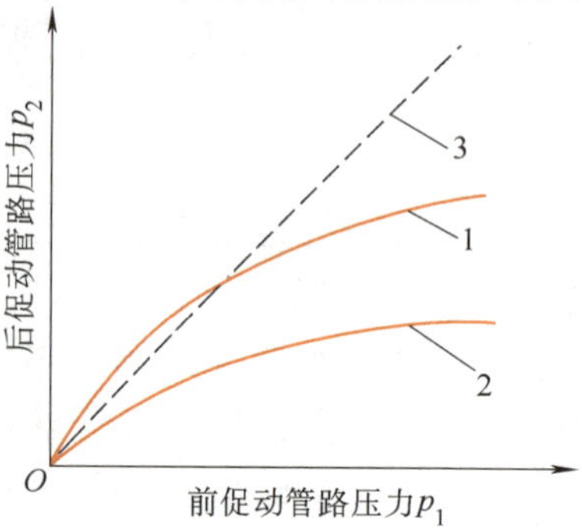

图22-62 前、后促动管路压力分配特性

1—满载时的理想特性 2—空载时的理想特性

3—无制动力调节装置时的实际特性

二、限压阀与比例阀

1. 限压阀

限压阀串联于液压或气压制动回路的后促动管路中。其作用是当前、后促动管路压力 p_1 和 p_2 由零同步增长到一定值后，即自动将 p_2 限定在该值不变。液压限压阀的构造如图22-63a 所示。自进油口输入的控制压力是前促动管路压力（亦即主缸压力）p_1，从出油口输出的是后促动管路压力 p_2。阀门2与活塞3连接成一体，装入阀体6后，弹簧5即受到一定的预紧力。在弹簧力作用下，阀门离开阀体上的阀座而抵靠着阀盖1。阀门凸缘上开有若干个通油切口。当输入压力 p_1 较低时，阀门一直保持开启，因而 $p_2=p_1$，即限压阀尚未起限压作用。在 p_2 与 p_1 同步增长到一定值 p_s 时，活塞上所受的液压作用力将弹簧压缩到使阀门关闭，后轮缸与主缸隔绝。此后 p_2 即保持定值 p_s，不再随 p_1 增长。

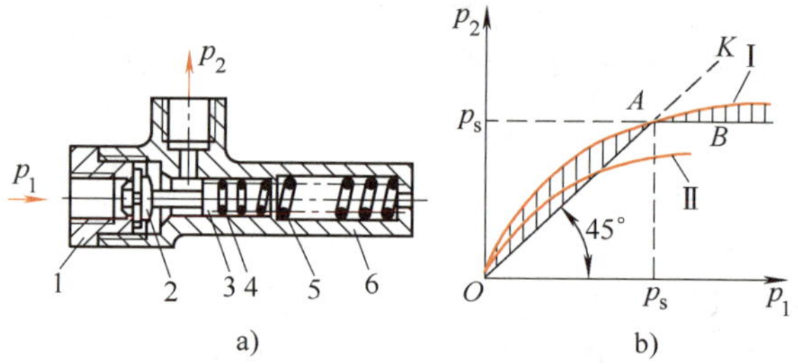

图22-63 限压阀及其静特性

a）结构 b）特性曲线

1—阀盖 2—阀门 3—活塞 4—活塞密封圈 5—弹簧 6—阀体

Ⅰ—满载理想特性 Ⅱ—空载理想特性

限压阀的静特性曲线即图22-63b中的直线 AB。与不装任何制动力调节装置时的实际前后促动管路压力分配特性线 OK 相比，装用限压阀后的实际分配特性线 OAB 更为接近理想分配特性曲线。假定如图22-63所示，折线 OAB 的折点 A 位于满载时的理想分配特性曲线Ⅰ上，则装用限压阀后，也只是在汽车满载情况下，且 $p_1=p_2=p_s$ 时，前后轮

才有可能被制动到同步滑转。无论 $p_1 < p_s$ 或 $p_1 > p_s$，相应于同一 p_1 值的 p_2 的实际值均低于 p_2 的理想值。因此在 $p_1 \neq p_2$ 的情况下制动时，必然是前轮先达到 F'_{Bmax}，而这正符合现时的制动稳定性要求。限压阀用于重心高度与轴距的比值较大的轻型汽车更为适宜，因为这种汽车在制动时，其后轮垂直载荷向前轮转移得较多，其理想的促动压力分配特性曲线中段的斜率较小，与限压阀特性线 AB 相近。

2. 比例阀

重心高度与轴距的比值较小的中型以上汽车在制动时的前后轮间载荷转移较少，其理想促动管路压力分配特性曲线中段斜率较大。这种汽车如果装用限压阀，虽然可以满足制动时前轮 F'_{Bmax} 的要求，但紧急制动时，后轮制动力将远小于后轮附着力，即附着力利用率太低，未能满足制动力尽可能大的要求。要解决这一问题，可以采用比例阀。比例阀（亦称 P 阀）是串联于液压或气压制动回路的后促动管路中的。其作用是当前后促动管路压力 p_1 与 p_2 同步增长到一定值 p_s 后，即自动对 p_2 的增长加以节制，亦即使 p_2 的增量小于 p_1 的增量。比例阀一般采用两端承压面积不等的差径活塞结构，图 22-64a 为其示意图。不工作时，差径活塞 2 在弹簧 3 的作用下处于上极限位置。此时阀门 1 保持开启，因而在输入控制压力 p_1 与输出压力 p_2 从零同步增长的初始阶段，总是 $p_1 = p_2$。但是压力 p_1 的作用面积为 $A_1 = \pi(D^2 - d^2)/4$，压力 p_2 的作用面积为 $A_2 = \pi D^2/4$，因而 $A_2 > A_1$，故活塞上方液压作用力大于活塞下方液压作用力。在 p_1、p_2 同步增长过程中，活塞上、下两端液压作用之差胜过弹簧 3 的预紧力时，活塞便开始下移。当 p_1 和 p_2 增长到一定值 p_s 时，活塞内腔中的阀座与阀门接触，进油腔与出油腔即被隔绝，此即比例阀的平衡状态。

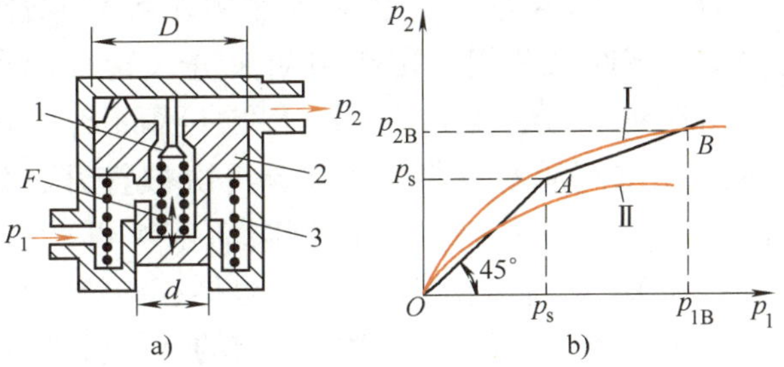

图 22-64　比例阀的结构原理及静特性

a）结构　b）静特性曲线

1—阀门　2—活塞　3—弹簧

Ⅰ—满载理想特性　Ⅱ—空载理想特性

若进一步提高 p_1，则活塞将回升，阀门再度开启。油液继续流入出油腔，使 p_2 也升高。但由于 $A_2 > A_1$，p_2 尚未增长到新的 p_1 值，活塞又下降至阀门关闭，进油腔与出油腔即被隔绝，比例阀又到新的平衡位置，即保证了 p_2 的增长又使 p_2 的增量小于 p_1 的增量。在任一平衡状态下，差径活塞的力的平衡方程为

$$p_2 A_2 = p_1 A_1 + F \tag{22-5}$$

即

$$p_2 = \frac{A_1}{A_2} p_1 + \frac{F}{A_2}$$

式中，F 为平衡状态下的弹簧力。

上列方程的曲线即为图 22-64b 所示的比例阀静特性曲线 AB（图中假定 A 点位于满载理想特性线的下方）。装用比例阀以后的实际促动管路压力分配特性线即为折线 OAB。比例阀静特性线 AB 的斜率为 $A_1/A_2 < 1$，说明 p_2 的增量小于 p_1 的增量。

图 22-65 所示为富康轿车的带有比例阀的后制动轮缸图。比例阀活塞 4 装在轮缸活

塞6内，推杆柱塞2与轮缸活塞6固装在一起。在不制动时，平衡弹簧5将比例阀活塞4压在柱塞2上，柱塞将球阀顶起，即球阀被打开。此时，制动液由进油口经轮缸活塞6上的油道和打开的球阀进入轮缸的两活塞1和6之间。当制动时，随着促动管路压力的升高，作用在比例阀活塞4左端面S_3上的压力F_3上升。当F_3大于比例阀活塞4右端环状面S_1上的压力F_1与弹簧5作用在活塞4端面S_2上的力F_2之和时，比例阀活塞4向右移动，球阀被关闭，切断制动液进入轮缸两活塞之间的油路，压力F_3保持不变。而后促动管路压力继续上升，作用在环状面S_1上的力F_1也继续升高。因此，当$F_3 < F_1 + F_2$时，比例阀活塞左移，球阀3再次被打开，作用在活塞6上的压力F_3继续增大。当再次满足$F_3 > F_1 + F_2$时，比例阀活塞4再次右移，球阀又关闭。这样，随着球阀不断地打开和关闭，后制动轮缸的压力是逐渐增高的，但与前制动轮缸相比，压力增加较缓慢。于是，使之满足了上述比例阀的静特性曲线。

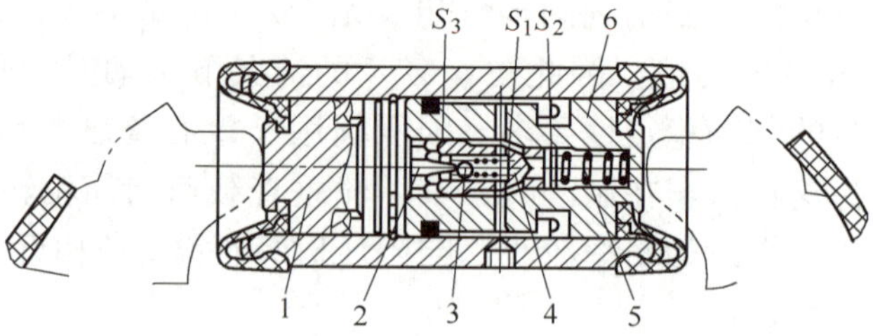

图22-65 富康轿车后制动轮缸与比例阀的结构图

1—轮缸活塞 2—推杆柱塞 3—球阀 4—比例阀活塞 5—平衡弹簧 6—带比例阀的轮缸活塞

由于汽车的满载与空载下的理想促动管路压力分配特性曲线的不一致，使得限压阀和比例阀的特性不可能设计得同时符合满载和空载时的要求。在汽车经常满载行驶的情况下，可使限压阀或比例阀的静特性线上的调节作用起始点A位于满载理想特性曲线上（见图22-63b）或上下附近。若汽车实际装载质量变化较大，则可将点A设计得位于满载和空载理想特性曲线之间（见图22-64b）。但这种折中兼顾的办法，在满载和空载理想特性曲线相去较远的情况下，难以收到良好效果。

三、感载阀

某些汽车在实际装载质量不同时，其总重力和重心位置变化较大，因而满载和空载下的理想促动管路压力分配特性曲线差距也较大。在此情况下，采用一般的特性线不变的制动力调节装置已不能保证汽车的制动性能符合法规要求，故有必要采用其特性能随汽车实际装载质量而改变的感载阀。

液压系统用的感载阀有感载限压阀和感载比例阀两类，其静特性如图22-66所示。设汽车满载时，感载阀特性线为A_1B_1，而在空载时，感载阀的调节作用起始点自动改变为A_2，使特性线变成A_2B_2。但两条特性线的斜率还是相等的。这种变化应当是渐进的，即在实际装载量为任何值时，都有一根与之相应的特性线。在限压阀或比例阀的结构及其他参数一定的情况下，调节作用起始点的控制压力p_s值取决于限压阀或比例阀的活塞弹簧的预紧力。因此，只要使弹簧预紧力随汽车实际装载量而变化，便能实现感载调节。

1. 感载比例阀

图22-67所示为一种轿车的液压感载比例阀及其感载控制机构。阀本身的结构与上

述的比例阀大同小异。阀体 3 安装在车身上，在活塞 4 右部的空腔内装有阀门 2。不制动时，活塞在感载拉力弹簧 6 通过杠杆 5 施加的推力 F 的作用下处于右极限位置。阀门 2 因其杆部顶触螺塞 1 而开启。

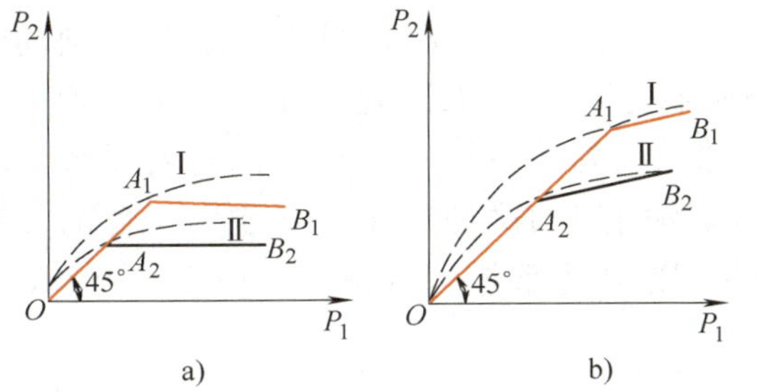

图 22-66　液压感载阀静特性

a）感载限压阀　b）感载比例阀

Ⅰ—满载理想特性　Ⅱ—空载理想特性

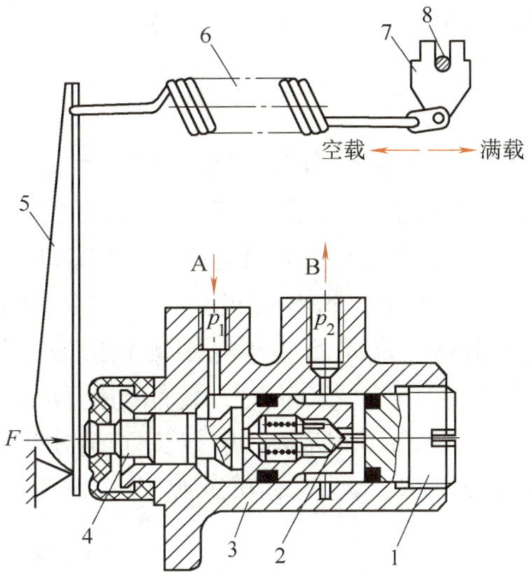

图 22-67　液压感载比例阀及其感载控制机构

1—螺塞　2—阀门　3—阀体　4—活塞　5—杠杆

6—感载拉力弹簧　7—摇臂　8—后悬架横向稳定杆

制动时，来自主缸压力为 p_1 的制动液由进油口 A 进入，并通过阀门从出油口 B 输出至后促动管路。此时输出压力 $p_2=p_1$。因活塞右端承压面积大于左端承压面积，故 p_1 和 p_2 对活塞的作用力不等。于是活塞不断左移，最后使其上的阀座与阀门接触而达到平衡状态，此后 p_2 的增量将小于 p_1 的增量。

由于汽车装载情况变化较大，其总重力和重心位置变化也较大，因而满载和空载下的理想促动管路压力分配特性曲线差距也较大。在此情况下，有必要采用特性曲线随汽车实际装载质量而变化的感载比例阀以满足制动安全性的要求。

这种感载比例阀的特点是作用于活塞 4 上的轴向力 F 是可变的。感载拉力弹簧 6 右端经吊耳与摇臂 7 相连，而摇臂则夹紧在汽车后悬架的横向稳定杆 8 的中部。当汽车装载量增加时，后悬架载荷也增加，因而后轮向车身移近，后悬架的横向稳定杆便带动摇臂 7 转过一个角度，将弹簧 6 进一步拉伸，作用于活塞上的推力 F 便增大。反之，汽车装载量减小，则推力 F 减小。这样。调节作用起始点控制压力 p_s 就随汽车实际装载量的变化而变化。

2. 感载限压阀

图 22-68 所示为一种液压感载限压阀。由图可见，弹簧力 F 与弹簧压缩量有关，从而与推杆行程有关，并可由感载控制机构控制。

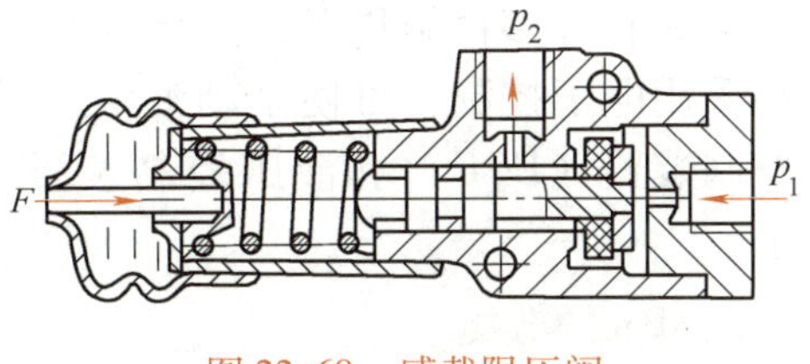

图 22-68　感载限压阀

目前，感载比例阀和感载限压阀通过感载

控制机构向感载阀输入的控制信号，一般是有关悬架的变形量。然而影响悬架变形量的因素，除了汽车总重力分配到该悬架上的载荷（包括制动时的载荷转移）以外，还有汽车行驶时不平路面对车轮和悬架的瞬时冲击载荷。感载控制机构中设置能容量较大的弹簧的目的就是吸收这种冲击载荷，以排除其对感载阀工作的干扰。液压感载阀中油液本身的阻尼也有助于消除这一干扰。

四、防抱死制动系统（ABS）

前已述及，当车轮抱死滑移时，车轮与路面间的侧向附着力将完全消失。如果是前轮（转向轮）制动到抱死滑移而后轮还在滚动，汽车将失去转向能力（跑偏）。如果是后轮制动到抱死滑移而前轮还在滚动，即使受到不大的侧向干扰力，汽车将产生侧滑（甩尾）现象。这些都极易造成严重交通事故。因此，汽车在制动时不希望车轮制动到抱死滑移，而是希望车轮制动到边滚边滑的滑转状态。因为由试验得知，汽车车轮的滑移率 s 在 15% ~20% 时，轮胎与路面间有最大的纵向附着系数 φ_z，而侧向附着系数也较大，如图 22-60 所示。所以为了充分发挥轮胎与路面间的这种潜在附着能力，目前多数中高级轿车、大客车和重型货车上装备了防抱死制动系统（Antilock Braking System，ABS）。

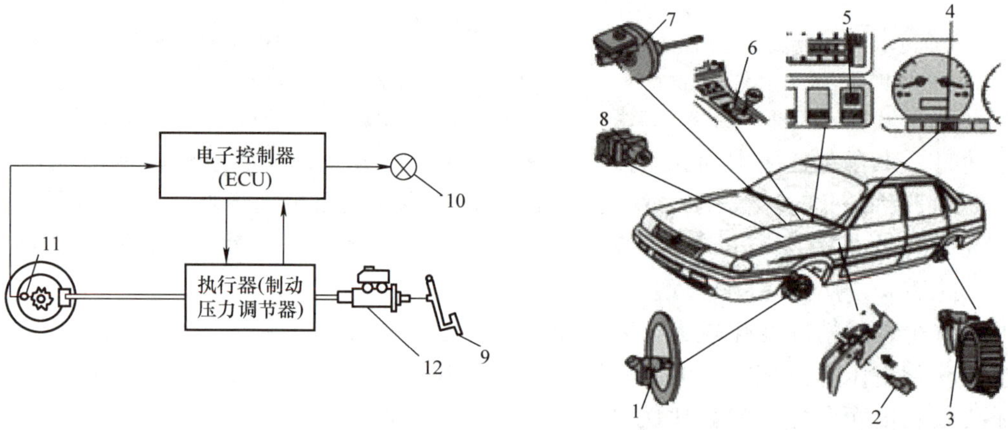

图 22-69　汽车防抱死制动系统（ABS）的组成及布置

1—前轮车速传感器　2—制动灯开关　3—后轮车速传感器　4—制动警告灯　5、10—ABS 警告灯　6—诊断座　7、12—制动主缸　8—制动压力调节器　9—制动踏板　11—车轮转速传感器

1. ABS 的组成

ABS 有许多种结构形式与相应的工作原理，在当前电子技术高速发展的情况下，几乎都采用电子控制，可使制动油液增减压达 10 ~ 18 次/s。ABS 装置由轮速传感器、电子控制装置（ECU）和液压控制装置（HCV）三部分组成。其组成和布置如图 22-69 所示。

2. ABS 的分类

（1）按照控制通道数目分类　可分为四通道式、三通道式、双通道式、单通道式四种。

四通道式 ABS 属于四传感器、四通道、四轮独立控制式，根据各车轮轮速传感器输入信号，分别对各个车轮进行独立控制，因此附着系数利用率高，制动时可以最大限度地利用每个车轮的最大附着力，如图22-70a、b 所示。四通道控制方式特别适用于汽车左、右两侧车轮附着系数相近的路面，不仅可以获得良好的方向稳定性的转向控制能力，而且可以获得最短的制动距离。如果汽车左、右轮附着力相差较大，制动时两个车轮的制动力就相差较大，因此制动时，汽车会向制动力较大一侧跑偏，不能保持汽车按预定方向行驶，会影响汽车制动时的方向稳定性。另外，这种系统造价高，所以实际中采用这种方式的并不多。一汽红旗 CA7180AE、CA7220AE 等采用四通道式 ABS。

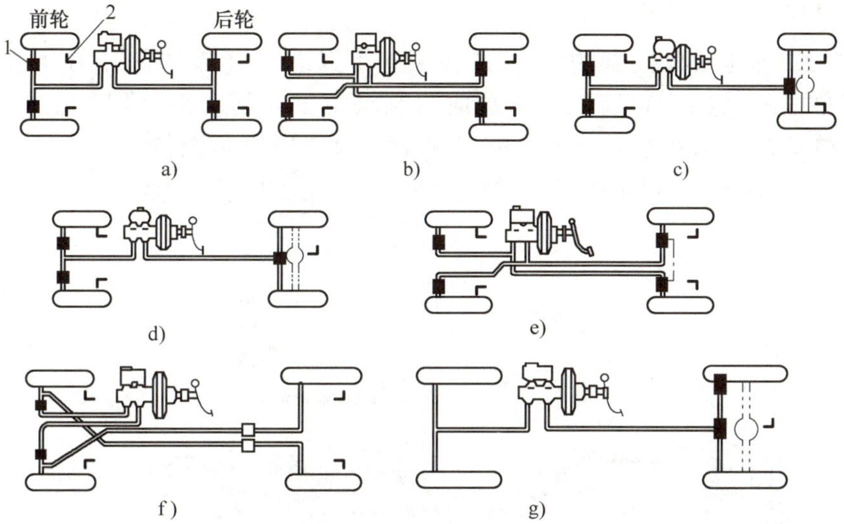

图 22-70　ABS 通道式布置分类

a）四通道双管路前后布置　b）四通道双管路对角布置　c）四传感器三通道前后布置
d）三传感器三通道　e）四传感器三通道对角布置　f）四传感器双通道布置　g）单通道式
1—制动压力调节器　2—传感器

三通道式 ABS 有四传感器三通道式和三传感器三通道式两种，其中四传感器三通道式 ABS 又分前后布置和对角布置两种，如图 22-70c、d、e 所示。一般三通道 ABS 中，两前轮采用独立控制，两后轮按低选原则进行同时控制。三通道 ABS 在轿车上获得广泛应用，如桑塔纳 2000Gsi、一汽宝来、一汽大众捷达等轿车即采用这种形式。

双通道式 ABS 可以减少制动压力调节器的数量，降低系统成本，主要有四传感器式、三传感器式和两传感器式，如图 22-70f 所示。双通道 ABS 在方向稳定性、转向控制能力和制动效能各方面难以兼顾，目前很少采用。

单通道式 ABS 在后轮制动总管中设置一个制动压力调节器，在后驱动轿上安装一个传感器或者在两后轮上各安装一个传感器，如图 22-70g 所示。单通道式 ABS 结构简单、成本低，所以单通道式 ABS 目前在一些轻型货车上仍广泛应用。

（2）按照产生制动压力的动力源分类　可分为液压制动 ABS、气压制动 ABS 和气液混合制动 ABS。

（3）按照制动压力调节器调压方式分类 可分为流通式（循环式）ABS 和变容式 ABS。

（4）按照制动压力调节器与制动主缸结构关系分类 可分为整体式 ABS 和分离式 ABS。

（5）按照生产厂家分类 德国博世公司生产的博世（BOSCH）ABS、德国坦孚公司生产的坦孚（TEVES）ABS、美国达科公司生产的达科（DELCO）ABS、美国本迪克斯公司生产的本迪克斯（BENDIX）ABS。其中，博世（BOSCH）ABS 和坦孚（TEVES）ABS 应用最多，后两种在美国采用较多，上海汽车制动系统有限公司生产的 ABS，就是从坦孚（TEVES）公司引进并合资生产的。

3. 典型 ABS 的工作原理

（1）二位二通电磁阀控制的 ABS 工作原理 以坦孚（TEVES）MK Ⅱ ABS 为代表，该系统采用整体式结构，其液压控制总成将制动主缸、制动助力器、压力调节器电磁阀、柱塞式电动泵、储能器组合为一体。该系统为三通道、四传感器、前轮独立控制、后轮低选控制式 ABS，因此它共有三个液压回路，如图 22-71 所示。

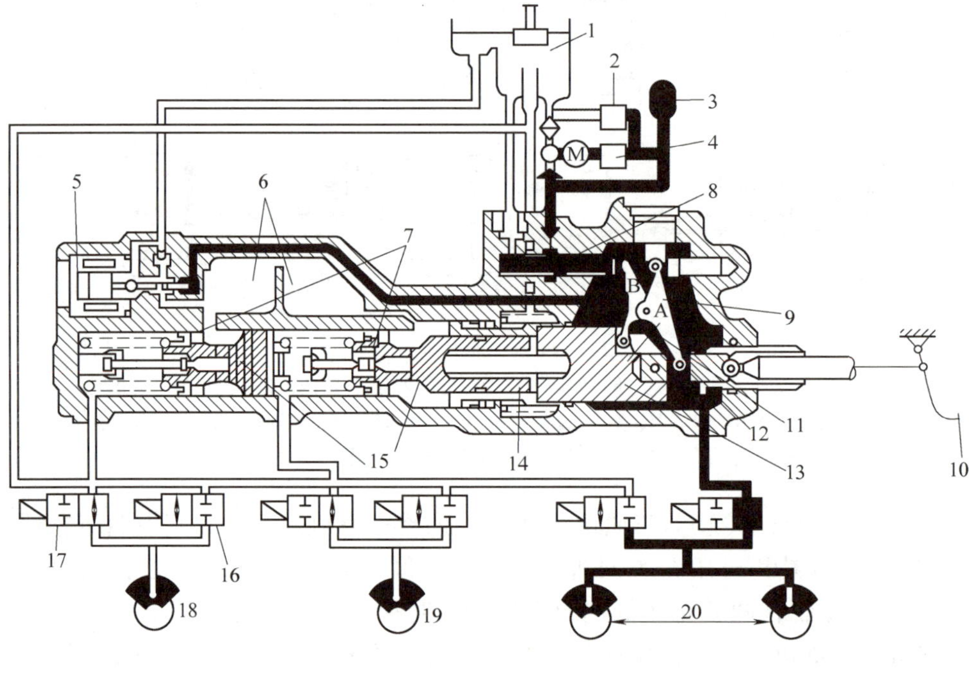

图 22-71 二位二通电磁阀控制的 ABS 结构图

1—储液室 2—限压阀 3—储能器 4—组合压力开关（压力控制与报警开关） 5—主电磁阀（二位三通） 6—内部储液室 7—主缸活塞密封圈 8—滑阀 9—液压助力室 10—制动踏板 11—剪状杆系 12—感压活塞 13—助力活塞 14—复位套筒 15—主缸活塞 16—出液电磁阀（二位二通常闭） 17—进液电磁阀（二位二通常开） 18—左前轮制动器 19—右前轮制动器 20—后轮制动器

直流电动机由压力控制开关 4 控制。当储能器 3 中的制动液压力低于 15.4MPa 时，压力控制开关闭合，接通直流电动机电路，使直流电动机驱动液压泵运转，将制动液自储液室泵入储能器中；当储能器中的制动液压力达到 18.3MPa 时，压力控制开关断开，使直流电动机及液压泵停止运转。限压阀 2 用于供能装置的安全保护，当液压泵出液口处的制动液压力达到 23.4MPa 时，限压阀开启泄流。充满状态下储能器可以提供 20～30 次制动及制动助力所需的能量。

电磁阀阀块中装有 3 对用于进行防抱死制动压力调节的二位二通电磁阀，每对电磁阀又由 1 个常开进液电磁阀和 1 个常闭出液电磁阀组成，每对电磁阀对 1 个控制通道进行防抱死制动压力控制。各电磁阀不通电时，各制动轮缸与相应制动主缸的两个腔以及液压助力室之间连通，同时，各制动轮缸与储液室之间封闭。

1）常规制动。常规制动中各电磁阀均不通电。踩下制动踏板时，感压活塞 12 向左移动，杠杆 A 绕其上端向左摆动，使杠杆 B 的上端推动滑阀 8 向左移动，将液压助力室 9 至储液室 1 的通路封闭，并将储能器 3 至液压助力室之间的通路连通，具有很高压力的制动液经滑阀 8 进入液压助力室，经液压助力室中升压后的制动液通过后进液电磁阀进入两个后制动轮缸，使后制动轮缸中的压力升高（见图 22-71 中的涂黑的油路），而首先产生制动作用。感压活塞进一步向左移动，制动液经过右前进液电磁阀进入右前制动轮缸，产生制动作用；制动主缸第一腔中具有压力的制动液还会推动第二级活塞向左移动，第二腔中的制动液压力也升高，制动液经左前进液电磁阀进入左前制动轮缸，产生制动作用。当感压活塞停止移动时，杠杆 A 与杠杆 B 的中部铰接点也不动。然而，在高压油的推动下，助力活塞 13 继续向左移动，杠杆 B 必须绕其中部铰接点顺时针转动，其上端随之向右移动，滑阀也随之右移，使滑阀高压进液口的开启面积逐渐减小，直至完全封闭。而此时滑阀左侧的出液口仍未打开，液压助力室中的压力因此不再变化，各制动轮缸中的制动压力也随之保持一定。

2）减压过程。如果 ECU 根据轮速传感器输入的信号判定有车轮趋于制动抱死，就使相应控制通道中的进液电磁阀和出液电磁阀都通电。进液电磁阀变为断流状态，使制动主缸或液压助力器输出的制动液不再进入相应的制动轮缸；而出液电磁阀变为流通状态，相应制动轮缸的部分制动液经出液电磁阀流回储液室，该制动轮缸的制动压力随之下降。

3）保压过程。当 ECU 判定车轮的抱死趋势开始消除，需要保持相应控制通道的制动压力时，就使相应出液电磁阀断电断流，进液电磁阀仍维持通电断流状态，相应制动轮缸中的制动液被封闭，制动压力也就保持一定。

4）增压过程。当 ECU 判定车轮的加速度已经超过设定的门限值时，就使相应进液电磁阀断电通流，出液电磁阀断电断流。对于前轮而言，主电磁阀 5 通电，将储液室 1 与内部储液室 6 的通路截断，同时将液压助力室 9 与内部储液室的通路连通，具有一定压力的制动液就会经主电磁阀两个内部储液室、孔道、活塞 15、活塞左端皮碗进入制动主缸的两个腔中，最后经过进液电磁阀进入相应的前轮制动轮缸，使制动液压力随之增大。对于后轮而言，液压助力室中的高压制动液会经后进液电磁阀 17 直接进入后制动轮缸，使其中的制动液压力增大。

（2）三位三通电磁阀控制的 ABS 的工作原理　红旗 CA7220 型轿车的制动防抱死系统如图 22-72 所示，该系统为四个轮速传感器四通道式布置形式。四个轮速传感器分别将各车轮的信号传给电子控制器，经电子控制器运算得出各车轮的滑移率，并根据滑移率控制各轮缸油压。当滑移率在8%～35%时，车辆的纵向附着力和侧向附着力都较高（见图22-60）。将这一附着区域内的汽车制动的有关参数预先输入到防抱死制动系统（ABS）的控制系统，电子控制器（ECU）可随机地根据实际制动工况进行判断，给执行机构发出动作指令，使车轮的滑移率控制在这一最佳工作区范围内，即各车轮制动到不抱死的极限状态。因此，汽车制动时，既不“跑偏”又不“甩尾”。

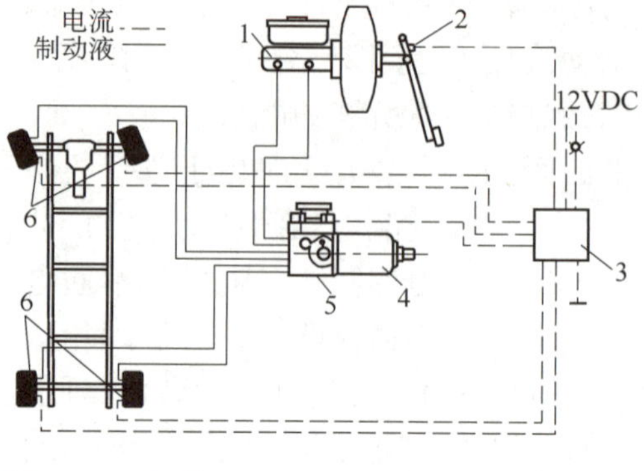

图22-72 红旗CA7220型轿车防抱死制动系统（ABS）的组成及布置

1—制动主缸 2—制动灯开关 3—电子控制装置（ECU） 4—电动机 5—液压控制装置 6—轮速传感器

ABS控制轮缸油压的工作过程如下：

1）常规制动过程。如图22-73所示，ABS未进入工作状态，电磁阀不通电，柱塞处于图示的最下方，主缸与轮缸的油路相通，主缸可随时控制制动油压的增减。

2）轮缸减压过程。如图22-74所示，轮速传感器检测到车轮有抱死信号，感应交流电压增大，电磁阀通入较大电流。柱塞移至图示的最上方，主缸与轮缸的通路被截断。

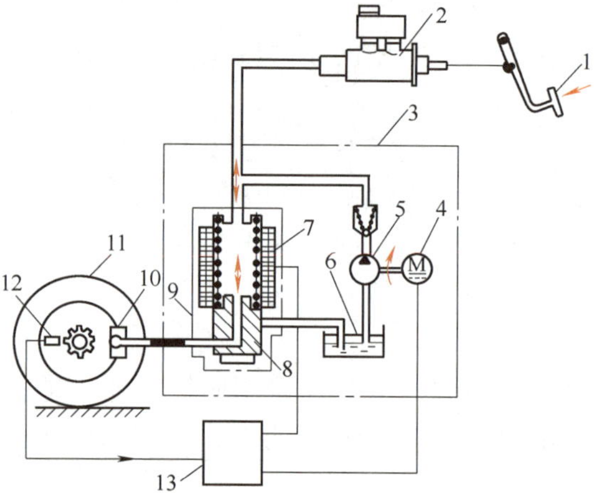

图22-73 制动过程（ABS不工作）

1—踏板 2—主缸 3—液压部件 4—电动机 5—液压泵 6—储液器 7—线圈 8—柱塞 9—电磁阀 10—轮缸 11—车轮 12—轮速传感器 13—电子控制器（ECU）

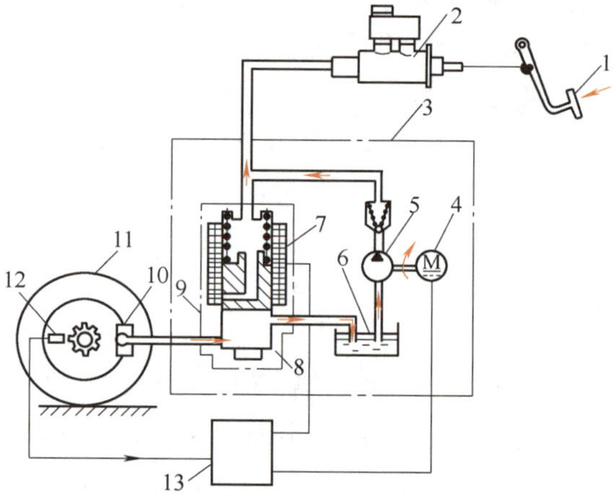

图22-74 轮缸减压过程（ABS工作）

（图注同图22-73）

轮缸和储液器接通，轮缸压力下降。与此同时，驱动电动机起动，带动液压泵工作，把流回储液器的制动液加压后送入主缸，为下一制动过程做好准备。

3）轮缸保压过程。如图22-75所示，轮缸减压过程中，轮速传感器产生的电压信号较弱，电磁阀通入较小电流，柱塞降至图22-75所示位置，所有油路被截断，保持轮缸压力。

4）轮缸增压过程。如图22-76所示，保压过程中，车轮转速趋于零，感应交流电压亦趋于零，电磁阀断电，柱塞下降到初始位置，主缸与轮缸油路再次相通，主缸的高压制动液重新进入轮缸，使轮缸油压回升，车轮又趋于接近抱死状态。上述过程压力调节是脉冲式的，其频率为 4～10 次/s。

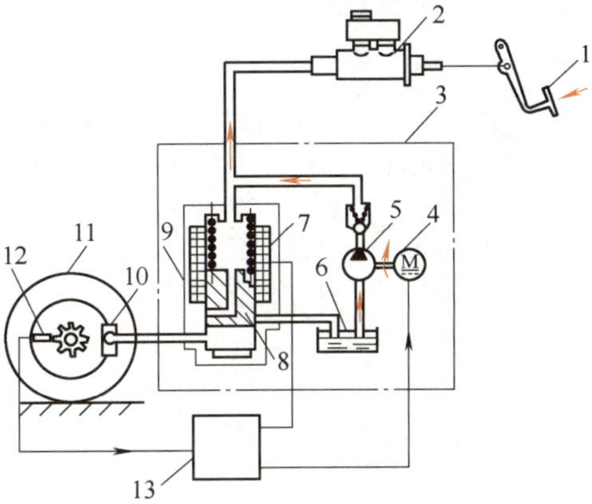

图 22-75　轮缸保压过程（ABS 工作）
（图注同图 22-73）

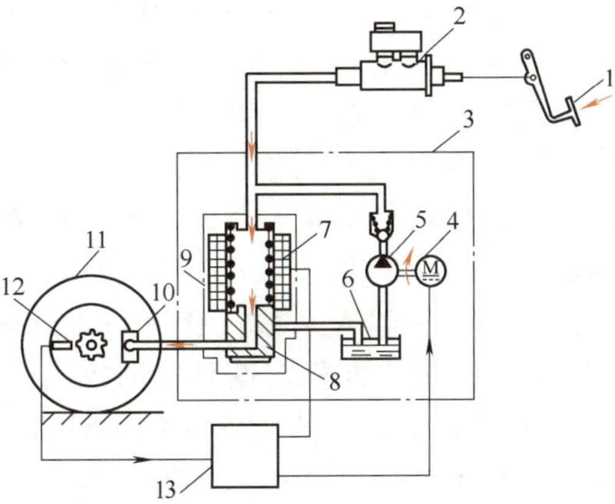

图 22-76　轮缸增压过程（ABS 工作）
（图注同图 22-73）

五 、驱动防滑系统

随着对汽车性能要求的提高，不仅要求在制动过程中防止车轮抱死，而且还要求防止在驱动过程中（起步、加速），特别是在非对称路面区域转弯时驱动轮滑转，以提高汽车在驱动过程中的方向稳定性、转向控制能力和加速性能。因此，现代汽车采用了电控驱动防滑转（Acceleration Slip Regulation，ASR）系统。

由于驱动防滑转系统是通过调节驱动车轮的驱动力实现对驱动车轮滑转的控制，因此也称为驱动力控制系统（Traction Control System，TCS）。ASR 和 ABS 都是控制车轮打滑，但 ABS 是防止制动时车轮抱死在路面上滑移，而 ASR 则是防止驱动时车轮在路面上原地不动地滑转，两者控制车轮的滑动方向是相反的，但从控制车轮与路面的滑移率来看，ABS 与 ASR 采用了相同的技术。从某种意义上说，ASR 是 ABS 的完善和补充，ASR 可独立设立，但大多数与 ABS 组合在一起，用 ABS/ASR 表示，统称为防滑控制系统。在我国目前进口的一些高档轿车上，如德国的奔驰、宝马，日本的雷克萨斯 LS300、LS400，美国的凯迪拉克、别克等轿车上，一般都装有防滑控制系统。

1. ASR 的工作原理与功用

随着驱动轮转矩的不断增大，汽车的驱动力也随之增大，当驱动力超过地面附着力时，驱动轮就开始滑转。驱动轮的滑转程度用驱动轮滑移率（为了与制动时相区别，有的为驱动滑移率）s_d 表示，其表达式为

$$s_d = \frac{v_w - v}{v_w} \times 100\% = \frac{r\omega - v}{r\omega} \times 100\% \tag{22-6}$$

式中，s_d 为驱动时的滑移率；v_w为车轮滚动时瞬时圆周速度（m/s）；v 为汽车行驶速度（车轮中心纵向速度，m/s）；r 为车轮半径（m）；ω 为车轮转动角速度（rad/s）。

驱动时纵向附着系数与车轮滑移率的关系与制动时相似，如图22-77所示。从图中可以看出，当滑移率在10% ~20%时，纵向附着系数达到峰值，此时横向附着系数也比较大（图中未画出）；而当滑移率s_d为100%时，即车轮完全空转时，纵向附着系数变小，且横向附着系数几乎为零。此时产生的驱动力最低，对后轮驱动汽车会失去方向稳定性，对前轮驱动汽车会失去转向控制能力。为了最大限度地利用附着系数，获得最大的驱动力，得到较好的方向稳定性和转向控制能力，可利用ASR系统防止驱动时车轮滑转并将滑移率控制在10% ~20%的目标值范围内。

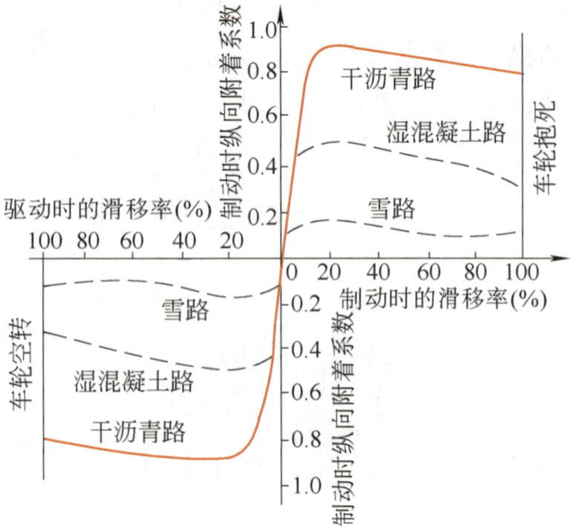

图22-77 附着系数（纵向）与滑移率的关系

ASR能在驱动滑转时自动调节滑移率，充分利用驱动车轮的最大附着力，具体优点是：

1）在汽车起步、行驶过程中，驱动轮可提供最佳驱动力，与未装配ASR相比，提高了汽车的动力性，特别是在附着系数较小的路面上，起步、加速性能和爬坡能力较佳。

2）能保持汽车的方向稳定性和前轮驱动汽车的转向控制能力。

3）减少了轮胎的磨损与发动机油耗。在装备ASR的汽车上，ASR工作时，仪表盘上的ASR指示灯亮，提醒驾驶人此时在易滑路面上行驶。

2. ASR的控制方式

ASR控制驱动轮最佳滑移率的控制方式主要有以下几种。

（1）控制发动机的输出转矩 合理地控制发动机的输出转矩以确保汽车获得最大驱动力。控制发动机输出转矩的方法有：

1）调节燃油喷油量，如减小或中断供油。

2）调节点火时间，如减小点火提前角或停止点火。

3）调节空气进气量，如调节节气门开度和辅助空气装置。

三种方法中，从加速顺畅和燃烧完全、减少污染角度看，调整空气进气量（如调整节门开度）最好，但调整节气门开度反应速度较慢。调整点火时间和燃油喷射量的反应速度较快，能补偿调整节气门的不足，但推迟点火时间控制不好易造成失火、燃烧不完全、增加排气净化装置中三元催化转化器的负担。如果只减少燃油喷射量，因受燃烧室内废气的影响，又会使燃烧过程延迟。

（2）控制驱动轮的制动过程 对发生滑转的驱动轮直接加以制动（增加车轮制动轮缸的压力）。该方式反应时间最短，是防止滑转的最迅速的一种控制方式。为了制动过程平稳，从汽车舒适性考虑，制动力应缓慢升高。该控制方式一般都作为调整进气量（如调整节气门开度）、改变发动机输出转矩方式的补充。对驱动轮进行制动方式的控制，还能起到差速锁的效果，对滑转的驱动车轮施加一定的制动力，能使处于高附着系数路面的车轮产生更大的驱动力。为了防止制动过热，此种方法只在低速行驶时短时间（1～2s）使用。

（3）控制可变锁止差速器　电子控制可变锁止差速器，也称为限滑差速器（LSD）控制。它在差速器向车轮输出端的多片离合器片上，通过增、减液压压力以实现锁止控制，如图22-78所示。这种锁止方式可以使锁止程度逐渐变化，锁止范围可从0变化到100%，从基本锁止到完全锁止。控制压力来自蓄能器的高油液。压力值的大小由电子控制器（ECU）控制电磁阀调节，通过压力传感器和驱动轮轮速传感器产生的信号反馈给ECU，实行反馈控制。

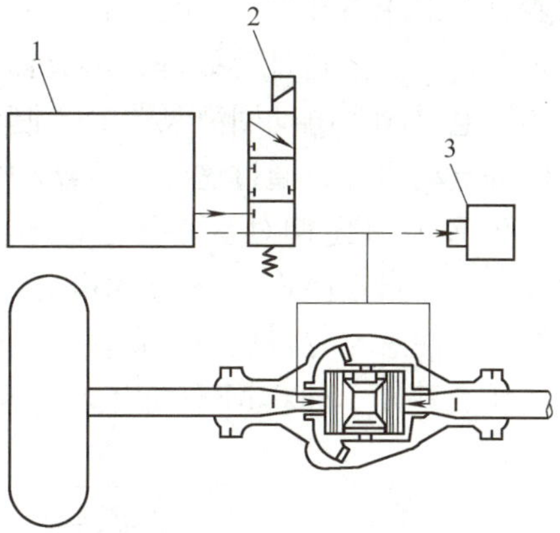

图22-78　差速器锁止控制

1—蓄能器　2—电磁阀　3—压力传感器

电子控制的差速器，可以把左右驱动轮的滑移率之差控制在允许的范围内。当汽车起步时调节差速器的锁止程度，能使驱动力充分发挥，提高车速与行驶稳定性；当左右驱动轮在不同的附着系数路面上以及弯道上行驶时，能提高汽车稳定行驶能力。

（4）控制发动机与驱动轮间的转矩　包括对离合器和变速器等进行的控制，多是通过对变速器的换档特性的控制以改变其传动比来实现的。

上述控制方式中，前两种采用较多。这些控制方式可以被单独使用，但目前汽车上组合使用较为普遍。

3. ABS/ASR系统的组成和工作原理

现以日本雷克萨斯LS400型轿车为例，介绍汽车ABS/ASR系统的组成和工作原理。

如图22-79所示，该系统主要由车轮转速传感器、ABS/ASR电控单元ECU、ABS执行器（制动压力调节器）、ASR执行器（包括隔离电磁阀总成和制动供能总成）、副节气门控制步进电动机和主、副节气门位置传感器等组成。

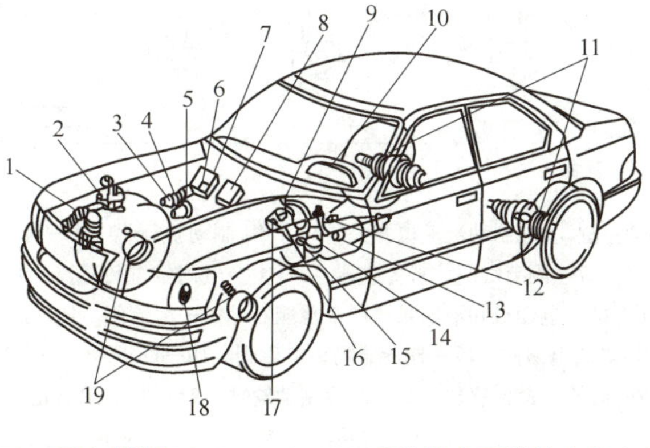

图22-79　雷克萨斯LS400 ABS/ASR系统的主要部件在车上的布置

1—ABS执行器　2—ASR执行器　3—副节气门位置传感器　4—主节气门位置传感器　5—ASR副节气门电动机　6—ASR副节气门继电器　7—ABS和ASR的ECU　8—发动机和变速器ECU　9—ASR关断开关　10—ASR警示灯和ASR关断指示灯　11—后轮速传感器　12—制动灯开关　13—空档起动开关　14—ASR供液罐　15—ASR供液罐电动机继电器　16—ASR蓄能器　17—制动液位开关　18—ASR制动器主继电器　19—前轮速传感器

在制动过程中，该系统采用流通调压方式、三通道/前轮独立控制—后轮选择控制方式；在驱动过程中，通过调节副节气门的开度和驱动车轮介入制动的方式，对两后驱动轮进行防滑转控制。

ECU 接受各车轮转速传感器输入的信号，还接收制动主缸储液室中液位开关、ASR 制动供能总成中压力开关送入的监控信号及发动机和变速器 ECU 送入的主、副节气门位置（开度）等信号，经过计算处理，形成相应的控制指令。主要控制对象是制动压力调节器中的四个调压电磁阀和电动回液泵、ASR 制动执行器中的三个隔离电磁阀和电动供液泵以及副节气门步进电动机等，通过这些执行器动作，实现制动防抱死和驱动防滑转功能。

该 ECU 还定期对系统中的主要电器部件进行检测，对系统状态进行监控。如果系统出现故障，会自动停止 ABS 或 ASR 工作，避免对系统进行错误控制，同时会点亮警示灯以提示驾驶人注意，并将故障信息存入存储器，进行自诊断时通过代码形式显示各种故障。

雷克萨斯 LS400 ABS/ASR 的液压系统如图 22-80 所示。其工作情况简述如下。

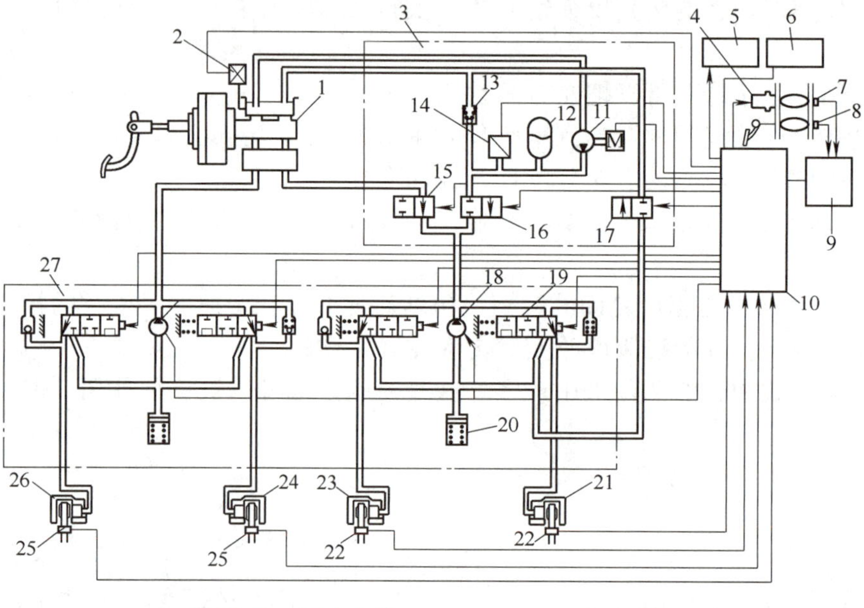

图 22-80 雷克萨斯 LS400 ABS/ASR 液压系统

1—制动主缸 2—制动液液位开关 3—ASR 制动执行器 4—副节气门步进电动机 5—ASR 警告灯 6—ASR 断开指示灯 7—副节气门位置传感器 8—主节气门位置传感器 9—发动机与变速器电控单元 10—ABS 与 ASR 电控单元 11—电动机和液压泵 12—蓄能器 13—溢流阀 14—压力开关 15—制动主缸隔离电磁阀 16—蓄能器隔离电磁阀 17—储液器隔离电磁阀 18—回液泵 19—3/3 电磁阀 20—储液器 21—右后制动轮缸 22—后轮车速传感器 23—左后制动轮缸 24—右前制动轮缸 25—前轮车速传感器 26—左前制动轮缸 27—ASR 执行器

在 ABS/ASR 系统未进行制动防抱死和驱动防滑转控制时，制动压力调节器和 ASR 隔离电磁阀总成中的各个电磁阀均不通电，各电磁阀处于图中所示的状态；制动主缸至各车轮制动轮缸的制动液液路都处于畅通状态；蓄能器中制动液的压力保持在一定范围内；控制副节气门的步进电动机不通电，副节气门保持在全开位置。

在汽车起步、加速及运行过程中，当 ECU 根据车轮转速传感器输入的信号，判定驱动轮（后轮）的滑移率超过极限值时，就进入防滑转控制过程：首先 ECU 使控制副节气门的步进电动机通电运转，将副节气门开度减小，减小进入发动机的进气量，使发动机输出转矩减小；当 ECU 判定需要对驱动轮进行制动介入时，将使 ASR 隔离电磁阀总成中的三个隔离电磁阀通电，使制动主缸隔离电磁阀处于关闭状态，储液器隔离电磁阀和蓄能器隔离电磁阀处于流通状态。此时，蓄能器中被加压的制动液会通过蓄能器隔离电磁阀、后轮三位三通调压电磁阀，进入后轮制动轮缸，后轮制动轮缸的制动压力随之增大。在驱动防滑转制动介入过程中，ASR 独立控制两个后轮调压电磁阀的电流值，对两后轮制动轮缸的压力进行增大、保压和减小的循环控制，以防止驱动滑转并使驱动轮的滑移率保持在规定的范围内。注意在此时的压力调节过程中，增压时进入制动轮缸的制动液，不是来自制动主缸，而是来自蓄能器中被加压后的制动液；减压时从制动轮缸流出的制动液不是流回储液器，而是经调压电磁阀、储液器隔离电磁阀，流回制动主缸的储液室，此时 ABS 电动回液泵并不工作。另外，ASR 工作时，当压力开关检测到蓄能器中液压下降到一定值时，ECU 会接通供液泵电动机电路，使供液泵运转，将蓄能器中液压升至正常值。

延伸阅读

现代电子制动系统简介

现代电子制动系统的组成见表 22-1。

表 22-1　现代电子制动系统的组成

系统名称	缩写（英）	功能作用
防抱死制动系统	ABS	在制动中阻止车轮发生抱死，并保持良好的行驶稳定性和转向性能
驱动防滑系统	TCS	通过对打滑车轮施加制动力并降低发动机转矩的形式阻止驱动轮空转
电子制动力分配	EBD	在 ABS 起作用前，阻止后轴过量制动
电子差速锁止	EDL	在车辆处于附着力不同的路面时，通过对空转的车轮实施制动实现车辆起步行驶
电子稳定程序	ESP	通过对制动和发动机管理系统施加相应的调整，来阻止车辆的滑移
发动机牵引力矩调整	EBC	当加速踏板突然松开或者带着档位施加制动时，阻止由于发动机的制动而产生的驱动轮抱死

本章小结

行驶中的汽车减速甚至停车，或使已经停下来的汽车保持不动，都称为汽车制动。实现汽车制动功能的一系列专门装置称为汽车制动系统。按制动系统的功用不同分为行车制动系统、驻车制动系统、应急制动系统和辅助制动系统等，其中行车制动系统和驻车制动系统是每辆汽车都必须具备的；按制动能源的不同，制动系统可分为人力制动系统、动力制动系统和伺服制动系统三种；按制动能量的传输方式不同，制动系统可分为机械式、液压式、气压式和电磁式等。

制动系统由能源供给装置、控制装置、传动装置、执行装置（制动器）四个基本部分组成，较为完善的制动系统具有制动力调节装置、报警装置、压力保护装置等附加装置。

目前各类汽车上均采用摩擦式制动器，它是利用固定元件与旋转元件表面的摩擦作用产生制动力矩的制动器，根据位置不同可分为车轮制动器和中央制动器。中央制动器一般用于驻车制动。根据制动器中旋转元件的不同，车轮制动器又分为鼓式和盘式两大类，其中盘式制动器的应用越来越多。

制动防抱死系统（ABS）由普通制动系统和电子控制系统两大部分组成。它可以防止汽车制动时车轮抱死，以保证车轮与地面有良好的纵向、横向附着力，有效防止制动时汽车侧滑、甩尾、失去转向等现象发生，提高了制动稳定性。同时缩短了制动距离，减少了轮胎的磨损。

练习题

一、填空题

1. 汽车制动系统一般至少装用________各自独立的系统，即主要用于________时制动的________装置和主要用于________时制动的________装置。

2. 行车制动装置按制动能源可分为________和________两类。其中动力式又有________、________和________等。

3. 汽车 ABS 的中文名称为________________。

4. 制动器间隙的调整有________和________两种方法。

5. 车轮制动器主要由________和________组成。

6. 制动系统由________、________、________、________四个基本装置组成。

二、选择题

1. 液力张开的简单非平衡式车轮制动器，在轮缸内两活塞大小相等的情况下，其制动蹄摩擦片的长度是________。

A. 前长后短　　B. 前后等长　　C. 前短后长

2. 自动增力式车轮制动器的两制动蹄摩擦片的长度是________。

A. 前长后短　　B. 前后等长　　C. 前短后长

3. 现在大部分乘用车采用的盘式制动器主要是________。

A. 全盘式　　B. 定钳盘式　　C. 浮钳盘式

三、简答题

1. 汽车制动系统的作用是什么？

2. 如何调整车轮制动器的蹄鼓间隙？

3. 简述盘式车轮制动器的工作过程。

4. 试述气压制动系统的组成及工作原理。

22-答案

第二十三章　汽车车身

学习目标

1. 了解汽车车身各部分的结构组成。
2. 熟悉不同类型车身的结构特点。

23-导言

第一节　概　　述

汽车车身就是汽车的内、外覆盖件及其支撑连接结构。其结构主要包括车身壳体、车门、车窗、车前板制件、车身内外装饰件和车身附件、座椅，以及通风、暖气、冷气、空气调节装置等。在货车和专用汽车上还包括车厢和其他装备。

一、汽车车身的特点

车身涉及面远远超出一般机械产品的范畴。车身的结构，综合运用了各种不同领域的知识，直接反映出一个国家的工业水平和完备程度。汽车车身（尤其是轿车）造型的发展经历了一个漫长的过程，大体可以分为马车形、箱形、船形、鱼形、楔形和子弹头形等几个阶段。其发展变化的核心是提高车速。

二、车身的承载形式

车身的形式有很多，按承载形式的不同可分为非承载式、半承载式、承载式三种。

1. 非承载式车身（有车架式）

非承载式车身通过多个橡胶垫安装在车架上，当汽车在崎岖不平的路面上行驶时，车架产生的变形由橡胶垫的挠性吸收，载荷主要由车架来承担，车身结构不承载，故名“非承载式”。主要用于货车及在货车底盘基础上改装的客车和专用汽车，以及大部分高档轿车（出于对舒适性的要求）。

非承载式车身的优点是：可以吸收或缓和来自路面的冲击载荷，降低车身的振动和噪声，使用寿命长，舒适性好；装配工艺简单，便于专业化生产；结构布局简单，部件安装方便，易于改装；车架起保护作用，安全性好。其缺点是：整车自重大；整车高度增高；制造工艺复杂，成本高。

2. 半承载式车身

半承载式车身下部仍保留有“车架”，只是其强度和刚度稍低于非承载式的车架，一般称为“底架”。车身也分担部分载荷，减轻车架载荷，故称为半承载式。半承载式结构主要用于大客车，图 23-1 所示为半承载式大客车车身。车身骨架（立柱）的下端与底架纵梁两侧悬伸的横梁（俗称牛腿）刚性相连。车身下部与底架组合为一个整体，车身也能分担部分弯曲和扭转载荷。该结构形式保留有底架，故车辆的轻量化仍受到一定程度的限制。

3. 承载式车身（无车架式）

为进一步减轻汽车的自重以及使车身结构合理化，在大客车和轿车上采用无车架的承载式结构。根据大客车车身上、下承受载荷程度不同，又可将承载式大客车车身分为基础承载式和整体承载式两种，图 23-2 所示为其受力原理简图。

如图 23-2a 所示，基础承载式是将车身侧围腰线以下部分设计成车身的主要承载件，顶盖则考虑为非承载件，这样，窗柱截面可以减小。这种形式的车身用在长途或旅游大客车上。

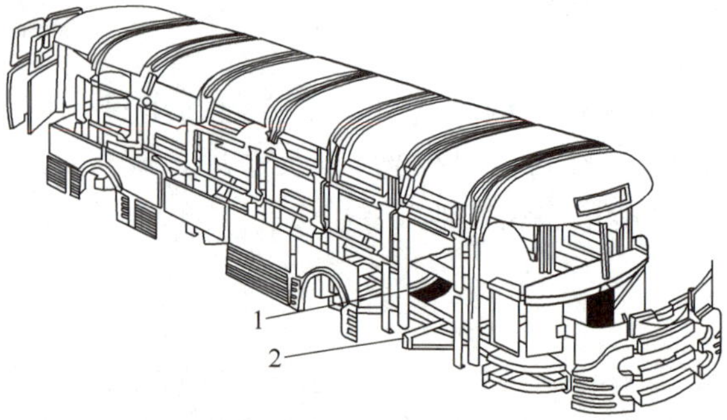

图 23-1 半承载式大客车车身

1—骨架（立柱） 2—横梁（牛腿）

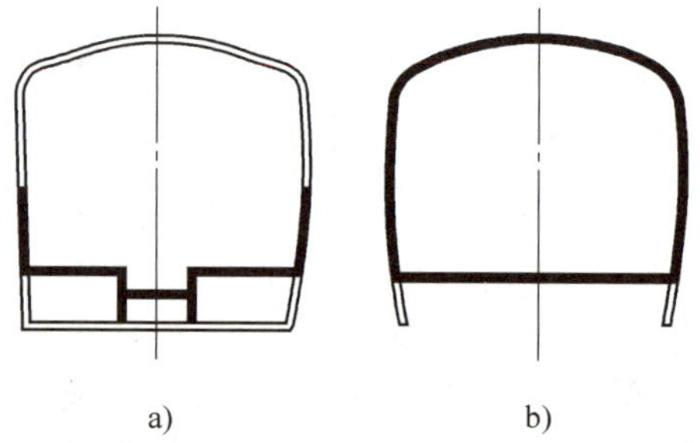

图 23-2 承载式大客车车身受力原理简图

a）基础承载式 b）整体承载式

整体承载式是整个车身都参与承载，由于车身的上、下部结构形成一个统一的整体，在承受载荷时，整个车身壳体达到稳定平衡状态。因此，可使车身重量最轻而强度与刚度最大，如图 23-2b 所示。

轿车承载式车身如图 23-3 所示。

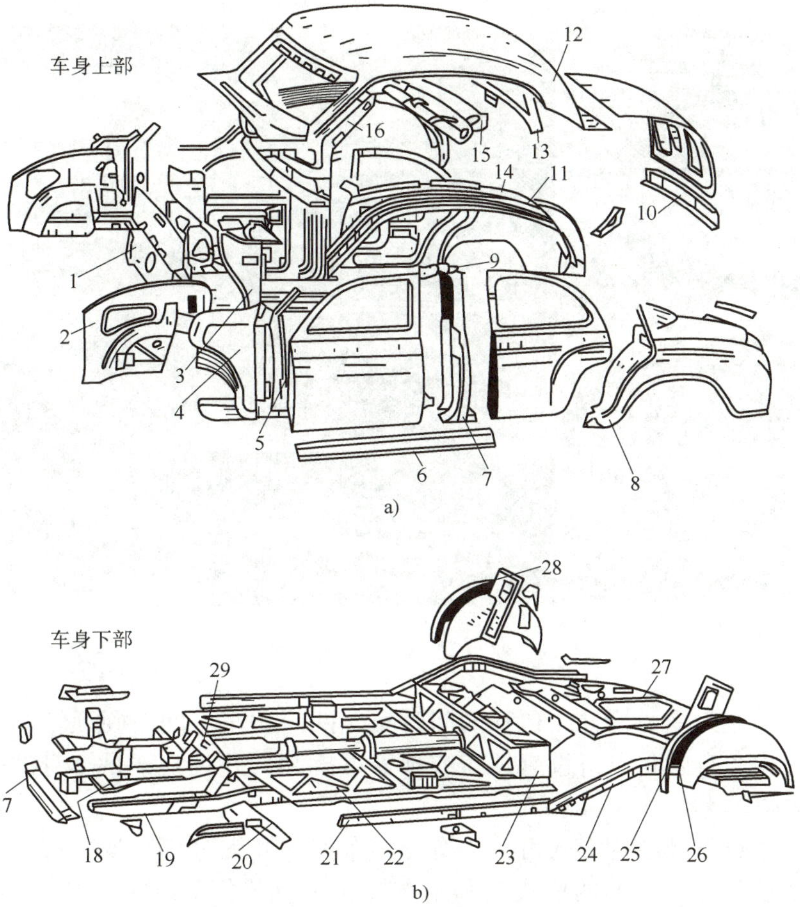

图 23-3　轿车承载式车身

a）车身上部　b）车身下部

1—前围板　2—前轮挡泥板　3—前围内侧板　4—外围内侧板　5—前立柱　6—门下边梁　7—中立柱　8—后翼子板　9—中立柱内板　10—后围下板　11—车门上框加强板　12—顶盖　13—后风窗加强框　14—车门上框　15—后座隔板　16—前风窗加强梁　17—前横梁　18—轮罩裙板　19—前纵梁　20—地板前横梁　21—门槛　22—前地板总成　23—后座横梁　24—后纵梁　25—后轮内罩　26—后轮外罩　27—行李箱地板　28—后座支板　29—前围板下横梁

承载式车身因无车架，来自传动系统和悬架的振动及噪声将直接传给车身，且车厢本身又是易于形成引起空腔共鸣的共振箱，因此会恶化乘坐舒适性，采取措施则成本和质量都会有所增加，而且改型较困难。

第二节　轿 车 车 身

轿车车身大多为无骨架或半骨架形式，一般是由内、外覆盖件焊接而成的空间结构。轿车车身类型如图 23-4 所示。

轿车承载式车身在结构上由上、下两部分组成，如图 23-3 所示。

根据车身上部结构形式可分为有上部结构车身和无上部结构车身两类。有上部结构

图 23-4　轿车车身类型

车身是指车身顶盖为受力构件，包括四门轿车、两门轿车、四门硬顶轿车和两门硬顶轿车。无上部结构车身则是车身没有顶盖或顶盖可拆卸，并且它不是车身的受力构件，如半顶轿车、敞篷轿车。

根据轿车车身下部结构形式可分为有分离车架的和无分离车架两种。前者又分为车架式（在车辆全长上有车架的形式）和副车架式（有部分车架的形式）两种。

高档轿车为了保证良好的乘坐舒适性以及减轻底盘振动和噪声对车身的影响，多采用非承载式车身，车身借助橡胶垫固装在车架上。中级轿车车身有的采用非承载式，也有的采用承载式结构。普通轿车和微型轿车则广泛采用承载式车身。为减轻轿车的自重，降低车身高度，中级轿车也倾向于采用承载式车身。

轿车非承载式车身的底座，通过挠性软垫固装在单独的车架上，整个车身装焊后，只承受乘客的重量。承载式车身的底座地板与用来加强的短纵梁和横梁焊成一体，其前端包括纵梁前部、前围板、挡泥板与前照灯支架形成刚性框架，车身壳体与座焊接后，组成一承载的空间受力系统。

轿车车身是一个较为坚硬而内饰具有柔性的结构。出于安全，对车身外部进行设计时，部分结构要具有有限的柔性，且要视野良好、乘坐舒适、造型美观。

第三节　货车车身

货车车身由驾驶室和货箱（俗称“货台”）两部分组成。

一、驾驶室

绝大多数货车驾驶室都是非承载式结构，并采取 3 点或 4 点悬置方式与车架连接。

货车驾驶室按其结构大体上可分为以下几类：驾驶室位于发动机之后的长头式；驾驶室部分位于发动机之上的短头式；驾驶室全部位于发动机之上的平头式。

（1）长头式驾驶室（见图 23-5a）因发动机位于驾驶室之前，驾驶室地板布置就较低，座椅空间也较宽敞；驾驶座椅不在发动机上方，夏季无空调时，驾驶室内温度较低；发生撞车事故时，前部有发动机首先受冲击，驾驶人较安全。这种驾驶室结构较紧凑，刚性也较好。其主要缺点是驾驶人视野较差，整车长度利用低。北美的载货汽车现在多数仍用长头式。

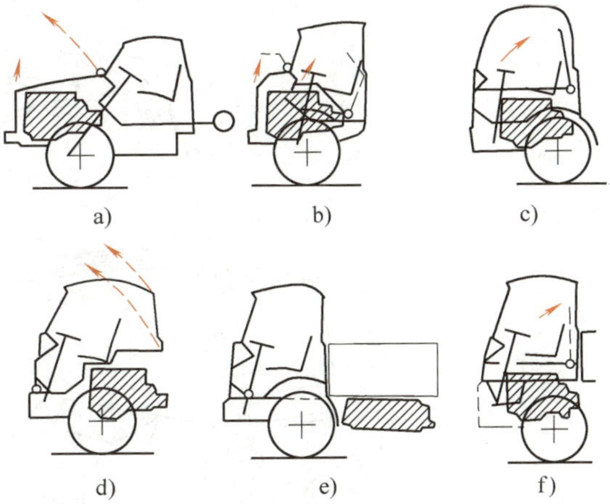

图 23-5　货车驾驶室的几种形式

a）长头式　b）短头式　c）~f）平头式

（2）短头式驾驶室（亦称半长头）（见图 23-5b）　驾驶室前移，发动机部分伸入驾驶室内，因此，既缩短了整车长度，又不致使地板过分抬高，还可以充分利用驾驶室的宽度。这种驾驶室结构较完整，刚性较好，内部也较宽敞，但驾驶室高度较大。这种结构通常采用 3 点或 4 点式悬置，也适用于向前倾翻的驾驶室，是一种较理想的结构。奔驰公司的中、重型汽车多用短头式。

（3）平头式驾驶室（见图 23-5c ~ f）　驾驶室充分前移，发动机完全伸入驾驶室内部，整车长度可最大限度地缩短，同时驾驶室内视野开阔，整车长度利用高。其缺点是：发动机位于驾驶室的中部，故需要在地板中部有较大的开口并在前围设置较大的散热器通风口，这就使驾驶室的承力构件难以连续，削弱了驾驶室的刚性，需要在开口的边缘设置加强梁或加强肋；夏季行车时驾驶室闷热，并且发动机维修不便；驾驶室外部尺寸虽然较宽大，但发动机罩凸出于地板中部，占据空间很大，致使座椅布置较为拥挤；发生撞车事故时，前部无遮挡物，驾驶人安全性较差。

图 23-6 是典型的货车（解放 CA1092 型）驾驶室壳体结构。其纵向承力构件有：左门槛 13 和上边梁 7；横向承力构件有：前风窗框上横梁 5、前风窗框下横梁 4、后围上横梁 8 和地板后横梁 10；垂向承力构件有：左前立柱 14 和左后立柱 11。驾驶室主要板件有：地板 12、前围板 2、前围上盖板 3、前围左侧盖板 1、顶盖 6 和后围板 9 等。驾驶室壳体各个零件按顺序分组点焊连接，最后由地板总成、后围总成、前围总成、顶盖等拼装焊合。

平头式货车驾驶室除两侧的轮罩等零件外，其结构基本与上例相似，但平头式货车车身没有车前板制件。

二、货箱

载货汽车货箱因装载货物即作业不同有其不同的结构形式，即无栏板式货箱、栏板式货箱、自卸式货箱、集装箱式货箱、栅栏式货箱、闭式货箱、罐式货箱等。

栏板式货箱是最常见的货箱，适用于运送散装货物。其中又分为普通的低栏板和运

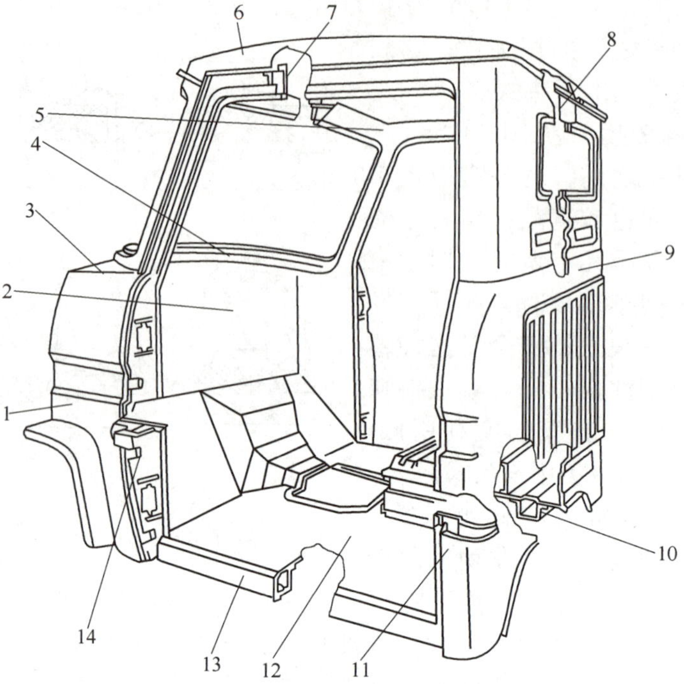

图 23-6 解放 CA1092 型货车驾驶室壳体结构

1—前围左侧盖板 2—前围板 3—前围上盖板 4—前风窗框下横梁 5—前风窗框上横梁 6—顶盖 7—上边梁 8—后围上横梁 9—后围板 10—地板后横梁 11—左后立柱 12—地板 13—左门槛 14—左前立柱

送轻货物的高栏板两种。货箱一般为钢木结构，用螺栓与车架连接固定。为装卸货物方便，后栏板及两侧栏板可制成活动的。

以解放 CA1092 型货车为例，普通栏板式货箱如图 23-7 所示。一般由底板总成 2 和 4 块高度为 300 ~ 500mm 的栏板（前板总成 1、后板总成 6 和左、右边板总成 7 和 3）构成。

某些轻型货车采用低底板式货箱，其底板离地高度较小，后轮罩凸入底板内并与两侧边板连接，仅后板可打开（一面开货箱）。

无栏板式货箱其实不是箱，只是个装货托架。其中还可分为平板式（主要与集装箱组合使用）、托架式（主要用于运送长材，如原木车）和平台式。平台式货车具有钢板制成的大型平面货台，并有较多的支持车轮，适于运输大件货物，例如大型机器、建筑用预制构件等。

自卸式货箱（亦称倾卸式货箱）适用于运输砂土、矿石类货物，汽车备有液压举倾机构，以使货箱倾斜成卸货必需的角度。根据作业情况又分为普通自卸货箱和矿用自卸（亦称铲斗式）货箱。其共同的特点是：车向前栏板上方、向驾驶室顶上方伸出的护板，对驾驶室起到保护作用。大型矿用自卸货箱，在寒冷的冬季，为避免湿砂土冻结，货箱用废气加热（使货箱全部凸肋的内腔连接，并自发动机排气管引入高温废气）。

集装箱式货箱是一种独立的货箱，它必须与无栏板式货箱配合使用，其结构如图 23-8 所示。

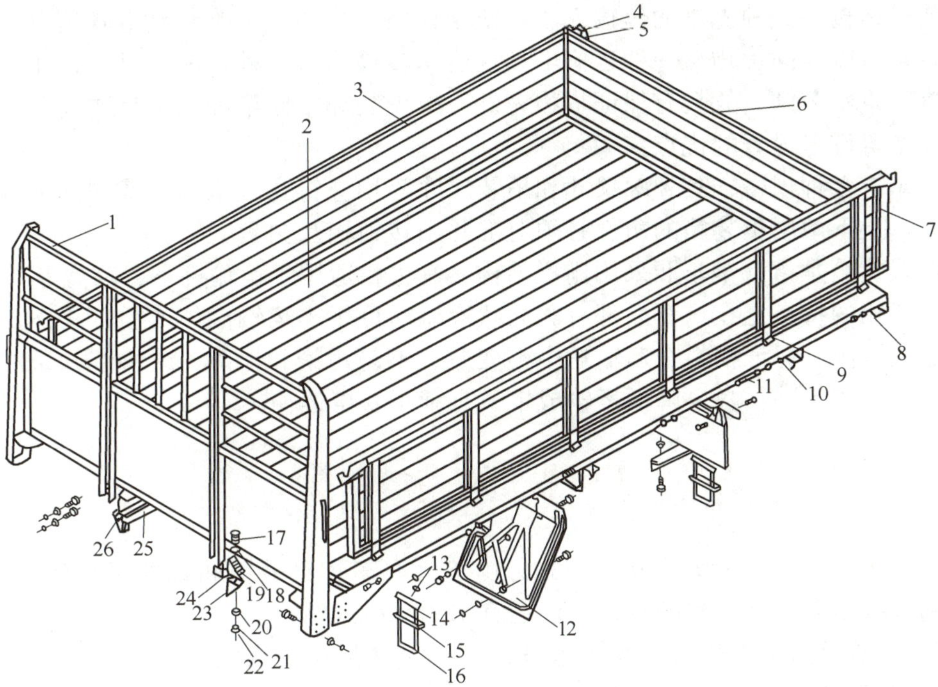

图 23-7　普通栏板式货箱

1—前板总成　2—底板总成　3—右边板总成　4、13—螺母　5—栓杆　6—后板总成　7—左边板总成
8—绳钩　9—开口销　10、18、20—垫圈　11—销钉　12—挡泥板　14—压板　15—垫板　16—U 形螺栓
17—螺栓　19—弹簧　21—开口销　22—槽顶螺母　23—下支座（在车架上）　24—上支座
25—纵梁垫木　26—货箱纵梁

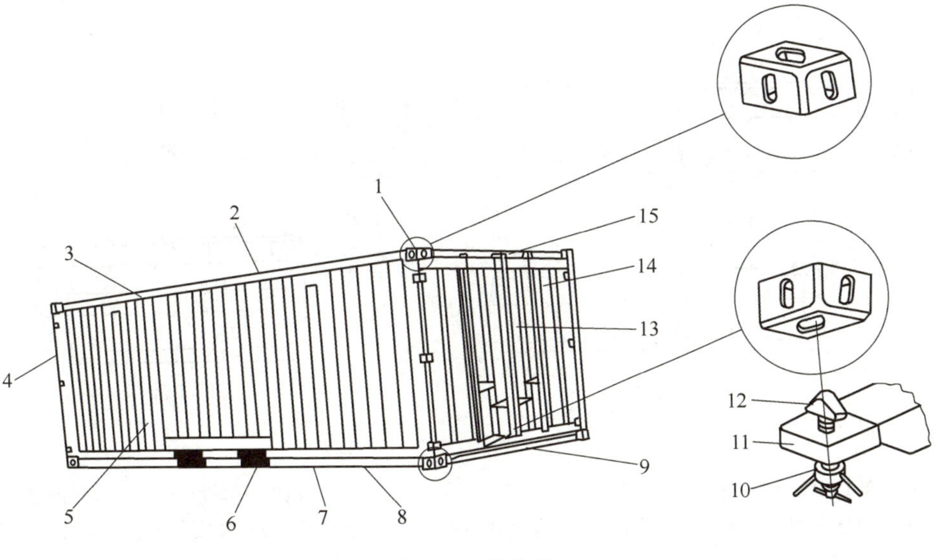

图 23-8　集装箱

1—角件　2—顶板　3—上侧梁　4—角柱　5—侧壁　6—叉槽　7—底板　8—下侧梁
9—下端梁　10—锁紧螺母　11—车架　12—转锁　13—门　14—端组　15—上端梁

集装箱运输是一种先进的运输方法，便于铁路、公路、水路和航空联运以及国际联运。集装箱可以连同货物从一种运输工具上迅速转移到另一种运输工具上，而不需要将其内部货物重新装卸，故具有保证货物完好、减少装卸工作量和加速货物周转，从而降低运输成本等许多显著的优点。

集装箱有多种规格，其外廓尺寸和吊装尺寸等均应符合国家标准或国际标准。集装箱堆码时，上下两层集装箱的角件必须对准并用转锁相互扣紧。

栅栏式货箱是指汽车车厢采用栅栏结构，其主要适用于运输牲畜、家禽等。

罐式货箱的特点是在汽车后部有圆筒状容罐，可用来运输液体或粉状物体。其优点是：运输效率高，保证物料在运输途中不变质、不易污染和泄漏，改善装卸条件，减轻劳动强度，节省包装材料，降低运输成本，有利于安全运输。

第四节 客车车身

大客车车身也有半承载式和承载式。由于大客车车身采用厢式外形并且尺寸较大、形状规则，故多数具有完整的骨架，最适宜采用承载式结构。

图 23-1 所示为半承载式大客车车身结构，通常是在现成的客车专用底盘上将车架用若干悬臂梁加宽，并与车身侧壁刚性连接，使车身骨架也分担车架一部分载荷。许多国产大客车车身均采用这种结构形式。

客车车身的类型如图 23-9 所示。

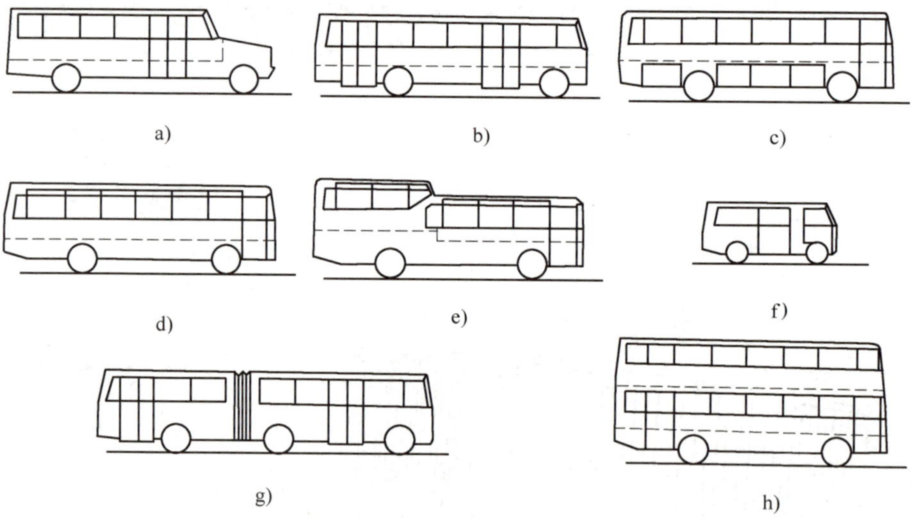

图 23-9 客车车身的类型

a）长头客车 b）城市公共客车（地板低、车门多） c）长途客车（地板下部设行李箱） d）游览客车（车窗尺寸大、视野开阔） e）游览客车（阶梯状地板） f）轻型客车 g）铰接式客车 h）双层客车

中型客车均采用闭式的厢式车身，以提高有效载客面积。一般安置有纵向座位（双人座位），座间及车门附近均留有较大的面积，以便乘客站立。车身具有两个车门，分别供上下车用。

轻便客车车身有闭式和可开式两种结构形式。闭式车身刚性好、重量轻、舒适性好。可开式车身上部可以打开或卸下，具有刚性窗框和门框，固定的车顶横梁和折叠式或活动式车顶。

轻型客车车身要求具有较好的流线型，减少行驶时的空气阻力。常见的四门轻便客车闭式车身具有两排或三排客座，而三排客座中的第二排往往是可折合的。两门的闭式车身已经在内部形成一个整体，分开装置的前座往往是可倾倒的，以便于乘客进入后座。

第五节　车门、车窗及附件

车门由壳体、附件和内饰盖板三部分组成。车门的结构形式有很多，常用的有旋转门、拉门、折叠门、外摆式车门和上掀式车门。各类车型的驾驶人用门、货车及轿车车门，大多采用旋转门，开门时旋转方向可以是往前（顺开门）或往后（逆开门），顺开门在行车时可借助气流的压力关闭，比较安全，而且便于驾驶人在倒车时向后观察，故被广泛采用。逆开式车门在汽车行驶时若关闭不严就可能被迎面气流冲开，因而用得较少，一般只是为了改善上下车方便性及适于迎宾礼仪需要的情况下才采用。水平移动式车门的优点是车身侧壁与障碍物距离较小的情况下仍能全部开启。折叠式车门则广泛应用于大、中型客车上。外摆式车门对车身表面的随形性较好，但车门内表面已被污染。在有些大型客车上，还备有加速乘客撤离事故现场以及便于救援人员进入的安全门。上掀式车门广泛用作轿车及轻型客车的后门，也应用于低矮的汽车。

车门附件包括车门铰链、车门开度限制器、带有内外操作手柄的门锁、定位器、车门密封条，在车门内外板之间还装有玻璃、玻璃导槽、导轨和玻璃升降器等。有的还有旋转窗，如图23-10所示。

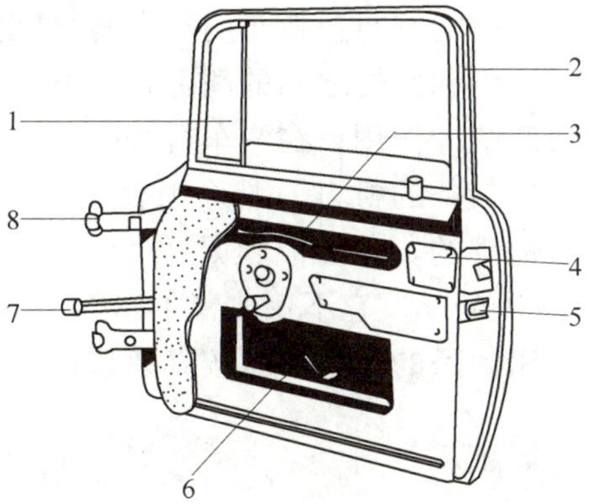

图23-10　车门和窗

1—旋转窗　2—窗框　3—门锁拉杆　4—门锁　5—导向楔　6—玻璃升降器　7—开度限制器　8—铰链

车门应具有必要的开度，并能使车门停在最大开度上，以保证上、下车方便。车门锁应安全可靠，行车或撞车时门不会自动打开。开关方便，玻璃升降轻快。具有良好的密封。具有足够的刚度，不易变形下沉，行车时不振响。制造工艺好，易于冲压并便于安装附件。外形上与整车协调。

旋转车门应用最广，按壳体结构可分为整体式或框架式。

整体式车门的玻璃窗框是与门内、外板一体冲压的。其优点是车门零件数少，组装方便，刚性好，便于设两道密封条，但需要压床台面和吨位都较大，造型也受到一定限制。框架式车门，玻璃窗框是用螺钉固定或焊接在门体上的。框架式的玻璃窗框大多是滚压成型，然后与车门本体连成一体。

车门铰链主要包括固定部分（即铰链座，固定在门框上）、活动部分（安装在车门上）和轴。为了改善车身的外形和减小空气阻力，现代汽车大多使用暗铰链。

车门的开度限制器用于限制车门的最大开度，防止车门外板与车体相碰，且能使车门停留在最大开度，起到防止车门自动关闭的作用。

门锁按其结构大致可分为舌式、棘轮式和凸轮式三种。

棘轮式锁现在广泛采用。其特点是锁内部有一套由锁钩（棘爪）和棘轮组成的制楔机构。位于门腔外部的锁门和门柱上的挡块有转子式、卡板式等不同形式。

卡板式门锁的锁紧原理与转子式锁相似，所不同的是卡板式门锁是以U形卡板与车身立柱上的环形锁扣结合，它既可承受纵向载荷，又能承受横向载荷，安全可靠，适用于各种车辆。

车门玻璃的升降有手动、电动和液压玻璃升降器，按结构形式可分为臂式玻璃升降器和钢丝绳式玻璃升降器等。

目前，采用最多的是臂式玻璃升降器，其中又分为单臂式、双臂式、交叉双臂式、平行双臂式等结构形式。其主要工作机构有：防止玻璃升降器倒转的制动机构、平衡机构、传动机构等。

钢丝绳式玻璃升降器在现代轿车上也常有采用。其优点是所占位置小，重量轻，成本低，易于安装布置（可通过改变钢丝长度来任意确定手柄轴的位置），尤其适用于曲面玻璃；缺点是安装精度要求较高，需设有钢丝拉紧装置。这种玻璃升降器又可分为四滑轮两点支撑玻璃的和三滑轮一点支撑沿中央导轨滑动的，后者更适用于玻璃较宽或形状不规则（两侧玻璃导槽短）的情况，如桑塔纳轿车就是采用这种玻璃升降器。

车门的密封包括车门与车身之间间隙的密封和车窗玻璃的密封。

车门和门框之间的间隙是用密封条填充，以防雨水、灰尘侵入车内，同时在开关车门时起缓冲作用，在汽车行驶时防止车门振响。

密封条的材料一般采用表面具有合成橡胶护膜的海绵橡胶，也有采用硬质橡胶或SBR海绵的。表面护膜是采用氯丁二烯或氯磺化聚乙烯类的合成橡胶，护膜厚度为0.1～0.5mm，它不仅改善了密封条的耐候性和耐磨性，且使密封条外形美观。

密封条的截面形状按其变形情况可分为弯曲型、压缩型、复合型和空心压缩型。

第六节 座 椅

汽车座椅按结构形式可分为整体式、分开式、戽斗式、长凳式、可调式、折叠式、可翻式等；按乘员数可分为单人式、双人式及多人式等；按功能可分为驾驶人座椅、乘客座椅、乘务员座椅及附加座椅等。

座椅一般由骨架、座垫、靠背和调节装置等组成，其结构类型如图23-11所示。

骨架固定在车身地板上，用以支撑整个座椅和人体质量。骨架应有足够的强度和刚度才能承载和保证安全。它可用轧制型材（钢管、角钢）制造或用钢板冲压焊接而成。材料可用钢管、铝板、树脂板、木材等。

弹性元件用以缓和由车身传来的冲击，通常用直径为1.2～4mm的弹簧钢丝加工而

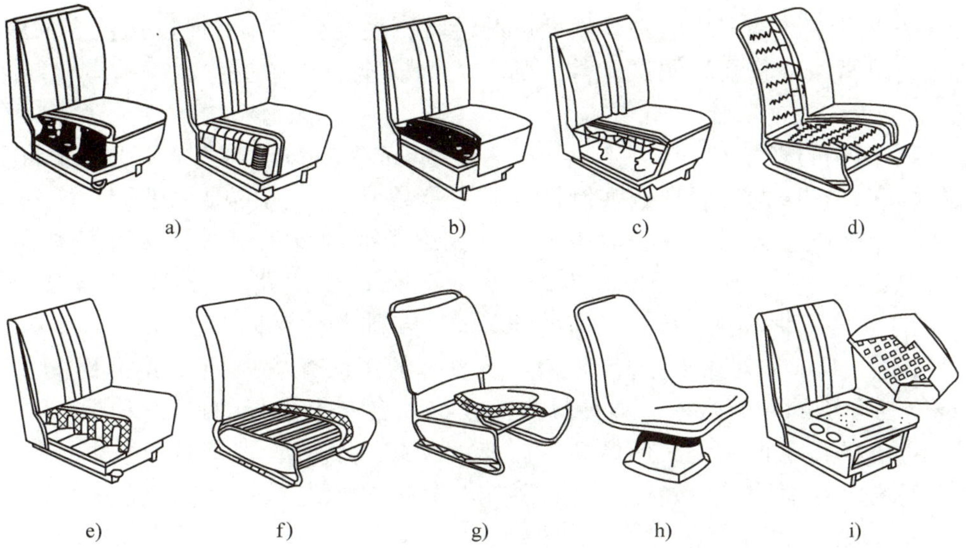

图 23-11 座椅的基本类型

a）带圆柱压缩弹簧 b）带编织弹簧 c）带蛇形弹簧 d）带拉伸弹簧 e）带全海绵泡沫塑料座垫
f）弹性基座上带刚性骨架和海绵胶条 g）半刚性基座上带海绵橡胶 h）刚性座椅
i）刚性框架上带弹性软垫

成，也有用泡沫塑料作弹性元件的。金属弹性元件有：圆柱压缩螺旋弹簧、编织弹簧、蛇形弹簧和圆柱拉伸弹簧等。

目前，广泛采用橡胶海绵、聚氨酯和泡沫塑料等作为弹性元件，重量轻、弹性好、内部的大量气孔有良好的阻尼作用，且能模塑成形，容易实现座椅的体形化，满足合理的体压分布要求。图 23-11e 所示为设有气室的全海绵泡沫塑料座垫，它无需另设褥垫，只要改变气室尺寸和形状，就可调节座垫的弹性。

蒙皮是包在座垫和靠背总成外表面的一层材料，可用它来修饰座垫的表面。蒙皮包得很结实，起加强褥垫的作用，使载荷能均布在弹簧上。蒙皮材料常用棉布、毛织品、皮革、人造革、塑料和粘胶织品等。蒙皮面料有足够的强度和耐磨性。蒙皮表面有橘皮、鸡皮等花纹，以增加摩擦。面料还应耐脏并具有良好的透气性、去湿性、尺寸稳定性和阻燃性。

调节装置用以适应不同身材的乘员对乘坐和操作的不同要求。其结构形式有：前后调节式、上下调节式、靠背倾角可调式、整座倾角可调式和六向（上下、左右、前后）均可调式等。

座椅靠背角度调节装置常用滑槽式或液压式以及棘轮式结构。调节机构大多为手动式，也有用电动机或机械蓄能器作为动力源的。

延伸阅读

车身在批量生产装车之前必须做大量的试验，主要包括车身刚度试验、强度试验、密封试验、耐腐蚀试验及风洞试验等。随着人们安全意识的提高，碰撞试验越来越受到重视。

中国新车评价规程（China – New Car Assessment Program，C – NCAP）是将在市场上购买的新车型按照比中国现有强制性标准更严格和更全面的要求进行碰撞安全性能测试，评价结果按星级划分并公开发布，旨在给予消费者系统、客观的车辆信息，促进企业按照更高的安全标准开发和生产，从而有效减少道路交通事故的伤害及损失。C – NCAP要求对一种车型进行车辆速度 50km/h 与刚性固定壁障 100% 重叠率的正面碰撞、车辆速度 64km/h 对可变形壁障 40% 重叠率的正面偏置碰撞、可变形移动壁障速度 50km/h 与车辆的侧面碰撞、驾驶员座椅在移动台车上进行的速度变化量为（15.65 ±0.8）km/h 的特定加速度波形模拟后碰撞四种碰撞试验，根据试验数据计算各项试验得分和总分，由总分多少确定星级。评分规则非常细致严格，最高得分为 62 分，星级最低为 1，最高为 5 +。

得分项目：1）正面 100% 重叠刚性壁障碰撞试验（50km/h），满分 18 分（前排 16 分，后排 2 分）（含头、颈、胸、大小腿部位）。2）正面 40% 重叠可变形壁障碰撞试验（64km/h），满分 18 分（前排 16 分，后排 2 分）（含头、颈、胸、大小腿部位）。3）可变形壁障侧面碰撞试验（50km/h），满分 18 分（前排 16 分，后排 2 分）（含头、胸、腹、骨盆部位）。4）鞭打试验（模拟后碰），4 分。5）四个加分项：安全带提醒装置（满分 1.5 分），侧面安全气囊和气帘（1 分），儿童座椅固定装置（0.5 分）及车辆电子稳定控制系统（ESC）（1 分）。

碰撞星级共划分 6 个等级，各等级对应分数分别是：

5 + 星级：≥60 分；5 星级：≥54 分且 <60 分；4 星级：≥48 分且 <54 分；3 星级：≥36 分且 <48 分；2 星级：≥24 分且 <36 分；1 星级：<24 分。

其次，对于根据总分评价出的 5 星级车和 4 星级车，还必须分别满足下列条件：

对于 5 星级车，在正面 100% 重叠刚性壁障碰撞试验、正面 40% 重叠可变形壁障碰撞试验、可变形移动壁障侧面碰撞试验三项试验中，前排假人的特定部位不能为 0 分，否则该车将被降为 4 星级。在正面 100% 重叠刚性壁障碰撞试验和正面 40% 重叠可变形壁障碰撞试验中，特定部位为头部、颈部和胸部；在可变形移动壁障侧面碰撞试验中，特定部位为头部、胸部、腹部和骨盆。对于 4 星级车，在正面 100% 重叠刚性壁障碰撞试验、正面 40% 重叠可变形壁障碰撞试验、可变形移动壁障侧面碰撞试验三项试验中，每项试验的前排假人得分不能低于 10 分，否则该车将被降为 3 星级。

本章小结

本章介绍了不同类型车身的组成和结构类型，重点讲解了车身主要组件的结构组成，并介绍了座椅、车门、车窗及附件的基本构造。

练习题

一、填空题

1. 车身按照承载形式的不同可以分为非承载式、________和承载式三种。

2. 载货汽车的驾驶室可以分为长头式、________和平头式三种。

3. 轿车车身大多为无骨架和半骨架形式，一般是由________焊接而成的空间结构。

4. 载货汽车车身包括驾驶室和________两部分。

5. 常见的汽车车门有旋转门、拉门、折叠门、外摆式车门和________等形式。

6. 座椅一般由骨架、座垫、________和调节装置等组成。

二、选择题

1. 承载式车身最常用于________。

A. 轿车　　B. 载货汽车　　C. 客车　　D. 专用工程车辆

2. 载货汽车驾驶室的几种结构形式中安全性最好的是________，视野最好的是________。

A. 长头式　　B. 短头式　　C. 平头式

3. 驾驶员用车门一般都是旋转式，根据车门开启方向，广泛采用的是________。

A. 旋转开启方向向前的顺开门　　B. 旋转开启方向向后的逆开门

三、简答题

1. 什么是汽车车身？

2. 什么是承载式车身？它有哪些特点？

3. 简述集装箱转锁的作用。

4. 可开式轻便客车车身是什么？

5. 为什么一般的驾驶人用车门选用顺开式旋转车门？

6. 座椅的调整方式有哪几种？

23-答案

第二十四章　汽车照明、仪表及附属设备

学习目标

1. 了解汽车电气系统各部分的组成。
2. 熟悉汽车照明、信号、标识及安全防护装置。
3. 掌握主要组件的结构组成和工作原理。

汽车的灯光、电气、仪表属于汽车的电气系统，是汽车的四大组成部分之一，其功用是及时向驾驶人和其他车辆显示各种警示，保证行车安全。附属设备包括：用以保证驾驶人视线的风窗刮水器和风窗洗涤器；用以减轻事故伤亡的安全系统（前后保险杠、侧围护栏、货箱护栏、安全带、安全气囊等）；用以保护车辆安全的防盗系统；用以改善乘坐环境的空气调节装置（通风、取暖、空调制冷等）；辅助驾驶的巡航控制系统。

第一节　汽车照明及信号装置

为确保行车安全和工作可靠，汽车上装有各种照明及信号装置，用以照明道路，标示车宽和车高，车内照明及仪表指示和夜间检修等，且在转弯、制动和倒车等工况下汽车还应发出灯光和声音信号，给其他车辆和行人以警示。

一、汽车照明装置

汽车照明装置分外部照明装置和内部照明装置两部分。

1. 车身外部照明装置

车身外部照明装置包括前照灯、示宽灯（前小灯）、后灯、牌照灯、雾灯和防空灯。

前照灯是车辆的主要灯具，用于夜间行驶时照明前方道路，它有远光和近光两种光束可供切换。远光用于以较高车速行驶且迎面无其他来车的道路上；近光则是在会车和市区明亮的道路上行驶时使用。前照灯可分为二灯式和四灯式两种。前者是在汽车前端左右各装一个前照灯；后者是在汽车前端左右各装两个前照灯。解放 CA1091 型汽车前照灯为四灯式前照灯。

前照灯主要由灯泡组件、反光罩和透光玻璃等组成。

示宽灯（前小灯）主要用于夜间会车，使迎面驾驶人能判断出本车的外廓宽度，又称为前小灯。有的汽车顶部装有一个或两个示高灯，装两个时，左右分置兼起示宽作用。

后灯便于后车驾驶人判断前车的位置而与之保持一定的安全行车距离。

牌照灯因牌照所在位置不同而不同，卡车在后端一侧货箱下面，小轿车则在中间。

雾灯用于经常在多雾地区行驶的汽车及军用越野车等，光色为黄色。因黄色光穿透能力强，可在雾区提供必要的可视区。

越野汽车往往还在车身前部装有防空灯，其特点是灯上部有伸出的灯罩，不让灯光向上射出，以免被空中敌人发现。

另外，在其他的专用车辆上还有许多专用灯具，如警车、消防车、救护车、出租车等的专用警告灯。

2. 车身内部照明装置

车身内部有许多照明灯具，它包括驾驶室顶灯、车厢照明灯、轿车中的车门灯和行李箱灯、带卧铺的卡车卧铺处的阅读灯等。驾驶室的仪表板上有仪表照明灯。为了便于夜间检修发动机，还设有发动机罩下灯。为满足夜间野外检修汽车的需要，车上一般都备有带足够长灯线的工作灯（行灯），使用时临时将其插头接入专用的插座中。

二、汽车信号装置

转向信号灯位于汽车的四角。驾驶人根据将向左转弯或向右转弯，相应地开亮左侧或右侧的转向信号灯，以通知交通警察、行人和其他汽车上的驾驶人。为引起对方注意，在转向信号灯电路中装有转向信号闪光器，使转向信号灯光发生闪烁。也有的后转向信号灯和后灯合成一体。

制动灯为红色，装在汽车后部，在驾驶人踩下制动踏板时即发亮，发出即使在白天也能明显看出的强烈红光，给后面车辆驾驶人以警示，以免当前车辆突然制动时发生追尾碰撞。现在有很多小轿车和微型客车在车后面还装有高位制动灯。

汽车的后部装有倒车信号灯和倒车报警器。倒车时，倒车信号灯发亮，同时报警器的电喇叭发出断续的警示声，用以警告车后的行人和车辆驾驶人。倒车信号灯及报警器均由装在变速器盖上的倒车灯开关控制。倒车报警器在变速杆被拨到倒档位置时，电喇叭接通，发出断续的响声，起到警示作用。

有些车上装有故障停车信号灯，在汽车因故障而中途停车时使用，给其他过往车辆以警示，以免误撞。有的汽车利用其转向信号灯兼用故障停车信号灯。当汽车发生故障需要停车时，驾驶人拉出紧急开关的手柄，使汽车前部和后部的左右两侧转向信号灯同时发亮并闪烁，表示故障停车。

汽车喇叭是为了警告行人和其他车辆驾驶人注意安全，按其能源分为电喇叭和气喇叭两种。长筒形气喇叭的声响强度和指向性都比电喇叭强，并有一定的余韵，有利于山区的安全行车。有的国家的交通法规禁止在城市内使用气喇叭，我国市区也禁止使用气喇叭。

三、常用标识符号

现代汽车的电气设备和仪表种类繁多，为了便于识别和使用，常在汽车驾驶室的仪表、操纵杆、按钮、开关等处标有各种醒目的形象化的符号。汽车常用标识符号如图24-1所示。

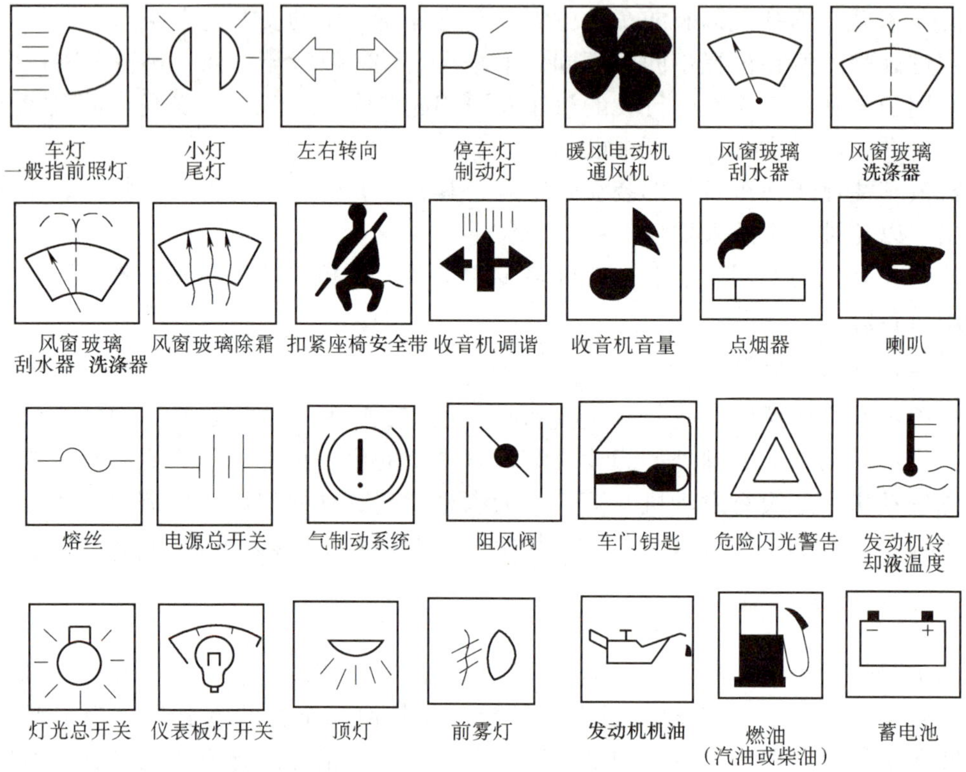

图24-1 汽车常用标识符号

第二节 汽车仪表

汽车仪表的功用是为了让驾驶人能够随时掌握汽车各系统的工作情况。汽车上一般装有里程表、转速表、机油压力表、燃油表、水温表、电流表和气压表等。各种指示仪表及报警装置都装在汽车驾驶室的仪表板上，如图24-2所示。

一、车速里程表及速度报警装置

车速里程表由车速表（指示汽车行驶速度）和里程计（记录汽车所行驶过的距离）组成。二者装在共同的壳体中，并由同一根轴驱动。车速变化时，指针可指出不同的

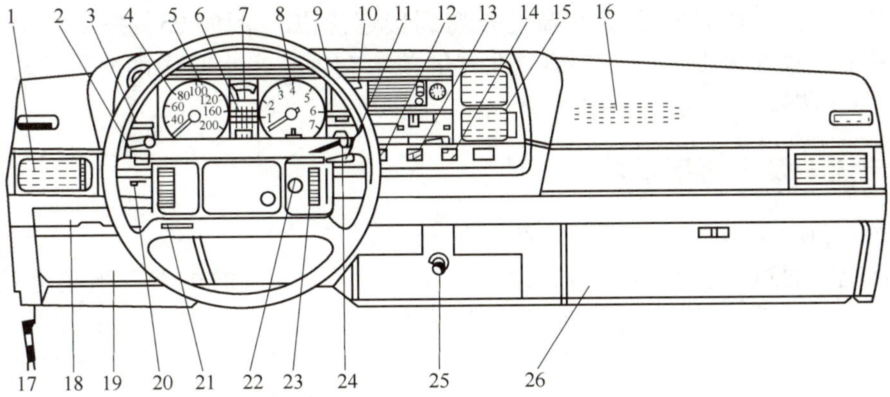

图 24-2 上海桑塔纳轿车仪表板

1、15—出风口 2—灯光开关 3—阻风门与制动灯 4—车速里程表 5—电子钟 6—报警灯 7—水温表 8—带有燃油表的发动机转速表 9—暖风及通风控制杆 10—收音机 11—空格 12—雾灯开关 13—后风窗加热开关 14—紧急灯开关 16—喇叭放音口 17—发动机盖锁钩脱开手柄 18—小杂物盒 19—熔断器保护壳 20—转向信号及变光灯拨杆开关 21—阻风门拉手 22—转向器锁与点火开关 23—喇叭按钮 24—风窗刮水器及风窗洗涤器拨杆 25—点烟器 26—杂物箱

读数。

里程计分机械式和电子式两种。

有的车速里程表同时设有总里程计和单程里程计。总里程计记录汽车从驶下生产线后的累计行驶里程，单程里程计记录汽车单程行驶里程。单程里程计可以随时复位至零。

车速报警装置是为了保证行车安全而在车速表内装设的速度声音报警系统。如果汽车行驶速度达到或超过某一限定车速时，则发出声音报警。

二、机油压力表及机油低压报警装置

机油压力表是在发动机工作时指示发动机润滑系统主油道中机油压力大小的仪表，可让驾驶人随时了解发动机中机油的压力是否正常。

机油低压报警装置的功用是：当发动机润滑系统主油道中的机油压力低于正常值时，对驾驶人发出警报信号。机油低压报警装置由装在仪表板上的机油低压报警灯和装在发动机主油道上的油压传感器组成。

三、燃油表及燃油低油面报警装置

燃油表用以指示汽车燃油箱内的储油量，一般常用电热式燃油表。燃油低油面报警装置的作用是在燃油箱内的燃油量少于某一规定值时立即发亮报警，以引起驾驶人的注意。当燃油箱内的燃油面低于规定值时，使低油面报警灯电路接通而发亮报警。

四、水温表及水温报警灯

水温表的功用是指示发动机气缸盖水套内冷却液的工作温度。目前电热式水温表采用较多。

水温报警灯的作用是在冷却液温度升高到接近沸点（例如95～98℃）时发亮，给驾驶人以警示。水温报警灯的开关旋装在气缸盖水套中，当水套中的冷却液温度升高到95～98℃时，电路闭合，报警灯即发亮。

五、电流表及充电指示灯

电流表的功用是指示蓄电池充、放电的电流值。

当没有电流通过电流表时，指针保持在中间刻度“0”的位置。当蓄电池放电时，指针向电流表“－”的刻度方向偏转，指示出放电电流值。反之，充电时则指针向“＋”的刻度方向偏转，指出相应的充电电流值。目前在进口汽车上，普遍采用充电指示灯。充电指示灯只在发电机不对蓄电池充电时才发亮。其作用是让驾驶人了解发电机是否对蓄电池充电，且在驾驶人忘记断开点火开关时，指示灯亮，提醒驾驶人及时断开点火开关，避免蓄电池向发电机转子线圈长时间大量供电而烧坏调节器和发电机，故可起报警作用。

第三节　汽车的附属设备和装置

一、风窗刮水器与风窗洗涤器

风窗刮水器是为了清除驾驶室风窗玻璃上面影响驾驶人视线的雨水、雪花及积尘。风窗刮水器按动力源可分为电动式和气动式两类。刮水器开关有“0”（停止）、“Ⅰ”（低速）、“Ⅱ”（高速）三个档位。气动风窗刮水器常用气压式，真空式已被淘汰。

风窗洗涤器的功用是配合刮水器将清洁的水或洗涤液喷射到风窗玻璃上，使刮水器能清除风窗玻璃上的尘土和污物，确保驾驶人有良好的视野。洗涤器主要由电动机、洗涤液泵、洗涤液罐和喷嘴等组成。电动机直接驱动齿轮式洗涤液泵。电动机和洗涤液泵之间有两个水封和一个排水孔。当按下控制开关时，电动机即带动洗涤液泵齿轮旋转，洗涤液即以一定的压力经喷嘴喷射到风窗玻璃的外表面上，以供刮水器或人工清洗。

二、汽车安全防护装置

汽车安全防护装置的基本原理是：对乘员施加约束，使之避免在汽车碰撞时与车内物体撞击或被甩出车外，产生软缓冲作用，使构件以适当的变形距离吸收撞击能量并使碰撞力得以有效衰减，加大人体与汽车构件的接触面积避免产生点接触，从而使碰撞造成的单位面积挤压力减少。

汽车安全防护装置主要有车外防护装置和车内防护装置。

1. 车外防护装置

（1）车身壳体结构防护措施　车身壳体的客舱刚度较大，碰撞时尽量减小变形，同时车身头部、尾部等其他离乘员较远的部分的刚度相对较小，在碰撞时可产生较大的变形而吸收撞击能量。门、窗孔洞的周边则是薄弱环节。在车身头、尾部分，粗大的构件或强固的部件上开有孔或槽以削弱其刚度，在汽车碰撞时承受弯曲载荷。现代一些轿车的前部纵梁不是平直的，而是有意弯折成 Z 字形，以便在碰撞时折叠变形并吸收冲击能量。

（2）保险杠与护条（护栏） 汽车的最前端和最后端都装有保险杠，许多新式轿车左右两侧还装有前后贯通的护条。载货汽车的底盘较高，所以货箱下面也装有纵向护栏，特别是长轴距载货汽车和挂车。燃油箱在事故中有很大隐患，所以重型载货汽车油箱外面也设有防护栏。为减轻汽车滚翻后的伤亡，后车货箱的前栏板护栏高出驾驶室顶面 70～100mm，当汽车滚翻后护栏可以起到支撑作用。保险杠和护条的安装高度应符合规定，以便在汽车相撞时两车的保险杠或护条能首先接触。

（3）汽车其他外部构件 除了保险杠外，前翼子板、前照灯、发动机罩、车轮、风窗玻璃等也是经常致人受伤的构件，这些构件最好是平整光滑而富有弹性。某些轿车包括保险杠在内的整个正面都用大块聚氨酯泡沫织料制成，并将发动机罩的顶面用软材料包垫，以提高安全性。

2. 车内防护装置

（1）安全带 安全带是最有效的防护装置，可以大幅度地降低碰撞事故的受伤率和死亡率。最常用的三点式安全带的组成部分如图 24-3 所示。带子由结实的合成纤维织成，包括斜跨前胸的肩带 3，绕过人体胯部的腰带 5。在座椅的外侧和内侧地板上各有一个固定点 7 和 8，第三个固定点 1 位于座椅外侧车身立柱的上方。带子绕过上方固定点的环状导向板 2，伸入车身立柱内腔并卷在立柱下端的收卷器 6 内。乘员胯部内侧附近有一个插扣，插扣由松套在带子上的插板 10 和与内侧地板固定点相连的锁扣 9 组成，插板和锁扣插合后即可将乘员约束在座椅上。按下插扣的红色按钮就能解除约束。

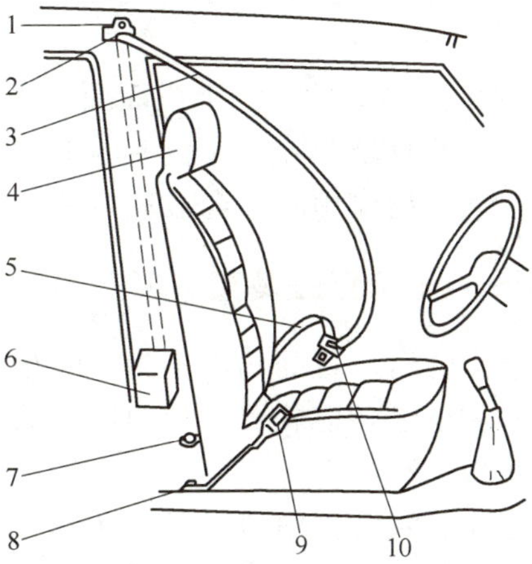

图 24-3　三点式安全带及头枕

1—外侧上部固定点　2—导向板　3—肩带　4—头枕　5—腰带　6—收卷器　7—外侧地板固定点　8—内侧地板固定点　9—锁扣　10—插板

在正常情况下，安全带对人体上部并不起约束作用。但在紧急情况下（汽车减速度超过预定数值时或车身严重倾斜时），收卷器会将带子卡住从而对乘员产生有效的约束。

（2）安全气囊 在汽车遭遇正面碰撞时能防止乘员与其前方的物体撞击，平时折叠在转向盘毂或仪表板内。安全气囊在发生汽车碰撞后的 0.01s 内微处理器开始工作，0.03s 内点火装置起动，0.05s 内高压气体进入气囊，0.08s 内气囊向外膨胀，0.11s 内气囊完全胀大，填补乘员与室内物体之间的空间，此后，驾车者才会撞上气囊。气囊通常采用氮气。如图 24-4 所示，所有气囊全部打开。

典型的气囊系统包括两个组成部分：探测碰撞点火装置（或称传感器）和气体发生器的气囊（或称气袋）。每个气囊只能使用一次，也就是说气囊只要引爆就不再有下一次保护的能力，也不能塞回去再使用，引爆后须回厂换一个新的气囊。

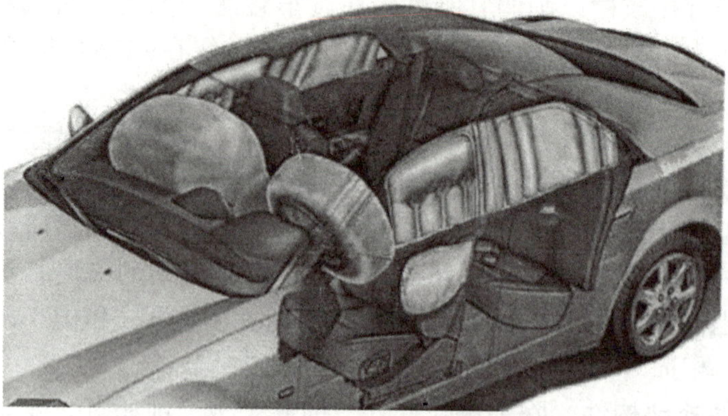

图 24-4 打开的安全气囊

（3）头枕 它是在汽车后部受撞击时限制人的头部向后运动的装置，用以避免颈椎受伤。严重的颈椎受伤可能使其内部神经（脊髓）受伤，导致颈部以下全身瘫痪（高位截瘫）。

（4）安全玻璃 汽车正面或侧面碰撞时，乘员头部最容易撞击风窗玻璃或侧窗玻璃而受伤，并且玻璃碎片还会使脸部和眼睛受伤。因此在汽车上安装的玻璃是安全玻璃。目前广泛应用的安全玻璃有钢化玻璃与夹层玻璃两种。

三、汽车防盗装置

汽车防盗装置的功用是为了防止驾驶人离开车辆后汽车被盗窃。常用的防盗装置有转向锁和电子防盗装置。转向锁主要由锁杆、凸轮轴、锁止器挡块、开锁杠杆和开锁按钮等组成。

电子防盗装置由电子防盗开关、时间继电器、信号触点、指示灯和报警喇叭等组成。当驾驶人离开汽车时，闭合报警器开关，这时遥控开关的线圈被断电。当有人起动发动机时，遥控开关线圈通电动作，点火线圈的供电被切断，防止他人起动发动机。当有人打开汽车左前车门时，信号使遥控开关触动，接通喇叭继电器报警，同时切断点火系统电路。当有人打开其他车门、行李箱或发动机罩时，信号触点闭合，遥控开关也被接通，报警喇叭也立即发声报警。

四、车辆通风、采暖及空气调节装置

车身内部的通风、采暖及空气调节装置是维持车内正常环境、保证驾驶人和乘客安全舒适的重要装置。

1. 通风及采暖装置

通风方式分为自然通风和强制通风两种。不依靠风机而利用汽车行驶时的迎面气流进行车内空气交换的办法称为自然通风。自然通风可依靠车身上的进、出风口和装在车门上的三角窗来实现。进风口通常布置在风窗玻璃下沿的前方或车身前围的两侧；出风口通常布置在车身侧面向后部的拐角处；三角窗可绕垂直（或略倾斜）的轴线转动和调节开度，三角窗开启时在其附近形成空气涡流，迫使车内空气绕车窗循环流动。

在轿车及货车驾驶室中广泛采用的通风采暖联合装置如图 24-5 所示。车外新鲜空气经冷空气进口 2 被风机 3 强制压入车内以进行通风，这种通风形式为强制通风。在寒冷季节，则可将发动机中的高温冷却水直接导入采暖装置的散热器 8 对空气加热，再将加热后的空气引至风窗进行除霜，同时引至室内供暖。较温暖的室内空气可经由内循环空气进口 12 导入该装置重新加热，形成内循环，与直接加热室外冷空气相比，内循环能较迅速地使车身室内温度上升。这种强制通风比自然通风更为有效，并可用过滤的办法保证空气更洁净。

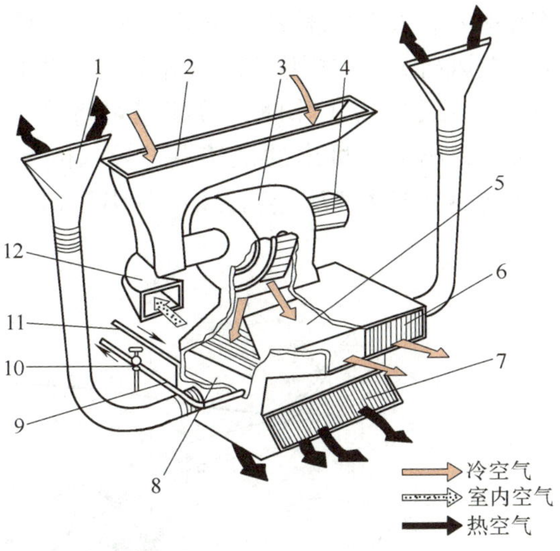

图 24-5　经典通风采暖联合装置

1—除霜喷嘴　2—冷空气进口　3—风机　4—电动机
5—冷热变换阀门　6—冷空气出口　7—热空气出口　8—散热器
9—出水管　10—放水龙头　11—进水管　12—内循环空气进口

2. 空气调节装置

冷气装置（也称为空调系统）的制冷原理是：液体汽化时需要吸收热量，而气体液化时则放出热量。减小或加大压力也可以使液体汽化或气体液化。为便于理解，可把制冷循环分成两个步骤：第一步是降低压力，使制冷工作介质从液态变为气态，同时吸收空气中的热量使空气降温，即制冷过程；第二步是将低压气态工作介质压缩并使之冷凝成液态，放出热量，即使工作介质还原为备用的液态的过程。

汽车冷气装置示意图如图 24-6 所示。储液罐 4 中的工作介质（HFC134a）在压缩机 1 的作用下流经膨胀阀 3。由于膨胀阀弹簧压力的阻滞作用（节流作用），膨胀阀出口处压力大大下降，使流出膨胀阀的工作介质得以在蒸发器 2 中汽化，并使蒸发器周围的空气温度下降。低压气态工作介质由压缩机 1 及冷凝器 5 还原为高压液态并回到储液罐 4。

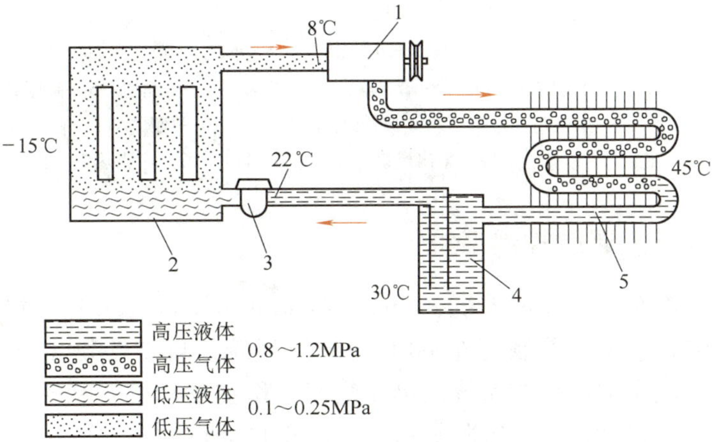

图 24-6　汽车冷气装置示意图

1—压缩机　2—蒸发器　3—膨胀阀　4—储液罐　5—冷凝器

高尔夫轿车的通风、采暖、冷气联合装置如图 24-7 所示，其中冷气部分的结构为：冷凝器 3 置于汽车的最前部，压缩机 4 右侧的带轮由发动机带动。带轮与压缩机主轴之间有电磁离合器，只有在制冷时主轴才与带轮接合。在压缩机的作用下，制冷工作介质从储液罐2经高压管道5通过膨胀阀7进入蒸发器12，然后经管道6被吸入压缩机，再通过冷凝器回到储液罐2。车外空气在风机10的作用下，从外部空气进口1经过空气过滤进口8流过蒸发器进入分配箱13。在制冷系统工作时，分配箱可将冷却的空气导向出风口11、14和15。制冷系统不工作时，出风口排出的是从室外导入的新鲜空气；在暖气系统工作时，分配箱还可将空气导向热交换器17，然后经由各出风口和除霜热空气出口16排出。

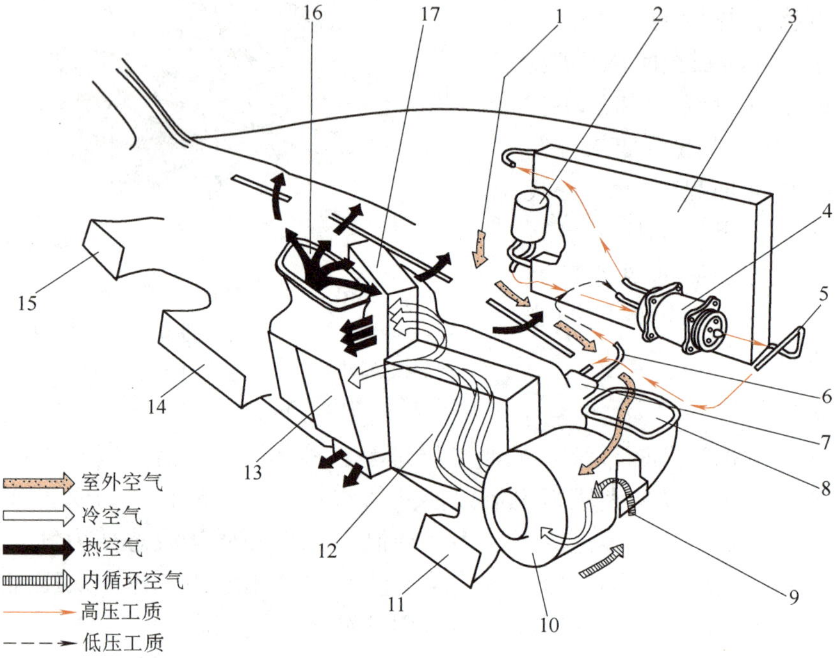

图24-7 高尔夫轿车的通风、采暖、冷气联合装置

1—外部空气进口 2—储液罐 3—冷凝器 4—压缩机 5—高压管道 6—吸入管道 7—膨胀阀 8—空气过滤进口 9—内部循环空气进口 10—风机 11—右出风口 12—蒸发器 13—分配箱 14—中出风口 15—左出风口 16—除霜热空气出口 17—热交换器

五、巡航控制系统

汽车巡航控制系统（Crusie Control System，CCS），根据其特点，一般又称为巡航行驶装置、速度控制（Speed Control）系统、自动驾驶（AutoDrive）系统等。

汽车巡航控制系统是可使汽车工作在发动机有利转速范围内，减轻驾驶人的驾驶操纵劳动强度，提高行驶舒适性的汽车自动行驶装置。

在驾驶汽车长途行驶，或在高速公路上行驶时变换车速的频率及范围都较少，能以稳定的车速行驶。但若长途驾驶而右脚不得不踩加速踏板时，驾驶人就容易感到疲劳。而汽车巡航控制系统的作用是：按驾驶人所要求的速度闭合开关之后，不用踩加速踏板就可以自动地保持车速，使车辆以固定的速度行驶。采用这种装置，在高速公路上长时间行车后，驾驶人就不用再去控制加速踏板，减轻了疲劳，同时减少了不必要的车速变化，可以节省燃料。

六、车载 GPS 导航系统

GPS 是全球定位系统（Global Positioning System）首字母的缩写，由卫星、地面站、接收机三部分组成。在地面上，只要用一部 GPS 接收机测出 3～4 颗卫星信号到达本接收机的时间，就可准确地推算出接收机所在地（可以是地面或天上任何位置）的经纬度、海拔、时间、运动速度等数据。

GPS 信号接收机的作用是捕获按一定卫星高度截止角所选择的待测卫星的信号，并跟踪这些卫星的运行，对所接收到的 GPS 信号进行变换、放大和处理，以便测量出 GPS 信号从卫星到接收机天线的传播时间，解译出 GPS 卫星所发送的导航电文，实时计算出测站的三维位置，甚至三维速度和时间。一般车载 GPS 系统的导航作用是通过与 GSM 或 CDMA 系统结合实现的，而不是每一辆车都直接与 GPS 卫星之间交换数据。

车载 GPS 系统实际上只是一个接收器。

延伸阅读

先进的前照灯照明技术已经不是单纯的灯具本身了，它已经发展成了一种与各种电子技术结合的智能科技，不仅可以提供节能、高效的照明，而且可以大幅提升行车安全。

新一代高级轿车有的搭载了智慧型 LED 前照灯，即全新的增强型自适应远光前照灯系统。每个灯由数十个高亮度 LED 单体组成，通过进行排列组合以及灯组前的透镜和反光镜等部件，让系统可控制每个 LED 单体的点亮、熄灭或者是调整亮度，来调整照明角度与范围，这就具备了主动转向照明、转弯辅助照明、乡村道路、高速公路与浓雾模式。这样一来，灯组便不需要传统的机械旋转结构就能实现调节照明范围的效果。也正因此，工程师们可以更易于掌控每个灯组内的 LED 数量，而造型设计师的自由度也可以变得更大，从而为灯组设计出更优美、独特的线条与造型。

该前照灯系统光线能够自动避开对向或者同向行驶车辆的车体。驾驶人将前照灯切换在 Automatic 模式下时，高速公路上，光感应自动头灯与矩阵式 LED 头灯一般会在车辆到达时速 30 公里时自行开启，市区道路则约在时速 60 公里时开启，以众多高强度 LED 灯让驾驶人在夜间拥有清晰的行车视野。而为了避免高亮度 LED 灯在远光的时候影响到对面来车或前方车辆，矩阵式 LED 头灯还与数个光缘传感器、导航系统及摄影头协同工作。在夜间行车时，一般情况下矩阵式 LED 头灯会全程使用远光灯照射前方，一旦系统光源传感器侦测到发出的光束射到对面或者前方车辆时，便会自动调整或关闭灯组内的数个 LED 单体，让前方车辆不会因刺眼的高亮度 LED 而受到影响。

该前照灯系统里，车前雷达和立体摄像机十分重要，前照灯中的 LED 根据它们的数据进行点亮、熄灭或是调整亮度，以实现自动调整照射范围的功能，甚至可以细致到大概轮廓。当发现前方有物体出现时，前照灯灯光的遮光功能便能自己躲开前方物体，在保证自己视线的同时避免对对方车辆造成眩目的影响。

如图 24-8 所示，在遇到对向来车的时候灯光可以自动避开对方车辆，而如果遇到前方同方向行驶的车辆也可完成相同的动作，甚至于在绕开前方车辆轮廓的同时可以完全照亮前方车辆左侧和右侧的区域。因此在夜间行驶时，可以一直开启远光灯，行车安全性将大幅提升。不仅如此，该系统还可检测道路上的反光标志物，以避免反光对本车驾驶人造成眩目。

a)　　b)

图 24-8　光线避开对向或同向行驶车辆

智能前照灯借助红外夜视系统如图 24-9 所示，它的侦测功能可以对前方一定距离内识别出来的行人热源用大灯自动闪烁，提醒前方行人注意安全，而对于发现的动物则不会，以避免动物因为光照而受到惊吓对车辆行驶造成潜在危险。

图 24-9　智能前照灯的红外夜视系统

本章小结

本章介绍了汽车的照明及信号装置、汽车仪表和汽车的附属装置，重点讲解了汽车安全防护装置和通风空调系统的基本工作原理。

练习题

一、填空题

1. 汽车处于制动、转弯和倒车等工况时，应该发出________和________信号，给行人和其他车辆以警示。

2. 车身外部照明装置包括________、________、后灯、牌照灯和雾灯等。

3. 汽车信号灯主要有转向信号灯、制动灯和________。

4. 汽车车内安全防护装置主要有安全带、________、头枕和安全玻璃。

二、选择题

1. 制动灯的颜色为________。

A. 白色　　B. 黄色　　C. 红色

2. 我国城市市区禁止使用的是________。

A. 电喇叭　　B. 气喇叭　　C. 蜂鸣器

3. 关于安全带的叙述，下列正确的说法是________。

A. 安全带始终能把人紧紧约束在座椅上

B. 安全带在汽车减速度超出一定数值或严重倾斜时才会对人产生约束

C. 安全带始终不会起作用

4. 安全气囊在遇到正面严重碰撞后________s 内能完全胀大。

A. 0. 01　　B. 0. 03　　C. 0. 08　　D. 0. 11

三、简答题

1. 汽车的照明及信号装置有哪些？

2. 一般汽车上主要装有哪些仪表？

3. 汽车空调装置主要有哪些组成部分？

4. 汽车巡航控制系统的作用是什么？

参考文献

[1] 陈家瑞. 汽车构造：下册 [M]. 3 版. 北京：机械工业出版社，2016.
[2] 关文达. 汽车构造 [M]. 4 版. 北京：机械工业出版社，2016.
[3] 麻友良，丁卫东. 汽车电器与电子控制系统 [M]. 3 版. 北京：机械工业出版社，2003.
[4] 屠卫星. 汽车底盘构造与维修 [M]. 北京：人民交通出版社，2011.
[5] 史文库，姚为民. 汽车构造 [M]. 6 版. 北京：人民交通出版社，2013.
[6] 赵新民. 汽车构造 [M]. 北京：人民交通出版社，2009.
[7] 鲁民巧. 汽车构造 [M]. 北京：机械工业出版社，2008.
[8] 陈德阳，等. 汽车底盘构造图册 [M]. 北京：人民交通出版社，2010.
[9] 刘汉军. 丰田汽车新技术：结构、原理与维修 [M]. 广州：广东科技出版社，2002.
[10] 李春明. 汽车底盘电控技术 [M]. 2 版. 北京：机械工业出版社，2016.
[11] 王赟松，等. 捷达轿车维修图册 [M]. 北京：人民交通出版社，2001.
[12] 许林，等. 长安微型汽车使用维修图册 [M]. 北京：人民交通出版社，2002.
[13] 支树模，等. 轿车构造图集：下册 [M]. 北京：人民交通出版社，2006.
[14] 徐家顺. 自动变速器动力分析与故障诊断彩色图解 [M]. 北京：机械工业出版社，2014.
[15] 冯晋祥，吴际璋. 自动变速器结构原理图册 [M]. 北京：机械工业出版社，2006.
[16] 简晓春，杜仕武. 现代汽车技术及应用 [M]. 北京：人民交通出版社，2004.
[17] 臧杰. 轿车自动变速器检修培训教程 [M]. 北京：机械工业出版社，2015.
[18] 王中亭. 汽车概论 [M]. 2 版. 北京：机械工业出版社，2010.
[19] 徐石安. 汽车构造—底盘工程 [M]. 2 版. 北京：清华大学出版社，2011.
[20] 陈亚新. 陈总编爱车热线书系 [M]. 北京：机械工业出版社，2011.
[21] 石宝枢. 创新 + 优化 = 轻量化——汽车用七沟道等速万向节等系列新产品和技术 [J]. 汽车零部件，2013 (9)：34 -36.
[22] 全国轮胎轮辋标准化技术委员会. GB/T 2977—2016 载重汽车轮胎规格、尺寸、气压与负荷 [S]. 北京：中国标准出版社，2016.
[23] 全国轮胎轮辋标准化技术委员会. GB/T 2978—2014 轿车轮胎规格、尺寸、气压与负荷 [S]. 北京：中国标准出版社，2014.
[24] 全国轮胎轮辋标准化技术委员会. GB/T 2933—2009 充气轮胎用车轮和轮辋的术语、规格代号和标志 [S]. 北京：中国标准出版社，2009.
[25] 全国轮胎轮辋标准化技术委员会. GB/T 3487—2015 汽车轮辋规格系列 [S]. 北京：中国标准出版社，2015.
[26] 全国轮胎轮辋标准化技术委员会. GB 9744—2015 载重汽车轮胎 [S]. 北京：中国标准出版社，2015.
[27] 全国轮胎轮辋标准化技术委员会. GB 9743—2015 轿车轮胎 [S]. 北京：中国标准出版社，2015.

《汽车构造》（下册）第3版信息反馈表

尊敬的老师：

您好！感谢您多年来对机械工业出版社的支持和厚爱！为了进一步提高我社教材的出版质量，更好地为我国高等教育发展服务，欢迎您对我社的教材多提宝贵意见和建议。另外，如果您在教学中选用了本书，欢迎您对本书提出修改建议和意见。

一、基本信息

姓名：__________ 性别：__________ 职称：__________ 职务：__________

邮编：__________ 地址：______________________________

任教课程：__________ 电话：__________—__________（H）__________（O）

电子邮件：______________________________ 手机：__________

二、您对本书的意见和建议

（欢迎您指出本书的疏误之处）

三、您对我们的其他意见和建议

请与我们联系：

100037 北京百万庄大街22号·机械工业出版社·高教分社 宋编辑 收

Tel：010—8837 9126

E-mail：tian. lee9913@163. com